KB212997

인지법행과 과지법행

구선 지음

들어가면서

그날, 석양을 등지고 그가 서 있었다.

긴 그림자가 나의 발끝에 머물렀다.

본래 그 자리에 서 있던 사람처럼 담담한 눈빛으로 인사를 건넨다.

일손을 멈추고 마주 앉았다.

찻잔을 집어 든 그의 손등은 거북이 등처럼 갈라져 있었다.

초췌한 몰골, 헝클어진 머리카락, 하지만 그의 눈빛은 담담하게 가라앉아 있었다.

한참을 말없이 찻잔을 기울이다가 그에게 물었다.

"어디서 온 남자인가?"

가만히 눈빛을 마주하던 그가 서쪽 하늘을 바라다보았다.

그의 시선 속에는 수많은 사연이 담겨 있었다.

짧은 시간 회한과 절망의 눈빛이 스쳐 지나가고 다시 담담한 눈빛으로 돌아온 그가 찻잔을 기울였다. 그렇게 우리는 만났다.

삼 일 동안 그는 잠들어 있었다.

그때는 전쟁의 시기였다.

이집트의 폭군이 나라를 침략했다.

전쟁의 참화를 피하기 위해 수많은 난민이 발생했다.

당시에 나는 농사를 짓는 사람이었다.

사람들은 나를 '씨앗 성자'라 불렀다.

삼 일 만에 방 밖으로 나온 그가 밭둑에 앉아 있었다. 물끄러미 새싹을 바라보고 있던 그가 눈빛 인사를 건넨다.

"잘 쉬었는가?"

그는 고개를 끄덕이는 것으로 대답을 대신했다.

삼 일 만에 먹는 밥인데도 그의 손놀림은 느릿느릿 움직였다.

그의 모든 움직임은 천천히 이루어졌다. 마치 정체되어 있는 물과 같았다.

그의 내면은 깊숙한 물속처럼 가라앉아 있었다.

잠을 자면서도 그는 숨소리를 내지 않았다.

문을 열어보기 전에는 그가 그 방에 있는 것인지 존재감조차 느낄 수가 없었다.

그는 고도의 훈련을 받은 전사였다.

그가 나를 찾아온 것은 우연이 아니었다.

"무엇을 구하는가?"

식사를 마친 후에 찻잔을 나누면서 그에게 물었다.

자세를 고쳐앉은 그가 말문을 열었다.

"성스러움이란 어떤 것입니까?"

빈 잔에 차를 따라준 뒤에 다시 물었다.

"아시겠는가?"

"모르겠습니다."

"어찌하겠는가?"

"가르침을 주십시오."

그렇게 그는 나의 제자가 되었다.

그의 이름은 '부동'이었다.

그는 농사일을 도우며 한 해를 보냈다.

나는 그에게 농사짓는 방법을 가르쳤다.

엄지와 검지로 씨앗을 잡고 씨앗의 생명력을 느끼는 방법과 씨앗의 생명력으로 몸을 치료하는 방법을 가르쳤다.

씨앗을 파종한 뒤에 땅의 작은 생명들과 교류하며 새싹을 보호하는 방법을 가르쳤고 식물이 수정할 때 불러주는 축복의 노래를 가르쳤다.

성장한 곡식들을 보호해 주는 만트라를 가르치고 수확을 감사하는 기쁨의 춤을 가르쳤다.

3

그의 모습은 수려했다.

얼굴에 살이 붙고 마음이 안정되면서 그의 본래 모습이 드러났다.

농사를 배우면서 그는 자연과 교류하는 방법을 체득했다.

이제 그는 떠나야 했다.

이별을 앞두고 그와 마주 앉았다.

"어디로 갈 것이냐?"

"법이 향하는 곳으로 갑니다."

"그 법은 어디로부터 온 것이냐?"

"제자가 알기로는 생명으로부터 왔습니다."

"생명의 법은 생명에게 전해져야 하는 것이니라.

생명은 이미 처처에 가득하니 시작도 없고 끝도 없으며 늘지도 않고 줄지도 않느니라.

다만 때에 따라 변화할 뿐이니 오고 감은 변화의 한 모습일 뿐이다.

생사의 오고 감이 그와 같고 인연의 오고 감이 그와 같으니 널리 펼칠지언정 감추려고 하지 말거라."

"하면 어찌하여야 하겠습니까?"

"능히 생명을 이롭게 하면 되느니라."

"그 방법을 일러 주십시오."

"너의 법은 어떤 것이냐?"

"유상을 건너 무상으로 나아갈 때 그 마음을 다스리는 법. 관자재보살이 유상을 건너 무상으로 나아갈 때 이와 같은 행을 하였느니라.

비추어 보고 내부 의식을 발현시켰으며 안팎의 경계에 있어 공한 면모를 관했나니. 그리하야 의식 감정 의지로 인해서 생겨나는 모든 고통을 여의었나니. 사리자여, 그러할 때 드러난 것이 드러나지 않은 것과 다르지 아니하고 드러나지 않은 것과 드러난 것이 다르지 않도다. 드러난 것이 곧 드러나지 않은 것이요, 드러나지 않은 것이 곧 드러난 것이로다. 무의식으로 접해지는 경계와 온갖 사유들, 각성의 일과 개체식의 틀 또한 그와 같나니라……"

그가 읊어대는 게송에 맞추어 나는 덩실덩실 춤을 추었다.

"좋다! 좋아!"

게송을 마친 그가 합장을 했다.

그리고 서쪽 하늘을 향해 삼배를 올렸다.

"부동아 너의 법은 천지만물의 것이니라.

그 법은 본래부터 있어왔던 생명의 실상을 말하는 것이니 응당 천지만물에게 돌아가야 할 것이니라. 그러니 그 법을 노래로 만들어라. 그래서 천지만물에게 들려주려무나. 그 법이 향할 곳은 그곳이니라. 씨앗에게도 불러주고 사람에게도 불러주렴. 그 법은 감추어서 전해질 것이 아니고 펼쳐서 전해야 하느니라."

"누가 이 법을 알아들을 수 있겠습니까?"

"부동아, 비가 내릴 때는 대상을 두고 내리지 않느니라. 하지만 산천초목이 그 비에 젖지 않느냐.

그러하듯이 법의 비가 내리면 연자가 있어서 그 비를 맞느니라. 너는 이미 춤추는 법과 노래하는 법을 배웠으니 그리 하려무나."

그의 두 눈에 눈물이 맺혔다.

뚝뚝뚝 방바닥을 적시더니 대성통곡을 했다.

그는 테르젠이었다.

불법을 지키고 전하는 사명을 받은 자, 그 사람을 일러 테르젠이라 한다.

통곡을 마친 그가 뒤돌아 앉았다.

그런 다음 핏물이 뚝뚝 떨어지는 가죽 종이 한 장을 나에게 건넸다. 그의 뱃가죽이 갈라져 있었다.
그는 자신의 뱃가죽 속에 가죽 종이를 감추고 있었다. 펼쳐
보니 경구가 쓰여 있었다.
그것이 반야심경이었다.
그와 나는 노래를 만들었다.
그 노래가 인도 전역으로 퍼져 나갔다.
멀리 중국에까지 전해지고 나중에는 가야에까지 전해졌다.

그와 재회를 한 것은 관음성지에서였다.
아미타의 화신을 친견할 때 그를 만났다.
아미타부처님이 석가모니 부처님의 뜻을 전했다.
그때 여덟 명의 테르젠들이 상을 받았다.
부동은 세세생생 불법이 끊이지 않는 상을 받았다.
그 후로 수많은 생을 거듭하면서 우리는 다시 만났다.
이 생에서 그는 나의 아내가 되었다.
그날 함께 불렀던 그 노래를 또다시 떠올려 본다.

2021년 4월 22일

구선

차 례

머리말

인지법행(因地法行)과 과지법행(果地法行)

금강경(金剛經)과 반야경(般若經)을 함께 들여다보면서 부처님의 인지법행 체계에서 금강경과 반야경이 차지하는 위치가 어떤 위치이고, 또 이 두 가지 경전을 통해서 과지법행을 어떻게 할 것인가에 대해 구체적으로 알아보자.

인지법(因地法)이란 무엇인가?

처음 수행의 시작에서부터 나중 부처가 되는 전체 과정을 이해하는 것을 '인지법을 갖추었다'라고 말한다.

과지법(果地法)이란 무엇인가?

구체적인 수행을 통해서 인지법에서 이해한 수행 과정을 체득해 가는 과정을 '과지법을 행한다'라고 말한다.

부처님의 가르침은 크게 두 가지로 나누어진다.

하나는 인지법이요, 또 하나는 과지법이다.

부처님께서 설하신 대부분의 경전에서 인지법을 다루었다.

반면에 과지법에 대해 다룬 경전은 극히 드물다.

인지법의 체계는 오도(五道)의 과정으로 이루어져 있다.

제1 견성오도(見性悟道), 제2 해탈도(解脫道), 제3 보살도(菩薩道), 제4 등각도(等覺道), 제5 묘각도(妙覺道)가 그것이다.

초선정에서부터 4선정까지가 견성오도의 과정이다.

5선정에서 7선정까지가 해탈도의 과정이다.

해탈도는 허공해탈도, 금강해탈도, 반야해탈도로 이루어져 있다.

해탈도와 보살도 사이에 아라한의 과정이 있다.

소승수행의 완성이 아라한과를 이루는 것이다.

아라한은 생멸심을 벗어나서 진여심을 갖춘 존재이다.

때문에 아라한도 과정 자체가 진여수행이다.

깨달음의 성취를 놓고 보면 아라한은 보살승이다.

하지만 아라한에 머무르면 대승보살도를 이루지 못한다.

보살도(菩薩道)는 대승과 소승에 따라서 두 가지 경지로 나눠진다.

소승아라한도, 대승보살도가 그것이다.

8선정과 9선정까지가 소승아라한도의 과정이다.

소승아라한도는 9선정 이후에 보살도로 나아가지 못하고 벽지불에 머문다.

대승보살도는 50과위, 10지 과정을 통해 보살도를 완성한다.

보살은 10지 과정을 통해 스스로가 분리시킨 생멸심을 제도의 대상으로 삼는다.

생멸심이란 의식, 감정, 의지를 말한다.

부처님도 아라한이다.

하지만 부처님 아라한은 보살도, 등각도, 묘각도를 다 성취한 아라한이다.

부처님 제자 수보리도 아라한이다.

수보리는 아직 벽지불이 되지 못한 아라한이다.

그래서 아라한에도 차별이 있다.

부처님 아라한과 제자 아라한은 같은 아라한과를 이루었지만 이와 같은 차별이 있다.

이런 관점을 놓고서 대승도(大乘道)가 대두된다.

부처님도 아라한이고 수보리도 아라한인데, 수보리는 부처님과 같은 위신력이 없다.

그렇다면 부처님과 수보리는 서로 다른 아라한이다. 그 차이가 무엇인가?

소승아라한(小乘阿羅漢)은 열반을 체득했어도 보살도, 등각도,

묘각도를 아직 성취하지 못한 아라한이다.

대승아라한(大乘阿羅漢)은 열반 후에 보살도, 등각도, 묘각도를 성취해 가는 아라한이다. 수보리는 소승아라한이고, 부처님은 대승아라한이다.

등각도(等覺道)는 10지 수행을 통해서도 제도하지 못한 생멸심을 제도하는 수행이다.

등각도를 통해서는 생멸문 전체를 제도의 대상으로 삼는다.

보살도에서는 자기를 이루었던 생멸심을 제도의 대상으로 삼는다면, 등각도에서는 자기뿐만이 아니라 생멸문 전체를 제도의 대상으로 삼는다.

등각도(等覺道)는 두 단계로 이루어진다.

첫째 단계가 자기 밝은성품을 생멸문 전체로 펼치는 과정이다.

둘째 단계가 사사무애와 이사무애를 행하는 것이다.

묘각도(妙覺道)는 진여문과 생멸문 전체를 자기중심에서 일여(一如)가 되도록 한 것이다.

이것을 '불이문을 이루었다'고 말한다.

아라한도 이후에 보살도에서 자기 심식의(心識意)를 제도하고, 등각도에서 자기 심식의의 원인을 제공했던 생멸문 전체를 제도하고, 묘각도에서 자기 진여문과 생명문 전체를 하나로 통합시킨다. 이것이 바로 열반 후의 수행이다.

초선정에서 4선정까지는 삼관의 법이 쓰인다.

해탈도에서는 삼해탈법이 쓰인다.

보살도에서는 삼무상법이 쓰인다.

금강경(金剛經)은 견성오도 이후에 허공해탈도와 금강해탈도를 닦는 방법에 대해 논한 경전이다.

반야경(般若經)은 초선정에서부터 시작해서 나중 반야해탈까지의 과정을 전체적으로 논한 경전이다.

인지법과 과지법의 체계에 맞추어서 경전을 보려면 초선정에서 4선정까지의 과정을 반야경에서 들여다보고, 4선정 이후의 허공해탈도와 금강해탈도의 과정을 금강경에서 들여다봐야 한다. 그런 다음 다시 반야경으로 돌아와서 반야해탈도를 이루는 방법을 들여다봐야 한다.

수행하면서 자기 성취를 가늠하는 것이 막연할 때가 있다.
그럴 때 필요한 것이 인지법과 과지법이다.
현대 불교는 인지법과 과지법의 관점으로 반야경과 금강경을 해석하지 못했다.
그 결과로 법의 전통이 끊어지게 되었다.
반야경과 금강경을 인지법과 과지법의 체계로 해석하는 것은 법의 전통을 되살리는 가장 큰 불사가 될 것이다.

제1강 금강경, 반야심경

마하반야바라밀다심경과 반야해탈도
摩訶般若波羅蜜多心經　般若解脫道

반야(般若)라는 말을 해석하는 여러 가지 견해들이 있다.
필자 또한 '쉴 줄 아는 지혜'로 해석한 적이 있다.
반야라는 말은 '반야해탈도'를 줄인 말이다.
반야해탈도(般若解脫道)는 세 단계로 이루어져 있다.
초입반야, 중간반야, 종반야가 그것이다.
초입반야는 본성이 인식의 주체가 된 상태이다.
중간반야는 본성, 각성, 밝은성품이 의식, 감정, 의지와 서로
분리된 상태이다.
종반야는 본성, 각성, 밝은성품만 존재하고, 의식, 감정, 의지
가 인식의 대상이 되지 않는 상태이다.

반야심경의 전체 내용은 본성이 인식의 주체가 되도록 하는
초입반야 과정과 본성, 각성, 밝은성품이 의식, 감정, 의지와
공존하는 중간반야 과정 그리고 의식, 감정, 의지가 진여심과
분리돼서 인식의 대상이 되지 않는 종반야의 과정으로 구성되
어 있다.

초입반야로 가는 처음 시작이 조견 오온 개공(照見 五蘊 皆
空)이다.
본문을 보자.

관자재보살 행심반야바라밀다시 조견오온개공 도일체고액
觀自在菩薩 行心般若波羅蜜多時 照見五蘊皆空 度一切苦厄
관자재보살이 깊은 반야바라밀다를 행할 때 조견 오온 개공
함으로써 일체의 액난을 여의었다.

관자재보살은 10지 보살이다.
보살도의 마지막 경지를 이룬 사람이고 아직 등각도로 나아가
지 못한 사람이다.
이 사람이 깊은 반야바라밀다를 행할 때 조견 오온 개공 함으
로써 도일체고액 했다.
일체고액(一切苦厄)은 의식, 감정, 의지에서 나온다. 곧 생멸
심(生滅心)에서 나온다.
관자재보살은 자기 생멸심을 끊어 버림으로써 일체고액을 면
했다.
어떻게? 무슨 방법으로 생멸심을 끊었을까?
바로 조견 오온 개공 함으로써이다.

조견(照見)은 무엇인가?
중심을 세워서 일체 경계를 비춰보는 것이다.
이를 일러 '중관을 행한다'라고 말한다.

오온(五蘊)은 무엇인가?
의식, 감정, 의지를 이루는 정신의 틀이다.
색, 수, 상, 행, 식으로 이루어져 있다.
색의식은 육체의 몸을 기반으로 해서 쓰이는 정신의 틀이다.
수의식은 혼의 몸을 기반으로 해서 쓰이는 정신의 틀이다.
상의식은 영의 몸에 내재한 정신과 수의식과 색의식에 내재된
정신이 서로 교류하면서 발현되는 정신의 틀이다.

16

행의식은 각성이 주체가 되어서 쓰이는 정신의 틀이다.
식의식은 밝은성품이 바탕이 되어 갖추어진 개체의식의 틀이다.
식의식의 틀 안에 색, 수, 상, 행의식이 내재되어 있다.
중심을 통해 오온을 비춰보는 것을 '가관을 행한다'라고 말한다.

개공(皆空)은 무엇인가?
중심을 통해 본성을 비춰보는 것이다.
이것을 일러서 '공관을 행한다'라고 말한다.

조견을 통해 오온 개공하는 방법을 구체적으로 알아보자.
오온의 색의식(色意識)은 눈, 코, 귀, 입, 몸, 생각이다.
유식체계로 보면 6식이다.
색의식에 있어서 개공을 한다는 것은 눈, 귀, 코, 입, 몸, 생
각이 쓰여질 때 각각에 갖추어진 공의 면모를 보는 것이다.
색공(色空)의 방법에 대해 반야경에서는 무안, 이, 비, 설, 신,
의 무색, 성, 향, 미, 촉, 법(無眼耳鼻舌身意 無色聲香味觸法)
으로 제시한다.
안, 이, 비, 설, 신, 의와 색, 성, 향, 미, 촉, 법에 대해서 '무'
한 상태가 색의식에 대해 개공한 상태라는 것이다.

수의식(受意識)은 7식이다.
7식의 체계는 안계, 이계, 비계, 설계, 신계, 의식계로 이루어
져 있다.
반야경의 본문에서는 안계 내지 의식계(眼界 乃至 意識界)로
표현한다.
본문에 무안계 내지 무의식계(無眼界 乃至 無意識界)는 수공
(受空)을 인식하는 방법을 말한 것이다.
안계에 무하고 이계에 무하고 비계에 무하고 설계에 무하고

신계에 무하고 의식계에 무한 것이 수공이라는 말이다.

상의식(想意識)은 '사유성'이다.
사유란 특정한 명제를 풀기 위해 행하는 지속적인 생각이다.
상의식에 대해 본문에서는 무무명 역무무명진 내지 무노사 역
무노사진(無無明 亦無無明盡 乃至 無老死 亦無老死盡)으로
표현한다.
엄밀하게 말하면 이 표현은 상의식과 상공의 개념을 함께 설
명한 것이다.
무명, 행, 식, 명색, 육입, 촉, 수, 애, 취, 유, 생사는 12연기
법(十二緣起法)이다.
부처님께서는 생멸문이 생겨나는 과정을 중관 사유를 통해 깨
달았다. 그 내용을 12단계로 표현한 것이 12연기법이다.
무무명이란 생멸연기가 시작된 원인인 무명을 제도해서 다시
진여문을 이루라는 말이다.
이 말속에 해탈도의 핵심적인 의미가 내포되어 있다.
무명이 그러하듯 무행, 무식, 무명색, 무육입, 무촉, 무수, 무
애, 무취, 무유, 무생, 무사의 과정도 생멸연기를 벗어나는 방
법을 단계적으로 말한 것이다.
해탈도의 목적이 생멸연기를 벗어나서 열반에 들어가는 것이
다. 그러려면 12연기가 진행되어 온 역순으로 거슬러 올라가
서 생멸연기의 원인을 제도해야 한다.
역무무명진이란 무명의 다함마저도 없다는 말이다. 이는 열반
에도 머물지 말고 보살도, 등각도, 묘각도로 나아가라는 말이다.
부처님이 12연기를 사유한 것은 마지막 수행 때였다. 수자타
가 끓여준 유미죽을 드시고 중관삼매(中觀三昧)에 들어서 12
연기를 깨닫고 생로병사의 원인을 알게 되었다.
석가모니 부처님은 12연기의 이치를 깨닫고 나서 등각지를

넘어섰다.

12연기법은 의식, 감정, 의지와 몸이 생겨나는 과정과 우주가 생성되는 과정을 포괄적으로 표현한 사상체계이다.

상의식에 대해서 개공한다는 것은 사유를 행하는 모든 과정에서 나타나는 현상에 대해서 '무'하라는 의미이다.

오온에서 행의식(行意識)은 두 가지 의미를 갖고 있다.

하나는 각성과 의지라는 의미이다.

또 하나는 조화라는 의미이다.

12연기 과정에서 행이 진행될 때 두 가지 변화가 일어난다.

하나는 정신 체계에서 일어나는 변화이다.

또 하나는 에너지 상태에서 일어나는 변화이다.

정신 상태의 변화는 각성이 의지로 전환된 것이다.

에너지 상태의 변화는 먼저 생성된 밝은성품 에너지와 나중 생성된 밝은성품 에너지가 서로 부딪치면서 일으키는 변화이다. 이 과정에서 음양이기가 생겨나고 물질 입자가 생성된다.

각성으로써 행은 본성을 볼 수 있는 무위각을 말한다.

의지로서의 행은 의도성과 지각성, 비교성을 말한다.

무위각은 견성오도를 통해 체득된다.

반야경의 본문에서는 견성오도를 이루는 방법을 고집멸도(苦集滅道)의 사성제법(四聖際法)으로 제시한다.

행의 공을 성취하는 방법에 대해서는 무고집멸도(無苦集滅道)하라 한다.

자기 고통의 원인이 의식, 감정, 의지라는 것을 아는 것이 고성제이다.

그 고통의 원인을 들여다보는 것이 집성제이다.

고통의 원인을 멸하는 것이 멸성제이다.

고통의 원인을 제도한 뒤에 열반으로 들어가고 보살도, 등각도, 묘각도로 나아가는 것이 도성제이다.

의식, 감정, 의지가 자기인 줄 착각하는 중생은 그것이 고통의 원인이라고 생각하지 않는다. 때문에 의식, 감정, 의지를 극복의 대상으로 삼지 않는다. 오히려 유희의 도구로 활용한다. 그러한 고통과 번뇌는 자기 생명을 갉아 먹는다.

그런 상태로 세월이 흘러가면 생명력이 쇠(衰)해진다.

고통의 원인은 의식, 감정, 의지와 몸이다.

자기 고통의 원인을 이렇게 아는 것은 성스러운 것이다.

어떻게 하면 의식, 감정, 의지, 몸의 고통에서 벗어날 수 있을까?

본성과 각성, 밝은성품을 체득하고 그를 통해 몸, 의식, 감정, 의지를 제도함으로써이다.

이렇게 아는 것 또한 성스러운 것이다.

반야경에서는 반야해탈도의 세 단계를 거쳐서 몸과 정신을 제도하는 방법을 제시해 주고 있다.

고집멸도에 대해서 '무'하라는 것은 무위각을 얻은 다음에 의식 감정 의지를 분리의 대상으로 삼으라는 말이다.

'무행'하는 것은 본성에 입각해서 각성을 쓰는 것이다.

반야해탈의 세 번째 단계에서는 고집멸도의 과정이 필요하지 않다.

본성과 각성이 서로를 비추도록 하고 의식, 감정, 의지를 분리의 대상으로 삼는 것 그것이 바로 반야해탈도이다.

'행'을 의지로 해석할 때 '무행'은 의도성과 비교성이 일어날 때 그것에 '무'하라는 말이다.

행의식을 조화성으로 해석하면 '무행'은 조화인으로서의 에고도 갖지 말라는 뜻이다.

금강경에서는 개체식이 가진 에고를 '네 가지 상'이라 한다.
아상, 인상, 중생상, 수자상이 그것이다.
각성이 인식의 주체가 되면 의식, 감정, 의지가 조화롭게 쓰이고 다른 생명과의 관계가 조화롭게 된다. 그럴 때 자기 명석함에 빠져서 에고를 갖지 말라는 것이 '무행'이 내포하고 있는 또 하나의 의미이다.

오온의 식의식(識意識)은 개체 생명의 틀이다.
자기라는 개체, 나와 네가 구분되는 기준이 식의식이다.
아무개가 아무개인 것은 식의 틀이 아무개인 것이다.
내가 나인 것은 식의 틀이 나인 것이다.
같은 인간이고 같은 생명이지만 식의 틀이 달라서 서로 다른 존재가 된다.
본성은 같아도 식의 틀이 다름으로써 서로 섞이지 않는다.
깨달음도 섞이지 않고 죄업도 섞이지 않는다.
식의 틀이 다르기 때문이다.
식의 틀은 생명 정보가 내재된 공간이다.
식의 틀 안에 의식, 감정, 의지의 생멸 정보와 본성, 각성, 밝은성품의 진여 정보가 함께 내재되어 있다.
식의 틀 안에 내재된 생멸 정보는 6식, 7식, 8식의 형태로 내장되어 있다.
진여 정보는 9식의 형태로 내장되어 있다.
8식까지가 생멸식이고 9식이 진여식이다.

'무식'이란 식의식에 '무'하라는 말이다.
본문에서는 무식의 방법을 '무지 역무득(無知 亦無得)'으로 표현한다.
'무지'는 앎도 없다는 말이다.

'역무득'은 얻음이 없는 것 또한 없다는 말이다.

앎은 8식의 틀 안에 내재되는 지식 정보이다.

의식, 감정, 의지로 이루어진 생멸 정보는 지식 정보를 통해 증장된다.

8식의 틀에서 벗어나 9식을 증득한 존재는 진여심과 생멸심을 분리시켰기 때문에 더 이상 생멸심의 증장을 도모하지 않는다. 이런 성취를 '무지'라고 한다.

그러면서도 진여심을 증장시키는데 혼신의 노력을 다한다.

그런 노력을 통해 성취되는 것이 보살도와 등각도, 묘각도이다.

그때의 성취를 '역무득'의 경지라 한다.

8식을 벗어나서 진여식을 성취한 것을 '무식'했다 한다.

감정은 6식과 7식에 내재하여 있다.

의지는 6식, 7식, 8식에 걸쳐서 포괄적으로 쓰인다.

다만 7식과 8식, 9식이 인식의 대상이 되기 위해서는 의지가 각성으로 전환되어야 한다.

7식을 인식하는 각성을 미세적 유위각(微細的 有爲覺)이라 한다. 대승기신론(大乘起信論)에서는 수분각(隨分覺)으로 표현한다.

8식을 인식하는 각성을 일시적 무위각(一時的 無爲覺)이라 한다. 줄임말로 시각이라 부른다.

6식을 인식하는 각성을 표면적 유위각(表面的 有爲覺)이라 한다. 기신론에서는 상사각(相似覺)으로 표현한다.

9식을 인식하는 각성을 본연적 무위각(本然的 無爲覺)이라 한다. 줄임말로 본각이라 부른다.

본연적 무위각을 갖추게 되면 본성에 근거해서 지각, 의도, 분별이 이루어진다.

중생은 의지를 활용해서 분별, 의도, 지각을 하지만 보살은 본각을 활용해서 지각, 분별, 의도를 행한다. 이것이 곧 최상의 지혜다.
이런 지혜를 해탈지견(解脫知見)이라 한다.

제2강 반야심경

조견 오온 개공 – 중관 공관 가관
照見 五蘊 皆空　中觀 空觀 假觀

중심으로 조견을 행하는 것을 중관(中觀)이라 한다.
이때 조견의 대상이 되는 것이 오온과 공의 면모이다.
중심으로 오온을 비추는 것을 가관(假觀)이라 한다.
이 과정에서 자기 면모가 개발된다.
중심을 통해 비춰지는 공한 면모는 무심(無心)과 무념(無念)이다.
무심은 감정이 쉬어진 상태이다.
무념은 의식이 쉬어진 상태이다.
무념처와 무심처가 한자리를 이루고 서로를 비추는 상태가 본성의 모습이다.

조견을 하기 위해서는 먼저 중심을 세워야 한다.
경서(經書)나 논서(論書)에서 중심을 세우는 법을 찾는 것이 대단히 어렵다.
대부분의 경론(經論)에서는 과지법을 다루지 않기 때문이다.
중론(中論)에도 중심을 세우는 방법이나 중심을 활용하는 방법에 대해서는 구체적으로 제시된 심지법이 없다.
그런 한계성 때문에 삼관의 법이 끊어졌다.
반야경과 금강경을 통해서 다시 삼관의 법을 복원해야 한다.

반야심경(般若心經)은 과지법의 핵심을 함축시켜 놓은 경전이다.
그것이 반야심경이 가진 최고의 가치이다.
조견 오온 개공을 삼관의 법으로 해석하는 사람도 드물다.
그만큼 정법안장(正法眼藏)이 훼손되어 있다.

더군다나 반야경이 반야해탈을 이루는 방법을 말한 것이라고 이해하는 사람은 더욱더 드물다.

근 2천 년 이래로 그런 관점으로 반야심경을 해석한 적이 없다. 삼관을 통해서 반야해탈까지 가는 방법을 전체적으로 논한 경전이 반야심경이다. 참으로 희유하고 보배스러운 경전이다.

반야심경의 내밀한 뜻을 알려면 기존의 문자 체계로 경구를 해석하면 안 된다.

삼관의 심지법(心地法)으로써 반야심경을 해석해야 그 진의가 드러난다.

삼관을 하기 위해서는 먼저 중관이 이루어져야 한다.

중관을 하기 위해서는 중심(中心)을 세워야 한다.

중심은 본래부터 갖추어진 자리가 아니다.

이것은 세워서 갖춰야 하는 자리이다.

중심이 세워지는 자리는 명치 위 1cm, 안으로 5cm 들어간 지점이다.

중심은 안팎이 있다.

밖으로는 경계를 비추고 안으로는 본성을 비춘다.

경계 또한 안팎이 있다.

안의 경계는 자기 마음이다.

밖의 경계는 밖에서 접해지는 모든 현상이다.

안의 경계로써 마음은 의식, 감정, 의지이다.

경전을 공부할 때 이 '마음'이라는 말을 잘 해석해야 한다.

예를 들어 '마음은 마음이 아니요'라는 표현이 있다.

이때 이 마음은 의식, 감정, 의지를 말한다.

그리고 이 마음은 본성, 각성, 밝은성품을 말한다.

전자의 것은 생멸심(生滅心)을 말하고, 후자의 것은 진여심(眞

如心)을 말한다.

이 말을 '내 마음이 내 마음이 아니다'라고 해석하면 엉뚱한 결론에 도달하게 된다.

의식, 감정, 의지가 다 부정되어 버리고 또 진여심조차도 생멸심으로 해석하는 오류를 범하게 되는 것이다.

중심을 놓고 '본성을 비춘다'라는 것은 중심이 경계를 비출 때 그것에 대해서 관여되지 않고 움직이지 않는 자리를 보는 것이다.

중심은 오로지 거울로서 역할을 할 뿐 밖의 경계나 안의 경계에 대해 따로 관여하지 않는다. 그것이 중관(中觀)이다.

중도(中道)는 중심을 활용해서 조화를 행하는 것이다.

중심을 세워서 중관을 행하는 것을 '선나(禪那)'라 한다.

공관을 행하는 것을 '사마타(奢摩他)'라 한다.

가관을 행하는 것을 '삼마발제(三摩鉢提)'라 한다.

의식, 감정, 의지는 환(幻)이다.

그렇기 때문에 의식, 감정, 의지에 속하지 않는 한자리를 세워서 본성을 비출 수 있는 도구로 활용한다. 이것이 중관을 하는 목적이다.

본성은 본래부터 갖추어진 것이다.

이것은 체득하는 것이 아니다.

다만 각성이 부족해서 본성을 인식하지 못한다.

중관을 하는 7가지 목적(目的)이 있다.

첫 번째는 각성을 키우는 것이다.

두 번째는 자기 면모를 개발하는 것이다.

세 번째는 교류성을 확보하는 것이다.

네 번째는 자기 제도를 행하는 것이다.
다섯 번째는 본성을 인식하는 것이다.
여섯 번째는 존재 목적을 실현하는 것이다.
일곱 번째는 인식의 틀을 깨는 것이다.
수행에 쓰이는 모든 방편은 각성을 키우는 수단이 될 수 있다.
하지만 중관의 경우처럼 포괄적인 성취를 이루지는 못한다.
화두도 마찬가지다.
화두로는 무위각을 얻기가 힘들다.
나머지 여섯 진로를 성취하는 것은 더욱더 어렵다.
중심은 방편이 아니다.

'성으로 들어오는 문은 4개가 있는데 본성을 인식하는 방법은
몇 가지가 있습니까?'라고 보살이 물었을 때 부처님께서는 '
의식을 이루는 모든 것들이 다 본성으로 들어갈 수 있는 도구
가 되지만 그것을 크게 3가지로 나눌 수 있다. 첫째는 선나
요. 둘째는 사마타요. 셋째는 삼마발제다'라고 말씀하셨다.
이 내용이 원각경(圓覺經)에 수록되어 있다.

진여심을 이루는 각성과 밝은성품에 쌓여진 생멸 정보가 의
식, 감정, 의지가 된다.
각성의 바탕 위에 쌓여진 생멸심이 의지가 된다.
밝은성품은 본성에서부터 생성되는 생명 에너지다.
밝은성품의 부딪침으로 인해서 생겨나는 에너지의 변화가 생
멸 정보가 된다. 밝은성품 에너지 공간에 생멸정보가 내장되
면서 의식과 감정이 생겨난다.

중생이 생각하는 나는 생멸심의 나이다.
보살은 진여심으로 자기를 삼는다.

의식과 감정의 바탕에는 본성의 모습이 있다.

무심처와 무념처가 그것이다.

의지에도 각성적 요소가 내포되어 있다.

지각성이 그것이다.

삼관, 삼해탈을 행하는 목적은 의지를 각성으로 전환시키고, 의식과 감정을 통해서 본성을 보고, 생명 에너지를 활용하는 방법을 익히기 위해서이다.

감정을 통해 본성을 보면 편안함이 생긴다.

이 편안함이 감정의 주인이다.

의식을 통해 본성을 보면 아무렇지 않은 상태가 된다.

그러하듯 중심으로 의식의 바탕을 보면 아무렇지 않은 자리가 드러난다.

중심으로 감정의 바탕을 보면 편안함이 생겨난다.

의식의 아무렇지 않음을 주체로 해서 수행을 하는 것이 공관(空觀)이다.

감정의 편안함을 주체로 해서 수행을 하는 것이 중관(中觀)이다.

중관법으로 수행을 시작하는 것이 공관법이나 가관법으로 시작하는 것보다 훨씬 쉽다. 원각경(圓覺經)에서는 25가지 관법(觀法)이 제시되어 있다. 그중에는 아무렇지 않음을 주체로 삼은 관법이 있고, 편안함을 주체로 삼는 관법도 있다. 또한, 밝은성품을 주체로 삼는 관법이 있다.

반야경(般若經)에서 제시하는 관점은 편안함을 주체로 삼는 관법이다.

'편안하다'를 다른 표현으로 하면 '안녕'이다.

'안녕하십니까'라는 말은 '편안함이 튼튼하게 자리 잡았습니까'라는 뜻이다.

당신은 편안함을 튼튼하게 갖추고 계십니까? 다른 사람의 편안함은 그렇게 챙기면서 막상 나 자신의 편안함은 지키지 못한다.
편안함은 누구에게나 있다.

아무리 큰 고통 속에 처해있는 사람도 어느 순간에는 편안함을 느끼게 된다.

하지만 그 편안함을 지속하는 것은 매우 어렵다.

편안함이 조견의 주체가 되어서 마음 거울로 쓰이려면 지속할 수 있는 힘이 있어야 한다. 편안함을 유지하는 시간을 늘려가는 것이 수행(修行)이다.

언제 어디서든 어떤 환경에서든 편안함을 지켜갈 수 있는 근기를 키워야 한다.

편안한 자리를 지켜가고 그것을 보는 것을 게을리하지 않는 사람이 수행자이다.

가장 쉬운 일이면서도 가장 어려운 일이 수행이다.

편안함을 지키려고 노력하다 보면 편안함을 빼앗아 가는 원인들을 보게 된다.

그래서 그것들을 제도의 대상으로 삼는다.

편안함을 지키려는 의도가 없으면 편안함을 뺏어가는 원인들도 드러나지 않는다. 그렇게 되면 그것들을 제도할 수 있는 기회를 놓치게 된다.

명치 위 1㎝, 속으로 5㎝ 정도 들어간 자리에 의지를 두고 그 자리에서 편안함을 느낀다. 이 자리가 중심이다.

가슴 전체가 편안한 것을 느낀 다음 중심에 집중한다.

그 상태에 머물러서 드러나는 현상들을 지켜본다.

중심은 오장의 상태가 반영되는 자리다.

또한, 머릿속 시상과 공명하는 자리다.

중심은 마음 거울로 쓰여진다.

중심을 통해 장부를 순화한다.

중심을 진보시켜서 표면과 이면으로 분리한 다음 표면으로는 경계를 비추고 이면으로는 본성을 비춘다.
초선정에서부터 4선정까지의 선정 체계가 중심에서 세워진다.

'편안'이라는 말을 한글 원리로 풀어보면 다음과 같은 의미가 있다.
'편'자의 ㅍ은 펼친다는 뜻이고, ㅕ는 더불어서 안으로 깃든다는 뜻이다. ㄴ은 승화한다는 뜻이다.
'안'자의 ㅇ은 본성의 회복이란 뜻이고, ㅏ는 밖으로 확장한다는 뜻이다. ㄴ은 승화한다는 뜻이다.

펼친다. 무엇을 펼치는가? 자기를 펼친다.
더불어 안으로 깃든다. 무엇이 더불어 안으로 깃드는가?
경계와 본성이 안으로 깃들고, 경계와 내가 안으로 깃들고, 나와 상대가 안으로 깃든다.
'편'이란 경계와 본성이 안으로 깃들어서 자기를 펼치고 스스로가 하늘 생명으로 승화를 이루는 것이다.
'안'이란 본성을 회복하고 밖으로 확장해서 승화를 이루는 것이다.
편안한가? 본성이여 잘 계신가? 이렇게 스스로에게 안부를 묻는다.
어떤 사람은 '주인공'하고 부르면서 자기 안부를 물었고, 어떤 사람은 '한마음'하고 안부를 물었다.
한마음 편안하신가?
주인공 편안하신가?
틈틈이 스스로에게 안부를 묻고 명치 위 1cm, 속으로 5cm 들어간 자리에서 편안함이 세워지도록 한다.
편안함이 세워지면 조견을 행한다.

조견을 할 때는 반드시 지켜야 할 것이 있다.

지극하게 비추고, 편안함을 지키고, 행복하게 누리는 것이다.

모든 수행의 기본은 한가로움이다.

한가롭고 여유롭고 기쁜 마음으로 수행에 임해야 한다.

명치 위 1㎝, 속으로 5㎝ 들어간 자리에 편안함을 집중하고 그 상태로 머물러서 색의식을 비춰본다.

안, 이, 비, 설, 신, 의가 중심에 입각해서 쓰이도록 하고 색, 성, 향, 미, 촉, 법이 중심에서 비춰지도록 한다. 이때 중심의 편안함이 유지되면 이것을 일러 '무'했다고 말한다.

무안이비설신의 무색성향미촉법(無眼耳鼻舌身意 無色聲香味觸法)을 이룬 것이다.

편안함을 세워서 그 편안함으로 자기 눈을 관찰하고, 귀를 관찰하고, 코를 관찰하고, 몸을 관찰하고, 입을 관찰하고, 생각을 관찰한다.

눈으로 보이는 대상을 놓고 편안함을 유지하고, 귀로 들리는 소리를 놓고 편안함을 유지하고, 냄새, 호흡, 맛, 촉감, 생각을 놓고서 편안함을 유지한다.

이때 편안함이 유지되는 것을 방해하는 경계가 있다.

몸의 불편함, 의식의 분별, 시비, 탐착, 나를 망각하게 하는 대상들이 그것이다.

그런 경계들로 인해 편안함이 훼손된다면 그것을 제도의 대상으로 삼는다. 그것에서부터도 편안함이 지켜질 수 있도록 노력을 하는 것이다.

어떻게 좀 더 편안하게 할 것인가?

어떻게 편안함을 좀 더 깊게 유지할 것인가?

의식과 감정과 의지가 주체가 되어서 나를 쓰는 것이 아니다.

편안함이 주인이 되어서 나를 쓰게 한다.

제3강 반야심경

중심의 편안함을 훼손하는 원인들

중심의 편안함이 지속되지 못하는 두 가지 원인이 있다.
밖의 원인과 안의 원인이 그것이다.
밖의 원인은 대상(對象)이다.
때로는 외부 의식에 침해당해서 편안함이 깨어진다.
병도 침해의 한 종류이다. 세균이나 바이러스에 감염되는 것
도 침해당하는 것이다.
안의 원인은 자기습성(自己習性)과 업식(業識)이다.
장부 상태나 뼈에 저장된 업식, 신경에 저장된 업식, 세포에
저장된 업식으로 인해 편안함이 훼손된다.
각성이 키워지면 흔들리지 않는 자리를 갖출 수 있다.
중심의 편안함을 지속적으로 주시함으로써 각성이 키워진다.
항상 어느 때라도 지극하게 중심을 보는 의지를 놓지 않아야
한다.
그것을 놔 버리면 각성이 미(迷)해진다.
중심에 마음을 두는 것을 철두철미하게 해야 한다.
그리움을 담아서 중심을 지켜본다.

자신을 놓고 사랑할 수 있는 것이 무엇인가?
스스로에게 사랑할 수 있는 성스러움이 있는가?
의식은 욕심으로 치달으니 사랑할 수 있는 것이 아니다.
감정은 시시때때로 변하니 그 또한 사랑할 수 있는 것이 아니다.
의지도 선택의 갈등에 휩싸이니 사랑할 수 있는 것이 아니다.
나 자신을 놓고 사랑할 수 있는 한자리가 중심이다.
중심을 지극하게 보듬어 안는다.

지극하게 중심을 주시하다 보면 새로운 경계가 나타난다.

의도하지 않았던 생각들이 떠오르고 경험하지 못했던 습성들이 깨어난다.

걱정, 날카로움, 슬픔, 우울함, 소외감, 심심함 등등의 감정들이 생겨나고 업식이 발현된다. 그럴 때는 드러난 현상들을 다시 중심으로 비춰본다.

이런 현상들은 어디서 나오는가? 중심에게 질문하고 묵묵하게 기다린다.

그러다 보면 그 원인이 드러난다.

슬픔은 어디에서 오는가? 라고 중심에 물어보면 가슴이 조여드는 것을 느낄 수 있다. 횡격막이 수축되고 가슴신경이 조여들면서 슬픔이 일어난다.

장부상태를 느껴보면 심장과 폐가 수축되어 있다.

이것은 슬픔이 생기는 경로가 드러나는 현상이다.

슬픔은 본래 나의 것이 아니다.

심폐가 수축되면서 오는 현상이다.

슬픔은 심폐를 확장시켜서 제도한다.

외로움은 왜 생기는가?

자기장이 좁아지고 서로 공유되지 못했을 때 외로움이 일어난다.

자기장은 골수의 유동으로 생성된다.

골수 온도가 떨어지고 생체 전기가 약해지면 자기장이 좁아진다.

골수 온도를 올려주고 생체 전기를 보강해서 외로움을 제도한다.

장부가 침체되고 소화 기능이 떨어지면 우울증이 생긴다.

삼차신경이 수축되면 소화 기능이 떨어진다.

소화 기능이 떨어지면 세로토닌 분비가 저하된다.

우울증을 제도하려면 삼차신경을 늘려줘야 한다.
엄지와 검지를 굴곡시켜서 삼차신경을 늘려준다.

이러하듯 중심으로 비춰보는 것만으로도 능히 업식의 원인을 알 수 있고 그것을 제도할 방법을 찾을 수 있다.
자기 제도를 위해서는 여러 가지 방편이 쓰여진다.
뇌척수로운동법, 발성법, 삼관법 등등의 다양한 방편들이 자기 제도에 쓰여진다.
자기 제도는 몸과 정신을 놓고 단계적으로 이루어진다.
몸의 제도는 장부 순화, 뼈 순화, 신경 순화, 세포 순화의 순서로 이루어지고 정신의 제도는 추업과 세업의 순서로 이루어진다.
자기 제도의 범위가 넓어질수록 편안함도 깊어진다.
편안함이 키워지면 중심의 바탕에서 본성을 인식한다.
중심을 세우는 제1의 목적이 본성을 인식할 수 있는 각성을 얻는 것이다.
본연적 무위각이 갖춰지면 수행의 주체가 본성으로 전환된다.
중심(中心)은 생멸심과 진여심을 하나로 껴안아서 묘각도를 이루게 하는 궁극적인 기능이 있다. 하지만 처음 시작의 단계에서는 본성을 보는 통로로 활용된다.
본성을 인식한 다음에는 본성과 경계를 넘나들면서 심식의와 경계에 편향된 중생심을 본성 쪽으로 바꾸어가는 역할을 하게 된다.
본성으로 인식의 주체가 전환되었을 때에는 본성을 통해 중심과 경계를 보게 된다. 이것이 반야해탈(般若解脫)의 첫 번째 경지이다.

견성오도(見性悟道) 이후에 해탈도(解脫道)를 닦는 것은 의식,

감정, 의지를 제도해서 진여심을 증득하기 위해서다. 공무변처정과 식무변처정, 무소유처정을 통해 진여심을 증득한다.

공무변처정(空無邊處定)에서는 감정의 습성과 번뇌를 제도하고, 식무변처정(識無邊處定)에서는 의식의 습성과 번뇌를 제도한다. 무소유처정(無所有處定)에서는 의식, 감정, 의지를 인식의 대상으로 삼지 않는다. 의식과 감정과 의지를 자기로 삼지 않는 것이 무소유다.

무소유처정은 본성, 각성, 밝은성품으로 진여심이 갖추어질 때 이룰 수 있는 경지이다.

장부 순화(臟腑順化)의 방법에 대해 구체적으로 들여다보자.

장부는 6장 6부로 이루어져 있다.

6장은 간, 심장, 비장, 폐, 신장, 삼초이다.

생명 에너지를 저장하는 창고이면서 감정이 내재되어 있다.

6부는 담, 소장, 위, 대장, 방광, 심포이다.

생명 에너지를 생성하는 기관이다.

식의 상태에 따라서 6장의 역할과 기능이 달라진다.

6식의 상태에서는 감정과 에너지의 저장소 역할을 한다.

7식으로 들어가면 6장의 기능이 달라진다.

7식에서는 6장에 내재되어 있던 각각의 주체 의식이 깨어난다.

6장의 하나인 삼초는 뇌의 신경 영역이다.

시상핵과 대뇌변연계, 파페츠 회로가 삼초의 영역이다.

7식의 상태에서 시상으로 들어가면 거기에는 6개의 주체 의식이 합쳐지는 장소가 있다. 이 자리는 몸의 5장과 서로 연결되어 있다.

5장을 이루는 5개의 주체 의식과 머리를 이루고 있는 1개의 주체 의식이 이 자리에서 합쳐지면 생각이 일어난다.

생각을 일러 후6식이라 하고 오장의 의식을 전5식이라 한다. 유식체계(唯識體系)에서 전5식이 합쳐져서 후6식이 생긴다고 하는 것이 이런 이유 때문이다. 시상에서 생겨난 생각이 파페츠 회로를 타고 돌면서 사유가 행해진다.

6식의 상태에서는 자기 주체 의식이 한 개다. 그런데 7식으로 들어가면 주체 의식이 6개다. 6식에서는 내가 한 사람이지만 7식에서는 여섯 사람이 되는 것이다.

6식의 상태에서 행해지는 장부 순화는 표면적 순화이다.

6식의 장부 순화는 장부 간 균형을 맞춰주는 깃을 목표로 심는다.

간 비장 균형, 심폐 균형, 신장 균형, 머리와 몸통의 균형을 맞춰주는 것이 6식에서 행해지는 장부 순화이다.

7식으로 들어가서 장부 순화를 해야 미세적 순화가 이루어진다. 7식에서는 6장의 주체 의식 각각을 제도의 대상으로 삼는다.

6장의 주체 의식을 제도하려면 먼저 각각의 주체 의식을 일깨워야 한다.

그런 다음 교류해야 한다.

간의 주체 의식과 만나고, 심장의 주체 의식과 만나고, 폐, 비장, 신장의 주체 의식과 만나야 한다.

육장의 주체 의식이 깨어나는 모습이 있다.

사람에 따라서 각기 다른 모습으로 나타나지만, 공통점이 있다. 그것이 바로 색깔이다.

중심의 편안함이 깊어지면 중심과 육장을 하나씩 연결한다.

먼저 심장을 연결한다.

편안함을 바탕으로 삼고 심장에 대한 그리움을 서서히 일으킨다. 마음이 조급해서도 안 되고 선입관이 있어도 안 된다.

그리움이 지나쳐서 편안함이 흐트러져도 안 된다.

중심과 심장을 연결해 놓고 지극하게 기다린다.

어미 닭이 알을 품는 심정으로 사랑하는 사람을 그리워하는 심정으로 심장을 느껴본다. 심장의 주체 의식이 깨어나면 눈, 귀, 코, 입, 몸, 생각을 통해 경상이 드러난다.

눈으로는 색깔이 인식된다.

붉은색이다.

시야가 온통 붉은색으로 채워질 수도 있고, 붉은색 빛을 인식할 수도 있다.

때론 붉은색 옷을 입은 사람이 나타날 수도 있고, 붉은색 털을 가진 짐승이 나타날 수도 있다.

귀로는 소리가 인식된다.

벌레 소리, 말발굽 소리, 종소리, 목탁 소리, 속삭이는 소리, 천둥 벼락치는 소리 등등의 다양한 소리가 들려온다.

코로는 냄새가 맡아진다.

천상의 향기 같은 그윽한 꽃향기가 풍겨오기도 하고, 시궁창 냄새 같은 악취가 진동하기도 한다.

입으로는 의도하지 않았던 말들이 튀어나온다.

방언하듯이 못 알아듣는 말이 나오기도 하고, 특정한 대상과 연관된 말이 나오기도 한다. 전생의 일이나 미래를 예언하는 말이 나오기도 한다.

몸으로는 초감각이 발현된다.

감각을 통해 에너지의 흐름을 느끼기도 하고, 자연과 교감할 수 있는 능력이 생기기도 한다. 다른 사람의 몸 상태와 일치가 이루어지기도 한다.

생각으로는 다양한 현상들이 드러난다.

과거와 미래를 보기도 하고, 다른 세계와 교류하기도 한다.

상대의 생각과 일치가 되기도 하고, 영혼으로 존재하는 생명들과 교류할 수 있는 능력이 생기기도 한다.

심장의 주체 의식이 깨어나면 언제 어디서든 임의롭게 소통할 수 있게 된다.

마치 친구처럼 대화하고 서로의 의견을 나눌 수도 있다.

이런 상태가 되면 자기 능력이 비약적으로 발전한다.

이때 조심해야 할 것이 있다.

능력을 쓰면서 에고에 빠지지 않는 것이다.

이 부분에 대해서는 뒤에 '무안계 내지 무의식계' 편에서 상세하게 다뤄진다.

심장의 주체 의식을 깨웠으면 그다음에는 간이나 비장의 주체 의식을 깨운다.

일치시키는 방법은 똑같다.

다만 심장의 주체 의식이 도움을 줄 때 훨씬 더 수월하게 깨어난다.

때로는 오장의 주체 의식끼리 서로 부딪치는 관계가 될 수도 있다.

그럴 경우에는 따로따로 발현시켜서 서로 화합시켜야 한다.

이 또한 장부 순화의 과정에서 반드시 성취해야 할 과정이다.

나머지 장부의 주체 의식이 깨어날 때 드러나는 안, 이, 비, 설, 신, 의의 경상은 색깔의 경상만 다를 뿐 대부분이 비슷하다.

비장의 주체 의식이 깨어날 때는 황색이 인식된다.

간의 주체 의식이 깨어날 때는 녹색이 인식된다.

폐의 주체 의식이 깨어날 때는 백색이 인식된다.

신장의 주체 의식이 깨어날 때는 푸른색이 인식된다.

머리의 주체 의식이 깨어날 때는 다섯 가지 색깔이 혼재되어 나타난다.

오장의 주체 의식 중 어떤 의식이 머리로 올라왔는가에 따라서 드러나는 색깔의 양상이 서로 다르다.

다섯 개의 주체 의식이 함께 모이면 금색 빛이 인식된다.
보라색, 분홍색, 갈색 등등의 색깔들은 서로 다른 주체 의식
끼리 만났을 때 나타나는 색깔이다.

육장(六臟)의 주체 의식이 발현될 때 나타나는 경상에 대해
좀 더 알아보자.
어떤 때는 빨간 옷을 입고 있는 아이가 나와서 안녕? 하고
인사를 한다.
빨간 옷을 입었으니 이는 심장의 주체 의식이다.
어떤 때는 파란 옷을 입고 나와서 싸우자고 덤빈다.
파란 옷을 입었으니 이는 신장의 주체 의식이다.
이런 경우에는 외부 의식이 들어와서 자기를 공격한다고 생각
할 수 있다.
그런 인식이 생겨나면 외부 의식을 물리쳐야 한다는 적대감을
갖게 된다.
적대감을 갖고 주체 의식을 대하면 장부 순화가 이루어지지
못하고 오히려 장부의 균형이 깨어지게 된다. 이런 경우는 의
식적인 장애가 생길 수도 있다.
그런 경우들이 많다. 공부하는 사람 중에 그런 사람들이 특히
많고 일반 사람 중에도 가끔 그런 사람들이 있다.
이런 현상은 6식과 7식의 경계가 무너져서 7식의 주체 의식
이 깨어날 때 나타나는 현상이다. 하지만 그 원인을 모르게
되면 정신분열이나 빙의 현상으로 오해한다.
이런 오류에서 벗어나려면 오장의 주체 의식과 교류할 수 있
는 방법을 알아야 한다. 처음 수행문에 들어선 사람이 이 과
정을 넘어가는 것은 대단히 어렵다.
혼자서 넘어서는 것은 힘들고 반드시 선지식의 지도가 필요하다.
오장의 주체 의식 중에는 거짓말을 잘하는 의식도 있고, 명석

한 의식도 있다. 그런 경우에 거짓말에 속아서도 안 되고, 명석함에 의지해서도 안 된다. 왜냐하면 둘 다 제도해야 할 대상이기 때문이다.

이때 쓰여지는 것이 공관법(空觀法)이다.

공관을 할 줄 모르면 이때의 장애를 극복하지 못한다.

공관을 하기 위해서는 중심 분리를 통해 이면을 확보해야 한다.

중심분리법(中心分離法)에 대해서는 잠시 뒤에 설명하고 먼저 6장, 6부의 균형이 깨졌을 때 중심에서 드러나는 경상에 대해 알아보자.

중심을 통해 드러나는 장부의 경상은 13가지 종류가 있다.

그중 12가지는 장부가 안 좋을 때 드러나는 경상이고 나머지 한 가지는 장부의 상태가 안정되었을 때 드러나는 경상이다.

중심 자리에서 물결이 일렁이는 듯한 설렘이 일어나면 신장이 안 좋은 것이다.

메슥거림이 느껴지면 비장이 안 좋은 것이다.

누르는 듯한 압박감이 느껴지면서 통증이 있으면 심장이 안 좋은 것이다.

바늘로 찌르는 듯한 통증이 느껴지면 폐가 안 좋은 것이다.

불안함이 느껴지면 담이 안 좋은 것이다. 담이 수축됐을 때 불안함이 생긴다.

울렁거림이 느껴지면 간이 안 좋은 것이다.

울렁거림과 메슥거림이 같이 느껴지면 간, 비장이 함께 안 좋은 것이다.

답답함이 느껴지면 위가 안 좋은 것이다.

더부룩함이 느껴지면 소장이 안 좋은 것이다.

짜글거림과 더불어서 조급함이 일어나면 대장이 안 좋은 것이다.

긴장감이 생기고, 안정이 안되면 방광이 안 좋은 것이다.

격정에 차 있으면 심포가 안 좋은 것이다.

신경이 예민해지고 날카로우면 삼초가 안 좋은 것이다.

장부가 안정된 상태이면 중심이 편안함을 유지한다.

중심을 보고 있을 때 위의 12가지 증상이 나타나면 그 부위에 해당하는 장부가 안 좋은 것이다. 다른 사람과 일치했을 때 그런 증상이 나타나면 그 사람의 장부가 안 좋은 것이다.

중심을 분리해서 이면이 갖춰지면 심왕(心王)이 깨어났다고 말한다.

심왕이 깨어나면 장부를 이루고 있는 6가지 주체 의식이 심왕에 조복한다.

심왕이 세워지지 않고 6개의 주체 의식이 깨어나면 서로 다투는 관계가 된다.

6장의 주체 의식이 발현될 때 심왕을 먼저 세워주면 주체 의식 간에 부딪힘이 최소화된다. 심왕이 세워지면 장부 순화가 수월하게 이루어진다.

심왕을 활용해서 장부 순화를 하는 것도 주체 의식을 발현시킬 때와 비슷한 방법으로 진행한다.

중심으로 비추어서 불안함이 일어나면 담이 안 좋은 것이다. 그럴 때는 이면의 관여되지 않는 자리로 불안함을 비춰준다. 담도 함께 비춰준다. 그러면 불안함이 사라지고 다시 편안함이 갖춰진다.

슬픔이 일어나면 슬픔도 관여되지 않는 자리로 비춰준다. 그러면 슬픔이 사라진다. 슬픔이 제도되면서 심, 폐도 함께 치료된다.

이렇게 중심을 통해 6식의 장부를 제도해 가다 보면 문득문득 7식의 주체 의식들이 깨어나는 현상들이 나타난다. 그때부터 교류가 시작된다.

어떤 여자애가 나타났는데 녹색 모자를 쓰고 있다. 녹색 모자를 쓰고 있으니 간이다. '간 너는 여자였구나' 그때야 자기 간의 주체 의식이 여자인 것을 알게 된다.

나중에 그 의식이 나타나서 뭐라고 뭐라고 하면 '내 간이 말하는구나' 이렇게 알게 된다. 하지만 그 과정을 못 겪어본 사람은 녹색 모자 쓴 여자애가 나타나서 뭐라고 뭐라고 하면 외부 의식으로 착각하게 된다.

5장의 주체 의식이 깨어났을 때 의타심이나, 거부감, 두려움을 갖게 되면 마장(魔障)에 빠지게 된다.

나중에 신경 순화나 의식 순화의 과정에서는 육근원통법(六根圓通法)을 통해 시상으로 직접 들어가서 6장의 주체 의식들을 만나게 된다.

시상의 부위별로 서로 다른 주체 의식들이 내재되어 있다.

뇌척수로운동을 통해 장부 순화를 하게 되면 훨씬 더 폭넓은 범위에서 자기 제도가 이루어진다.

뇌척수로운동이 익숙해지면 각 손가락의 움직임을 통해서 원하는 부위를 자극할 수 있게 된다. 3, 4, 5지를 구부려서 연수를 조여주고 소장을 자극한다. 검지를 구부리면서 미주신경을 자극하고 대장을 자극한다.

엄지를 구부리면서 교감신경을 자극하고 심, 폐를 자극한다.

이런 방법으로 자기 제도가 이루어지면 신경 경로와 근골격, 장부 순화가 한꺼번에 이루어진다. 업식이 발현되면 업식이 내장된 원인과 내장 경로가 드러나고 업식의 영향을 받는 전체 생명 경로의 상태가 드러난다.

「어깨가 아프다」 이 증상을 중심과 뇌척수로운동을 병행해서 제도해 본다.

중심으로 어깨의 통증을 비춰보면서 검지를 천천히 구부린다.
검지를 완전하게 구부린 다음 중심을 지켜본다.
생각지도 않았던 장면이 떠오른다.
어렸을 때 겪었던 일이 어제 있었던 일처럼 선명하게 떠오르는 것이다.
친구가 나에게 소리를 질렀다. 나는 친구가 두려웠다.
나도 모르게 어깨가 움츠러졌다.
그 두려움이 트라우마가 되어 어깨에 맺혀있다. 어깨가 아픈 것은 그때부터 시작되었다.
어깨에 맺혀있는 트라우마는 승모근을 경직시키고 부신을 수축시켰다.
목신경을 경직되게 하고 횡격막 신경을 수축시켰다.
횡격막이 수축되면서 심, 폐가 수축되고 가슴속에는 슬픔이 생기게 되었다.
검지의 자세를 유지하면서 아픈 어깨를 이면으로 비춰본다.
그러다 보면 무언가 한 무더기가 떨어져 나가는 것이 느껴진다.
심폐가 확장되면서 내 안에 박혀있던 슬픔도 제도된다.
이렇듯 중심과 손가락 하나만으로도 언제든지 내 속으로 들어가서 제도해야 할 대상을 만날 수 있다.
중심법과 뇌척수로운동의 공법이 함께 쓰이면 훨씬 더 깊은 조견을 할 수가 있다.
쉼 없이 산을 오르다 보면 산을 잘 타는 사람이 되듯이 자기 제도를 반복해서 하다 보면 자기 안으로 들어가는 것이 능숙하게 이루어진다.

심왕 - 이면의 두 가지 관점과 활용법

심왕(心王) 즉 중심의 이면이 가진 두 가지 관점이 있다.

하나는 공간적 관점이다.

또 하나는 상태적 관점이다.

중심의 이면은 텅 비어있다. 이것이 이면이 가진 공간적 관점이다.

중심의 이면은 '아무렇지 않은 상태'이다. 이것이 이면이 가진 상태적 관점이다. '아무렇지 않다'는 것은 각성으로 주시되는 대상의 상태이다.

현상을 대하는 의식이 아무렇지 않을 때 그 상태를 각성이 주시한다.

각성이 없으면 아무렇지 않은 것이 어떤 상태인지 구분하지 못한다.

가끔 아무렇지 않은 상태가 어떤 상태냐고 묻는 사람이 있다.

그러면 손가락을 들어 보이면서 어떠냐고 되묻는다.

선지가 있으면 알아듣지만 그렇지 않으면 어리둥절한다.

의식이 쓰일 때 관여되지 않고 아무렇지 않은 자리를 주시의 대상으로 삼으면 그 자리가 이면이다.

공간적 관점에서 이면이 세워지는 자리는 명치 위 1cm, 속으로 10cm 들어간 자리이다. 중심에서 등 쪽으로 5cm 더 들어간 자리에 이면이 세워진다.

이면에서는 어떤 일치도 일어나지 않는다.

관여되지 않고 아무렇지 않은 상태, 그런 상태가 명치 위 1cm, 속으로 10cm 들어간 자리에서 세워진다.

본래 식의 바탕은 아무렇지 않음으로 이루어져 있다.

그 상태를 무념처(無念處)라 한다.

텅 비워짐과 아무렇지 않음이 한자리를 이루면 비로소 '공'의

'체'가 갖춰진 것이다.

그 상태를 중심으로 비춰보는 것을 '공관(空觀)'이라 한다.

공(空)의 체(體)를 머릿골 속에서 인식한 다음 척수 영역 전체로 확장해가는 것이 사마타(奢摩他)의 진보(進步)이다.

척수는 31개의 막으로 계단을 이루고 있다. 시상에서부터 시작하면 44개의 막으로 이루어져 있다.

이 계단을 한 단계씩 내려가면서 사마타의 영역을 확장시킨다.

시상에서 세워진 무념처를 호흡을 통해 아래쪽으로 끌어내리면서 각각의 계단을 제도하는 것이다.

첫 번째 계단이 시상이다.

시상에서는 육장의 주체 의식을 깨워서 제도하고 자율신경과 대뇌피질 경로를 제도한다. 호흡을 들이쉴 때 백회에서 시상까지 나선으로 빨아들이면 피질 경로가 억제되면서 무념 상태에 들어간다. 그때 시상까지 억제된 공간을 감각으로 느끼면서 아무렇지 않은 상태를 함께 인식하면 사마타에 들어간 것이다.

사마타에 머물러서 목적했던 만큼의 자기 제도를 이루었으면 중뇌로 내려가서 시각 경로와 청각 경로를 제도한다. 삼차신경과 전정 기능도 함께 제도한다.

하부로 한 계단씩 내려갈 때는 먼저 호흡을 통해 원하는 부위까지 억제해놓고 사마타에 들어간다. 그런 다음 그 자리에 머물러서 자기 제도를 행한다.

이런 방법으로 교뇌, 소뇌, 연수, 경수 1번 ~ 경수 8번, 흉수 1번 ~ 흉수 12번, 요수 1번 ~ 요수 5번, 천수 1번 ~ 천수 6번 순으로 내려가면서 자기 제도를 행한다.

한 계단씩 내려갈 때마다 다른 업식이 깨어난다.

연수부까지는 자업이 깨어나고, 경수 6번까지는 육도윤회계의 업식이 깨어난다.

경수 7번부터 흉수부와 요수 2번까지는 27천의 세계와 연결되면서 세계업이 공유된다. 요수 3번부터 천수부에서는 아수라계가 깨어난다.

사마타의 상태에서는 생각이 일어나는 속도가 느리다.

그렇기 때문에 생각이 시작되는 과정과 생각의 상이 맺히는 과정을 명료하게 볼 수 있다. 사람과의 인연을 보는 것이나 생각이 일치되는 현상이 사마타의 상태에서 이루어진다. 여러 가지 방법의 사마타가 있다.

자기 내면으로 들어가는 사마타가 있고, 밖의 경계를 대상으로 사마타를 이루는 법이 있다. 이를 일러서 백천삼매(百千三昧)라 한다.

중심을 놓고 이면을 확보하는 것은 사마타의 시작이다.

편안함과 아무렇지 않음이 한자리를 이루고 서로를 비춰보는 상태가 본성의 상태다. 그 상태를 지켜보는 것을 '본제관(本際觀)'이라 한다.

본제관의 상태가 바로 견성오도를 이룬 것이다.

본제관은 초선정이나 이선정, 삼선정에서는 이루어지지 않는다.

중심을 세우면 초선정에 든 것이다.

이면을 확보하면 2선정에 든 것이다.

중심이 철벽을 이루면 3선정에 든 것이다.

무념, 무심이 서로를 비추는 상태가 되면 4선정에 든 것이다.

4선정이 곧 견성오도이다.

본성을 인식하기 위해서는 중심을 단계적으로 진보시켜가는 것이 중요하다.

중심의 진보는 공관을 통해 이루어진다.

편안함이 아무렇지 않음을 만나서 진보하는 것이다.

편안함은 느낌이고, 아무렇지 않음은 각성이 주시하는 이면의 상태이다.

의식의 흐름을 주시의 대상으로 삼다 보면 어느 때에 이르러서 아무렇지 않은 상태가 인식된다. 그렇게 되면 편안함과 아무렇지 않은 상태의 차이를 알게 된다.

이런 각성이 생겨나면 중심이 한 단계 진보한 것이다. 이때부터는 아무렇지 않은 상태를 중심의 이면으로 삼아서 편안함과 아무렇지 않은 상태를 함께 주시한다.

이것이 바로 2선정에서 이루어지는 쌍차쌍조(雙遮雙照)이다. 쌍차쌍조가 지속하면 편안함과 아무렇지 않음이 동떨어지지 않는 상태가 된다. 그때가 되면 눈이 안으로 떠진다.

밖을 보지 않는 것이다. 안을 보면서 아무렇지 않음과 편안함이 한자리를 이루고 있는 상태를 주시한다. 이런 상태를 '심식이 일여를 이루었다' 말한다.

그렇게 공부가 익어간다.

"자기중심이 그리움의 대상이 되도록 지극하게 갈망하고, 그러면서 중심에서 나타나는 12가지 경상을 차례차례 겪어보고, 그걸 다시 중심으로 씻어내고, 7식의 주체 의식들을 가끔 만나보고, 중심과 일치된 현상이나 자기 업식이 발현됐을 때 그것에 대해서 아무렇지 않은 마음으로 바라보고, 아무렇지 않은 것을 중심의 이면으로 세워주고" 이렇게 그 구조를 만들어가는 것이 곧 중심을 진보시키는 것이며 처음 사마타를 행하는 것이다. 말은 쉽지만, 그 과정이 철저히 행해지는 것은 참으로 어렵다.

중심의 이면이 세워지면 중심은 표면과 이면으로 나누어진다.

표면은 일치의 수단이 되고 가관의 주체가 된다.

이면은 제도의 수단이 되고 공관의 주체가 된다.

그래서 중심을 놓고 공관과 가관이 함께 이루어진다.

이런 구조가 갖추어졌을 때 선정이 단계적으로 진보할 수 있다. 비로소 원각경(圓覺經)에서 제시하는 25가지 관법이 행해질 수 있는 조건이 갖춰진 것이다. 이런 구조를 갖추지 못하면 중심의 진보나 사마타의 진보를 도모할 수 없다. 결국에는 조견 오온 개공이라는 것이 성취되지 않는 것이다.

제4강 반야심경

무 안이비설신의 무 색성향미촉법
無 眼耳鼻舌身意 無 色聲香味觸法

무안이비설신의 무색성향미촉법(無眼耳鼻舌身意 無色聲香味觸法)에 있어서 가장 중요한 것은 '무'자에 대한 해석이다. 눈에 무하고 귀에 무하라 할 때 어떻게 하는 것이 무하는 것인가? 글자대로 해석하면 무는 '없다'라는 뜻인데 눈이 없고 귀가 없어야 하는가? 아니면 눈과 귀를 없애야 하는가? 이 부분에 대한 정확한 해석이 필요하다.

반야심경 안에서는 이 '무'라는 표현이 여섯 번 나온다.

① 무안이비설신의 무색성향미촉법(無眼耳鼻舌身意 無色聲香味觸法), ② 무안계 내지 무의식계(無眼界 乃至 無意識界),

③ 무무명 역무무명진 내지 무노사 역무노사진(無無明 亦無無明盡 乃至 無老死 亦無老死盡),

④ 무고집멸도(無苦集滅道),

⑤ 무지(無知),

⑥ 역무득(亦無得)이 바로 그것이다.

이 여섯 개의 '무'는 각기 내포하고 있는 의미가 다르다.

안, 의, 비, 설, 신, 의나 색, 성, 향, 미, 촉,법에 대해서 무하라는 이 '무'의 뜻과 무안계 내지 무의식계에서 안계 내지 의식계에 대해서 무하라는 '무'의 뜻이 서로 다른 뜻이라는 말이다.

마찬가지로 무명에 무한다. 또한 무명이 다한 것에 무한다. 노사에 무한다. 또한 노사가 다한 것에 무한다. 하는 이 '무'도 앞의 '무'와는 전혀 다른 의미를 갖고 있다. 무고집멸도할 때의 이 '무'도 다른 개념이고, 무지의 '무'나 역무득의 '무'도 다른 개념이다.

반야심경에서 제시하는 이 무(無)는 식(識)의 체계에 입각해서 단계적으로 선정(禪定)을 증득(證得)하는 방법을 말한 것이다.

무안이비설신의 무색성향미촉법(無眼耳鼻舌身意 無色聲香味觸法)은 6식의 체계에서 초선정을 증득하는 방법이다.

무안계 내지 무의식계(無眼界 乃至 無意識界)는 7식의 체계에서 2선정을 증득하는 방법이다.

무무명 역무무명진 내지 무노사 역무노사진(無無明 亦無無明盡 乃至 無老死 亦無老死盡)은 두 가지 의미가 있다. 하나는 7식의 체계에서 상의식을 발현시키고 상공을 증득하라는 의미이다. 또 하나는 생멸문을 벗어나서 진여문으로 들어가고 진여수행을 하라는 의미이다.

무고집멸도(無苦集滅道)는 심식의를 벗어나서 진여수행을 하라는 의미이다.

무지 역무득할 때 무지(無知)는 식무변처정에서 무소유처정으로 나아가라는 뜻이고, 역무득(亦無得)은 8식을 벗어나서 9식으로 나아가 진여수행을 하라는 뜻이다.

이와 같이 6식에 있어서 무하는 방법과 7식에 있어서 무하는 방법, 7식도 수의식과 상의식에 있어서 무하는 방법, 8식에 있어서 무하는 방법, 9식에 있어서 무하는 방법을 여섯 가지 "무(無)"로써 제시한 것이다.

6식에 '무'하는 것은 6식이 없다는 뜻이 아니고 중심으로 비추라는 뜻이다.

오로지 중심으로 비추어서 볼 뿐 따로 견해를 더하지 않는다. 있는 그대로 비춘다. 이것이 무안의비설신의 무색성향미촉법할 때 '무'의 의미이다.

7식에 '무'하는 것은 일치 후에 드러난 현상을 이면으로 비추어서 관여되지 말라는 뜻이다. 중심으로 접해진 현상을 비추면 그때 일치가 일어난다.

이때의 일치는 눈, 귀, 코, 입, 몸, 생각의 영역까지 포괄적으로 일어난다.

7식 체계에서 눈을 통해 일치된 현상을 '안계'라 한다.

귀를 통해 일치된 현상을 이계, 코를 통해 일치된 현상을 비계, 언어로써 일치된 현상을 설계, 몸의 감각으로 일치된 현상을 신계, 생각으로 일치된 현상을 의식계라 한다. 본문의 무안계 내지 무의식계는 안계에서 의식계에 이르기까지 '무'하라는 뜻이다.

일치된 현상이 눈으로 접해지고 귀로 접해지고 코로 접해지고 입으로 접해지고 몸으로 접해지고 의식계로 접해졌을 때 그 일치된 현상에 대해서 무(無)하라 이런 의미이다.

7식이 발현될 때는 여러 가지 장애가 수반된다.

이때의 장애는 일치된 현상으로부터 오는 것도 있고 자업이 발현되면서 생기는 것도 있다.

상대가 고통스러우면 나도 고통스럽다.

상대가 번뇌스러우면 나도 번뇌에 빠진다.

이렇게 일치된 데서 오는 현상에 대해 거부하지 않고 이면으로 비추어서 관여되지 않는 상태를 유지하는 것이 무안계 내지 무의식계의 '무'이다.

상의식의 경우 무무명 역무무명진 내지 무노사 역무노사진 할 때의 '무'는 사유를 통해서 앎이 이루어졌을 때 아는 자로서 에고를 갖지 않는 것을 말한다.

12연기법(十二緣起法)은 불교의 생명론을 다루는 핵심사상이다. 그런 진리를 알게 되었더라도 법상을 갖지 말라는 말이다.

12연기를 벗어나서 진여 수행을 하라는 의미로써 무무명 역무무명진 내지 무노사 역무노사진에 대해서는 뒤에서 별도의 장을 통해 상세하게 다루어진다.

8식에 '무'하는 것은 생멸심의 원인인 의식, 감정, 의지에서 벗어나서 진여 수행을 하라는 말이다. 고집멸도는 생멸심을 제도하는 절차를 말하는데 그것에 '무'라는 말은 더 이상 생멸 수행을 할 필요가 없다는 말이다.
행의식이 발현됨으로써 무위각이 갖추어지면 이미 견성오도를 이룬 것이다. 이것이 멸(滅)의 경지이다. 그런 상태에서 도의 과정으로 나아가는 것은 해탈도(解脫道)를 닦는 것이다. 해탈도까지는 생멸 수행의 과정이다. 이 상태에서 무고집멸도라는 것은 생멸 수행에 머물지 말고 진여수행으로 나아가라는 말이다. 진여수행(眞如修行)은 보살도와 등각도, 묘각도의 과정으로 이루어진다.

'무지'의 '무'는 앎에 무한다는 말이다. 이때의 앎은 사유를 통해 알게 된 이치와는 다른 개념이다. 심, 식, 의를 증장시키는 모든 정보의 체득을 통칭하는 말이다.
앎에 무하라는 것은 생멸심을 증장시키는 모든 행위를 끊으라는 말이다.
즉 8식에 무해서 9식으로 나아가라는 말이다.

'역무득'이란 얻음이 없음 또한 없다는 뜻이다.
이때의 '역무'는 9식에 무하라는 뜻이다.
상수멸정(想受滅定)에 들어서 9식을 체득한 사람은 진여심을 증장시키기 위한 노력을 해야 한다. 보살도의 과정에서는 초지부터 10지까지의 과정을 통해 진여심을 증장시킨다. 등각도에서는 생멸문을 제도해서 불공여래장으로 만든다.
묘각도에서는 원각지로 불이문을 이룬다. 이것이 역무득의 경지이다.

이렇듯 반야경에서 제시하는 여섯 가지 '무'는 각기 다른 의미로 해석된다.
과지법을 모르는 사람은 이 무를 '없다'로만 해석한다.
그런 사람은 반야경을 통해서 반야해탈도에 대한 심지법을 얻을 수가 없다.

6식에서 무안이비설신의 무색성향미촉법(無眼耳鼻舌身意 無色聲香味觸法)하는 방법에 대해 구체적으로 논해보자.
6식의 '무'를 위해서는 중심이 세워져야 한다.
중심에 갖추어진 편안함을 통해서 보는 것을 비추는 것이 '무안'하는 것이다.
눈으로 보는 행위를 중심으로 비추고 편안함으로써 아무렇지 않은 상태를 살핀다. 이것이 바로 보는 것에 대해서 무하는 방법이다.
편안하게 비춘다. 아무렇지 않다. 그런 행을 반복하다 보면 편안함과 아무렇지 않음을 뚜렷하게 구분할 수 있는 각성이 키워진다.
이 과정이 철저하게 이루어져야 한다.
귀로 들리는 것에서도, 코로 숨 쉬고 냄새 맡는 것에 대해서도, 입으로 말하고 맛보는 것에 대해서도, 감각과 촉감으로 느껴지는 것에 대해서도, 생각으로 헤아려지는 것에 대해서도 마찬가지이다.
생각은 의도하지 않아도 저절로 일어난다. 그 때문에 처음에는 비춰보는 그것이 잘 안된다. 하지만 사마타가 깊어지면 생각이 일어나지 않는 텅 빈 공간을 명료하게 볼 수 있다. 그때가 되면 생각이 띄엄띄엄 일어난다.

그렇게 되기 전까지는 이 생각 저 생각이 두서없이 떠올라서 생각을 없앤다는 것이 대단히 어려운 일로 느껴진다. 생각에 무하려면 처음부터 없애려는 관점으로 접근하면 안 된다.

사마타를 단계적으로 발전시켜 가면서 생각의 일어남이 저절로 간소해지도록 해야 한다.

안이비설신의는 인식의 주체이고 색성향미촉법은 인식의 대상이다.

이것이 색의식을 형성하는 두 가지 요소이다.

무안이비설신의 무색성향미촉법은 무색하는 방법이다.

반야경 본문에서는 시고 공중무색 무수상행식 (是故 空中無色無受想行識)이라 한다. 풀이하면 하면 어떻게 공의 중심으로 (또는 중심을 통해 공으로) 들어가는가? 색에 무하고 수상행식에 무함으로 서다.

이해를 돕기 위해 이 대목의 앞부분부터 살펴보자.

색불이공 공불이색 색즉시공 공즉시색 수상행식 역부여시 사리자 시제법공상 불생불멸 불구부정 부증불감 시고 공중무색 무수상행식 (色不異空 空不異色 色卽是空 空卽是色 受想行識 亦不如是 舍利子 是諸法空想 不生不滅 不垢不淨 不增不減 是故 空中無色 無受想行識)

색이 공과 다르지 않도록 하고 공이 색과 다르지 않도록 하며 색을 통해 공을 보고 공을 통해 색을 인식하라. 수상행식에 대해서도 마찬가지니라. 사리자야 이때 이르러 일체법의 공한 모양은 생기는 것도 아니요 멸해지는 것도 아니니라. 또한, 더럽고 깨끗함에 물들지도 않고 늘어나고 줄어듦도 없나니라.

하면 어떻게 해서 공을 체득하는가. 중심으로 비추어서 색에 무함으로써이다. 수상행식에 대해서도 마찬가지로 수에 무하고 상에 무하고 행에 무하고 식에 무함으로써이다.

이것이 무안이비설신의 무색성향미촉법이 나오기 이전의 내용을 과지법의 관점으로 해석한 것이다. 살펴보았듯이 반야경의 주제는 오온을 조건해서 본성의 면모인 공성을 인식의 대상으로 삼고 진여 수행으로 나아가자는 것이다.
그 시작이 색의식의 공성을 인식하는 것이고 그 방법으로 제시하는 것이 무안이비설신의 무색성향미촉법이다. 이런 전제를 두고 무안이비설신의와 무색성향미촉법을 살펴보자. 그 앞의 내용에 대해서는 뒷부분에서 상세하게 다뤄진다.

보통의 경우 보는 나와 보이는 대상을 따로 구분해서 인식하지 않는다.
눈이 있어서 보이고 보이는 게 있어서 본다고 이렇게 생각하지 눈의 작용과 보임이라는 대상을 뚜렷하게 구분해놓고 보지 못한다.
다른 말로 하면 정신없이 산다.
인식의 주체와 인식의 대상을 뚜렷하게 구분하려면 기본적인 각성이 있어야 한다. 그런 각성을 상사각(相似覺)이라 한다.
인식하고 있는 대상의 형태나 느낌을 지각할 수 있어야 하고, '본다'라는 주체적 행위를 지켜볼 수 있어야 하는데 보통 사람들은 그 상태를 구분할 수 있는 여유가 없다. 그렇게 되려면 자기를 천천히 써야 한다.
너무 바쁘게 바쁘게 급하게 급하게 이렇게 입력돼 있다 보니까 스스로를 천천히 쓴다는 것을 상상할 수조차 없게 된다.
그렇게 되니까 보는 주체로서의 인식작용과 보이는 대상이 갖고 있는 이미지나 느낌을 분리해서 인식하지 못하는 것이다.

인식의 주체와 인식되는 대상을 분리해서 지켜보는 노력을 해야 한다.

그래야만 '무안'과 '무색'의 차이를 구분할 수 있게 된다.

보는 것이 작동하는 과정에서 보이는 대상과 눈 사이의 여백을 인식한다.

이것을 일러 '정지(正止)'라 한다.

'정지'할 수 있게 되면 보는 주체로서의 나와 보이는 대상으로서의 경계가 동시에 비춰진다. 그렇게 되면 '무안'과 '무색'이 동시에 행해진다.

각성만을 통해서 '정지'하는 것은 대단히 어렵다.

짧은 시간 안에 일어나는 식의 변화를 지각해서 그 상태에 머무는 것이 어렵기 때문이다. 중심과 각성이 함께 쓰이면 그 한계를 극복할 수 있다.

중심을 활용해서 보는 나와 보이는 대상 사이에 간격을 만든다. 그 과정이 세 단계로 이루어진다.

1. 중심을 통해 자기와 경계를 동시에 비춘다.

2. 경계와 자기 사이의 틈을 본다.

3. 의식과 경계 사이의 간격을 인식한다.

이렇게 하다 보면 보는 것과 보이는 것 사이에 투명한 공간이 생겨나고 듣는 것과 소리 사이에도 움직이지 않는 공간이 드러난다.

자기와 경계 사이에 간격이 인식되면 그 느낌을 중심의 이면으로 삼는다.

그런 다음 지극하게 이면에 머문다. 이때부터는 이면을 통해 의식의 작용과 경계를 동시에 지켜본다. 이 과정에서는 의식의 흐름이 천천히 이루어진다.

그 더딘 흐름이 답답하기도 하지만 그로 인해 자기와 경계 사이의 간격이 더 커진다.

이것이 '정지법(正止法)'을 익히는 방법이다.

인식하는 주체로서의 나를 멈추고 인식되는 대상 또한 멈춘다.

주체로서도 편안하고 대상에 대해서도 편안하다.

'무안'하고 '무색'한다.

그러하듯 '무 이비설신의' 하고 '무 성향미촉법' 한다.

처음 멈추는 법을 익힐 때는 그 더딤과 익숙하지 않음이 답답하게 느껴진다.

때로는 세상과 동떨어진 것처럼 느껴지기도 한다.

하지만 그 행이 반복해서 이루어지다 보면 어느 때부터 그 시간이 행복해진다. 오로지 이면의 지극함과 지켜보는 각성이 있을 뿐 시간도 없고 공간도 없다.

찰나가 영겁이고 영겁이 찰나가 된다.

능엄경(楞嚴經)에 보면 부처님이 손가락을 들어 보이면서 '이것이 무엇이냐'라고 아난다에게 묻는 대목이 나온다.

아난다가 대답하기를 "보는 것입니다. 보여지는 것입니다. 자연입니다. 인연입니다."라고 하지만 부처님께서는 "아니다"라고 말씀하신다. 심지어는 아난다가 "부처님이 어느 때 설법할 적에 이 마음의 작용이라는 것은 자연으로 이루어진다. 또 마음의 작용이라는 것은 업이라고 하는 인연으로 이루어진다. 이렇게 말씀하셨지 않았습니까? 그런데 왜 지금은 아니라고 하십니까?" 이렇게 따지고 들지만, 그 또한 아니라고 말씀하신다. 부처님은 아난에게 근본의 일에 대해 물으신 것이다.

근본의 일을 '본연(本然)'이라 한다.

손가락이 움직일 때 본연이란 어떤 것인가?

생명의 본성이 어떻게 손가락의 움직임으로 드러나는가?

만약 본성이 드러나는 과정을 관찰할 수 있다면 아무리 큰 장애를 만나더라도 자신을 **빼앗기지** 않을 수 있다.

보는 주체로서 내가 눈을 통해서 쓰여질 때 나의 본성이 눈을 통해 나오는 것을 관찰할 수 있으려면 먼저 정지할 수 있어야 한다.

눈이 작동하면서 보이는 대상은 인연이다.

자연은 에너지 간의 작용으로 일어나는 변화를 말한다.

본연은 생명의 근본을 이루는 이 세 가지 요소 간의 관계(關係)를 말한다.

본연과 자연과 인연을 통해서 천지만물이 생겨난다. 의식, 감정, 의지도 여기에서 생겨난다. 본연과 자연과 인연으로 12연기가 생겨난다.

진여심을 이룬 것이 본연으로 돌아간 것이다. 아직 자연과 인연에 매달려 있는 것은 생멸심에 머물러 있는 것이다.

생멸심을 가진 중생이 본연으로 돌아가기 위한 첫 번째 조건이 무 안이비설신의 무 색성향미촉법 하는 것이다.

'보는 것이 어디서 나오는가'라고 그 과정을 지켜보면 처음에는 인식되지 않는다. 무위각이 없으면 인식할 수 없기 때문이다.

본다는 행위를 뇌척수로적 관점으로 보면 시개척수로의 작용이다.

시개척수로가 작동하기 위해서는 장부, 중추신경, 말초신경, 근골격의 작용이 통합적으로 쓰여진다. 시개척수로 운동의 목적은 본연이 작용해서 본다는 행위가 이뤄지는 경로를 관찰하는 것이다. 그렇게 되면 본연과 자연과 인연이 의식을 만들어 내는 과정을 알 수 있다.

처음 초선정을 닦는 사람은 그런 성취를 이루지 못한다.

제5강 반야심경

무안계 無眼界

무안계 내지 무의식계(無眼界 乃至 無意識界)에 대해 알아보자.
이 대목은 시고 '공중무색' 이후에 '공중무수'하는 방법을 말한 것이다.
우선 공중무수(空中無受)에 대해 과지법(果地法)의 관점으로 해석해 보자.
하면 어떻게 수온에 무하는가? 수의식으로 드러나는 경계를 중심으로 비추고 관여되지 않는 자리를 갖춤으로써다.
수의식을 일반적으로 해석할 때는 느낌으로만 해석한다.
하지만 수의식은 단순한 느낌이 아니다.
수의식(受意識)은 7식을 통칭하는 표현이다.
7식의 체계는 자의식의 체계와 외부 의식의 체계가 혼재되어 있다.
눈, 귀, 코, 입, 몸, 생각이 자의식과 외부 의식으로 뒤섞여 있는 것이다.
본문에서는 7식의 그런 상태를 '계(界)'로 표현했다.
안계(眼界)란 보는 작용이 일어날 때 자의식과 외부 의식이 뒤섞여서 쓰인다는 말이다.
7식의 자의식을 혼의식이라 한다.
무안계(無眼界)란 보는 의식이 뒤섞여서 쓰일 때 접해지는 모든 현상을 중심으로 비추어서 관여되지 말라는 것이다.
수의식을 발현시키는 방법과 무수하는 방법에 대해 좀 더 상세하게 들어가 보자.
먼저 수의식(受意識)을 발현시키는 방법이다.
중심으로 경계를 일치시킬 때 갖추어야 할 것이 두 가지가 있다.

첫째는 접해진 경계를 있는 그대로 보는 것이다.
둘째는 경계에 대한 그리움이다.

무안, 이, 비, 설, 신, 의 무색, 성, 향, 미, 촉, 법을 하다보면 그 과정에서도 일치가 일어난다.
이때의 일치는 전체적으로 일어나는 것이 아니고 부분적으로 일어난다. 처음에는 그렇게 접해진 현상이 일치된 증상이라는 것을 구분하지 못한다. 그러다가 반복적인 경험을 하다보면 그것이 일치된 현상임을 알게 된다. 때로는 그리움을 일으켜서 일치할 수도 있고 그리움이 없이도 저절로 이루어지는 경우도 있다.
수의식의 발현이 넓게 이루어진 사람은 공간에 내재된 잔재 사념도 읽을 수 있다.
다른 사람이 앉아있던 의자에 수의식이 깨어난 사람이 앉게 되면 먼저 앉았던 사람의 몸 상태와 감정 상태를 읽어낼 수 있다.
거리에 상관없이 특정 대상과 일치를 이룰 수도 있다.
수의식의 발현이 넓어지면서 그런 능력들이 생겨난다.
현대 불교에서는 그런 능력이 발현되는 것을 부정적으로 생각한다.
마장(魔障)이다, 삿된 길이다 하면서 그런 상황에 처해진 수행자를 오히려 경책한다. 하지만 그런 능력은 생명이 가진 본래의 면모이다.
특히 인간이라면 누구나 가진 무의식적 기능이다.
수의식이 발현되었을 때 그것을 부정하면 의식의 문이 닫히게 된다.
그렇게 되면 오히려 병을 얻게 되고 수행도 정체된다.
수의식이 깨어날 때는 그 현상을 장애로 생각하면 안 된다.

마장(魔障)은 현상을 대하는 마음 상태에 있는 것이다.
현상 자체에는 길흉이 없다. 초선정에서 2선정으로 나아가기 위해서는 반드시 수의식의 발현이 이루어져야 한다.

처음 수의식이 깨어날 때는 여러 가지 현상을 접하게 된다.
전생이 보이기도 하고 부정적인 생각들이 일치되기도 한다.
특히 짜증이나 번뇌 같은 것들은 일치가 잘 된다.
나중에는 눈, 귀, 코, 입, 몸으로 접해지는 다양한 현상들이 깨어난다.

다음은 필자의 경험담이다.
필자의 경우는 안계가 먼저 깨어났다.
해인사에서 경험했던 일이다.
그 당시 나는 마애입불상 앞에 합장하고 서 있었다.
무엇을 기원한 것도 아니고 왜 부처님 손가락 세 개가 저런 모양을 하고 있을까라는 의문만 갖고 있었다. 그러자 갑자기 정수리에서부터 발 쪽으로 짜르릉하는 자극이 타고 내려왔다.
마치 전기에 감전된 것 같았다. 그러더니 산들이 내려다보였다. 눈이 하늘로 올라가서 땅을 내려다보고 있는 것이다. 처음에는 어리둥절했다. 하지만 바람이 골짜기를 쓸면서 올라가는 모습을 보고는 정신을 차리게 되었다. 세 골짜기에서 바람이 불어왔다. 서로 다른 방향에서 불어오는 바람이 한 장소로 모여들었다. 장경각 보관소 앞이다. 그 장면을 보면서 팔만대장경이 썩지 않는 이유를 알게 되었다.
눈을 뜨고 부처님 손가락을 보니 오른손은 바람이 불어오는 세 골짜기를 가리키고 있었고 왼손은 물이 흘러가는 세 개의 계곡을 가리키고 있었다.
그때부터 나는 바람을 볼 수 있게 되었다.

촉감의 수의식은 수식관(數息觀)을 하면서 깨어나게 되었다, 그 의식이 깨어난 다음에는 기운을 활용해서 자연과 교류하는 능력이 생겼다.

귀의 수의식이 깨어날 때는 목소리가 들렸다. 옆에서 누가 한마디 툭 던져주듯이 '뭐라고' 하는 소리가 들렸는데 뒤를 돌아보면 아무도 없었다. 그때는 공간에 있던 어떤 존재가 내 귀에다가 자기 뜻을 전했나 보다라고 생각했었다. 그 뒤로도 가끔 그 목소리가 머릿속에서 들렸다. 나중에 이근원통을 하면서 시상으로 들어갔을 때 그 목소리를 만났다. 그 목소리의 주인공은 신장의 주체 의식이었다.

언어의 수의식이 깨어날 때는 자기 의지로 말을 절제하지 못한다.
의도하지 않은 말이 저절로 나온다.
처음 보는 사람한테도 엉뚱한 소리를 해서 곤란한 상황에 처해지고 욕도 얻어먹는다. 그런 말들을 내가 하는 것이 아니다. 입이 하는 것이다.
다행스럽게 필자는 그런 곤란한 경우를 겪지 않았다. 그때 당시 이미 각성이 갖춰져 있었기 때문이다. 생각이 언어로 전환되는 중간 과정에서 멈춤을 행하면 말이 제멋대로 나오는 것을 차단할 수 있다.

코의 수의식이 깨어날 때는 달콤하고 그윽한 향기를 맡았다.
처음에는 특정한 장소에 갔을 때만 향기가 났는데 나중에는 심장의 주체 의식이 깨어날 때마다 향기가 나는 것을 알게 되었다. 냄새로 접하는 수의식은 나중에 장부를 진단하는 방법으로 사용되었다.

폐가 안 좋을 땐 매운내가 난다.
비장이 안 좋을 땐 단내가 난다.
간이 안 좋을 땐 노린내가 난다.
신장이 안 좋을 땐 짠내가 난다.
위장이 안 좋을 땐 암모니아 냄새가 난다.
장이 안 좋을 땐 악취가 난다.

생각의 수의식은 사유를 하면서 깨어났다.
자연과 일치를 이루고 정보를 공유하면서 방대한 수의식이 발현되었다.
9년 넘게 사유를 하면서 궁금한 것들은 모두 다 들여다보았다.
우주의 시작, 생명의 시작, 영혼이 만들어지는 과정, 육체가 만들어지는 과정, 죽음의 세계, 윤회의 과정을 들여다보았고 그 결과를 "존재 그 완성으로 가는 길"이라는 책으로 출판했다.

그 내용들은 우리 민족의 전통 사상인 천부경과도 일맥상통했다. 그래서 나의 사유가 잘못된 것이 아니라는 확신을 갖게 되었다.
그 이후로도 사유는 계속되었다.
12연기 이전 상태에 대한 사유가 진행되었고 그 결과로 불교의 생명론을 집대성하게 되었다.
불교의 생명론은 연기론이다. 세 가지 연기가 있다.
여래장연기(如來藏緣起), 진여연기(眞如緣起), 생멸연기(生滅緣起)가 그것이다.
12연기는 생멸연기이다. 생멸문이 생겨나는 과정이다
진여연기는 보살계에서 이루어진다. 진여문이 생겨나는 과정이다.
여래장연기는 생명의 원천인 여래장에서 생멸문과 진여문이 나타나는 과정이다.

이와 같은 사유를 궁극에 이르도록 해봤기 때문에 생각의 수의식을 폭넓게 발현시킬 수 있었다. 지금도 연구하고 개발하는 일들이 사유를 통해서 이루어진다.

이런 경험들이 있었기 때문에 수의식이 발현될 때 나타나는 장애들을 극복할 수 있었다.

그 방법들이 필자의 책에 상세하게 정리되어 있다.

'관 중심의 형성과 여덟진로 수행체계' '관 12연기와 천부경' '본제의학 원리'를 참조하기 바란다.

반야경(般若經)의 요지들도 그 과정을 겪어봤기 때문에 해석하는 것이다.

삼천 년의 불교 역사 속에서 반야경을 이렇게 해석한 적이 한 번도 없었다.

반야경은 인도에서 노래로 불리었다.

우리나라의 아리랑처럼 12만 개의 노래로 만들어졌다.

지역에 따라서 8만 송으로 불리기도 한다.

중국에 먼저 들여온 것이 12만 반야송이다.

민요처럼 불릴 정도로 일반화된 경전이었는데 막상 그 경전이 가진 본질적인 내용은 해석하지 못했다.

현장법사가 인도에 가서 8만송 반야경을 가져왔는데 현장법사도 그 뜻을 해석하지 못했다. 그만큼 어려운 경전이 반야경이다.

요즘에는 반야해탈도라는 개념 자체가 없어졌다.

불교학자들도 반야해탈도, 금강해탈도, 허공해탈도에 대해서는 그 개념조차 해석하지 못한다. 삼관에 대해서는 극히 일부의 사람들이 말하는 것을 얼핏 들은 적이 있다. 하지만 삼해탈에 대해서는 언급조차 하지 않는다.

함허득통 스님의 저서 '금강경오가해(金剛經五家解)'에 삼관, 삼해탈의 개념이 논해진다. 그 내용을 보면 삼관법에 대해서는 그런대로 해석이 잘 되어있다. 하지만 삼해탈에 대해서는 해석이 모호하다.

아마도 득통은 해탈도 과정을 경험하지 못한 것 같다.

그나마 금강경을 삼관, 삼해탈의 관점으로 들여다본 것만으로도 대단한 안목이다.

아마도 나옹 스님의 영향을 받았을 것이라고 짐작된다.

함허득통 이후로는 삼관법도 명맥이 끊어졌다.

반야경과 금강경의 요지를 올바로 해석해서 다음 세대에 남겨 놓기 위해 이 작업을 시작하게 되었다. 그런 만큼 경전의 내용들을 상세하게 들여다보고 실질적인 수행법으로 새롭게 해석할 것이다.

처음 필자가 수행을 시작할 때는 오로지 그 목표가 '있는 그대로 본다.'였다.

'있는 그대로 본다.' 그때는 그것이 색의식을 발현시키는 방법인 줄도 몰랐다.

그냥 사진 찍듯이 '덧붙이지 않고 있는 그대로 본다'를 철칙으로 삼고 노력할 뿐이었다. 그런 노력을 하게 된 것은 우연한 계기로 인해서였다.

공안에 '배는 배같이 둥글고 눈은 눈같이 희다'라는 명제가 있다.

어느 해 겨울, 그날은 유난히도 눈이 많이 왔다.

스승님과 산책을 하다가 스승님께서 수수께끼를 내주셨다. '눈은 눈같이 희고 배는 배같이 둥근 것이 무엇인고?' 처음에는 그 말이 이해가 되지 않았다. 그래서 몇 번을 반복해서 다시 물었다. '보는 이 눈이 저 눈처럼 흰색이라고요?' '그리고 이 배가 먹는 배처럼 둥글다고요?' '그려!' 스승님의 대답은 그 말뿐이었다.

도대체 그런 짐승이 있을까? 미친 사람인가? 아귀인가? 지옥 중생인가?

이 생각 저 생각을 아무리 굴려 봐도 도대체 결론이 나지 않았다.

끙끙거리면서 삼일을 씨름했다. 그날 아침 새벽예불이 끝난 후에 방으로 찾아뵈었다. 다시 한번 말씀해 주세요. 제가 받아서 적어 볼게요. 스승님께서 하시는 말씀을 한 자 한 자 받아 적었다. '배는 배같이 둥글고 눈은' 여기까지 적었을 때 그 뜻을 알게 되었다. 푸하하하!! 웃음이 터져 나왔다. '에이 스님 당연하잖아요. 눈이 눈이니까 흰 거고 배가 배니까 둥근 건데 뭘 그걸 수수께끼라고?'

'그래 그렇지' '참 잘 맞추었구먼!' '그럼 그것이 무슨 뜻인지는 알 건남?'

'마음이잖아요. 마음요' '그렇지 마음이지'

'마음을 볼 때 그렇게 보란 말이지요?' '그래 그 소리야'

'에이 그건 쉬워요. 얼마든지 할 수 있어요'

'그래 구선아! 그렇게 하면 된단다. 하지만 그것은 반쪽 마음이란다. 언젠가는 나머지 반쪽 마음도 찾을 수 있을 거야. 그럼 그렇고 말고'

'네 스님! 반쪽이라도 좋아요. 지금부터 열심히 해 볼게요'

그때는 그 수수께끼가 공안인 줄도 몰랐다.

그 당시 나는 열여덟 살이었다.

그때부터 나는 '눈은 눈 배는 배'를 진리로 삼았다.

있는 그대로 보는 것을 사진 찍는 것처럼 했다.

가슴을 사진기로 삼아 철컥하고 비춰주는 것이다.

처음에는 되뇌는 방법을 활용했다. 경계를 인식하면 그대로 되뇌어주는 것이다. 하지만 그 방법은 한계가 있었다. 미처 되뇌지 못하는 경계들이 생겨나고 마음이 조급해지는 것이다.

'되뇌임은 머리가 하는 것이다. 생각을 일으켜서 되뇌려고 하니 마음만 바쁘고 경계를 따라잡지 못하는 것이다.'
고심 끝에 가슴을 활용하기로 했다.
사진찍기 기법은 그런 과정을 통해 생겨났다.
사진찍기가 익숙해지니 항상 가슴에다 의지를 두게 되었다.
나중에는 가슴 바탕만 보고 있으면 자동으로 사진이 찍혔다.
경계를 지켜보는 나만 있을 뿐이지 그것에 대해서 좋다 싫다 하는 분별이 없다. 그 생활을 몇 년을 했다. 그때는 깨어있으면 살아있는 것이고 망각하면 죽은 것으로 생각했다. 지켜보는 나를 놓지 않으려고 혼신의 힘을 다했다.

어느 날 문득 외로움이 일어났다.
외로움이 가슴 바탕에 깔려 있으니 사진 찍기를 하는 것이 불편해졌다.
그래서 관심을 밖에 두었다. 참으로 오래간만에 자연을 보게 되었다.
바람이 불고 나뭇잎이 흔들리고.... 그 모습이 아름다웠다.
'자연도 그대로인데 저네들은 잘 어울리네.' 그런 생각이 들면서 소외감이 생겼다. '나는 이방인이구나. 나는 왜 자연과 섞이지 못할까? 천지자연은 다 있는 그대론데 그러면서도 그것들끼리는 잘 어울리는데 나는 왜 그러지 못할까? 오로지 세상에 나만 홀로 존재하는구나.'
그런 생각을 하게 되니 외로움이 더해졌다. 산책하면서 주변 풍광을 둘러보았다. 호랑이 바위, 진달래꽃, 새소리, 솔 그림자...
내 가슴에서 사진이 찍힌다. 척 척 척 척...
'자연은 서로 따로따로 존재하지만 저렇게 잘 어울리고 조화로운데 나만 홀로 내 길을 가는구나. 참 외롭다. 이 길... 감정이 동해지니 생각이 치성해졌다.

그러면서 무언가에 대한 막연한 그리움이 일어나기 시작했다. 그 그리움이 사무치고 절절하다 보니 가슴 바탕에서 변화가 일어났다.

사진 찍히는 대상들이 가슴속으로 쑥하고 들어오는 것이다.

호랑이 바위가 들어오고, 진달래가 들어오고... 그러면서 가슴 바탕에 여운이 생겨났다. 그때의 여운은 나의 감정이 아니었다. 그것은 밖에서부터 들어온 것이었다. 하나하나의 경계가 가슴 바탕에 비칠 때마다 여운의 느낌이 달라지는 것을 지켜보면서 여운을 만들어내는 주체가 내가 아니고 경계인 것을 알게 되었다.

그다음부터는 일부러 그리움을 일으켜서 대상을 가슴속으로 끌어들였다.

새소리를 가슴속으로 끌고 와서 그 여운을 느껴보고, 물소리를 가슴속으로 끌고 와서 느껴 보고...

그렇게 하면서 일치하는 법을 익히게 되었다.

새로운 세계가 열렸다.

있는 그대로의 세상에서 둘이 아닌 세상으로 일대 전환을 이룬 것이다.

그때 비로소 그리움의 의미와 가치를 알게 되었다.

부모가 자식을 생각하는 마음, 이뻐하고 소중히 하는 마음, 사랑하는 사람들이 서로를 바라보는 눈빛, 거기에는 다 그리움이 배어 있었다.

억지로 일으키지 않아도 저절로 배어나는 그리움, 그것이 연민이며 자비이고 사랑이었다. 몇 년 동안 나는 그런 느낌을 못 느끼고 살았다.

그리움의 법을 알게 되자 그다음부터는 공부하는 방법이 달라졌다.

떠올리고 그리워하고 여운을 관찰하는 방법으로 수행을 하게 된 것이다.

이렇게 수의식이 발현되기 시작했다.

수의식이 깊어지면서 장애도 함께 시작되었다.

어느 때부터는 멀리서 재잘거리는 소리만 들어도 그 사람들의 모습이 눈에 훤히 보였다. 심지어는 그 사람들의 전생이 보이고 나와의 인연이 보였다.

아픈 사람을 만나면 아프게 되고 슬픈 사람을 만나면 슬프게 되었다.

그것이 고통이 되었다.

일치로 생겨난 고통은 참는다고 없어지는 것이 아니다.

떨쳐버리려고 해도 떨쳐버릴 수가 없었다.

고통을 없애는 방법을 찾아야 했다. 너무도 절실했다.

아무도 그것에 대한 방법을 알려주지 않았다.

그러다 보니까 어느 날... '더 깊은 속으로 들어가자. 어차피 이것을 떨쳐버릴 수 없을 바에야 더 깊은 속으로 들어가자' 이런 생각을 하게 되었다.

가슴 바탕에 집중하고 사진 찍던 자리보다 더 깊숙한 곳으로 들어가기 시작했다.

마치 시커먼 동굴을 통과하듯 천천히 등 쪽으로 밀고 들어갔다. 어느 지점에 도달해 보니 지금까지 느껴보지 못했던 전혀 새로운 감각이 생겨났다. 마치 깊은 물속에 들어가서 앉아있는 것처럼 적막하기도 하고 단절된 것 같은 이상한 느낌을 주는 자리가 생겨난 것이다. 그 느낌이 너무 생소해서 들어갔던 경로를 되돌아 나오면서 부위마다 드러나는 감각을 세심하게 지켜보았다. 그러면서 느낌이 달라지는 경계선을 알게 되었다. 그것은 획기적인 발견이었다. 그 경계선을 넘어가면 일치되었던 현상이 씻은 듯이 사라졌다. 다시 경계선을 되돌아 나오면 일치가 시작되었다. 그때 나는 내 가슴을 열고 닫는 법을 알게 되었다. 그 자리가 이면이다. 일치된 현상에 관여되지 않은 자리, 고통이 있어도 고통에 관여되지 않고, 슬픔이 있어도 슬픔에 관여되지 않는 자리, 표면의 상태에 관여되지 않는 이면 자리, 그 자리가 세워졌다.

그 무렵 충무 용화사에 갔더니 효봉 스님 오도송이 비석에 새겨져 있었다.

그 내용 중에 "깊은 바닷속 제비 둥지에 사슴이 알을 품고"라는 대목이 있었다.

그걸 보면서 생각했다. '저것은 이면을 노래한 것이다. 중심 깊숙이 들어간 자리에서 일 없는 일을 하는 자신을 표현한 것이다. 효봉 스님도 저런 과정을 겪었구나. 그러니 내가 겪어온 과정도 잘못된 것이 아니구나'

그때부터는 관여되지 않는 그 자리로 들어가는 것을 더욱더 열심히 하게 되었다.

무작위로 접해지는 경계들과 일치를 이루고 그것에서부터 오는 고통에서 벗어나기 위해서 내가 선택했던 그 방법이 '무수(無受)'하는 방법이었다.

관여되지 않은 한자리를 중심보다 더 깊숙한 곳에서 확보하고 그 자리에 앉아있으니, 마치 얌전한 사슴 한 마리가 알을 품고 있는 것 같았다.

그렇게 하면서 중심을 분리하는 방법을 능수 능란하게 익힐 수 있었다.

필요하면 표면을 열어서 일치시키고 그렇지 않으면 깊숙한 그 속으로 들어가서 일치를 닫아버리는 능력이 생겼다.

그런 능력이 생기기 전에는 사람들 속에 있지 못했다.

버스를 탄다든지, 전철을 탄다든지, 법회를 한다든지, 이런 장소에 가면 사람들이 가진 분노와 예민함, 짜증과 아픔, 그 각자가 원하는 소원들이 뒤엉켜서 빙글빙글 돌 정도로 괴로웠다. 열고 닫는 것을 할 줄 알고부터는 그런 증상들이 싹 없어졌다. 그때부터 자유로워졌다.

무수(無受)하는 방법은 3단계로 나눠진다.

첫째는 이면의 확보이다.

두 번째는 일치의 문을 닫는 것이다.

세 번째는 열고 닫는 것이 임의로워지는 것이다.

중심으로 일치하는 방법을 진찰법으로 바꿔서 심진법(心診法)을 만들었다. 그 방법을 다른 사람에게 가르쳐 보니 대부분 잘 따라했다.

의사들에게 가르쳐서 환자들 진단에 활용해 보니 대단히 만족스러운 결과가 나왔다. 그것이 계기가 돼서 모임이 만들어졌다. 나중에 뇌척수로 진단법이 공개된 이후로는 뇌척수로 의학회로 발전했다. 심진, 기진, 뇌척수로진단을 배우고 나면 테스트 과정을 거친다. 진단 능력을 평가하고 자기 확신을 심어 주기 위한 과정이다.

테스트하는 방법이 흥미롭다. 원장 선생님 한 분이 자기 환자 이름을 칠판에 써놓는다. 그런 다음 다른 선생님들은 그 이름만을 가지고 진단을 한다. 이름을 중심에 담고 일치시켜서 그 환자의 상태를 진찰하는 것이다.

그 결과를 답지에 써서 제출하면 환자에 대한 차트를 오픈시킨 후에 평가한다. 차트와 비교해서 결과를 보면 거의 90%가 일치한다. 본인들이 진단해 놓고도 본인들이 신기해한다. 그 과정을 거친 선생님들은 환자가 데스크에 접수하는 순간부터 진단을 시작한다. 막상 환자와 마주 앉았을 때는 이미 진단이 끝나 있는 것이다.

중심으로 일치하는 것과 안계, 이계, 비계, 설계, 신계, 의식계로 인식하는 것은 다른 부분이 있다.

안계가 작동하려면 그 체계를 작동시킬 수 있는 심지법이 필요하다.

이계나 비계, 신계, 설계, 의식계도 마찬가지이다.

중심 일치의 경우 촉감과 감정이 먼저 일치된다.

그 상태에서 안계를 촉발시키려면 시각 경로를 자극해야 한다.

시각 경로의 자극은 머릿속을 보는 것으로 시작된다.

윤처사라는 사람이 있었다.

이 사람은 중국집 주방장이었다.

대행 스님을 뵙고 '안을 봐라' 하는 말씀을 들었다. 그 후로 이 사람은 칼질을 하면서도 눈을 안으로 뜨고 거꾸로 보는 수행을 하게 되었다.

어느 날 안계가 열렸다. 그러면서 영가들을 보기 시작했다.

대행 스님을 찾아뵙고 '안을 보는 소식에 대해서 여쭙고자 합니다.' 하니 '그래 말해 보거라' 하셨다. '저기 저 영가가 앉아있고 여기 영가가 앉아있는데 그게 맞습니까?'

'그래 맞다.'

'그럼 어떻게 해야 합니까?'

'그것도 놓고 맡겨야지. 그것도 네 주인공에다 놓고 맡기거라.'

'예 알겠습니다.' 그렇게 물러나온 후로 열심히 수행했다.

그러면서 다른 수의식들이 깨어나기 시작했다.

그때부터 괴로움이 시작되었다.

놓고 맡기는 여유는 가질 수조차 없었다.

영혼들이 가진 여러 가지 현상들이 괴로움이 되었다.

하다 하다 안 되니까 주방장을 그만두고 지리산으로 내려왔다.

그 친구는 약에 대한 관심이 많았다. 주로 일반 농산물들의 약성에 관심이 많아서 감자는 어디에 쓰는 약이다. 오이는 어디에 쓰는 약이다. 이런 말들을 많이 했다. 시장에 가면 저거는 무슨 약, 이거는 무슨 약, 신이 나서 떠벌렸다.
그 사람이 머릿속을 보면서 안계가 깨어난 경우였다.

눈을 감고 머릿속을 들여다본다. 그때 보는 지점이 시상이다. 미심에서 시각 경로를 타고 시상으로 들어가면 머릿속에서 텅 빈 공간이 인식된다. 그 빈 공간을 보는 데 집중하고 그 상태에 머무른다.
그러다 보면 안계가 열린다.
안계를 여는 또 하나의 방법은 시각혼이 내재 된 중추를 자극하는 것이다.
시각혼이 내재된 중추가 심장과 간이다.
심장의 중추점과 간의 중추점을 발성이나 에너지로 자극해 준다.
그러면 심장을 주관하고 간을 주관하는 주체 의식들이 깨어난다.
주체 의식들이 깨어나면 그들의 눈으로 세상을 본다.
내 눈으로 보는 것이 아니다.
녹색 옷을 입은 사람과 빨간 모자를 쓴 사람이 나타나서 두 사람의 눈으로 사물을 인식하는 것이다.
시개척수로 운동을 하면서도 안계가 발현된다.
그때는 손가락 끝에 푸르스름한 빛덩어리가 맺힌다.
이처럼 안계를 깨우는 다양한 방법들이 있다.
안계가 발현될 때는 공포심이 함께 깨어난다.
갑자기 눈앞에 영가들이 나타나면 깜짝 놀라게 된다.
생각하지도 않았던 현상들을 갑자기 접하게 되면 두려움이 일어난다.
수의식이 깨어날 때 가장 중요한 것이 두려움에서 벗어나는 것이다.

수의식이 깨어나서 능력이 갖추어졌을 때 그것을 활용하면서 갖게 되는 장애들이 있다. 수의식으로 인식되는 대상이나 세계에 빠져서 현실을 도외시해 버리는 것도 장애고, 많은 것을 알게 되면서 갖게 되는 에고도 장애다.

또 외부 의식과의 교류를 통해 얻은 정보를 자기 편의적으로 해석해서 상대와 일방적 교류를 하는 것도 장애가 된다.

그런 관계에서 오는 불평등한 교류는 상대와 주변에게 피해를 준다.

외부 의식을 의지하면서 살게 되면 그들로 인해서 병들게 된다. 영혼들이 해주는 말이 항상 옳은 것이 아니다.

그 말을 걸러서 듣지 못하고 그대로 믿다 보면 거기서 실수를 하게 된다. 그렇게 되면 수행도 정체되고 자칫하면 패가망신 하는 일이 생길 수도 있다.

수행중에 생기는 첫 번째 장애가 게으름이다.

두 번째 장애가 공포다.

세 번째 장애가 불평등한 교류를 하는 것이다.

제6강 반야심경

무이계 無耳界

이계(耳界)와 무이계(無耳界)에 대해 알아보자.

듣는 경로로 접해지는 세계를 이계라 한다.

뼈의 진동으로 듣는 기능이 이루어진다.

듣는 경로를 살펴보면 진동의 감지와 균형의 유지라는 두 가지 기능이 있다.

몸에 있어서 균형을 잡아주는 역할을 전정 기능이라 한다.

진동을 감지하는 기능이 듣는 기능이다.

전정핵이 갖고있는 상하, 좌우, 앞뒤 간의 위치센서 작용이 전정 기능이다.

뼈의 진동을 일으켜서 몸 스스로가 균형감을 회복하도록 하고, 그 상태에서 귀의 경로로 들어가는 수행이 이근수행(耳根修行)이다.

귀의 뼈 구조물 안에는 진동을 받아서 듣는 기능이 이루어지도록 하는 구조가 있고, 뼈에 가해지는 압력과 회전운동에 반응해서 균형을 유지하도록 하는 구조가 있다.

이근수행(耳根修行)의 목적(目的)은 몸과 정신의 불균형을 해소하고, 듣는 기능의 경로를 통해 본성을 지각하며, 본성이 듣는 기능의 경로로 드러나는 과정을 살펴서 망각되지 않도록 하는 것이다. 이근수행을 하기 위해서는 듣는 경로와 균형 유지 기능의 신경 작용에 대한 해부학적 지식이 필요하다.

이계의 작용은 척수 기반에 내장된 내장 정보와 피질 연합령의 생각 정보 그리고 소뇌, 중뇌, 시상으로 연결되는 듣기 위한 센서 작용들로 이루어진다.

듣는 기능이 이루어질 때는 이 경로들이 복합적으로 작용하면서 내장되어 있던 정보와 인식되는 정보, 센서 작용을 통해서 유입되는 정보들이 다 함께 쓰여진다.

이근수행을 하게 되면 이 경로들을 전체적으로 살펴봐야 한다. 청각 경로를 열어서 교뇌의 전정핵을 자극하고 중뇌, 시상, 대뇌 연합령, 대뇌 변연계로 가는 이 전체 경로를 살펴보고 중뇌에서 소뇌로 내려가는 경로를 살펴봐야 한다.

다음은 이근수행(耳根修行)의 절차이다.

1. 청각 경로를 닫는다.
2. 청각 경로 안에서 혈관의 맥동을 느낀다.
3. 청각 경로 안에서 맥동이 끊어진 것을 느낀다.
4. 맥동이 끊긴 텅 빈 공간을 주시한다.
5. 전정핵을 자극한다. 이때 쓰이는 것이 검지 운동이다.
   검지를 천천히 움직이면서 전정핵을 자극한다.
6. 두부체감계 십자균형을 회복한다.
7. 시상 안쪽 무릎체로 들어간다.
8. 듣는 기능을 주관하는 무의식의 주체를 일깨운다.
   듣는 기능을 주관하는 것은 폐와 신장을 담당하는 혼의식이다.
9. 목소리를 듣는다. 때로는 두 사람의 목소리가 들리고 때로는 한 사람의 목소리가 들린다.

각각의 단계마다 넘어서야 할 과정이 있다.

어금니 위 이빨과 아래 이빨을 지그시 누르듯이 압력을 주면서 턱관절을 수축시키는 동작으로 청각 경로를 닫는다. 그때의 척수로 인법은 엄지 검지 억제이다. 턱관절에 지그시 힘을 주면서 엄지 검지를 억제해놓고 기다리면 귀의 이도가 좁아진다.

아래턱관절의 뼈가 관자공이 안으로 들어가면서 귀로 들어가는 혈관을 압박한다. 그러면 귀에서부터 찌이~잉하는 벌레 우는 소리가 난다. 그 소리를 듣다 보면 청각 경로 안에서 혈관의 맥동이 느껴진다.

혈관의 맥동을 주시하다 보면 둥둥둥둥 심장 뛰는 소리가 들린다.

교감신경이 항진되면서 심장박동도 빨라진다.

그러다가 어느 순간에 박동이 뚝 끊어진다.

그리고 그 위치에서 텅 빈 공간이 드러난다.

이것은 자율신경이 변화를 일으키면서 만들어내는 현상이다.

교감신경이 항진되면 1분 30초에서 2분 사이에 부교감이 항진된다.

그러면서 심장박동이 느려진다.

그때 귓속에서 텅 빈 공간이 생겨난다.

그 텅 빈 공간을 '소리의 뜨락'이라 부른다.

소리의 뜨락을 주시하면서 사마타를 키운다.

무념 상태를 유지하는 것이다.

3차신경 하악분지가 수축하면서 각성이 투철해진다.

각성을 통해서 소리의 뜨락에 세워진 텅 빈 공간을 명확하게 주시한다.

안계에서는 미심을 타고 시상으로 들어가서 공관을 했다.

이계에서도 소리의 뜨락에 텅 비워진 느낌을 관찰하면서 시상으로 들어간다.

양쪽 귀를 수평으로 연결하고, 그 중간에 머무르면 약간 위쪽 자리가 시상이다.

시상에도 큰 덩어리의 무념처가 있다.

시상을 중심으로 해서 좌우의 텅 빈 공간이 서로 연결된 느낌이 들면 사마타가 한 단계 진보한 것이다.

이 상태가 되면 이계의 첫 번째 무(無)를 성취한 것이다

듣는 것을 통해 이계의 근본으로 들어가려고 하면 정확한 척수로의 동작이 필요하다.

부처님이 인법을 하고 있는 것은 그 동작을 통해서 원하는 세계와 연결을 하기 위해서다.

시상과 좌우 소리의 뜨락이 연결되어 무념처가 세워지면 이때부터 전정핵을 자극한다. 반고리관에서 전정핵으로 가는 신경다발이 있다.

그것을 자극하는 것이 검지 운동이다.

소리의 뜨락에 머물 때는 검지 끝을 살짝만 구부려줘도 된다. 하지만 전정핵을 자극해 주려면 천천히 구부려주는 운동을 해야 한다.

구부리는 움직임이 전정핵을 자극하고 반고리관의 신경 경로를 자극한다.

그때 전정핵의 센서 기능이 살아난다.

손가락의 굴곡 각도에 따라 몸의 상태가 느껴진다.

목이 삐뚤어지게 느껴지고, 얼굴이 불균형하게 느껴지고, 몸이 기우뚱한 것처럼 느껴지고 하는 등등의 여러 가지 증상들이 나타난다.

그런 증상을 느끼게 되면 몸이 그만큼 기울어져 있는 것을 알게 된다.

전정핵이 정상적인 상태가 아니면 소리의 뜨락에서 전정핵으로 내려갈 때 빙~하고 도는 느낌이 나타난다.

머리가 돈다든지, 가슴이 돈다든지, 아니면 손바닥 발바닥이 돈다든지, 빙글빙글 도는 증상이 나타난다. 전정핵의 센서 기능이 망가져 있을 때 그런 증상이 나타난다. 그런 증상이 나타나면 손가락 위치를 조절하면서 빙빙 도는 것을 멈추게 해야 한다. 이때 턱관절은 반드시 물고 있어야 한다.

양쪽 검지를 똑같은 속도로 천천히 굽히면서 교뇌 전정핵의 좌우 균형을 잡는다.

그런 다음 중뇌로 올라가면 중뇌 하구가 자극된다.

이 레벨에서도 균형이 깨져있으면 어지럼증이 생긴다. 그 증상도 검지를 조절하면서 가라앉힌다. 전정핵이 잡히고 하구가 잡히면 시상으로 올라간다.

시상으로 들어가면 정신이 아득해진다. 그것은 세타파에 들어가면서 생기는 증상이다. 그 상태를 지켜보면 광활하게 펼쳐진 빈 공간이 드러난다. 그 공간을 시각적으로 보고 청각적으로 느끼면서 그 자리에 머무른다. 그러다 보면 그 빈 공간을 울리는 소리가 있다. 첫 마디가 무엇일지는 사람마다 다르다. 하지만 대부분이 알아듣지 못한다.

그래서 '뭐라고?'하고 되묻는다.

그런 소리를 반복해서 듣다 보면 나중에는 명료하게 알아듣는다. 어느 때는 '지금은 5시야' 이렇게 말하는데 이게 진짜인가 싶어서 시계를 보면 5시 정각이다.

'무슨 일이 어쩌고' 하면 실제로 그런 일이 일어난다.

그렇게 해서 깨어난 목소리는 대단히 명석하다.

현재 의식으로는 볼 수 없는 세계를 목소리로 들려준다.

그것이 이계에서 오는 첫 번째 소식(消息)이다.

그렇게 해서 이계의 주체 의식과 충분한 대화를 하게 되면 그때부터는 시상 3뇌실을 채우고 있는 뇌척수액의 파동을 느낀다. 혈관의 박동으로 뇌척수액이 흔들리는 것을 느낀다.

시각으로 3뇌실을 보면 거대한 수평선을 보는 것 같다.

뇌척수액이 파동할때는 어마어마한 에너지가 빛으로 인식된다.

이것을 시상막관(視床膜觀)이라 한다.

3뇌실 천정에는 맥락 얼기라고 하는 모세혈관 다발이 있다. 그 모세혈관에서부터 뇌척수액이 추출돼서 3뇌실을 채우고 있다.

혈관의 진동으로 뇌척수액이 진동하는 것을 감각적으로 느낀다. 이것이 쉽게 이루어지지 않는다. 고도의 집중이 필요하다. 시상 영역은 3% 정도의 감각신경이 작용한다. 그 미세한 감각으로 뇌척수액의 파동을 감지하는 것이다.

이 수련이 익숙해지면 자율신경을 의지대로 조절할 수 있는 능력을 갖추게 된다.

뇌척수액의 파동을 느끼면서 의도대로 심장박동을 조절해 본다. 빠르고 더디게 임의대로 조절되면 다음 과정을 진행한다.

시상을 이루고 있는 핵들을 자극하는 과정이다.

시상을 이루고 있는 14개의 핵을 자극한다.

3뇌실에 들어앉아서 양쪽으로 나누어진 시상핵들을 자극해 본다. 위쪽, 아래쪽, 옆쪽, 뒤쪽, 앞쪽, 이런 방법으로 자극해 보면서 그 자극점이 몸의 어느 부위와 반응하는지 그 상태를 관찰한다.

장부로는 어느 장부가 연결되어 있고, 몸의 체감각계는 어느 부위가 연결되어 있고, 머리의 체감각계는 어느 부위가 연결되어 있고, 이런 상태를 관찰하는 것이다.

배쪽핵, 등쪽핵, 안쪽핵, 가쪽핵, 앞쪽핵, 뒤쪽핵 이런 핵들을 자극하면서 그것이 장부의 어느 부위와 서로 연관이 있는지 세심하게 관찰한다.

그러면서 뇌척수로운동을 병행한다.

3지 첫째 마디를 살짝 구부리고 시상 상태를 관찰한다.

3번째 손가락의 굴곡은 두정부 피질에서부터 시상 내섬유막을 통과하는 피질 경로를 자극하는 것이다. 3번째 손가락의 첫째 마디 굴곡 각도를 고정시켜 놓고 시상 상하로 주행하는 피질 경로의 상태를 살핀다.

수질판 내핵에서부터 정중핵의 상태를 살핀다. 그 부위에 머물러서 안, 이, 비, 설, 신, 의의 상태를 살피고 장부와 반응점의 상태를 살핀다.

천천히 3지를 굴곡시키면서 피질 경로가 빠져나가는 경로를 관찰한다.

시상에서 빠져나와 중뇌로 이어지는 경로, 교뇌 연수로 이어지는 경로들을 살펴본다. 3지의 굴곡이 진행되면서 그와 연결된 부위에서 뻑뻑한 압박감이 느껴진다. 첫 번째 마디를 살짝 구부리면 시상에서 중뇌까지 자극되고 두 번째 마디를 구부리면 교뇌까지 자극된다.

세 번째 마디를 구부리면 연수까지 자극된다.

이렇게 해서 피질 경로가 시상을 투과해서 내려오는 경로들을 3지를 활용해서 관찰한다.

이근 수행을 통해 연수 아래로 내려가는 것은 손가락을 활용하는 방법이 다를 뿐 안근 수행과 같은 방법으로 이루어진다. 이후에 경수막 수행과 흉수막 수행, 요수, 천수막 수행은 안근 경로와 같은 방법으로 이루어진다.

처음 척수로 훈련을 할 때부터 손가락의 굴곡 각도가 어느 영역을 자극하는지 정확하게 관찰하는 습관을 키워야 한다. 그런 사람은 이 과정의 수행을 수월하게 성취한다. 뇌척수로운동을 하면서 손가락의 굴곡 각도에 따라 머릿속에 세 영역, 흉부 영역, 엉치뼈 영역이 자극되는 것을 정확하게 관찰할 수 있어야 한다.

또한, 그 모든 과정에서 중관, 공관, 가관이 함께 이루어져야 한다.

이근수행을 하면서 소리의 뜨락에 머무는 것만으로도 좋다.
중심을 세워서 무념을 인식하는 것과는 또 다른 적정을 맛보게 된다.

한국불교는 화두선(話頭禪)을 제일 방편으로 삼는다.
무턱대고 화두만 들고 있다고 해서 수행이 성취되지 않는다.
그것은 무명각을 키우는 방법일 뿐이다.
이근원통(耳根圓通)한다고 염불만 하고 있다.
관세음보살을 외우면서 입으로 나오는 소리를 자기 귀로 듣는
것을 이근원통이라 한다. 참으로 우매한 일이다. 법의 종지가
끊어져서 이와 같은 일이 벌어지고 있다. 하루빨리 제대로 된
교육체계를 세워야 한다.

두부체감각계(頭部體感覺界) 십자균형(十字均衡)을 회복(回復)
하는 방법에 대해 알아보자.
코를 중심으로 머리에서 수직으로 내려오는 선을 만든다.
귀와 눈을 중심으로 좌우를 연결하는 수평선을 만든다.
눈을 감고 코를 중심으로 한 수직선이 똑바로 내려가는지를
느껴본다.
눈과 귀를 중심으로 한 수평선의 상태도 느껴본다.
수직선과 수평선이 기울었으면 그것을 회복시켜 줘야 한다.
머리 쪽에 균형감이 회복되지 않으면 전정핵의 기능이 정상적
으로 돌아오지 않는다. 그렇게 되면 다음 과정의 수행으로 나
아갈 수 없다.

수직선이 기울어져 있으면 눈을 뜨고 코끝을 바라본다.
그런 다음 코의 좌우 면 중에 어느 면이 보이는지 살펴본다.
보이는 쪽에서 안 보이는 쪽으로 시각이 기울어져 있다.
그런 경우는 목뼈도 같은 방향으로 틀어져 있고 척추는 반대
방향으로 틀어져 있다. 꼬리뼈는 목뼈와 같은 방향으로 틀어
져 있다.
수직감이 훼손되는 것은 눈동자를 움직이는 외전신경과 도르

래신경의 불균형 때문이다. 이 두 개의 신경은 전정신경과 연결을 이루면서 몸의 균형을 잡아주는 역할을 한다. 눈동자의 각도를 교정해서 외전신경과 도르래신경의 불균형을 해소하고 수직감을 회복시킨다.

코끝을 볼 때 안 보이는 쪽의 눈동자를 반대편으로 향하게 해서 코끝이 보이도록 한다. 왼쪽 면과 오른쪽 면이 똑같이 보이는 위치에 머물러서 그 상태를 유지한다.

이때 시개척수로 운동을 병행하면 교정 속도가 빨라진다.

눈과 귀의 수평감을 회복시키는 것은 턱관절 교정으로 한다.

이근수행에 들어 가기 전에 먼저 턱관절 균형을 잡아줘야 한다.

턱관절을 물면 어느 쪽은 소리가 윙~ 하고 나고 어느 쪽은 안 난다.

이런 경우는 턱관절이 불균형한 것이다.

소리가 안 나는 쪽은 턱관절이 떠 있는 것이다. 반대로 소리가 나는 쪽은 턱관절이 수축되어 있는 것이다.

턱관절이 수축되어 있는 쪽은 수평선이 아래로 내려와 있고 떠 있는 쪽은 위로 올라가 있다. 어금니 교합을 맞춰 주고 엄지, 검지 운동으로 턱관절을 교정한다.

눈을 감은 상태에서 수평선을 느껴보고 내려온 쪽의 어금니를 지긋하게 물어준다. 그런 다음 수평선을 확인한다. 수평선이 맞춰졌으면 그 상태를 유지하면서 엄지 검지 운동을 해준다. 떠 있는 쪽은 엄지 검지를 억제하고 수축한 쪽은 엄지 검지를 천천히 움직인다.

반복해서 하다 보면 턱관절이 교정되고 수평감이 회복된다.

두부체감각 교정법은 필자의 책 "본제의학 원리" 에 상세하게 제시되어 있다. 참조해 주시기 바란다.

제7강 반야심경

무비계 無鼻界

무비계(無鼻界)하는 방법에 대해 알아보자.

비계는 코로 접해지는 세계다.

코는 두 가지 기능이 있다. 하나는 냄새 맡는 기능이고 또 하나는 숨 쉬는 기능이다. 명상할 때는 냄새보다 호흡에 중점을 둔다.

호흡은 숨을 쉬는 것이다.

수행할 때는 거기에 또 다른 기능이 더해진다.

신경을 억제하는 방법으로 활용하는 것이다. 특히 들숨에 신경을 억제한다.

반대로 날숨에는 신경전도를 활성화시킨다.

호흡을 통해 선정력을 깊게 한다.

코의 냄새 맡는 기능을 활용해서 자율신경을 교정한다.

냄새는 교감신경을 자극한다. 교감신경이 활성화되면 장부 운동이 촉진되고 의식이 명료해진다.

귀도 교감신경을 활성화시키는 기관이다.

교감신경 기능이 저하되면 몸이 차갑고 냉해진다. 그때 향기요법(香氣療法)을 통해 교감신경 기능을 살려주면 냉증이 다스려진다.

코의 기능을 보완해 주는 주변 신경들이 있다.

그중 대표적인 것이 삼차신경이다.

삼차신경 상악분지와 안분지는 코의 기능을 보조하면서 생체 전기를 생성하는 기능을 한다. 그리고 머리쪽 체감각계를 활성화하는 기능을 한다.

입은 씹어서 생체 전기를 생성하고, 코는 호흡의 감각을 통해

신경 에너지를 촉발시킨다. 쿤달리니 에너지와 슈슘나 에너지, 이다와 핑갈라 에너지가 호흡을 통해 촉발되는 신경 에너지이다. 이 중에 이다와 핑갈라 에너지가 교감신경 에너지다. 슈슘나 에너지는 뇌척수액이 파동할 때 만들어지는 에너지이다. 쿤달리니 에너지는 명문에 내장된 원기와 오장의 선천기가 서로 교류하면서 만들어지는 에너지이다.

비계의 수의식을 발현시키고 그를 활용한 수행을 하기 위해서는 들숨을 활용한 신경억제법(神經抑制法)과 날숨을 활용한 신경전도법(神經傳導法)에 대해 알아야 한다. 이 기법은 모든 사마타 수행에서 기본 공법으로 쓰인다.

또한, 냄새 경로의 운용법에 대해 알아야 한다.

냄새 경로를 운용하면서 교감신경이 활성화되었을 때 신경 억제 체계를 함께 활용하는 방법에 대해서도 알아야 한다.

뇌척수로 경로상에서 호흡 경로와 냄새 경로가 서로 다르다. 냄새를 맡을 때는 교감신경이 활성화되면서 뇌척수로 경로가 작동하고 호흡을 했을 때는 피질이 활성화되면서 뇌척수로 경로가 작동한다.

들숨에서는 가바가 분비되면서 피질 억제 기능을 하게 되고, 날숨에서는 글루탐산과 아세틸콜린이 분비되면서 피질이 활성화된다.

냄새 경로에서는 교감신경이 활성화되면서 아드레날린이 분비된다.

같은 코가 쓰이면서도 정반대의 체계가 작동하는 것이다.

냄새에 관점을 두었을 때는 심장박동이 더 빨라지고, 피질에 관점을 두었을 때는 박동이 느려진다.

냄새의 아드레날린 체계와 호흡의 아세틸콜린 체계를 함께 활용한 수행이 발성수행(發聲修行)이다. 발성수행의 들숨 기법은 교감신경과 척수를 동시에 자극하는 방법이다.

코로 들이쉰 냄새 경로 호흡은 교감신경을 자극하면서 꼬리뼈 끝까지 내려간다.

이 호흡으로 아드레날린이 분비된다. 들숨에 열감이 수반되는 것은 냄새 경로가 자극되었기 때문이다.

백회로 들이쉰 피질 경로 호흡은 척수의 피질 경로를 자극하면서 황정까지 내려간다. 이 호흡으로 가바가 분비된다. 들숨에 신경이 억제되고 무념 상태가 되는 것은 피질 경로가 작동되었기 때문이다.

한 호흡에 이 두 가지 체계를 함께 활용한다.

날숨에 발성이 이루어질 때는 아세틸콜린이 분비된다.

호흡을 들이쉴 때 코로 들이쉬는 숨과 백회에서 빨아들이는 숨을 일치시킨다.

호흡을 들이쉴 때는 양쪽 모두 나선으로 빨아들인다.

코로 들이쉰 숨이 후각신경을 자극하고 대뇌 기저부를 거쳐서 시상하부를 자극한다. 그런 다음 교감신경 줄기를 타고 꼬리뼈 끝까지 내려간다.

백회에서 들이쉰 숨은 피질 경로를 따라서 시상까지 내려온다. 그런 다음 중뇌, 교뇌, 연수를 거쳐서 황정까지 내려간다.

코로 숨을 들이쉴 때 미심에서부터 시상하부까지는 나선 호흡으로 들어간다.

이때 호흡 경로상에 펼쳐지는 빈 공간을 시각적으로 인식한다.

백회에서부터 시상으로 내려가는 피질 경로도 나선 호흡으로 들이쉰다. 이때 호흡 경로상에 세워지는 신경 억제 상태를 인식한다. 두 경로의 호흡이 시상부에서 만날 때 빈 공간을 주시하는 각성과 신경 억제로 조성되는 무념이 한자리를 이룬다. 그 상태에 머물러서 충분하게 음미한다. 그 두 가지 감각의 다른 점도 느껴보고 같은 점도 느껴본다. 시상막관(視床膜觀)

을 하는 또 한 가지 방법이다.

시상까지 호흡 경로가 확보되었으면 1단계 호흡이 완성된 것이다.
아래쪽으로 한 단계씩 내려가면서 호흡 경로를 확장시킨다.
중뇌까지가 2단계고, 교뇌까지가 3단계다. 연수까지가 4단계고, 그다음에는 경수로 내려간다. 경수 8단계, 흉수 12단계, 요수 5단계, 천수 6단계가 전체 호흡 경로의 단계이다. 이렇게 한 단계씩 내려오면서 척수막관이 시작된다.
한 단계씩 척수가 억제될 때마다 새로운 세계가 펼쳐진다.
안근 수행이나 이근 수행에서도 척수막관이 이루어지듯이 비근 수행에서도 척수막관이 이루어진다.
들숨으로 억제된 신경 영역이 발성으로 활성화되면 교류와 제도가 함께 이루어진다. 시상 단계에서는 6개의 주체 의식을 보게 되고, 소뇌에서는 유전형질을 물려준 모든 조상들을 만나게 된다. 연수에서는 언혼이 깨어난다.
경수로 내려오면서 첫째 마디가 아수라계, 둘째 마디가 아귀계, 셋째 마디가 지옥계, 넷째 마디가 축생계, 다섯째 마디가 인간계, 여섯째 마디가 천상계와 연결된다. 경수 일곱째 마디와 여덟째 마디도 천상계와 연결되고 흉수 전체와 요수 둘째 마디까지 천상계와 연결된다.
척수로 들어가면 천상계의 서로 다른 세계들이 펼쳐지고, 영혼으로 존재할 때 가져왔던 수많은 생의 기록들이 인식된다.
척수막관을 할 때 방편에 따라 처음 의식 경로로 들어가는 방법이 다르다. 하지만 척수로 내려가서 다른 세계와 연결하는 것은 같은 방법이 쓰인다.
척수막관법(脊髓膜觀法)은 단순하게 무념 상태만을 지켜보면서 사마타를 익히는 법이 아니다. 신경을 억제할 수 있는 범위를 조절하면서 사마타를 익히는 방법이다.

신경 억제의 범위에 따라 사마타의 서로 다른 경지를 만들어 낸다.

사마타의 경지에 따라 본성을 인식하는 것도 차이가 있다.

시상의 무념처와 중심의 무심처가 하나로 일치돼서 서로를 비추는 상태도 본성을 보는 것이다.

시상에서 한 단계 더 들어가서 중뇌까지 무념을 세우고, 중심과 연결해서 서로를 비추는 것도 본성을 보는 것이다. 이 경우에 두 종류의 사마타는 깊이가 서로 다르다.

척수막관을 통해 교뇌까지 내려오면 소뇌와 연결된다.

소뇌에서는 유전형질을 만난다.

'나'라는 육체 생명이 존재하기까지 유전자를 전해준 모든 생명들의 유전적 정보가 소뇌에 들어있다. 소뇌로 들어가면 그들을 만나게 된다.

수천 수백억의 군중 속에 내가 속해 있다. 수많은 사람들이 바글바글 모여서 제각기 다른 말을 한다. 어쩌고저쩌고하는데 처음에는 못 알아듣는다.

소뇌에 머물러 있다 보면 그 말들을 알아듣게 된다. 들어보면 어렸을 때 생각했던 것들, 내가 살면서 가져왔던 습관들, 이런 것들이 말속에 들어있다. 그것이 바로 내 안에 있는 유전형질들이다. 그 사람들을 보고 있다 보면 유난하게 눈에 띄는 사람이 있다. '저 사람은 말이 많구나. 저 사람은 격하구나. 내 안의 격정은 저 사람한테서 온 거고. 내가 말 많은 거는 저 사람한테 온 거구나.' 이걸 알게 된다. 그 사람들이 다 내 조상들이다.

인식되는 대상을 놓고 공관(空觀)을 행한다.

교뇌와 소뇌막에 세워진 사마타로 비춰주는 것이다.

그렇게 하다 보면 그 사람의 말이 쉬어지고 또 다른 사람의 말이 쉬어진다.

결국에는 소뇌를 지배하던 모든 유전적 형질로부터 자유로워진다.

유전성을 제도했을 때는 내 뜻을 전하면 소뇌에 있던 수많은 군중들이 일사불란하게 따라온다. 말 많던 사람도 말이 없어지고 화내던 사람도 화가 없어진다. 현실 속에서도 내 어머니가 변화되어 있고 내 아버지가 변화되어 있다.

소뇌를 제도하는 순간 내 자식도 제도되고 유전형질을 전해준 조상들이 모두 제도된다. 소뇌막관(小腦膜觀)은 충분한 시간을 갖고 꾸준하게 해야 한다. 다른 영역을 제도하면서 짬짬이 병행하는 것도 좋다.

연수로 내려오면 내 입으로 말이 나오기 이전에 일어나는 생명 경로의 흐름을 인식하게 된다. 척수와 장부로부터 정보가 떠오르고 대뇌변연계와 파페츠회로를 돌면서 기억이 떠오르고 그것이 생각으로 조합돼서 언어로 표현되기까지의 과정들이 마치 슬로비디오처럼 인식된다. 이때에도 사마타를 통해 인식되는 현상들을 비춰본다. 말의 경로를 보게 되면 말을 다스릴 수 있게 된다.

중간에서 딱 끊어서 그 표현을 안 할 수도 있고, 왜?라는 의문을 두고 더 많은 정보를 표출시켜서 풍부한 얘기를 할 수도 있다.

경수 1번으로 내려오면 여기서는 아수라계(阿修羅界)가 열린다. 그때는 경쟁심과 투쟁심이 살아난다. 그 마음들을 사마타로 비춰준다. 충분한 시간 동안 비추어서 제도되면 다음 단계로 내려간다.

경수 2번으로 내려오면 여기서는 엄청난 식욕과 갈증이 일어난다.

이 부위는 아귀계(餓鬼界)의 영역이다. 사마타를 활용해서 같은 방법으로 제도한다.

경수 3번은 지옥계(地獄界)다. 그 자리로 내려오면 눈이 어두워지고, 귀가 먹먹해지고 감각이 둔해진다. 극도의 무기력감에 빠지기도 한다. 당황하지 말고 지극하게 사마타를 행한다.

이때는 착한 마음이 힘이 된다. 평소에 행했던 착한 일들을 떠올려서 부처님 전에 공양한다. '제가 행했던 착함의 공덕을 부처님 전에 바칩니다.'

이렇게 하다 보면 기분이 좋아진다. 그러면서 의식의 힘이 복원된다.

경수 4번은 축생계(畜生界)이다. 이 단계에서는 개를 생각하면 개같이 되고 고양이를 생각하면 고양이같이 된다. 이때에는 의식성향만 바뀌는 것이 아니고 신경구조까지 변화를 일으킨다. 개를 떠올리면 삼차신경이 개처럼 변하면서 이빨이 간질간질해진다. 사자를 떠올리면 사자같이 된다.

경수 5번은 인간계(人間界)이다. 인간의 속성은 추구이다.

생각이 많아지고, 비교, 분별이 치성해진다. 그리운 사람도 생각나고 미운 사람도 떠오른다. 한 생각 한 생각을 사마타로 비춰주고 감정들도 비춰 준다.

들숨에는 신경이 억제되면서 사마타가 행해지고, 날숨에서 현상이 인식된다.

사마타를 즐기고 선나에 안식한다.

경수 6번은 천상계(天上界)이다.

천상계가 접해질 때는 황홀경에 빠진다.

밝은성품 에너지가 증폭되면서 안, 이, 비, 설, 신, 의의 기능이 극대화된다.

6장의 주체 의식들이 외부 의식과 교류하고 자기 고유진동수와 일치된 세계가 인식된다. 거대한 크기의 천상생명을 보기도 하고 대화를 나누기도 한다.

어떤 경우라도 사마타를 유지하고 현혹되거나 거부해서도 안된다.

자칫하면 천마의 마장에 빠질 수 있다. 천마란 수행자가 만들어내는 밝은성품을 탐하는 천상생명을 말한다. 천마에 현혹되면 신통력이 생긴다. 대부분의 사람들은 신통력을 활용하면서 천마에 빠진다.

철저한 사마타행으로써 이 과정을 극복한다.

한 호흡마다 사마타를 행해서 본성을 지켜간다.

경수 7번에서부터 요수 2번까지 천상계와 연결되고, 그 밑으로 내려가서 천수로 내려가면 다시 아수라계와 연결된다.

척수막관법은 각각의 단계마다 정확한 심지법이 있다. 그 내용이 방대해서 일일이 설명하지 못한다.

호흡법과 척수로 운동법, 발성법이 병행되고 삼관법이 함께 쓰여야 척수막관이 순일하게 진행된다.

냄새 수련의 시작은 냄새의 형질을 구분하는 것이다.

여러 가지 냄새가 있지만 가장 중점을 두고 관찰해야 하는 것이 살아있는 느낌이다. 숨이 들어가고 나오면서 내 생명이 살아있는 그 느낌을 관찰한다.

그 느낌이 밝은성품의 형질이다.

냄새 수련을 하게 되면 사람 냄새를 알게 된다.
처음에는 자기 장부의 냄새를 맡게 된다.
장부가 좋을 때는 냄새가 안 난다.
대부분 장부가 안 좋을 때 냄새가 난다.
폐가 안 좋아졌을 때는 고춧가루 냄새가 난다.
노린내가 나면 간이 안 좋은 것이다.
암모니아 냄새가 나면 위장이 안 좋은 것이다.
시궁창 냄새가 나면 소장이 안 좋은 것이다.
비린내하고 썩는 냄새가 나면 대장이 안 좋은 것이다.
땀에 절었을 때 나는 냄새가 나면 신장이 안 좋은 것이다.
꽃향기가 나면 심장이 안 좋은 것이다.
단내가 나면 비장이 안 좋은 것이다.

냄새 수행을 할 때 생기는 장애가 있다. 탐착하고 거부하는
것이 그것이다.
꽃향기같이 좋은 냄새가 날 때는 그것에 집착한다.
특정 장소에서 향기를 맡게 되면 장소에 집착한다. 그런 경우
는 그 장소와 자기 심장이 서로 연결되어 있다.
대부분 그런 공간에는 외부 의식이 있다. 외부 의식이 심장의
혼의식을 자극해서 향기가 나는 것이다. 그런 공간에 오랫동
안 노출되면 심장이 나빠진다.

냄새 수행을 통해서 7식으로 들어갈 때는 어떤 냄새가 나더라
도 거부하거나 집착하지 말아야 한다.
악취가 날 때 냄새 체계에서 호흡 체계로 전환해서 신경을 억
제하면 싫은 마음이 일어나지 않는다. 냄새에 대해서 '무'하게
된다.
신경 억제와 신경 활성화를 통해 깨어나는 모든 업식에 대해

서 분별하는 마음이 없어야 한다. 좋아서 집착하고 싫어서 거부하면 무비계하지 못한다.

무심과 무념이 서로 비추도록 해서 본제관(本際觀)으로 무비계한다.

코로 숨을 들이쉴 때 미심의 자극과 명문의 자극을 일치시키는 것은 냄새 경로를 운영하는 것이다. 신경 억제 체계가 아니다.

숨을 들이쉴 때 꼬리뼈까지 씻어낸다는 느낌으로 독맥의 경로를 씻어낸다.

이렇게 하면 그 경로 안에서 아드레날린이 촉발되면서 실제로 씻어내기가 이루어진다. 그러면서 내장으로 들어가는 원심성 신경들이 활성화되고 장부의 냉증이 해소된다. 미심에서 꼬리뼈까지는 니은 발성의 경로이다.

숨을 명문까지 들이쉬고 니~~하고 혀끝으로 발성해서 미심을 울리고 명문을 울려주는 것이 니은 발성법이다. 니은 발성법을 통해 아드레날린과 아세틸콜린을 활성화하고 슈슘나 에너지를 증폭시킨다.

더불어서 머리쪽 체감각계를 활성화한다.

머리쪽 체감각계가 활성화되면 체감각계 전체가 일치의 도구가 된다.

중심이 일치를 이루듯이 체감각계도 일치를 이룰 수 있다.

상대가 가진 안이비설신의의 불균형 상태와 인식 경로의 작동 과정을 정확하게 볼 수 있고, 머리쪽 감각점과 몸의 이상이 어떻게 연관되어 있는지를 볼 수 있다.

신경의 진동이 시작되는 곳이 중추신경이다.

중추신경의 감각 지배 영역을 삼차신경이 담당한다.

삼차신경과 중추신경, 하부 말초신경, 장부와 근골격의 관계를 볼 수 있는 방법이 두부체감각계 진단이다.

환자들을 진단해보면 하부의 문제는 반드시 머리의 체감각에서부터 원인이 있다.

자기 업식과 트라우마가 몸과 머리 쪽에서 어떤 체계로 내재하여 있는지 그 상태를 살펴볼 수 있는 최고의 방법이다.

자기 제도에 있어서도 두부체감각계를 활성화하는 것이 대단히 중요하다.

이것이 비계를 발현시키고 비계로 접해진 경계에 대해서 무하는 방법이다.

일어나는 마음만으로 자기를 보는 것은 지극히 제한적이다.

억제와 활성화를 통해서 들여다보는 내면의 세계는 광대무변하다.

견성오도 이후에 해탈도를 이루는 것은 간단한 일이 아니다.

이런 체계를 배우지 못하면 절대로 이루어지지 않는다.

제8강 반야심경

무설계 無舌界

설계(舌界)는 말과 맛으로 이루어져 있다.

언어는 피질 연합령에서는 베로니카 영역에서 주관하고, 연수로 내려오면 하올리브핵과 소뇌가 주관한다. 장부로는 심장과 비장, 폐와 간의 기능이 쓰이고 뇌척수로 경로는 피질과 적핵 경로가 쓰인다.

베로니카 영역은 청각 연합령과 붙어있으면서 정보를 공유한다. 소뇌의 운동감각과 지각 기능이 혀의 움직임과 서로 연결되어 있고 연수의 하올리브핵과 연계되어 있다.

말은 생각이 행동으로 드러나는 현상이다.

생각이 일어나서 말로 표현되는 경로를 들여다보게 되면 말을 천천히 하게 되고 조리 있게 하게 된다. 그러다 보니 말을 다스리는 힘을 갖게 된다.

7식 체계의 말은 두 가지 경로를 통해 현상화된다.

첫째 경로가 언혼이다.

둘째 경로가 외부의식이다.

이것이 설계를 이루는 원인이다.

언혼(言魂)은 자의식이다. 6장의 주체 의식들이 말로써 드러날 때 언혼이라 부른다.

외부의식(外部意識)은 타의식이다. 일치된 의식이거나 빙의된 의식, 천상생명들이 외부의식이다. 외부의식이 작용해서 말이 나올 때는 내 의도에 상관없이 내 입이 쓰인다. 생각의 경로를 지켜보면 내가 생각하고 있는 이것을 말로 표현하겠다는 의도가 나오고 그 의도를 통해서 말이 시작되는데 전혀 그런 인식이 없이 저절로 말이 나온다. 누구를 보면 그 사람에 대해서 입이 중얼중얼하고 있다. 그것은 내 자의식이 하는 소리가 아니다. 나도 모르는 누군가가 내 입을 활용해서 말을 하는 것이다. 어느 날 갑자기 이런 상황에 처해지면 당혹스럽다. 중심을 보고 있다가도 그런 일이 생긴다.

외부 의식으로 인해 설계가 촉발되었으면 사마타를 통해서 제도해야 한다.

이때 방편으로 쓰이는 것이 발성수행(發聲修行)이다.

발성수행을 하다 보면 깊은 세타파에 들어간다.

세타파에 대한 각성이 키워지면 외부 의식으로 야기되는 여러 가지 장애들이 원만하게 제도된다.

의도 없이 표현되는 말도 그칠 수 있게 돼서 무설계(無舌界)하게 된다.

발성수행의 방편으로 쓰이는 여러 가지 기법들이 있다.

부처님께서 발성수행의 방편으로 제시한 것이 문자관이다.

문자관(文字觀)의 체계는 자음관, 모음관, 문자관으로 이루어져 있다.

문자관에 대해서는 현겁경과 문수사리문경, 금강정경에서 다루어진다.

현겁경(賢劫經)에서는 16문자관에 대해 말씀하시고 문수사리문경(文殊師利問經)에서는 자음, 모음의 이치에 대해 말씀하신다. 금강정경(金剛頂經)에서는 발성법과 인법을 병행하는 방법에 대해 말씀하신다. 문수보살이 석가모니 부처님한테 묻는다. '천지만물의 이치가 자음, 모음에 있다고 하는데 그것이 어떤 뜻입니까?' 그 질문에 답하시면서 문수사리문경을 설법해 주신다. 현겁경에서는 아미타불이 성불하게 된 과정에 대해 말씀하신다.

아미타불이 보증엄태자로 있을 때 문수보살에게 16문자관을 배워서 당대에 부처가 되었다는 것이다.

「16문자관을 익히면 한 생만 더 태어나면 부처가 된다.」 이런 말씀도 하신다.

현겁경에서는 천 가지 습성을 제도하는 방법을 말씀하시면서 다음 생에 부처가 될 수 있는 최고의 수행법이 16문자관이라 한다.

자음관은 인체 내에 발성 경로를 만드는 방법이다.

모음관은 자음관을 통해서 집약된 생명 에너지를 몸의 안팎으로 운영하는 방법이다.

문자관은 자음관, 모음관이 하나로 합쳐진 것이다. 문자관에서는 자음으로 에너지를 집약하고, 모음으로 운용하는 것이 한 호흡에 이루어진다.

16문자관은 하나의 문자마다 성취해야 할 목표가 있다.

발성수행(發聲修行)에서는 뇌척수액의 파동과 신경 억제를 활용해서 에너지를 촉발시킨다.

비계 수행에서 신경억제는 들숨을 활용했다. 설계 수행에서는 한 가지 기법이 더해진다. 바로 탈분극 체계이다. 탈분극은 나트륨과 칼륨이 신경핵 속으로 들어간 상태이다. 탈분극 상태에서는 의식의 흐름이 끊어진다. 무념 상태가 되는 것이다. 비유하면 야구방망이로 뒤통수를 한 대 맞았을 때의 상태라고 할 수 있다. 번쩍하면서 별이 보이고 기절한 상태가 탈분극이다. 탈분극 상태에서는 엄청난 에너지가 촉발된다. 깊은 세타파에서 각성을 유지할 수 있으면 탈분극에서도 의식을 잃어버리지 않는다.

탈분극의 반대는 휴지전위이다. 이 상태에서는 나트륨과 칼륨이 신경핵 바깥쪽으로 빠져나온다. 이 상태에서도 정신을 잃어버린다. 하지만 이 상태에서는 에너지 생성이 안 된다.

탈분극 상태에서는 850㎹의 강력한 전기에너지가 생성된다.

발성을 통해 신경 구조 안에 탈분극을 만들어주면 그 영역 전체가 무념 체계가 된다.

발성 수행을 할 때 탈분극으로 인해 정신을 잃어버리는 경우가 가끔 생긴다. 어떤 경우는 하루가 지나서 깨어나기도 하고 어떤 경우는 잠들 듯이 쓰러졌다가 몇 시간 뒤에 깨어나기도 한다. 그런 경우는 삼차신경 구조에 이상이 있거나 연수 부위에 이상이 있는 것이다. 발성의 유형에 따라서도 이상이 생기는 부위가 달라질 수 있다.

뇌척수액은 뇌와 척수 전반에 걸쳐 분포한다.

머리부에는 시상의 3뇌실, 양쪽 측두엽의 가쪽뇌실, 교뇌의 4뇌실로 이루어진 채집소가 있다. 뇌척수액은 대뇌, 소뇌, 척수 전체를 감싸고 있다.

뇌척수액은 전해질이다. 뇌척수액은 중추신경 내 면역작용을 담당하고 중추신경을 보호해주는 역할을 한다.

고대로부터 수행자들은 에너지 생성기관으로 뇌척수액을 활용했다.

신경세포를 재생시키는 방법으로도 활용해서 치료에 응용했고 공능을 발현시키는 수단으로 활용했다.

하버드대학에서 있었던 일이다.

달라이라마 강의 때 논쟁이 붙었다.

뇌가 마음을 만든다. 과학자들은 그렇게 말했다.

달라이라마는 '마음이 뇌의 상태를 만든다.'라고 주장했다.

그것을 증명하기 위해 자기 제자를 보내서 검사를 시켰다.

이 사람의 뇌파는 감마파였다. 이 사람의 전두엽은 부풀어 있었다.

마치 오래된 조개껍데기처럼 전두엽이 덧씌워져 있었다.

'도대체 이게 뭐냐' 과학자들이 깜짝 놀랐다. 이 사람은 발성

수행자 였다.

달라이라마가 마음이 뇌의 구조를 바꾸는 것을 증명했다.

그때부터 뇌과학자들은 '뇌가 마음을 만들기도 하고 마음이 뇌를 만들기도 한다.'라고 인정했다. 뇌척수액을 파동시켜서 특정한 영역의 신경세포를 더 만들어 낼 수 있다. 자음 발성과 모음 발성, 문자 발성은 뇌척수액을 파동시키는 최고의 방법이다. 양쪽 측두엽의 가쪽뇌실, 3뇌실, 4뇌실, 척수 전반을 싸고 있는 뇌척수액을 발성을 통해 파동시킨다.

미음 발성은 양쪽의 가쪽뇌실을 파동시키고 4뇌실을 파동시킨다. 거기에서 생성된 생체 에너지를 미주신경을 타고 흐르게 한다.

비읍 발성은 4뇌실을 파동시켜서 생체 에너지를 생성한다.

그 에너지를 부신경과 교감신경을 타고 흐르게 해서 신경과 장부를 치료한다.

기역 발성은 아래턱관절의 떨림으로 가쪽뇌실을 파동시키고 4뇌실, 소뇌, 시각피질을 울린 다음에 3뇌실을 파동시켜서 생체 에너지를 생성시킨다. 그 에너지를 미주신경을 타고 하단전까지 오게 한다.

니은 발성은 미심을 울려서 3뇌실을 진동시키고 생명 에너지를 생성한다. 시각 경로를 따라서 시각피질로 끌고 가고 방광경을 따라 꼬리뼈 끝까지 생명 에너지를 흐르게 한다. 이와같이 기역에서부터 히읗까지 발성을 통해 뇌척수액을 파동시키는 방법이 각기 다르다. 또한, 그 파동으로 생성된 생명 에너지를 원하는 영역으로 끌고 가는 방법이 다르다.

그 수행을 통해서 얻어지는 결과는 대단하다.

신경세포를 재생하고 정신능력을 극대화하며 능히 해탈도를 이루도록 해주기 때문이다. 자음관법은 식무변처정(識無邊處定)을 익히는 한 가지 방법이다.

모음관은 안 몸과 바깥 몸에 세워진 13개의 중추점을 상하좌우 앞뒤로 연결해서 운용하는 방법이다. 각각의 모음이 갖고 있는 형태대로 13개의 기점을 앞뒤 좌우상하로 연결해서 발성한다. 모음 발성은 자음 발성을 통해 축적된 생체에너지를 운용하는 방법이다. 때로는 몸 안에서 운용하고 때로는 몸 밖으로 전달해 주면서 모음 발성이 이루어진다.

열 가지 모음 발성법이 있다.

자모음 발성을 하면서 뇌척수로운동을 병행한다. 기역 발성을 할 때는 검지 운동을 하면서 하고 니은 발성을 할 때는 엄지 운동을 한다.

부교감신경을 자극하는 검지 운동, 교감신경을 자극하는 엄지 운동…. 이와 같은 방법으로 발성과 뇌척수로 운동이 병행된다.

문자관은 자음, 모음 발성을 합쳐서 하나의 문자를 형성하는 방법이다.

모든 문자가 발성의 도구로 쓰일 수 있다. 하지만 현겁경에서 제시해 준 16문자관이 모든 문자관의 궁극이다.

현겁경에서 제시된 16문자관은 없음(무無), 벗어남(도度), 지어감(행行), 하지 않음(불不), 지님(지持), 거리낌(애碍), 조작(작作), 굳음(견堅), 세력(세勢), 남(생生), 거둠(섭攝), 다함(진盡), 덮임(개蓋), 멈춤(이已), 머묾(주住), 태움(료燎)이다.

호흡과 발성을 통해 신경 전달 체계와 신경 억제 체계를 전환시키고 공관과 중관을 함께 행할 수 있는 것이 발성 수행이다. 발성수행은 무념, 무심을 증득하는 데 있어서도 최고의 효과를 내고 생명 에너지를 극대화해서 운영하는 것에 있어서도 최고의 효과를 낸다.

'옴'자 수행을 예로 들어보자.

옴자를 문자 구조로 풀어보면 이응, 오, 미음이 하나로 합쳐진 것이다.

문자 발성시 초성 이응은 "이~~~" "이히~~~" "히이~~~" "이~~~" 로 발성한다.

초성 발성법은 자음 발성과 모음 발성법이 함께 쓰여진다.

처음 "이~~" 발성은 중심을 울리는 자음 발성이다.

나선 호흡으로 백회에서 중극까지 들이쉰다.

검지를 90도 각도로 구부리면서 "이~~" 하고 발성한다.

혀끝은 아래로 향해지고 입 중간에 떠 있는 상태이다.

중심을 울려준다.

두 번째 "이~~히~~!" 발성은 연수, 소뇌다리, 중황을 자극하는 모음 발성법이다.

3지를 90도로 구부린 상태에서 발성한다.

나선 호흡으로 중황까지 들이쉰다. 3뇌실의 중심부가 중황이다.

혀뿌리를 사용해서 목젖 위쪽 천정을 "이~~~" 하면서 강하게 울려 준다.

이~~~발성이 연수를 울리고 소뇌다리를 자극한 다음 시각피질을 울리도록 한다.

호흡을 절반 정도 소비했을 때 "히~~~!!" 발성으로 전환한다.

"히~~~" 하면서 3뇌실을 강하게 울려준다.

이때 울림의 방향이 밑에서 위로 향해진다.

둥근 접시 형태의 울림판이 3뇌실 밑에서 진동하고 그 진동으로 3뇌실을 강하게 자극한다. 길게 "히~~~!!" 발성을 하다가 딱 끊어 준다.

세 번째 "히이~~~" 발성은 연수를 자극하고 중극을 울려주는 모음 발성이다.

나선 호흡으로 중극까지 들이쉰다.

3지를 엄지로 눌러준 상태에서 발성한다.

혀뿌리를 강하게 자극하면서 짧게 "히" 하고 발성한다.

마치 "히" 소리를 뱉어내듯이 발성해야 한다.

"히" 소리에 이어서 " 이~~~" 발성을 길게 내준다.

"이~~~" 발성의 강도는 중간 정도 세기이다.

"이~~~" 발성은 연수에서 시작해서 경수를 거치고 중극에서 머문다.

중극은 흉수 4번과 5번 사이에 위치한다.

충분한 날숨으로 "이~~~" 하고 중극을 울려준다.

그런 다음 숨이 다하면 딱 끊어 준다.

중극 자리에서 후끈한 열기가 느껴지면 제대로 한 것이다.

네 번째 "이~~~" 발성은 황정을 울려주는 모음 발성이다.

나선 호흡으로 황정까지 들이쉰다.

3지와 4지를 엄지로 눌러준 상태에서 발성한다.

혀의 위치는 입의 중간에 두고 "이~~~" 하고 길게 발성한다.

발성 경로는 중극에서 황정까지다.

"이~~~" 발성을 통해 중극에서 생겨난 열기를 황정까지 끌고 간다.

황정을 울려주면서 꼬리뼈 진동과 하단전 진동을 함께 느껴 본다.

여기까지가 옴자 발성의 초성 "이응 발성법"이다.

옴자 발성의 중성 "오"는 "으~~~" "오~~~호"로 발성한다.

처음 "으" 발성은 간과 비장을 연결하는 모음 발성이다.

양쪽 엄지 첫째 마디를 살짝 구부려준다.

나선 호흡으로 백회에서 중극까지 들이쉰다.

혀를 입의 중간에 놓고 "으~~~" 하고 길게 발성하면서 간과 비장을 울려준다.

오른쪽 옆구리가 간이고 왼쪽 옆구리가 비장이다. 호흡이 다 할 때까지 충분하게 울려주면서 진동의 강도와 간 비장의 상태를 느껴 본다.

두 번째 "오호~~~" 발성은 중심과 중황을 울려주는 모음 발성이다.

3지 첫째 마디를 살짝 구부려 준다.

나선 호흡으로 백회에서 중황까지 들이쉰다. 혀를 입의 중간에 두고 "오~" 하고 중간 길이로 발성하면서 중심을 울려 준다.

잠시 중심의 울림을 음미하다가 혀끝을 위쪽으로 올려 주고 고개를 약간 들어주면서 "호~~~" 발성으로 전환한다. 길게 "호~~~" 발성을 하면서 3뇌실을 울려준다.

이때 기쁜 마음으로 "호~~~" 해야 한다.

여기까지가 옴자 발성의 중성 "오" 발성법이다.

옴자 발성의 종성 미음 발성은 자음 발성법이다.

나선 호흡으로 중극까지 들이쉬면서 다섯 손가락을 절반 정도 구부려준다.

호흡을 들이쉬는 속도와 손가락을 구부리는 속도가 일치되도록 한다.

미음 발성은 양쪽 입술 꼬리를 울려서 안면신경을 자극하고 교뇌의 4뇌실을 파동시키는 방법이다. 4뇌실이 파동하면서 생체전기가 생성되면 미주신경을 따라서 간과 비장으로 보내고 간 비장의 울림을 양쪽 측두엽으로 끌고 가서 가쪽뇌실을 울

려준다. 발성 경로가 길기 때문에 충분한 호흡이 확보되어야
한다.

단계별로 나누어서 설명해 보겠다.

손가락 모양은 다섯 손가락을 반쯤 구부린 상태로 머물러 있
고, 그 상태에서 "미~~~" 하고 길게 발성한다. 입술 모양은 미
소 띤 자세.

미~~~발성으로 양쪽 입술 꼬리가 떨리는 것을 느낀다.

그 떨림을 4뇌실로 끌고 간다. 4뇌실의 진동을 느끼면서 세타
파에 들어간다.

의식이 아득해지고 몽롱해지면 미주신경을 타고 간 비장으로
진동을 끌고 온다.

간 비장의 울림을 느낀다. 양쪽 옆구리 진동이 균등하게 느껴
지면 양쪽 측두엽으로 진동을 끌고 올라간다. 가쪽뇌실의 울
림을 느끼다가 호흡이 다 하면 "음" 하고 입술을 닫아 주면서
소리가 끊긴 자리의 여운을 음미한다.

양쪽 측두엽과 간 비장을 연결해서 "ㅁ"자 형상을 떠올려 본다.

이런 방법으로 문자 발성을 하면 삼관과 삼해탈이 함께 이루
어진다.

탈분극과 신경 억제가 함께 이루어지면서 무위각을 증장시키
는 것이 비약적으로 빨라지고 생명 에너지를 운용하면서 자기
제도의 범위를 극대화할 수 있다.

불교에서는 발성 수행을 '인성염불'이라 한다.

'범패'라고도 하는데 지금은 그 맥이 거의 다 끊겼다. 일부분
기교만 남아있을 뿐 심지법이 없다.

발성이 이루어지고 뇌척수액이 파동하면서 일으키는 생명 에
너지를 인식하고 운영하다 보면 그때그때 나타나는 경계들이

있다.

2살, 3살 때 있었던 일이 엊그제 일처럼 생각나고 전생이 보이기도 한다.

서울에 있으면서 부산에 있는 사람이 하는 소리도 들을 수 있다.

전혀 다른 세상 속에 마치 꿈꾸듯이 처해지기도 한다.

다른 세계와 교류할 수 있는 역량들이 발성 수행과 척수막관을 통해 키워진다.

그런 현상을 접하게 되면 미혹되지 말고 무설계할 수 있어야 한다.

또 그렇게 해서 알게 되는 지식을 다른 생명을 이롭게 하는 데 써야 한다.

절대로 불평등한 교류를 하는 수단으로 쓰면 안 된다.

능력을 탐해서 본성을 망각하지 않아야 한다.

수행하면서 나타나는 그 모든 경계에 대해서 무념과 무심으로 대하는 것이 무설계하는 것이다.

말이 끊어진 자리, 그 침묵을 여유롭고 편안하고 투명한 마음으로 바라볼 수 있으면 그 또한 무설계하는 것이다.

여섯 가지 정보의 조합으로 생겨난 생각들을 지켜보고 말 이전에 머무는 것도 무설계하는 것이다. 신경이 억제돼서 정보의 조합이 이루어지지 않도록 하는 것도 무설계하는 것이다.

밖으로 드러나는 침묵과 안에서 일어나는 기미 그리고 그 기미마저도 끊어진 자리를 지켜가는 것이 무설계가 온전하게 실현된 것이다.

발성 수행을 하면서 세타파로 들어가는 훈련은 대단히 중요하다.

뇌실의 뇌척수액이 파동하면 의식은 저절로 세타파가 된다.

발성을 통해서 일으키는 뇌척수액의 파동은 거칠다.

심장의 박동을 통해서 뇌척수액이 파동할 때는 부드러운 파동이 일어난다.

숙달된 사람은 혈관 박동만으로 뇌척수액을 파동시키고 호흡과 손가락 동작으로 신경 억제 체계를 가동한다. 그런 사람은 침묵을 통해서도 발성수행을 할 수 있다.

제9강 반야심경

무신계 無身界

신계(身界)란 촉감과 몸의 움직임을 통해 드러나는 의식계이다. 신계 수행의 대표적인 방편이 살갗수행과 뇌척수로운동법이다. 살갗수행과 뇌척수로운동법은 사념처수행의 공법으로 활용된다. 사념처수행(四念處修行)이란 부처님의 초기 설법에서 제시된 수행법이다. 대승의 삼관법이 제시되기 전에는 사념처수행을 통해 아라한이 되었다. 신념처수행, 수념처수행, 의념처수행, 법념처수행을 사념처수행이라 한다. 살갗수행과 뇌척수로운동법은 사념처수행 전반에 걸쳐 포괄적으로 쓰인다.

특히 신념처수행과 수념처수행에서 몸의 촉감과 움직임을 관찰하는 방편으로 쓰이는데 그 결과로 성취되는 것이 안몸과 바깥몸의 인식이다.

바깥몸은 육체를 말한다.

육체의 촉감 경로와 운동 경로를 살펴서 아는 것을 '바깥몸을 세운다'라고 말한다.

안몸은 영혼을 말한다.

영혼의 촉감 경로와 운동 경로를 살펴서 아는 것을 '안몸을 세운다'라고 말한다.

사념처수행에 대해서는 아함경(阿含經)에서 다루어진다.

살갗수행법이 구체적으로 제시된 논서가 '청정도론'이다. 이는 '붓다고사'가 정리한 소승불교의 수행체계이다.

다음은 청정도론(淸淨道論)에서 제시한 살갗수행법이다.

이마의 살갗을 관찰한다.

두정부를 관찰한다.

뒤통수를 관찰한다.
목을 따라서 등으로 내려가는 피부의 상태를 관찰한다.
천골을 관찰한다.
다리 쪽을 관찰한다.
배 쪽을 관찰한다.
가슴을 관찰한다.
아래턱을 관찰한다.
미심을 관찰한다.

이마에서부터 시작해서 다시 이마로 돌아오는 피부감각을 관찰하는 수행이 살갗수행이다. 이것은 소승 수행체계에서 대단히 중요한 위치를 차지하는 공부이다.
하지만 앞의 내용만을 갖고는 살갗의 촉감을 관찰하는 목적과 이유를 알 수가 없다. 때문에 심지법(心地法)이 필요하다.
바깥몸의 촉감을 관찰할 때는 그 촉감이 어디에서 생겨나서 어느 부위와 연결되어 있는지를 알아야 한다. 이것이 실현되기 위해서는 먼저 갖추어야 할 조건이 있다. 피부감각을 극대화하고 말초신경과 중추신경을 씻어내는 것이다.
피부감각을 극대화하는 것은 심장박동을 활용한다. 이를 '벌모법'이라 한다.
말초신경과 중추신경을 씻어내는 것은 호흡법과 뇌척수로운동을 활용한다. 이를 '세수법'이라 한다. 달마대사는 이 두 가지 방법을 '역근세수법(易筋洗髓法)'이라 불렀다.

벌모법(伐毛法)은 엄지 끝과 검지 끝을 살포시 붙인 상태에서 시작한다.
인법을 짓는 것이다.
엄지와 검지가 맞닿은 자리에서 심장의 박동을 느낀다.

손바닥 전체가 울릴 때까지 박동을 주시한다.

심장에 의지를 두고 박동을 지켜본다.

박동이 작아졌다가 다시 커지는 것을 느껴본다.

충분한 시간 동안 음미하면 좋다.

손끝에서 느껴지는 진동을 몸 전체로 확장해간다.

처음에는 원하는 부위에 의지를 집중하고 그 자리의 진동을 느껴본다.

잘 느껴지면 다음 자리로 이동한다.

이런 방법으로 몸 전체를 돌아본다.

머리끝, 발끝까지 느껴본다.

처음에는 피부 쪽 진동을 느껴보지만 나중에는 장부와 뇌의 영역까지 들어가 본다. 그러면서 몸에서 일어나는 변화를 세심하게 살펴본다.

생각이 일어나는 것과 감정이 일어나는 것, 추억이 떠오르는 것, 통증이나 경직감, 가려움이나 압박감 등등 모든 변화들을 살펴본다.

검지 끝이 어느 부위와 연결이 되어있고 어떤 역할을 하는지를 알게 되면 벌모가 끝난 것이다.

다음은 세수법(洗髓法)이다.

세수법은 두 단계로 이루어진다.

첫째 단계가 살갗호흡법이다.

둘째 단계가 살갗관법이다.

살갗호흡법은 비계수행의 호흡 기법이 그대로 쓰인다.

다만 말초신경 세수법이 더해진다.

살갗관법은 뇌척수로운동과 벌모법이 병행된다.

살갗호흡법 중 말초신경 세수법과 살갗관법의 세세한 행법은 필자의 책 "본제의학 원리"에 상세하게 수록되어 있다. 참조해 주시기 바란다.

벌모세수가 이루어지고 시상막관이 이루어지면 안 몸을 이루고 있는 구조를 알게 된다. 또한, 육체 안에 영혼의 몸이 어떤 구조로 내장되어 있는지를 알게 된다.

신념처관과 수념처관은 오온에 있어서 색의식과 수의식의 경계를 관찰하는 방법이다. 수념처관이 이루어지면 수의식이 발현되는 경로를 볼 수 있게 된다.

살갗수행시에 이마의 감각을 관찰할 때는 검지를 살짝 구부린 상태로 한다. 검지를 구부리면 3차신경 안분지가 수축하면서 이마 쪽 신경전도가 활성화된다. 그런 상태에서 이마를 지켜보면 '자자자작!' 하는 자극이 생겨난다.

그 자극은 삼차신경 안분지가 뻗어나간 두개골 밑쪽까지 이어진다.

삼차신경 안분지는 뇌척수액의 파동을 감지하는 센서 기능을 한다.

그 기능으로 뇌척수액의 순환을 조절하고 뇌의 압력을 조절한다. 살갗수행을 미심에서 시작하는 것이 삼차신경 안분지의 기능을 활성화해서 뇌척수액을 순환시키고 뇌의 압력 조절 기능을 극대화하기 위함이다.

묵은 뇌척수액이 배출되고 새로운 뇌척수액이 유입되면 생체전기 생성 기능이 높아진다. 살갗 수행이 진행되면 혈압이 올라간다. 그때 뇌혈관에 가해지는 압력을 해소시켜 주는 것이 삼차신경 안분지다.

미심에서 살갗 감각을 관찰하면서 양쪽 관자놀이까지 살펴본다. 눈썹 위쪽으로 자극감을 느끼면서 그 감각을 관자놀이까지 끌고 간다.

관자놀이에 머물면서 귓속 상태와 아래턱 상태를 함께 느껴보고 아래 이빨 상태를 느껴본다. 부위별로 머물 때마다 몸의 다른 영역에서 일어나는 변화를 함께 관찰한다. 다시 미심에 의지를 두고 두정부 쪽으로 이어지는 경로를 관찰한다.

마치 귀뚜라미의 더듬이처럼 위쪽으로 이어지는 두 개의 선이 느껴진다. 그 선을 따라 피질까지 들어간다고 생각하고 머릿속 상태를 살펴본다. 두 가닥 선의 길이가 서로 다르게 느껴질 수도 있다. 그럴 때는 짧게 느껴지는 선 쪽에 송곳니를 지그시 물어 준다.

송곳니에서 생겨난 압력이 이마 쪽으로 전달되면서 짧게 느껴졌던 안분지가 똑같이 느껴지면 그 상태를 유지하면서 뇌 속의 압력을 느껴본다. 좌우 압력이 균등하게 느껴지면 혈관 박동을 살펴본다.

머릿속 전체로 혈관 박동이 퍼져 나가는 것을 느껴보면서 이질감이 있는 부위를 찾아본다. 균등하면 다음 과정으로 넘어가고 이질감이 있으면 그 자리에 머물러서 해소될 때까지 지켜본다. 지켜볼 때는 그 부위에 혈관 박동을 집중시킨다. 그러다 보면 통증이 생기기도 한다. 두려워하지 말고 집중해 주면 잠시 뒤에 통증이 사라진다.

이 과정은 기쁜 마음으로 해야 한다. 기쁨이 클수록 통증이 빨리 해소된다. 이때의 통증은 뇌혈관이 막혀서 생기는 것이다. 뇌 속에 압력이 균등해지면 두정부 피질로 올라간다.

두정부 피질을 관찰할 때는 세 번째 손가락을 살짝 구부려준다. 그 상태에 머물러서 피질 자극을 느낀다.

호흡을 들이쉴 때 두정부 피질의 상태를 느껴보고 내쉴 때의 상태도 느껴본다. 자자자작하는 자극감이 느껴지면 들숨을 통해 시상 쪽으로 끌어내린다. 날숨에 다시 두정부로 올라간다. 이 과정을 반복하면서 두정부에서 느껴지는 자극의 형태를 조장해 본다. 숨을 들이쉴 때 자극의 형태가 나선 모양이 되도록 만들어가는 것이다. 나선 형태가 만들어지면 시상까지 나선 감각을 끌어들인다.

그러면서 신경이 억제되는 느낌을 관찰해 본다.

시상에서 억제된 느낌이 느껴지면 경수 8번까지 억제해 본다.

그다음에는 꼬리뼈 끝까지 억제시킨다.

두정부에서 느껴지는 심장박동과 회음에서 느껴지는 심장박동을 일치시킨다.

양쪽에서 일어나는 박동이 피부 바깥쪽을 자극하는 것이 느껴지면 다음 과정으로 넘어간다.

뒤통수의 시각피질에 살갗 감각을 일깨우는 방법이다.

엄지 첫째 마디를 살짝 구부려준다.

그런 다음 두정부에서 일직선으로 내려가서 뒤통수에 의지를 둔다.

그 상태를 지켜본다. 살갗 감각이 느껴지면 그 자리와 반응하는 다른 부위를 관찰한다. 눈을 감은 상태에서 뒤통수 정중앙에서 머릿속을 뚫고 미심으로 이어지는 선을 세워 준다. 그 선의 길이를 가늠해보고 기울기도 느껴본다.

길이가 너무 길게 느껴지면 해마와 편도체 기능에 문제가 있는 것이다. 선이 기울어져 있으면 목의 각도가 기울어져 있고 시각 경로가 편향되어 있는 것이다. 둘 다 교정해 주어야 한다.

해마와 편도의 교정은 '티읕' 발성으로 해준다.

혀끝을 윗이빨 뒤쪽에 살짝 붙이고 있다가 떼면서 '티읕!!' 하고 짧게 발성한다. 이때 미심에서 뒤통수까지 티읕의 진동을 느껴본다.

진동의 전달을 느끼면서 거리를 함께 느껴본다.
거리감이 회복되면 기울기를 교정한다.
기울기의 교정은 목의 각도를 조절해 주는 것으로 한다.
눈을 감은 상태에서 목의 각도를 약간씩 조절하면서 기울기를 관찰한다. 기울기가 잡혔으면 그 상태로 목의 각도를 고정한다.
처음에는 불편하지만, 시간이 지나면 적응이 된다.
이 과정이 이루어졌으면 다음 과정으로 넘어간다.
시각피질의 상태를 지켜보면서 등줄기를 타고 천골까지 내려오는 과정이다.

손가락 모양을 지어준다.
엄지로 3지와 4지를 억제한다. 지그시 눌러 주면 된다.
눈을 감고 목선을 따라서 척추를 타고 꼬리뼈까지 느껴본다.
척추라인이 반듯하게 내려가는지 확인해 본다.
목뼈에서부터 한 마디씩 관찰하면서 척추로 내려간다.
각 마디를 내려갈 때 척수의 느낌과 교감신경의 느낌을 비교해 본다.
척수분절에서 시작되는 가슴 신경의 경로를 느껴 본다.
목 부위에서는 목신경의 경로를 살펴보고 흉부에서는 가슴 신경의 상태를 살펴본다.
천골로 내려오면 손가락 모양을 바꾸어 준다.
엄지로 검지를 지그시 눌러준다.
그런 다음 천골의 부교감신경이 자극되는 것을 느낀다.
천골 부교감신경이 자극되면서 반응하는 다른 부위를 관찰한다. 대장, 방광을 살펴보고 성선신경총도 살펴본다. 다리 쪽 반응도 살펴본다.
손가락 모양을 바꾸어서 3, 4, 5지를 구부려주고 엄지 검지를 펴준다.

그 상태에서 소장과 옆구리 쪽의 감각을 관찰한다.

검지를 완전하게 구부려서 손끝이 손바닥에 닿도록 한다.

그 상태에서 흉부의 횡격막 상태를 관찰한다.

횡격막의 좌우 상태를 느껴본다. 호흡이 들고날 때 횡격막의 유격을 느껴 본다.

횡격막의 상태가 불균형하게 느껴지면 검지의 굴곡 각도를 비교해 본다.

굴곡이 잘 안되는 쪽 횡격막이 수축되어 있다. 굴곡이 잘 되는 쪽을 기준으로 검지 각도를 교정한다. 이 과정은 시간이 오래 걸린다. 꾸준하게 노력해야 한다. 횡격막의 상태는 장부 상태를 결정하는 주요 원인 중의 하나이다.

횡격막이 잡아지지 않으면 장부 간 불균형이 해소되지 않는다.

장부의 크기와 체질이 횡격막의 상태로 결정된다.

엄지를 새끼손가락 쪽으로 최대한 구부린 뒤 흉부를 싸고도는 가슴 신경의 상태를 관찰한다. 숨이 들고날 때 가슴의 유격을 느껴보고 심장박동을 느껴본다. 심장박동이 안 느껴지면 가슴 신경의 센서 기능이 망가진 것이다.

엄지를 천천히 움직여 주면서 가슴 신경의 감각을 되살려낸다.

양 손가락을 똑같은 속도로 움직여야 한다.

다시 검지를 90° 정도 구부리면서 하악의 감각을 관찰한다.

양쪽 어금니를 지그시 물고 관자놀이에 가해지는 압력을 느껴 본다.

이때 어금니에 가해지는 압력은 똑같아야 한다.

눈을 감고 양쪽 관자놀이의 높이를 비교해 본다.

압력이 높은 쪽이 내려와 있고 압력이 낮은 쪽이 올라가 있으면 교정해 주면 된다.

관자놀이 교정은 대단히 중요하다.

귀의 이도 상태를 결정하는 원인이 되고 좌우 혈압을 결정하는 원인이 되며 교감신경을 항진시키는 원인이 된다. 특히 인지력의 상태에 영향을 미친다. 불면증이나 우울증이 생기는 원인이 된다.

관자놀이 불균형을 교정할 때는 압력이 높은 쪽의 어금니에 힘을 더 주고 좌우 높이를 맞춰 주면 된다. 이때 압력이 높은 쪽 손가락 모양은 3, 4, 5지 펴고 엄지 검지 운동하기를 하고, 낮은 쪽 손 모양은 3, 4, 5지 펴고 엄지 검지 억제하기 자세를 해준다.

관자놀이 균형이 잡혔으면 관자놀이에서 안분지로 가는 경로를 관찰한다.

엄지 첫째 마디를 지긋하게 구부리고 상악의 상태를 관찰한다.

이와 같은 방법으로 각각의 척수로 동작을 운용하면서 전체 몸의 피부 감각과 장부 감각을 관찰하는 것이 살갗수행이다.

반복할수록 제도의 범위가 넓어진다.

이것을 관찰하는 것만으로도 신경 순화와 근골격 순화, 장부 순화를 이룰 수 있다.

살갗수행의 목적은 바깥몸을 바로 세워서 바깥몸에 내재된 업식을 제도하고 안 몸을 인식할 수 있는 근기를 갖추는 것이다.

바깥몸에 내재된 업식은 대부분 병으로 드러난다.

살갗의 감각을 주시하다 보면 병의 원인과 진행경로를 알게 된다.

살갗 감각을 주시하다가 어깨가 아프면 그 자리에 머무른다.

편안한 마음으로 그 아픔을 온전하게 느끼려고 노력하는 것이다.

그렇게 하다 보면 그 아픔의 원인이 드러난다.

어떤 업식이 아픔이 되었는지가 드러나고 그 경로가 어느 부위와 연결되어 있는지를 알게 된다. 업식이 드러나면 편안한 마음으로 씻어준다.

만약 자기 잘못으로 생긴 업식이라면 참회한다. 그러다 보면 어깨가 나아 있다.

이런 방법으로 바깥몸 전체를 제도한다. 머리끝, 발끝, 손끝까지 다 관찰을 하면서 바깥 몸에 내재된 업식을 해소한다.

그렇게 했을 때 몸 전체의 감각선이 하나로 통합된다.

살갗수행이 숙달되면 손가락의 움직임을 연속으로 하면서 빠른 시간 안에 몸 전체를 살펴볼 수 있다. 이 과정을 바깥몸 세우기라 한다.

촉감을 활용한 수행은 바깥몸에 내재된 업식을 제도하면서 업식과 연관된 인과를 함께 제도한다. 어머니가 '안돼!' 해서 생긴 업식, 아버지가 말 안 들었다고 회초리로 때렸을 때 생긴 업식 등등의 수많은 업식들이 살갗에 스며있다.

그런 업식을 제도하지 못하면 자기도 모르는 사이에 그 업식에 지배를 당한다.

때로는 업식이 자기인 줄 착각하기도 한다.

그런 장애에서부터 벗어나는 수행이 살갗수행이다.

업식이 깨어날 때는 업식이 내장될 때와 똑같은 상태가 된다. 감정도 그렇고 의식 상태도 그렇다. 그런 상태를 함께 제도한다. 그 과정에서 인과가 해소된다.

중심과 이면으로 업식을 비춰준다. 아무렇지 않고 편안하게 비추면서 업식을 제도한다. 씻어내고, 용서하고, 참회하고, 아무렇지 않게 바라본다.

이렇게 하는 것이 살갗수행을 하면서 나타나는 경계에 '무'하는 것이다.

즉 무신계(無身界)하는 것이다.

기공 수행도 살갗 수행처럼 촉감을 제도하는 방편이 될 수 있다. 기공을 활용한 촉감의 제도는 피질 기능과 연계되어 있다. 피질의 미세 감각을 극대화해서 내면 에너지와 공간 에너지를 서로 교류하도록 한다. 그런 다음 원하는 대상까지 자기 기운을 전달하기도 하고 거두어들이기도 한다. 이 과정에서 바깥 몸이 확장된다.

그러다 보면 공간이 가진 업식이 공유된다.

공간의 업식이 공유될 때도 중심과 이면으로 씻어주면서 제도해 준다.

아픈 사람을 앞에 두면 아픈 사람과 일치가 된다. 원해서 일치되는 것이 아니라 저절로 일치된다. 그럴 때도 그 아픔을 중심으로 끌어들이고 관여되지 않은 자리로 비추어 준다. 그 과정에서 일치된 아픔도 치유되고 상대의 아픔도 치유된다. 그 또한 무신계한 것이다.

안몸은 7식 기반과 8식 기반으로 이루어져 있다.

7식 기반의 안몸을 '혼의 몸'이라 한다.

8식 기반의 안몸을 '영의 몸'이라 한다.

7식의 안몸은 세 가지 형질로 이루어져 있다.

첫째가 '선천혼'이다.

둘째가 '유전혼'이다.

셋째가 '습득혼'이다.

선천혼(先天魂)은 영혼으로 존재할 때부터 갖춰진 혼의 몸이다. 육체 안에서는 6장에 내재되어 있다. 6장의 주체 의식들이 선천혼이다.

감정을 일으키는 원인이다.

수정란 상태에서부터 사춘기 이전까지 초기 육체의 형성에 관여하고 세포재생에 관여한다. 생식세포가 생성되면 활동을 멈추고 제한된 영역에서만 기능성을 발휘한다.

유전혼(遺傳魂)은 부모로부터 물려받은 유전형질이다.

소뇌와 세포 구조물에 내재되어 있다.

세포의 생리작용과 대사 활동을 담당하고 유전적 항상성을 유지하는 역할을 한다.

습득혼(習得魂)은 다른 생명과 교류하면서 체득된 혼성이다.

감정적 교류나 먹이활동을 통해 습득혼이 체득된다.

세포 구조물 안에 머무르다가 배출되기도 하고 유전형질로 바뀌어서 공생하기도 한다.

8식의 안몸도 세 가지 형질로 이루어져 있다.

첫째가 '선천영'이다.

둘째가 '유전영'이다.

셋째가 '습득영'이다.

선천영(先天靈)은 본래부터 가져왔던 영의 몸이다.

본성에서 생성되는 밝은성품 에너지로 이루어져 있다.

경수, 흉수, 요수 2번 영역에 내재되어 있다.

안식, 이식, 비식, 설식, 신식, 의식의 정보가 내장되어 있다.

유전영(遺傳靈)은 부모의 유전정보로 인해 갖추어진 영의 몸이다.

소뇌를 중심으로 연수, 교뇌, 중뇌 영역에 내재되어 있다.

육체의 지각과 감각을 주관하고 습득 형질을 선천 형질로 바꿔주는 역할을 한다.

습득영(習得靈)은 태아 때부터 체득된 인식 정보로 이루어진 영의 몸이다.

대뇌, 시상, 대뇌변연계 영역에 내재되어 있다.

눈, 귀, 코, 입, 몸, 생각 경로로 인식되는 모든 정보가 습득 영 안에 저장되었다가 유전영과 선천영의 영역으로 이동한다.

7식과 8식으로 이루어진 안몸을 인식하려면 뇌척수로운동과 살갗수행, 발성수행이 함께 이루어져야 한다.

특히 8식의 몸을 인식하는 방법이 육근원통법(六根圓通法)이다. 시상막관이나 중뇌막관, 소뇌막관, 연수막관에서는 7식의 몸을 인식하고, 경수막관이나 척수막관에서는 8식의 몸을 인식한다.

바깥몸은 피부를 기준으로 세워지고 안몸은 중추신경 경로를 기반으로 세워진다.
살갗수행을 통해 신념처관(身念處觀)을 행하고 기공을 통해 피질 감각이 극대화되면 바깥 몸이 비워진다. 이때의 느낌을 감각으로 지각한다.
척수막관과 육근수행을 통해 수념처관(受念處觀)이 행해지면 안몸이 드러난다.
안몸이 제도된 텅 빈 공간을 시각으로 지각한다.
안몸과 바깥몸의 서로 다른 상태를 마주 보게 하고 서로를 비추게 한다.
안몸의 텅 빈 감각을 척수 영역에 세워 주고 바깥몸의 텅 빈 감각을 몸의 테두리로 삼아서 서로가 마주 보도록 하는 것이다.
이때 시각으로는 안몸의 느낌을 세워주고 감각으로는 바깥몸의 느낌을 세워준다. 그 상태에 머물러있다 보면 8식이 7식과 6식으로 드러나는 과정을 볼 수 있다.
바깥 경계가 인식되었을 때 안몸에 내장되었던 정보가 의식과 감정으로 드러나는 경로를 인식하게 되는 것이다.

이 상태가 의념처관(意念處觀)이 이루어진 때이다.

의념처가 인식되다 보면 식이 발현될 때 드러나는 기쁨을 느끼게 된다.

육근을 통해 경계가 인식되고 그 경계에 반응해서 8식의 정보들이 떠오를 때 기쁨이 수반되는 것이다. 기쁨이 식의 터널을 지나서 육장을 자극하면 감정이 일어나고 연수, 교뇌, 소뇌를 거쳐 파페츠회로로 들어가면 생각이 일어난다.

이 과정을 지켜보다 보면 의식과 감정보다 기쁨 자체에 치중하게 된다.

스스로에게 기쁨을 주는 것이 의식과 감정이 아니라는 것을 알기 때문이다.

기쁨이 생겨나는 원인처는 안몸과 바깥몸의 사이이다. 즉 안몸과 바깥몸 사이의 틈새라는 말이다. 그 틈새를 간극(間隙)이라 부른다.

바깥 몸과 안 몸 사이에서 생겨난 기쁨과, 안몸 바깥몸의 빈 감각이 서로를 비추는 상태가 되는 것이 법념처(法念處)의 상태이다.

법념처에 들어가면 기쁜 마음으로 안몸과 바깥몸의 상태를 주시할 수 있게 된다.

법념처의 상태가 곧 진여를 관하는 상태이다.

육근원통 중에서 신근원통(身根圓通)으로 깨닫는 과정과 절차가 이와 같이 이루어진다.

사념처수행은 부처님의 초기 가르침에서 진여를 증득하는 방법으로 제시된 것이다. 이때에는 위빠사나가 관의 방편으로 쓰였다.

반야경에서 제시하는 삼관수행은 사념처수행 이후에 제시된 방편이다.

위빠사나의 기법이 중관법으로 바뀌면서 삼관 체계가 대두되었다.

제10강 반야심경

무의식계 無意識界

무의식계(無意識界)란 7식으로 발현되는 의식에 대해 '무' 하라는 말이다.

7식의 의식계는 혼의식과 외부 의식으로 이루어져 있다.

앞서 의념처관에서도 다루었듯이 의식의 근본은 안 몸과 바깥 몸에 있다.

영의 몸과 혼의 몸, 육체의 몸에 내재된 정보가 생명 에너지를 통해 교류하는 것이 곧 의식이다. 7식은 혼의 몸에 내장된 정보이다.

때문에 7식을 놓고 '무'하려면 혼의 몸이 생겨난 과정과 혼의 몸에 7식 정보가 내장되는 과정에 대해 알아야 한다.

또한, 7식을 발현시킬 수 있는 구체적인 방법을 알아야 한다. 그래야 7식을 관찰하면서 어떻게 '무'할 것인지를 알 수가 있다.

먼저 혼의 몸이 생겨난 과정에 대해서 알아보자.

12연기의 과정에서 혼의 몸이 생겨난 것은 '육입' 이후의 과정에서이다. 12연기에서는 혼의 몸을 갖게 된 생명의 존재 양태를 '촉, 수, 애, 취'로 표현했다.

12연기 과정 중에 혼의 몸이 생겨난 것은 여섯 번째 과정에서이다.

따라서 혼의 몸이 생겨난 과정을 알기 위해서는 그 이전 과정을 들여다봐야 한다.

혼의 몸은 메타물질 입자로 이루어져 있다.

메타물질 입자란 입자성과 파동성을 동시에 가진 물질 입자이다. 다른 표현으로는 '양자'라고 한다.

12연기의 '행'의 과정에서 물질 입자가 생겼다.

혼의 몸은 메타물질 입자와 영의 몸이 결합해서 생겨났다.
영의 몸은 원초신이 분열해서 생겨났다.
원초신은 생멸문의 본원이다.
나중 12연기가 진행되면서 33천으로 분열된다.
원초신은 여래장 연기(如來藏緣起)를 통해 출현한다.
이와 같으므로 7식의 형성 과정을 설명하기 위해서는 여래장 연기의 원인부터 들여다봐야 한다.

여래장은 생명의 본원이다.
반야경에서는 여래장의 상태를 '시 제법공상 불생불멸 불구부정 부증불감(是 諸法空相 不生不滅 不垢不淨 不增不減)'이라 했다. '이때 일체법의 공한 모양은 생겨나지도 않고 멸해지지도 않으며 깨끗하지도 않고 더럽지도 않으며 늘어나지도 않고 줄어들지도 않느니라.'

여래장은 세 가지 요소로 이루어져 있다.
하나는 본성(本性)이다. 본성은 두 가지 성향으로 이루어졌다.
공성과 적성이 그것이다. 합쳐서 공적(空寂) 또는 적정(寂定)이라 한다.
공성은 공간적인 성향이고 적성은 인식적인 성향이다.
이 두 가지 성향은 한자리를 이루고 있으면서도 서로 섞이지 않는 간극을 이루고 있다. '제법공상'은 본성의 상태를 말하는 것이다.
본성의 공적성은 불생불멸 불구부정 부증불감한다.
본성의 공적성을 인식하기 위한 수행이 사마타와 선나이다.
즉 공관으로 공성을 인식하고 중관으로 적성을 인식하는 것이다.
공성과 적성이 한자리를 이루도록 해서 서로를 비춰보게 하는 것이 견성오도(見性悟道)이다.

두 번째는 밝은성품이다.

이는 여래장이 생성해내는 생명 에너지이다.

여래장의 공간을 형성하는 원인이다.

본성을 이루는 두 가지 형질의 간극에서 생성된다.

현대식 표현으로는 초양자 에너지라 부른다.

생명이 기쁨을 느끼는 것은 밝은성품의 작용 때문이다.

세 번째는 각성(覺性)이다.

각성은 본성이 스스로를 지각하는 성향이다.

각성도 두 가지 얼굴을 갖고 있다.

무위각(無爲覺과) 유위각(有爲覺)이 그것이다.

무위각은 본성을 이루는 두 가지 성향의 차이를 인식하는 지각성이다.

유위각은 밝은성품 에너지를 인식하는 지각성이다.

여래장을 이루는 세 가지 요소 중 본성은 불변한다.

하지만 밝은성품 에너지와 각성은 변화를 일으킨다.

이것이 여래장 연기가 시작된 원인이다.

연기란 생명이 변화를 일으켰다는 말이다.

연기로 인해 생명은 두 가지 변화를 일으킨다.

하나는 공간적 형태의 변화이다.

또 하나는 식의 구조적 변화이다.

생명은 연기로 인해 세 가지 형태로 존재한다.

하나는 여래장 형태이다.

여래장(如來藏)은 초양자 에너지(밝은성품)로 이루어진 공간과 본성, 각성, 기쁨으로 이루어진 식의 구조를 갖고 있다. 10식의 상태이다

둘은 진여문 형태이다.

진여문(眞如門)은 초양자 에너지로 이루어진 공간과 본성, 각성, 기쁨으로 이루어진 식의 구조를 갖고 있다. 9식의 상태이다.

여래장과 진여문은 같은 공간 형질과 식의 구조를 갖고 있지만 식의 상태가 다르다.

9식과 10식 사이에는 많은 차이가 존재한다. 깨달음의 단계에서도 차이가 있고 자기 제도의 범위에서도 차이가 있으며 식의 구조와 공간의 범위에서도 차이가 있다.

무엇보다도 연기의 범위와 역량에서 큰 차이가 있다.

여래장은 진여문과 생멸문을 생성시키지만 진여문은 그런 역량이 없다.

진여문은 보살도의 경지이고 여래장은 묘각도의 경지이다.

여래장은 불이문의 상태이지만 진여문은 생멸문을 껴안지 못한 상태이다.

여래장 안에는 천백억×천백억의 진여문이 존재한다.

셋은 생멸문 형태이다.

생멸문(生滅門)의 공간은 세 종류 에너지가 중첩된 형태이다.

초양자 에너지, 양자 에너지, 전자기 에너지가 그것이다.

생멸문의 식의 구조는 8식이다. 8식은 본성과 각성, 의식, 감정, 의지로 이루어져 있다. 8식과 세 가지 공간 형질이 만나서 생멸신이 생겨난다.

그것이 바로 영, 혼, 육체이다.

12연기를 통해 생멸문의 세 가지 공간형질과 8식 구조가 생겨난다.

여래장 형태의 생명이 연기에 들면 그때 생멸문 생명과 진여문 생명이 생겨난다.

생멸문 생명이 변화를 일으키면 천지만물로 나누어진다
이것을 '생멸 연기'라 한다. 생멸문을 '중생계'라 부른다.

진여문 생명이 변화를 일으키면 '공여래장'과 '불공여래장'이
생겨난다.
이것을 '진여연기'라 한다.
공여래장(空如來藏)은 본성 각성 밝은성품으로 이루어져 있다.
불공여래장(不空如來藏)은 '10주' '10신' '10회향' '10행' '10
지'의 50과위로 이루어져 있다.
생멸심을 이루고 있는 의식 감정 의지와 오온이 제도돼서 불
공여래장을 이룬다.
진여문을 보살계라 부른다. 한 사람의 보살이 하나의 진여문
이다.
중생과 보살은 식의 주체가 다르다.
중생은 의식, 감정, 의지를 자기로 삼는다.
보살은 본성, 각성, 밝은성품을 자기로 삼는다.

여래장연기가 일어난 원인과 과정에 대해 알아야 한다.
진여연기가 일어난 원인과 과정에 대해서도 알아야 하고, 생
멸연기가 일어나는 원인과 과정을 알아야 한다. 그래야 생멸
연기의 과정에서 7식이 형성되는 원인을 알 수 있다.

각성이 밝은성품이 일으키는 변화에 치중해서 본성을 보는 것
을 망각해 버리면 거기에서 생멸문이 일어난다. 돌이켜 본성
을 비추면 그때 진여문이 생긴다.
만약 부처님이 이와 같은 행을 하면 어떻게 될까?
부처의 몸이 보살의 몸이 된다. 의식 또한 마찬가지이다. 10
식에서 9식으로 바뀐다. 그와 같은 변화를 일으킨 대표적인

사람이 문수보살이다.

문수보살은 본래 부처였다. 중생제도의 뜻을 두고 다시 보살의 몸으로 나투게 되었다. 이 내용이 수능엄삼매경(首楞嚴三昧經)에 나온다.

부처님이 생멸문을 낳고 다시 보살로 돌아가는 이 과정을 여래장연기(如來藏緣起)라 한다.

10식의 부처님이 8식의 생멸문을 낳고 9식의 보살이 되는 것이다.

그러면 보살이 된 부처님은 다시 인간으로 태어나서 12연기의 이치를 깨닫고 무무명 역무무명진 내지 무노사 역무노사진(無無明 亦無無明盡 乃至 無老死 亦無老死盡) 하는 수행을 하게 된다.

그래서 10지보살이 등각보살이 되고 묘각보살이 되는 것이다. 이것이 진여연기(眞如緣起)이다.

생멸연기(生滅緣起)의 시작은 무명이다.

부처님은 본래 무위정등각을 이룬 존재인데 어떻게 무명에 빠질 수 있는가?

이 질문이 천지 만물이 생겨난 원인을 말할 때 처음으로 대두되는 명제이다.

무명(無明)은 두 가지 종류가 있다.

하나는 '선무명'이다.

또 하나는 '후무명'이다.

후무명(後無明)은 생명이 본성을 인식할 수 있는 각성을 잃어버린 상태를 말한다.

12연기중 생, 사가 생긴 것은 후무명 때문이다. 범부중생이 후무명자이다.

후무명을 미시무명(未時無明)이라고 한다.

부처님이 밝은성품이 부딪치는 것에 치중한 그 상태가 선무명(先無明)이다.

자시무명(子時無明)이라고도 한다. 이 개념은 청원행사 스님이 처음 표현한 것이다.

청원행사 스님은 6조 혜능의 제자다. 어느 날 제자가 스님께 여쭈었다.

본래 부처였는데 '어디서 중생이 생겼습니까?'

스님께서 대답하셨다.

'자시무명으로 인해서 부처가 중생이 되느니라'.

자시무명은 밝은성품이 부딪치는 것에 치중해서 본성을 관하는 것을 놔버린 상태를 말한다.

그 자시무명으로 생멸연기가 시작되면 무명에서부터 행, 식, 명색, 육입, 촉, 수, 애, 취, 유, 생, 사의 12연기가 진행된다.

그 자시무명을 일으킨 부처가 다시 본성을 보는데 치중하면 진여문이 생겨나고 진여연기가 시작되는 것이다.

부처님이 본성을 볼 때 쓰이는 각성이 무위각이다.

반대로 밝은성품을 볼 때 쓰여지는 각성이 유위각이다.

부처님이 무위각을 통해 본성을 볼 때는 여래장이 '무'의 상태를 유지한다. 이 상태에서는 여래장연기가 일어나지 않는다.

여래장연기는 부처님이 유위각으로 밝은성품을 볼 때 생겨난다.

문수 부처님은 자시무명을 의도적으로 행해서 문수보살이 되었다.

일심법계(一心法界)로 존재하는 부처님은 자기 존재 목적에 따라 때로는 보살로 돌아가기도 한다. 그때 하나의 생멸문이 함께 만들어지는 것이다.

대승기신론(大乘起信論)에서는 "중생이 부처의 어머니"라 한다. 왜 그럴까? 중생은 의식 감정 의지로써 생멸식과, 본성 각성 밝은성품으로써 진여식을 함께 갖추고 있기 때문이다.

생멸심을 가진 중생이 진여심을 갖추어서 일심법계를 이루어 가는 방법을 제시한 것이 대승기신론이다. 대승기신론에서는 단계적으로 각성을 증장시켜서 진여심을 회복하라 한다. 무명 각을 가진 중생이 상사각과 수분각을 갖추고 시각과 본각을 갖추어서 진여심을 회복하면 다시 부처의 면모를 회복할 수 있다 한다.

하지만 대승기신론에서도 여래장연기나 진여연기, 생멸연기에 대해서는 구체적인 과정을 논하지 않았다.

대승기신론은 마명이 집대성을 했다. 당시 마명과 용수, 500 명의 아라한들이 결집해서 대승기신론을 집필했다.

그 장소가 히말라야의 킹고굴이다. 킹고에는 600개의 동굴이 있다.

그 동굴에서 500명의 아라한들이 수행하면서 소승과 대승의 전반적인 교리체계에 대해 토론을 하고 그 결과를 종합해서 만들어진 것이 대승기신론이다.

6식을 가진 중생이 7식, 8식, 9식을 거쳐서 부처가 되는 방법 을 각성의 관점에서 제시한 것이 대승기신론이다. 각성을 얻 는 방편으로 지법과 관법을 제시했다.

진여식은 9식이다. 생멸식은 8식이다.

유식론(唯識論)에서는 생멸식인 8식이 7식과 6식을 내재하고 있다 한다.

12연기에서는 8식이 생기게 된 원인을 무명이라 한다.

이때의 무명은 선무명이다.

선무명을 통해서 행이 시작된다.

행의 과정을 통해 의지가 생긴다.

인도말로 행을 '사띠'라 한다. 의지 또는 각성이란 뜻이 있다. 무명 이전의 사띠는 각성이라 해석하지만, 무명 이후의 사띠는 의지라 해석해야 한다.

8식의 시작은 의지이다. 의식 감정 의지 중에 의지가 먼저 생겨났다.

각성이 유위각으로 전환된 것이 의지의 시작이다.

의지가 가진 지각성과 분별성과 의도성이 밝은성품이 일으키는 변화를 정보화시키고 그 정보가 밝은성품이 형성시킨 생명장 안에 내재되면서 최초의 생멸식인 8식이 생겨났다.

이때 생겨난 식의 틀을 '원초신'이라 부른다.

원초신은 생멸문의 근본생명이다. 원초신이 분열돼서 천지 만물이 생겨난다. 원초신은 여섯 종류의 생명으로 분열된다. 신, 인간, 동물, 식물, 원생물, 무정이 바로 그것이다.

원초신이 여섯 개의 주체 의식으로 복잡화된 식의 틀을 갖추고 천지 만물로 분열되는 과정이 행 이후에 진행되는 12연기의 과정이다.

다음은 원초신이 여섯 가지 주체 의식을 갖게 된 과정을 간략하게 설명한 내용이다.

행의 과정에서 일어난 에너지의 변화가 어떻게 진행되었는지 요약해 보았다.

12연기의 세부적인 진행 과정에 대해서는 필자가 두 권의 책으로 정리해 놓은 것이 있다. 그 책들이 '12연기와 천부경'과 '생명과 시대사상'이다.

밝은성품 에너지가 부딪쳐서 3종류의 에너지가 생겨나고 3종류의 에너지가 근본이 돼서 3종류의 물질이 생겨난다. 3종류의 물질과 3종류의 에너지 작용으로 여섯 개의 식이 만들어진다. 이 과정을 통해서 8식 구조 안에서 6가지 식의 틀이 만들어진다.

이것이 12연기의 '식'의 과정이다.

무명이 행을 일으키고 행을 통해 식이 출현한 것이다.

행(行)의 과정에서는 크게 두 가지 변화가 일어났다.

첫 번째 변화는 각성이 의지로 전환된 것이다.

두 번째 변화는 에너지의 변화와 물질 입자의 생성이다.

이 두 가지 변화로 인해 여래장 안에 생멸문이라고 하는 독립 공간이 생겨 난다.

생멸문 공간은 여래장 공간과 다른 점이 있다.

공간 형질과 식의 구조가 다른 것이 그것이다.

공간 형질은 세 가지 원인으로 결정된다.

첫 번째 원인이 바탕 매질이다.

두 번째 원인이 고유진동수이다.

세 번째 원인이 주파수이다.

공간(空間)을 이루는 바탕 매질은 에너지이다.

여래장은 초양자 에너지로 바탕 매질을 이루고 있다.

생멸문은 초양자 에너지와 양자 에너지, 전자기 에너지가 중첩되어서 바탕 매질을 이루고 있다. 우주의 시작과 생명의 형성과정을 들여다보기 위해서는 세 가지 에너지가 생겨난 과정을 알아야 한다. 이 또한 행의 과정에서 생긴 일이다.

여래장의 고유진동수는 3이다.

생멸문의 고유진동수는 9이다.

고유진동수란 공간에 내재된 정보들이 어우러져서 만들어내는 파동이다.

여래장은 생명의 근본을 이루는 세 가지 요소가 정보화되어서 서로 어우러져 있다. 이것을 근본정보(根本情報)라 한다.

본성이 일으키는 파동, 각성이 일으키는 파동, 밝은성품이 일으키는 파동이 서로 어우러져서 여래장의 고유진동수를 형성한다. 여래장의 고유진동수가 3인 것은 이와 같은 이유 때문이다.

생멸문은 근본 정보와 6개의 의식 정보가 어우러져서 고유진동수를 이룬다.

때문에 9진동으로 이루어져 있다.

여래장 공간은 근본 정보 각각이 만들어내는 주파수를 갖고 있다.

선으로 표시하면 세 개의 선이 세 가지 색깔을 가진 것이다.

무의 상태를 유지할 때는 균일한 주파수를 발생시킨다.

이때는 세 가지 색깔의 선이 똑같은 웨이브를 만들어낸다.

하지만 유의 상태로 변화를 일으킬 때는 각성과 밝은성품이 가진 주파수가 튀어 오른다. 이때는 두 가지 색깔의 선이 급격한 변화를 일으킨다.

이때에도 본성의 주파수는 변함이 없다. 이 또한 본성이 가진 불변적 요소이다.

생멸문 공간은 근본 정보와 6개의 의식 정보가 만들어내는 주파수를 갖고 있다.

아홉 가닥의 선이 아홉 색깔을 이루고 있는 것이다.

이 아홉 가닥의 선 중에 본성 정보에 해당하는 선은 일관된 웨이브를 갖고 있다.

하지만 나머지 여덟 가닥의 선은 시시때때로 웨이브의 형태가 바뀐다.

복잡계(複雜界)가 형성된 것이다.

여래장과 생멸문은 공간을 이루는 형질에 이와 같은 차이가 있다.

이와 같으므로 여래장의 공간과 생멸문의 공간은 서로 섞이지 않는다.

생멸문 공간은 여래장 공간 안에 물거품과 같은 형태로 떠 있는 상태이다.

화엄경(華嚴經)에서는 여래장 안에 천백억을 네 번 곱한 것만큼의 생멸문이 있다 한다.

여래장의 식의 구조는 10식이다.

생멸문의 식의 구조는 8식이다.

여래장은 근본 정보를 원인으로 10식의 체계를 이룬다.

생멸문은 근본 정보와 생멸 정보로써 8식의 체계를 이룬다.

이와 같은 과정으로 생겨난 생멸문의 공간 안에서 또 다른 변화가 연계적으로 일어나는 것이 12연기이다.

12연기를 통해 생멸문은 공간적 변화를 일으키고 식의 틀이 바뀌게 된다.

공간적 변화의 소산으로 생겨난 것이 몸이고 식의 틀이 바뀌면서 생겨난 것이 마음이다. 몸과 마음이 어우러져서 만들어진 것이 오온(五蘊)이다.

영, 혼, 육체의 몸과 의식 감정 의지는 이와 같은 과정을 통해 만들어졌다.

7식의 체계는 혼의 몸에 영의 몸이 내장되면서 새롭게 형성된 생멸 정보로 인해 생겨났다.

원초신의 식의 틀(8식의 틀)에 6가지 의식구조가 생긴 것은 세 종류 물질 입자에 대해서 의지가 긍정성과 부정성을 일으켰기 때문이다.

양의 형질에 대한 긍정, 양의 형질에 대한 부정,
음의 형질에 대한 긍정, 음의 형질에 대한 부정,
밝은성품 형질에 대한 긍정, 밝은성품 형질에 대한 부정이 바로 그것이다.

무명, 행, 식 다음 과정이 명색이다.
명색(名色)은 6개로 틀지어진 식의 틀 안에서 내부 의식 간의 교류가 이루어지는 것이다.
명색을 통해 생명은 객체 의식을 갖게 된다. 주체 의식의 틀 안에 교류한 의식의 성향을 내장시키면서 객체 의식이 생겨났다.
주파수의 관점으로 명색의 과정을 들여다보면 여덟 가닥의 선들이 잘게 분리된 채로 뒤섞여 있는 형태이다. 비유하면 여덟 색깔의 실이 잘게 끊어져서 뭉쳐있는 상태라고 할 수 있다. 이때 가장 많은 색깔을 차지하고 있는 실이 주체 의식이 되고 나머지 색깔의 실들은 객체의식이 된다.
여덟 가닥의 실들은 6개의 주체 의식이 만들어내는 서로 다른 주파수와 각성과 밝은성품이 만들어내는 주파수이다.
본성에서 만들어지는 주파수는 나뉘지 않는다.
명색을 거친 원초신은 주체 의식과 객체의식이 서로 나누어져서 객체의식의 분리가 일어난다. 이 과정을 통해 개체 생명이 생겨난다. 원초신에서 분리된 개체 생명을 '원신'이라 한다.
원신은 스스로가 생성해내는 밝은성품(초양자 에너지)으로 몸을 삼는다.
그 몸이 '영의 몸'이다.
원신도 8식의 틀을 갖고 있다.
원초신과 원신은 똑같은 8식의 틀을 갖고 있다.
하지만 식의 구조와 몸을 이루고 있는 공간 상태가 서로 다르다.

원초신의 식의 구조는 '단순계'를 이루고 있다.

따라서 식의 차원은 구분되어 있지만, 식의 활동성은 동일한 패턴을 갖고 있다.

원초신에게 인식의 대상이 되는 것은 스스로가 생성해내는 밝은 성품과 여섯 개의 주체 의식이다. 원초신은 여섯 개의 주체 의식과 의지를 활용해서 스스로가 생성해내는 밝은성품에 대해 긍정과 부정을 행했다. 그 결과로 생겨난 것이 음기와 양기이다.

음기는 밝은성품에 대한 부정성으로 생겼고 양기는 밝은성품에 대한 긍정성으로 생겼다. 양기는 원초신의 테두리 역할을 한다. 음기는 식의 틀 안에 누적된다.

양기의 테두리로 둘러싸인 원초신은 여래장 공간과 더욱더 분리된다.

식의 틀 안에 누적된 음기는 원초신의 의식계에 새로운 변화를 촉발한다.

음기가 공감대가 되어 여섯 개의 주체 의식 간에 교류가 일어난 것이다.

이것이 바로 명색(名色)이다.

명색의 과정을 통해 주체 의식 안에 복잡계가 형성되면 복잡계 자체가 공간적으로 분리된다. 이런 현상을 '자연 분리'라 한다. 원초신 안에서는 자연 분리 과정이 지속해서 일어난다. 이 과정을 통해 천지만물이 생겨난다.

자연 분리가 일어난 원초신의 의식계는 다시 단순계로 돌아간다.

원신의 식의 구조는 '복잡계'를 이루고 있다.

원초신에서 자연 분리된 복잡계가 원신이 되었기 때문이다.

원신의 의식계는 생멸 정보가 생성해내는 주파수가 뒤엉켜 있다.

그 상태에서 새로운 정보가 접해지면 식의 틀 안에 내장시킨다.

이 과정을 '육입'이라 한다.

육입(六入)이란 여섯 개의 통로로 들어온다는 뜻이다.

원신이 가진 여섯 개의 의식 경로로 새로운 정보가 들어와서 복잡계 안에 내장되는 과정을 한마디로 표현한 것이 육입이다.

원초신은 여섯 개의 주체 의식을 갖고 있지만 안, 이, 비, 설, 신, 의가 없다. 반면에 원신은 안, 이, 비, 설, 신, 의가 있다.

이때의 안, 이, 비, 설, 신, 의를 6근이라 부른다.

나중 육체를 갖추었을 때는 6식이라 부른다.

이것이 원초신과 원신이 의식구조에 있어서 다른 점이다.

원초신의 공간은 생명 공간과 물질 공간으로 이루어져 있다.

생명 공간은 양기로 이루어진 테두리로 둘러싸여 있다.

물질 공간은 양기 테두리 밖에 형성되어 있다.

물질 공간은 전자기로 이루어진 장으로 테두리를 이룬다.

원초신의 공간은 여래장 공간 안에 떠 있는 형태이다.

원초신의 공간은 전자기 공간과 양자 공간, 초양자 공간으로 이루어져 있다.

물질 공간은 전자기와 양자로 이루어져 있고, 생명 공간은 초양자로 이루어져 있다.

원신의 공간은 초양자로 이루어져 있다.

원신도 양기로 이루어진 테두리로 개체성을 유지한다.

원신 공간은 개체마다 서로 다른 형태를 갖고 있다.

원신 공간의 형태를 결정하는 두 가지 요인이 있다.

하나는 원신의 구조이다. 이는 원신이 가진 주체 의식의 가지 수에 따라 달라진다. 주체 의식의 가지 수에 따라 여섯 종류의 원신이 생겨났다.

또 하나는 고유진동수이다.

원신은 스스로가 가진 고유진동수에 따라 처해지는 공간이 결정된다.

원신의 몸은 처해진 공간 상태에 따라 서로 다른 형상을 갖춘다.

원초신의 생명 공간에 처해진 원신은 초양자 에너지로 이루어진 몸을 갖고 있다.

반면에 물질 공간에 처해진 원신은 물질 입자로 이루어진 몸을 갖게 된다. 이것이 원초신의 몸과 원신의 몸이 서로 다른 점이다.

원신이 생겨나고부터 생멸연기는 더욱더 가속화되었다.

특히 원신과 원신이 서로 교류하면서 만들어지는 새로운 정보들이 원신의 식을 증장시키면서 급격한 변화가 일어났다.

육입을 통해 체득된 정보들은 식을 증장시키는 원인이 되었지만 고유진동수를 높여주는 결과를 낳았다. 그로 인해 원신들의 이주가 시작되었다.

육입을 통해 개체 생명이 다른 생명을 인식하면 식의 틀 안에 정보가 입력된다. 이것을 '식업'이라 한다.

식업의 증장으로 고유진동수가 높아진 원신들은 원초신의 생명공간을 벗어나서 물질공간으로 이주해 가게 된다. 이는 원신의 의도로 이루어진 것이 아니다.

고유진동수에 맞는 공간에 자연적으로 처해진 것이다.

생명 공간을 벗어난 원신이 다시 생명 공간으로 돌아오려면 '무촉'할 수 있어야 한다.

물질 공간은 10진동에서 14진동을 갖고 있는 물질 입자들로 이루어져 있다. 물질 입자가 만들어내는 전자기가 장을 이루고 있고 행의 과정을 거치면서 쪼개진 물질 입자들과 원초 물질 입자들이 뒤섞여 있다.

전자기장은 초양자장보다 거칠다.

물질 공간으로 이주해온 원신들은 그 거칠음을 불편하게 생각했다.

물질 공간에 처해진 원신들은 물질 입자로 이루어진 몸을 갖게 되었다.

원신의 고유진동수와 비슷한 고유진동진동수를 가진 물질 입자들이 원신 공간 안으로 들어오게 된 것이다.

원신 공간은 초양자 공간이다.

초양자 공간에 물질 공간이 합쳐지자 원신들의 부정성은 더욱더 커지게 되었다.

물질 입자와 합쳐진 원신의 몸을 '혼'이라 한다.

혼을 갖게 된 원신들은 의식구조와 공간 상태에 있어서 급격한 변화를 맞이하게 되었다. 의식구조에 일어난 변화는 '감정'을 갖게 된 것이다. 공간 상태의 변화는 초양자 에너지와 물질 입자들이 서로 반응하면서 생겨났다. 감정은 영의 몸에 내재된 의식정보가 물질 입자 속에 기록되면서 생겨났다.

이 과정에서 공간 상태의 변화가 함께 일어났다.

물질 입자에 의식 정보가 내재된 것이 혼의식(魂意識)이다.

혼의식이 곧 7식이다. 육체 기반에서 7식은 외부 의식과 혼의식으로 이루어져 있다.

그 중 혼의식이 주체 의식이고 외부 의식은 유입된 의식이다.

7식이 생겨난 것은 이와 같은 과정을 통해서이다.

혼의 몸을 갖게 된 원신들은 촉, 수, 애, 취로써 이후의 삶을 살아간다.

촉, 수, 애, 취에 대한 설명은 무상(無無明 亦無無明盡 乃至 無老死 亦無老死盡)하는 방법을 설명하면서 상세히 다루어 보겠다.

촉, 수, 애, 취를 거친 생명은 유, 생, 사를 맞게 된다.

'유'는 생명의 고유진동수가 높아지면서 혼을 이루던 물질 입자들이 세포 구조물로 바뀌는 현상이다.

유(有)의 과정을 거친 물질 입자들은 세포성을 갖는다.

반대로 유의 과정을 거치지 않은 물질 입자들은 비세포성으로 존재한다. 비세포성 물질은 자발적으로 성장하지 못한다.

또한, 생명정보를 공유하지 못한다.

반면에 세포성 물질은 자발적으로 성장하고 생명정보를 공유한다.

그런 차이가 왜 생겨나는 것일까? 현대 과학은 이 질문에 대한 답이 없다.

세포는 그 물질구조 안에 생명정보를 안고 있고 비세포는 그 물질구조 안에 생명정보를 안고 있지 못하다. 세포가 생명정보를 내장하는 과정이 '유'이다.

세포가 내장하고 있는 생명정보는 영과 혼으로부터 심어진 것이다.

세포는 혼의 공간을 이루고 있던 물질 입자들이 응집되어서 생긴 것이다.

혼의 공간 바깥에 있는 물질 입자들은 비세포성을 갖게 된다.

세포는 유전성을 통해 영속되고 능동적 생장을 할 수 있다.

하지만 비세포는 고유진동수에 따라 모이고 흩어지는 수동적 변화를 일으킨다.

생, 사는 세포 구조물 안에서 일어나는 변화이다.

'생'은 포태를 통해 영혼이 세포 구조물 속으로 들어가는 현상이다.

세포 안에 내재된 정보가 서로 단절되면 그 안에 내재된 영의 몸과 혼의 몸이 세포 구조물을 떠나면서 '사'가 진행된다.

12연기는 10식이 9식, 8식, 7식, 6식으로 변화되는 과정을 논리적으로 정리한 사상 체계이다. 12연기의 과정을 이해한 사람은 연기의 결과로 나타난 생멸심이 본래의 자기가 아닌 것을 알게 된다.

6식, 7식, 8식과 의식, 감정, 의지가 연기의 과정 중에 유입된 생멸 정보로 인해 생겼다는 것을 알기 때문이다.

금강삼매경(金剛三昧經)에서 이르시기를 의식, 감정, 의지가 참다운 자기가 아닌 것을 이해시키려면 12연기의 이치를 설명해 주라고 하셨다.

의식 감정 의지의 허망함을 알도록 해서 거기에 묶여있지 않도록 하고 스스로 진여식을 체득해서 다시 일심법계를 이루는 방법을 제시해 주기 위해 12연기법이 설해졌다.

연기가 시작된 근본으로 거슬러 올라가서 다시 본래의 모습을 갖출 수 있는 방법을 교육체계로 만들어야 한다.

생명이 걸어온 길을 다시 거슬러 올라가서 본래의 온전함을 갖추는 것이 수행의 목적이다. 그러기 위해서는 스스로 안에 내재된 6식, 7식, 8식을 깨워서 다시 9식으로 갈 수 있는 역량을 갖추어야 한다.

'무의식계' 하는 것은 7식을 깨워서 제도하는 것이다.

12연기를 이해한 사람은 7식이 깨어나면서 생기는 장애를 극복할 수가 있다. 취할 것이 없음을 알기 때문이다.

반야경의 체계 안에서 무의식계는 수의식으로 깨어나는 모든 현상에 대해서 '무'하는 것이다.

전체 식의 체계에서 보면 8식을 벗어나서 9식을 증득하는 것이 무의식계 하는 것이다.

참다운 교육이 이루어지기 위해서는 올바른 목표가 제시되어야 한다.

그런 다음 그것을 성취할 수 있는 방법이 함께 제시되어야 한다. 불교 교육의 목표가 부처가 되는 것이라면 부처가 될 수 있는 구체적인 방법을 제시해 줘야 한다. 부처라는 경지가 생명으로서 어떤 상태인지를 명확하게 제시해서 그것과 계합할 수 있는 방법을 교육체계를 통해 제시해 줘야 한다.

불행하게도 현대 불교는 그 방법을 잃어버렸다.

12연기를 불교의 생명론으로 바라보지 못한다. 심지어는 연기와 윤회가 갖는 개념이라고 해석한다. 참담한 일이다.

여래장연기와 진여연기, 생멸연기의 과정과 원인을 논리적으로 제시해 주고 그 상태 이전으로 돌아갈 수 있는 방법을 제시해 주어야 한다. 부처님께서는 이미 그 방법에 대해 구체적으로 설명해 주셨다.

모든 경전의 주제가 연기의 과정을 거슬러 올라가서 일심법계를 이루는데 맞춰져 있다.

특히 반야경과 금강경의 체계는 그런 것을 총체적으로 들여다볼 수 있도록 구조화되어 있다. 짧은 경전이지만 그 안에 내재된 의미는 광대무변하다.

인지법행과 과지법행의 지침으로 삼기에 가장 좋은 경전이다. 수행을 할 때는 인지법과 과지법에 입각해서 스스로를 점검할 수 있어야 한다. 현재의 과정이 전체 과정 중에서 어디를 점하고 있는지를 알아야 하고, 그다음 과정으로 나가기 위해서는 어떤 노력을 해야 하는지를 명확하게 알아야 한다.

그런 교육이 이루어지면 수행의 체득이 막연하게 이루어지지 않는다.

그런 체계 안에서 충실하게 교육받으면 누구나 견성오도할 수 있고 해탈도를 성취할 수 있다.

'무의식계' 해서 '무수' 하기 위해서는 수의식을 깨워서 인식의 대상이 되도록 해야 한다. 수의식은 혼의식과 외부 의식으로 이루어졌다.

앞서 12연기의 과정을 들여다보면서 혼의식이 생겨난 과정에 대해 말씀드렸다. 지금부터는 육체 구조 안에 혼의식이 내장된 경로와 외부 의식에 대해 알아보자.

6식은 세포의식이다. 혼의식은 세포 구조물 안에 내재되어 있다. 6식의 틀 안에 7식이 내재되어 있기 때문이다.

혼의식이 내재된 장소는 머리에서는 시상이고 몸에서는 오장이다.

세포 구조물 안에서는 DNA와 RNA가 혼의식이다.

세 가지 혼의식이 있다.

선천혼(先天魂), 유전혼(遺傳魂), 습득혼(習得魂)이 그것이다.

선천혼은 육체 구조물 안에 깃들기 이전에 영혼이 갖고 있던 혼이다.

유전혼은 부모의 유전정보로 이루어진 혼이다.

습득혼은 다른 생명과 교류를 통해서 습득한 혼이다.

선천혼(先天魂)은 발생 초기에 매트릭스 세포로 활동한다.

매트릭스 세포는 육체 형성 인자이다.

육체 구조물이 만들어진 다음에는 성상아교세포 속에 내재된다.

성상아교세포는 신경에 영양공급을 하고 지지대 역할을 하는 신경세포의 일종이다.

매트릭스 세포의 일부가 남아서 슈반세포나 글리아세포로 활동한다.

이 세포들은 신경재생세포이다.

선천혼은 영의 진동을 읽어서 유전혼과 습득혼에 전달해 주는 역할을 한다.

밖에서 들어온 습득혼의 정보와 부모한테서 받은 유전정보가 서로 부딪치지 않도록 조율하는 역할을 한다.

뇌세포가 훼손되었을 때 다시 복구시키려면 선천혼을 깨워야 한다.

선천혼이 활동할 수 있는 조건을 만들어주면 뇌세포가 재생된다.

발성 수행과 뇌척수로운동을 통해서 선천혼을 깨운다.

유전혼(遺傳魂)은 각각의 세포에 있는 유전사에 저장되어 있다.

유전사에 저장된 유전정보를 총괄하는 것이 소뇌이다. 소뇌에는 세포 생명에게 영향을 준 모든 조상들의 유전정보가 집약적으로 내재되어 있다.

세포가 가진 유전적 성향은 두 가지로 이루어져 있다.

하나는 긍정적 성향이다. 이는 긍정적 인식으로 심어진 정보가 유전형질로 변화되었을 때 나타나는 성향이다.

또 하나는 부정적 성향이다. 이는 부정적 인식으로 심어진 정보가 유전형질로 변화되었을 때 나타나는 성향이다.

세포의 유전성이 발현될 때에도 의식에 영향을 받는다.

의식이 부정적으로 쓰이면 나쁜 유전자가 촉발된다.

반대로 의식이 긍정적으로 쓰이면 좋은 유전자가 촉발된다.

소뇌를 치료하면서 유전병을 치료한다.

소뇌를 제도함으로써 조상으로부터 심어진 부정적인 유전성을 긍정적으로 바꾼다.

현대의학에서는 유전질환에 대한 치료법이 거의 없다.

최근에서야 유전자 가위 요법이 대두되었는데 아직은 걸음마 수준이다.

부정성으로 오픈된 유전자를 긍정성으로 재개방시켜서 질병을 치료하는 방법이 제시되었다. 이 방법을 '후성유전학'이라 한다.

게놈 프로젝트를 통해 분석된 생물 유전자 지도에서는 인간과 초파리 유전자가 5000개밖에 차이가 나지 않았다. 그 결과를 가지고 유전자 치료를 한다는 것이 어려운 일이 되어 버렸다. 대안으로 제시된 것이 예방 치료였다. 유전자 검사를 해서 질병 성향이 나타나면 그 부위를 미리 제거하는 것이다.

유방암 성향이 있다면 유방을 잘라내서 예방하는 것이다.

이것은 잘못된 치료 방법이다. 부정적 유전자가 오픈되어 나타난 성향이라면 긍정적 유전자를 오픈시켜서 치료하면 되는데 그 방법을 모르기 때문에 생긴 어처구니없는 일이다. 소뇌를 활용해서 유전형질을 바꾸어 주면 유전병이 치료된다.

유전자는 고정된 것이 아니다. 환경에 따라 바뀌는 것이다.

마음가짐에 따라서 습득 인자의 성향이 달라진다.

영양의 섭취와 감정 교류를 통해 습득혼이 들어오면 유전형질로 바꿔주는 기능을 유전혼이 담당한다.

유전형질로 변화된 습득혼은 선천혼과 교류하면서 육체 안에 혼의식계를 형성한다. 이처럼 삼혼이 서로 유기적으로 작용하면서 수의식이라고 하는 7식 체계를 발현시킨다.

5장의 주체 의식과 시상의 주체 의식, 세포의 혼의식은 삼혼의 작용으로 상호 간에 교류하면서 7식을 발현시킨다.

육장의 혼의식과 편도체와 해마체가 연결되면 감정이 만들어진다.

희, 노, 애, 락, 우, 비, 고뇌가 7식의 체계 안에서 만들어진다.

선천혼이 깨어날 때 의식계로 접해지는 현상이 있다,

하늘에 시커먼 구름의 바다가 쫙 펼쳐져 있다.

호흡을 들이쉬면 그 시커먼 구름이 회오리를 일으키면서 백회로 빨려 들어온다. 양 손바닥으로 빨려 들어오기도 한다.

어떤 경우는 빨간 물고기 형태로 손바닥이나 백회로 빨려 들어오기도 하고 녹색의 뱀 모양으로 빨려 들어오기도 한다.
이것은 분리되었던 선천혼이 다시 돌아오는 현상이다. 그런 현상을 접할 때 두려워하지 말고 자만심을 갖지도 말아야 한다. 그것이 무의식계 하는 것이다.

유전혼이 깨어날 때도 의식계로 접해지는 현상이 있다.
어마어마하게 많은 군중 속에 내가 서 있다.
그 군중들이 서로 얘기하면서 떠들어 댄다.
서로서로 떠들면서 왁자지껄한다.
내가 아무리 소리쳐도 내 말을 듣지 않는다.
답답해서 미칠 지경이다. 옆에 사람 붙들고 말을 해봐도 막무가내다.
그때 내가 편안하고 아무렇지 않은 마음으로 그 군중들을 내려다보면 일순간에 그 소리가 딱 그쳐진다. 그 상황에서 손가락 하나를 들어 보이면 군중들이 나를 주목한다. '이것이 무엇이냐?' '이 마음이 어디에서 오느냐?'
내가 깨달은 내용, 내가 수행한 내용을 들려준다.
'의식은 내가 아니고 감정도 내가 아니다. 몸 또한 그러하니 그러할 때 참다운 나를 어디에서 찾겠는가?' 질문을 던져놓고 사마타에 들어간다.
'이런 도리를 아시겠습니까?'
이런 법문을 해주면 그 모든 사람들이 한꺼번에 제도된다.
내 조상이 다 제도되고 내 자식이 제도되는 것이다.
유전혼을 제도하면서 무의식계 하는 방법이다.
습득혼이 발현될 때에도 의식계로 드러나는 현상이 있다.
외로움과 그리움이 그것이다.
그리움이 일어날 때는 그리움의 대상이 함께 떠오른다.
그런 경우에도 편안하고 아무렇지 않은 마음으로 비춰준다.

상대에게 있던 혼성이 내 안에 들어오면 상대가 갖고 있던 습성이 함께 들어온다.

그런 경우에는 평소에 없던 습관이 새롭게 드러난다.

마찬가지로 편안하게 씻어준다.

외로움은 발성 수행으로 제도한다.

사람들과 교류할 때 때로는 좋은 감정이 생기고 때로는 나쁜 감정이 생긴다. 그런 감정들이 내 안에 남아있다. 그런 감정의 흔적들을 들여다보면서 좋은 것도 편안하게 바라보고 싫은 것도 편안하게 바라본다. 이것이 습득혼이 발현될 때 나타나는 현상에 대해 무의식계 하는 법이다. 미운 사람도 제도하고 고운 사람도 제도한다.

그 행으로써 은원이 제도된다.

7식이 깨어날 때 외부 의식이 접해지면서 나타나는 현상들이 있다.

'내가 부처요' 하면서 나타나는 외부 의식이 있고 '관세음보살이요' 하면서 나타나는 외부 의식도 있다. 어떤 때는 무슨 장군이요, 무슨 신이요, 하면서 접해지는 외부 의식들이 있다.

그런 의식들이 하는 말이나 전해주는 정보에 대해 관여되지 않은 마음으로 바라봐야 한다. 그 또한 '무수' 하는 것이다.

때로는 이래라저래라 하기도 한다.

'12시에 일어나서 촛불을 켜 놓고 절해라.' 이런 것도 시킨다.

하늘에서부터 커다란 족자가 떨어져 내린다. 그 안에 글씨가 있다.

그러면 그 글씨에 집착해서 뭐라고 쓰여 있는지 알려고 한다.

헛된 시간을 낭비하는 것이다.

그런 현상이 나타나도 관여되지 않아야 한다.

외부 의식의 세계는 다양하다.
영혼으로 존재하는 생멸들이 외부 의식으로 작용하기도 하지만 살아있는 사람의 의식도 외부 의식으로 작용한다.
아픈 사람을 만나면 나도 아프다.
번뇌가 많은 사람을 만나면 나도 번뇌에 빠진다.
다른 사람이 하는 생각을 나도 하게 된다.
때로는 전생이 보이고, 때로는 미래가 보인다.
그런 인식이 일어날 때 좋고 나쁘고 하지 않는 것도 '무수' 하는 것이다.

여기까지 무안계 내지 무의식계(無眼界 乃至 無意識界)하는 방법에 대해 알아보았다.
7식 경계는 마장이 아니다. 오히려 폭넓게 발현시켜서 제도해야 할 대상이다.
그 경계에 들어있는 사람들은 철저하게 자기 점검을 해야 한다.
중심으로 '조견'하고 이면으로 '개공' 한다.

제11강 반야심경

무상 - 12연기 무무명 역무무명진
無相 十二緣起 無無明 亦無無明盡

무무명 역무무명진 내지 무노사 역무노사진(無無明 亦無無明 盡 乃至 無老死 亦無老死盡)

무명에 무하고 또한 무명이 다함도 없으며 노사에 무하고 또한 노사가 다함도 없다. 행, 식, 명색, 육입, 촉, 수, 애, 취, 유, 생에 대해서도 그러하니라.

이 대목의 본뜻은 12연기를 벗어나서 진여문을 이루고 진여 수행을 통해서 일심법계를 이루라는 말이다.
여래장연기에서 생멸연기가 일어나고 12연기가 진행되는 과정에 대해서는 앞 대목에서 살펴보았다.
이 대목에서는 '무무명'하는 법과 '역무무명진'하는 방법에 대해 설명해 보겠다.

무무명(無無明)이란 무명에서 벗어나라는 말이다.
이 무무명이라는 표현이 12연기의 시작이 아닌 일반적 개념으로서 무명이라면 복잡한 설명이 필요하지 않다. '각성을 증득해서 무명에서 벗어난다.'라고 해석하면 충분하기 때문이다. 하지만 12연기를 벗어나는 방법으로써 무무명은 짧은 해석으로는 풀어낼 수 없다. 더군다나 뒤 대목에서 제시되는 '역무무명진'을 감당하기 위해서는 삼해탈법(三解脫法)과 삼무상법(三無相法)의 심지법을 총체적으로 제시해 줘야 한다.
무무명하면 생멸연기를 벗어난다.
여래장인 일법계가 선무명에 들었다가 돌이켜 다시 본성을 비춘 것이 무무명한 것이다. 여래장이 무무명하면 진여문이 생겨난다.

'역무무명진'은 진여수행의 방법을 제시한 말이다.

생사윤회를 반복하는 중생이 진여문을 이루기 위해서 무무명하려면 12연기를 거슬러 올라오면서 각 단계마다 '무(無)'할 수 있어야 한다.

'무사'하고 '무생'하며 '무유'하고 '무취'하며 '무애'하고 '무수'하며 '무촉'하고 '무육입'하며 '무명색'하고 '무식'하며 '무행'할 수 있어야 '무무명'해서 진여문이 되는 것이다. 무명에 '무'하면 '명'이 된다.

때문에 진여연기는 '명'을 기반으로 이루어진다.

죽음에 무하고 태어남에 무하기 위해서는 해탈도를 이루어야 한다.

나머지 과정도 마찬가지이다.

12연기를 거슬러 올라가서 '무'하는 방법이 허공해탈도와 금강해탈도, 반야해탈도이다. 12연기의 전개 과정을 좀 더 세밀하게 들여다보면서 무무명과 역무무명진을 논해 보자.

본문의 구성을 놓고 보면 "무무명 역무무명진 내지 무노사 역무노사진"은 "무색수상행식(無受想行識)"에서 '무상(無想)'하는 방법이다.

'어떻게 무상하는가?'

'무무명 역무무명진 내지 무노사 역무노사진' 함으로써이다.

'무상'에서 '상(想)'이라는 것은 사유를 뜻한다.

사유로써 접해지는 모든 경계에 대해서 '무'하는 것이 무상의 도리이다. 사유가 이루어질 때 드러나는 경계에 대해서 스스로가 머물지 않고 현혹되지 않는 것이 '무'하는 것이다 부처님께서 12연기를 깨닫게 된 것은 중관 사유를 통해서다.
그 결과로 생로병사의 원인을 아셨고 그것에서 벗어나는 방법
을 찾으셨다. 생로병사의 원인은 의식 감정 의지와 오온의 몸
이다.
생로병사에서 벗어나려면 의식, 감정, 의지와 몸의 얽매임에
서 자유로워져야 한다.
그러려면 의식 감정 의지가 어떤 과정을 통해서 생겨났고 오
온의 몸이 어떤 과정을 통해서 형성되었는지를 알아야 한다.
부처님께서는 12연기의 이치를 깨달으시고 12연기에서 벗어
나는 방법을 제시해 주셨다. '무무명 역무무명진 내지 무노사
역무노사진'이 바로 그 방법이다.

12연기의 구체적인 과정을 들여다보자.
앞서 무의식계 편에서는 식의 형성 과정에 입각해서 12연기
의 과정을 살펴보았다. 이번 장에서는 생멸연기를 벗어나는
무무명의 관점으로 12연기를 해석해 보겠다.

3천 년의 불교 역사 동안 12연기의 구체적인 내용이 해석된
적이 한 번도 없었다. 불교는 근 2천 년 동안 시대를 지배하
는 중심사상이 되었으면서도 12연기법을 제대로 해석하지 못
해 시대사상으로써의 역할을 하지 못했다.
때문에 시대인들에게 생명의 근본과 생명의 면모와 생명의 존
재 목적을 놓고서 생명이 나갈 바를 제시해 주는 지침이 되지
못했다.
아함경에서는 광음천 도래설을 말씀하셨고, 화엄경에서는 여
래장연기를 말씀하셨지만 뒷사람들이 그 말씀을 제대로 해석
하지 못했다.
오히려 현대에 와서는 다중우주론이 등장하면서 불교의 생명

론을 더 깊이 들여다볼 수 있는 계기가 생겼다.

필자가 출가해서 가장 먼저 가졌던 의문이 바로 생명의 시작에 대한 것이었다.
'어떻게 공한 것에서 천지만물이 생겨났는가?'
'공이 어떤 과정을 거쳐서 천지만물이 되었는가?'
'그 공한 데서 산하대지가 생겨났다고 부처님께서도 말씀하셨는데 그 과정이 어떻게 이루어졌을까?' 이런 의문이 꼬리에 꼬리를 물고 일어나서 잠을 이룰 수가 없었다.
그래서 사유를 시작했다.
91년도에 시작해서 98년도에 마무리했다.
99년도에 그 내용을 한 권의 책으로 출판했다.
그 당시는 그 내용을 누가 이해하고 어떤 사람이 볼까 하는 염려가 있었다.
막상 그 책이 출판되고 나니 만오천부 정도가 팔렸다.
그리고 3년 동안 전국 강의를 다녔다.
그 강의에서 만났던 사람들은 그 내용에 열광했다.
기독교인이든 천주교인이든 심지어는 불교의 다른 계파들까지도 그 내용에 대해 찬사를 보냈다. 그 내용을 강의해 주면서 필자 또한 많은 것을 배웠다.

12연기의 시작은 무명이다.
두 가지 무명이 있다.
선무명과 후무명이 그것이다.
각성이 본성을 보는 것을 놔버리고 밝은 성품의 부딪침에 치중한 것을 선무명(先無明)이라한다.
본성을 보는 각성을 잃어버린 상태를 후무명(後無明)이라 한다.

선무명에 들었다가 다시 본제 상태로 돌아간 생명을 보살이라 한다.
보살은 본성, 각성, 밝은성품을 자기라고 생각한다.
후무명에 들어있는 생명을 중생이라 한다.
중생은 의식, 감정, 의지를 자기라고 생각한다.

각성이 본성을 인식의 대상으로 삼으면 무위각이 된다.
밝은성품을 인식의 대상으로 삼으면 유위각이 된다.
밝은성품은 본성에서 생성된다.
본성과 각성, 밝은 성품의 관계로 인해서 무명의 일과 명의 일이 생겨난다.
각성이 유위각으로 전환되면 무명의 일이 생겨난다.
그 결과로 12연기가 시작된다.
각성이 무위각을 유지하면 명의 일이 진행된다.
그 결과로 여래장에 머문다.
각성이 유위각으로 전환되었다가 다시 무위각으로 돌아오면 명의 일이 진행된다.
그 결과로 진여연기가 시작된다.

무명의 일은 밝은성품 간에 부딪침으로 시작된다.
각성이 밝은성품을 소비하지 못하면 밝은성품 간의 부딪침이 유발된다.
밝은성품 간의 부딪침은 미는 힘과 당기는 힘이 생겨나는 원인이 된다.
밝은 성품과 두 가지 에너지의 관계로 인해 '행'의 과정이 시작된다.
행의 과정에서 각성이 의지로 전환된다.
행의 과정에서 물질 입자가 생성된다.

세 종류의 에너지를 기반으로 해서 생겨난 세 종류의 물질은 의식이 생겨나는 원인으로 작용한다. 그로 인해 식이 형성된다. 이것이 무명의 일로써 생멸문이 생겨나는 과정이다.

이런 과정을 통해 만들어진 '식'이 천지만물로 나눠지기 이전의 생명 상태이다.

이 생명을 원초신이라 부른다.

명의 일은 밝은성품이 부딪치는 데 치중했던 각성이 다시 본성을 보는 것으로 돌아가는 것에서 시작된다.

그렇게 되면 그 존재는 진여문이 된다.

생멸문이 생기고 나서 자시무명을 벗어나면 이 존재는 진여문이 된다. 묘각 보살이 10지 보살로 바뀌는 것이다.

무명 소생인 중생들은 의식, 감정, 의지를 자기로 알고 본성을 보는 무위각이 없다. 이것을 후무명의 상태라 한다.

후무명에 빠진 중생은 생로병사의 윤회에 들게 된다.

그런 중생들로 하여금 다시 무위각을 갖추고 보살도로 나아가게 하려고 무무명 역무무명진의 법이 설해졌다.

중생도 그 안에 본성이 갖추어져 있고 밝은성품을 생성해낸다.

하지만 각성을 갖추고 있지 못하고 의식 감정 의지가 본래의 나가 아니라는 것을 알지 못한다. 중생은 무무명의 법을 얻지 못해서 중생으로 머문다.

중생이 무무명의 법을 얻게 되면 견성오도, 해탈도, 보살도, 등각도, 묘각도를 거쳐서 불(佛)을 이룬다.

부처님이 의도적으로 자시무명에 빠져서 하나의 생멸문을 만드는 것도 '명의 일'이다. 대표적인 사례가 아미타 세계다.

서방극락정토(西方極樂淨土)는 명의 일로 만들어진 생멸문이다.

의도적으로 자시무명을 조장해서 자시무명을 갖춘 생명들로 이루어진 생멸문을 만든 것이 아미타 세계이다.

무명이 원인이 된 12연기와 명이 원인이 된 진여연기는 이와 같은 차이가 있다.

각성이 무위각에 머물렀을 때 '무'의 상태를 유지하면서 '명의 일'이 전개되는 과정을 화엄경(華嚴經)의 한 대목을 빌어서 설명해 보겠다.

생명이 무의 상태를 지속함으로써 향수해(香水海)라고 하는 생명의 바다가 생겨난다.

향수해에는 천만 억의 파도가 있다.

그 천만 억의 파도에는 한 파도마다 한 송이 연꽃이 피어있다. 연꽃의 꽃잎은 천만억 개요, 한 꽃잎마다 일심법계가 있어서 거기에 부처가 상주한다. 이 생명의 바다에 떠 있는 연꽃잎은 진여문과 생멸문으로써 일심법계를 이루고 있다. 이 중 한 개가 본제의 변화를 일으키면 거기에서 생멸문이 생겨난다.

그것이 곧 불이 천지만물을 낳는 이치이다.

본래 부처인 것이 중생으로 나타나는 것은 이런 연유 때문이다.

질문 : 명의 생멸문과 무명의 생멸문이 다른가?

답변 : 그렇다. 다르다.

명의 생멸문은 밝은성품의 부딪침이 의도적으로 일어난다.

자연적으로 일어나지 않는다.

무명의 상태에서 밝은성품이 부딪쳐서 미는 힘, 당기는 힘이 생겨나고 이 세 가지 에너지가 상호작용해서 물질이 만들어지고 그 물질로 인해서 의식이 만들어지는 과정을 자연이라 한다. 명의 상태에서 만들어지는 생멸문은 자연으로 만들어지는 것이 아니고 본연으로 만들어진다. 이것을 본연연기(本然緣起)라

한다.

본연연기라는 것은 생멸문을 창조하는 주체가 본연의 상태를 지속하면서 의도적으로 원하는 세상을 만드는 것이다.

반면에 자연연기(自然緣起)는 본연의 상태를 지속시키지 못하기 때문에 의도적으로 원하는 세상을 만들지 못한다.

그래서 크고 작고, 잘생기고 못생기고, 똑똑하고 덜 똑똑한 생명들이 나타난다. 자연연기에서는 33천이 벌어지고 본연연기에서는 구품연대가 나타난다.

아미타불 세계, 서방극락정토, 구품연대는 본연연기로써 만들어진 세계이다.

우리가 살아가고 있는 33천은 자연연기로써 만들어진 세계이다.

본연연기에서는 연기가 12단계로 이루어지지 않고 과정이 단축된다.

자연연기는 영, 혼, 육체의 몸을 이루는 구조가 열두 단계를 거쳐서 갖추어지지만 본연연기에서는 영과 혼의 상태에서만 연기가 이루어지기 때문에 12단계를 거치지 않고 유, 생, 사라고 하는 세 단계가 생략된다.

그 결과로 아홉 단계의 구품연대(九品蓮臺)가 존재한다.

질문 : 구품연대에 대해 어느 경전에서 아홉 단계로 설명이 되어있는가?

답변 : 아미타경에 설명되어 있다.

상품상생원, 상품중생원, 상품하생원, 중품상생원, 중품중생원, 중품하생원, 하품상생원, 하품중생원, 하품하생원이 구품연대이다.

질문 : 12연기에서 유, 생, 사를 제외한 나머지 아홉 단계와 대응이 되는 것인가?

답변 : 그렇다. 본연연기와 자연연기가 어떻게 다른지, 무명연

기와 명연기가 어떻게 다른지, 그 차이를 알면 왜 구품연대설이 나타났고 왜 12연기가 12단계로 나누어졌는지를 알게된다.

질문 : 12연기 강의를 여러 번 듣다 보니 논리적 구조가 이해된다. 현대 과학에서는 빅뱅이 일어나서 시공이 생기고 팽창하고 있다고 말한다. 그러면 앞서 말씀하신 무명의 생멸문이 하나 열리는 것인가?
답변 : 그렇다.
질문 : 현대 과학에서는 우주의 밖은 시간도 없고 공간도 없다고 하는데 부처님께서는 향수해라는 것이 펼쳐져 있어서 우리 일심법계 밖으로도 수많은 일심법계가 있다고 말씀하시는 것인가?
답변 : 그렇다. 향수해 안에는 수천만억의 일심법계가 있다.
질문 : 그런데 부처님들은 신통을 통해 이쪽 일심법계에서 저쪽 일심법계로 차원을 넘어서 넘나들 수 있다는 말씀인가?
답변 : 그렇다. 불세계에서는 부처님들끼리 서로 교류한다.
질문 : 향수해 안에 수없이 많은 일심법계가 중첩된 구조인데 서로 연결이 되어있다면 어디가 시작이고 끝인지 알 수 없는 구조로 되어있는가?
답변 : 그렇다. 하지만 향수해라고 하는 생명의 바다는 시작된 주체가 있다.
반야경에서 불생불멸 불구부정 부증불감하는 것은 이 본성의 공한 상태가 그러하다는 뜻이다.
그것이 향수해의 상태를 말한 것은 아니다.

질문 : 같은 부처라도 부처의 스승같은 존재가 지역을 관장하는 그런 게 있는가?
답변 : 본불이 있고 일심법계가 있다.

본불(本佛)은 여래장연기에 들지 않은 부처님이고 일심법계(一心法界)는 진여연기나 생멸연기를 거쳐서 다시 부처가 된 존재이다.

본불이 향수해의 특정 방위를 담당하고 일심법계가 그 안에 속해있는 구조로 이루어져 있다. 경전에서는 칠구지불모 대준제보살(七俱胝佛母 大准提菩薩)이라 한다.

부처의 어머니, 7생명의 근본, 대준제보살 이렇게 부른다.

향수해 공간을 이루고 있는 밝은성품의 에너지가 준제보살이다. 밝은성품의 에너지가 서로 부딪침의 대상이 되면 거기서 생명문이 나타나기 때문에 준제보살을 천지만물의 어머니라 한다. 또한, 생멸문의 천지만물은 다 일심법계를 이룰 가능성을 갖고 있으므로 불모(佛母)라고 부른다.

그래서 한편으로는 최초의 생멸문이 나타나게 된 원인이 준제보살의 의도라고 하기도 한다. 밝은성품은 생명 에너지이면서 그 형질은 착함이고 뿌듯함이며 기쁨이다. 착한 마음은 밝은성품의 성향이고 기쁨을 추구하는 것은 밝은성품을 추구하는 것이다.

질문 : 인지법행의 출발점이 본성과 각성과 밝은성품인데 원래 출발을 찾는다면 무념과 무심의 간극이 아닌가? 밝은 성품이 무념과 무심의 간극에서 나왔으니 거기서 생겨난 거고 각성은 어떤 과정으로 생겼는가? 본성하고 각성은 어떤 연관성이 있는가?

답변 : 본성은 무념과 무심이 한자리를 이루고 서로를 비춰보는 상태이다.

무념은 생각이 쉬어진 상태고 무심은 감정이 쉬어진 상태이다.

편안하고 아무렇지 않은 것이 한자리를 이루어서 서로를 비춰보는 상태가 본성의 상태인 것이다.

머리가 아무렇지 않고 가슴이 편안한 상태를 유지하면서 그 두 부위가 서로를 비춰보는 상태를 본제관(本際觀)이라 한다.

생각이 쉬어져 아무렇지 않음과 감정이 쉬어진 편안함은 같은 '쉬어짐'이지만 서로 다른 느낌이 있다.

한자리를 이룬 무념과 무심의 서로 다른 차이를 지각하는 것이 무위각이다.

무의 상태를 유지하는 두 가지 조건의 다른 상태를 주시하면서 각성이 생긴다.

이때 주시의 주체는 본성 자신이다.

각성은 밝은성품을 인식의 대상으로 삼으면 유위각이 되고 본성을 인식의 대상으로 삼으면 무위각이 된다. 따라서 각성은 변화성이 있다.

각성이 가진 변화성으로 인해 연기가 시작된다.

질문 : 불생불멸 불구부정 하다고 하신 것은 본성에 관해서 이야기한 것인가? 무념과 무심에 대해서...

답변 : 그렇다.

질문 : 무념 무심의 간극에서 밝은성품 에너지가 나온다는 것은 이해가 된다. 하지만 각성이라는 것은 아직도 이해가 안된다. 심식의로 살다 보면 뭔가 주체적으로 인식하는 것을 각성이라고 하는데 어떤 주체가 있어서 그 무위각을 가지게 되는 건지 이해가 안 된다.

답변 : 본성이 주체이다.

내가 나를 보는 것을 '각성한다'라고 할 때 보는 것이 '나' 이듯이 본성이 본성의 상태를 각성하는 것이다.

질문 : 그런데 그 각성의 주체가 무념인지, 무심인지, 본성인지 의문이 생긴다.

답변 : 그 무념, 무심으로 이루어진 본성이 주체이다.

질문 : 본성이 스스로를 보면서 '무념 무심으로 이루어졌구나!'라고 알아차리면 그걸 무위각이라 한다는 말씀인가? 무념과 무심. 거기서 에너지도 나오고 자기 자신도 유지하고 자기가 어떻게 나누어져 있다는 것을 인식도 하고...

답변 : 그 상태를 3면불로 표현한다. 본성의 관점에서 보면 본성이 주체가 되고, 각성의 관점에서 보면 각성이 주체가 된다. 밝은성품 관점에서 보면 밝은성품이 주체가 되니 이것을 3면불이라 한다.

질문 : 본성은 자기 자신이 재료가 돼서 자기 자신이 에너지를 만들고 자기 자신을 인식의 대상으로 삼는 것인가? 본성은 생기지도 않고 없어지지도 않고 항상 존재하는 생명인가? 그 본성을 심식의를 가진 상태에서 인식하려고 하는 게 수행이고...

답변 : 그렇다.

생멸문의 모든 현상은 잠시 일어났다 스러지는 향수해의 거품이다.

중생은 그 거품을 실상이라고 생각해서 거기에 안주하고 그것이 영원하기를 바란다. 보살은 그것이 거품인 줄 알아서 의식 감정 의지를 벗어버리고 본성 각성 밝은성품을 다시 회복한다.

의식 감성 의지를 자기로 아는 중생으로부터 시작해서 본성 각성 밝은성품으로 이루어진 보살이 되기까지의 과정을 논한 것이 인지법행(因地法行)이다.

인지법행을 알아야 과지법행을 얻어서 곧바로 깨달을 수 있다.

질문 : 부동심이라는 것은 무념과 무심이 한자리를 이룬 그런 때라고 볼 수 있는가?

답변 : 본성의 상태에 머물러서 또는 본성을 이루는 무념 무심에 머물러서 그 상태를 유지하는 것을 부동심(不動心)이라 한다.

여기까지 무무명하는 방법에 대해 알아보았다.

지금부터는 역무무명진 하는 방법에 대해 알아보기로 하자.

역무무명진은 무무명해서 진여문으로 돌아간 생명이 행하는 과지법행(果地法行)이다.

보살도의 과정인 것이다.

역무무명진의 시작은 열반상을 벗어나는 것이다.

열반상(涅槃相)이란 열반에 머무르고자 하는 마음을 말한다.

열반의 안락함에 머물러서 더 이상의 수행을 하지 못하는 것이 열반상에 빠져 있는 것이다.

진여문을 이룬 보살이 열반에 머물러 버리면 10지의 일과 10행의 일을 하지 못한다. 나아가서 등각도와 묘각도의 일도 행하지 못한다.

능엄경의 오십변마장(五十辨魔障)에서는 수행 중에 만나는 50번째 마장이 열반상이라 했고 법화경에서는 진여출가를 하라 하셨다.

열반상에서 벗어나려면 진여수행의 과지법을 얻어야 한다.

반야경에서 역무무명진을 말씀하신 것은 보살도를 성취할 수 있는 과지법을 얻어서 진여수행을 해야 하는 필요성을 강조한 것이다.

진여출가란 진여문에 들어간 보살이 보살도를 이루기 위해 발심하는 것을 말한다.

법화경(法華經)에서는 부처를 이루기까지는 세 번의 출가를 해야 한다 했다.

첫째가 생멸 출가이다.

둘째가 진여 출가이다.

셋째가 등각 출가이다.

생멸출가(生滅出家)란 삼계화택인 생멸문을 벗어나는 것이다.

이를 위해 제시된 것이 견성오도와 해탈도의 심지법이다.

진여출가(眞如出家)란 열반상을 극복하고 10지 10행을 행하는 것이다.

이를 위해 제시된 것이 삼무상법의 심지법이다.

쌍차쌍조법, 이무애 사무애법, 삼신구족법 등등이 보살도 수행의 방편이다.

등각출가(等覺出家)란 보살도를 벗어나서 등각도를 얻기 위해 발심하는 것이다.

등각도의 목적이 스스로가 만들어낸 생멸문을 제도해서 불공여래장을 이루고 자기진여문으로 공여래장을 이루는 것이다.

수행의 심지법으로는 이사무애법과 사사무애법이 쓰인다.

등각보살은 공여래장과 불공여래장을 불이문(不二門)이 되도록 해서 원각지(圓覺地)를 이룬다.

열반상에 빠지지 않기 위해서 쌍차쌍조를 행한다.

쌍차쌍조(雙遮雙照)는 보살도를 닦는 시작이면서 역무무명진의 출발점이다.

쌍차쌍조를 하기 위해 갖추어야 하는 것이 중심이다.

중심을 통해 중관이 이루어지지 않으면 쌍차가 이루어지지 못하고 쌍조가 행해지지 못한다.

삼관으로 견성오도하고 삼해탈로 해탈도를 성취한 사람만이 쌍차쌍조를 할 수 있다. 쌍차쌍조가 삼무상을 이루는 심지법이다.

삼무상(三無相)이란 중무상, 공무상, 가무상을 말한다.

중무상(中無相)이란 열반에 들어있던 보살이 자기중심을 관하면서 중심으로 드러나는 경계를 비춰보는 것이다. 이 과정을 통해 천백억화신(千百億化身)을 이룬다.

공무상(空無相)이란 열반에 들어있던 보살이 본성을 관하면서 무념 무심의 간극을 주시하는 것이다. 이 과정을 통해 청정법신(淸淨法身)을 이룬다.

가무상(假無相)이란 중심을 통해 인식된 생멸문의 정보를 본성과 계합시키고 교화하고 치화해서 조화가 이루어지도록 해주는 것이다. 이 과정을 통해 원만보신(圓滿報身)을 이룬다.

쌍차(雙遮)란 중심을 주체로 해서 표면과 이면을 세워 주는 것이다.

표면으로는 가무상의 대상을 인식하고 이면으로는 공무상의 상태를 유지한다.

삼관수행을 익힌 사람은 이 과정을 수월하게 성취할 수 있다. 하지만 삼관을 익히지 못한 사람은 이 과정의 수행을 할 수가 없다.

부처님께서 대승체계를 제창하신 목적이 바로 이것이다.

기존에 제시해주셨던 소승체계만으로도 진여법신을 이룰 수 있는데 왜 대승도를 말씀하셨을까? 왜 구태여 생멸 출가와 진여 출가를 말씀하실까?

그렇게 하셨던 이유가 쌍차쌍조의 심지법이 구현될 수 있는 근기를 갖춰주기 위해서다. 반야경에서 제시하는 조건 오온개공이 결국에는 보살도에서 중무상, 공무상, 가무상을 이루는 조건이 된다.

쌍차를 이룰 때는 중심은 중심대로 편안함을 이루고 표면은 중심과 분리된 채로 공한 상태를 유지한다. 이면 또한 중심과 분리된 채로 본성의 상태를 유지한다.

쌍차의 과정을 이해하기 위해서는 다음에 제시되는 개념들의 차이를 알아야 한다. 편안함과 공한 상태, 본성 상태가 그것이다.

편안함은 말 그대로 편안함이다. 초선정에서 세웠던 중심 상태 그대로이다.

'초선정이 초지보살과 같다'라는 것은 이 경우를 표현한 말이다.

공한 상태라는 것은 공간적으로 비워졌다는 말이다.

머릿속 텅 빈자리를 보는 것과 같은 상태이다.

즉 사마타의 상태인 것이다.

본성 상태라는 것은 무념 무심이 한 자리를 이루고 서로를 비추고 있는 상태를 말하는 것이다. 이 상태에서 무념의 형질과 무심의 형질을 구분하고 간극의 상태를 구분한 다음 간극에 머무는 것이 공무상의 상태이다.

쌍차가 이루어지기 위해서는 삼관, 삼해탈의 모든 기법이 함께 쓰여야 한다.

대승도를 익히지 못한 사람은 이 과정의 수행을 할 수가 없다.

아라한과 보살의 다른 경지가 여기에서 나타난다.

쌍차를 이루는 이 과정 자체가 10지 수행의 첫 번째 단계이다.

역무무명진의 시작인 것이다.

생멸심에 머물러 있는 중생은 이 수행을 할 수가 없다.

아무리 노력해도 이 상태가 구현되지 않기 때문이다.

진여문에 들어간 초지보살도 이 과정을 성취하기 위해서는 부단한 노력이 필요하다. 그야말로 정진바라밀과 선정바라밀, 해탈지견을 체득하지 못했으면 이룰 수 없는 경지이다.

쌍차(雙遮)의 절차를 과지법으로 정리해 본다.

1. 중심에 편안함을 세운다.

2. 중심의 표면에서 텅 빈 공간의 감각을 인식한다.

3. 중심의 편안함과 표면의 공간 감각을 구분해서 인식한다.

4. 시상에서 무념을 세운다.

5. 중심의 편안함과 시상의 무념을 서로 비추도록 한다.

6. 본제관에 머문다.

7. 무념과 무심 사이의 간극을 인식한다.

8. 간극의 상태를 각성이 지켜본다.

9. 간극에 각성을 집중하고 무념 무심을 함께 비춰 본다.

10. 간극의 공간 형질을 심상화한다.

11. 간극의 느낌을 중심의 이면으로 삼는다.

12. 중심이 주체가 돼서 표면과 이면을 함께 비춘다.

13. 표면의 텅 빈 감각과 중심의 편안함, 이면의 간극 상태가 명확하게 분리된 상태에서 서로를 비추게 한다.

여기까지가 쌍차의 절차이다.

다음은 쌍조(雙照)의 심지법을 과지법의 체계로 설명해 보겠다.

1. 중심의 편안함으로 표면의 텅 빈 감각을 비추면서 밝은성 품의 느낌을 인식한다. 뿌듯하게 차오르는 기쁨을 느끼면 서 기쁨의 형질과 공간의 텅 빈 감각을 함께 주시한다.

2. 스스로 살아있음을 느낀다.

3. 중심의 편안함으로 이면의 간극을 비춘다.

4. 간극의 공간 감각에 집중한다.

5. 간극에서 밝은성품이 생성되는 것을 인식한다.

6. 간극 공간에 밝은성품이 채워져서 형성된 장력을 느낀다.

7. 밝은성품으로 이루어진 장이 수축하고 팽창하는 것을 관찰 한다.

8. 의도적으로 장의 크기를 조절해 본다.

9. 표면에서 인식되는 살아있는 느낌과 간극장의 느낌이 서로를 비추도록 한다.
10. 간극장이 확장된 영역 안에서 살아있는 느낌이 함께 유지되도록 한다.
11. 살아있는 느낌의 변화를 관찰한다.
12. 중심의 편안함을 주체로 해서 표면의 공간감과 이면의 무념, 간극, 무심 상태를 함께 인식한다. 표면(공간의 텅 비워진 상태) - 중심(편안함) - 이면(무념- 간극- 무심)
13. 그 상태에 머물러서 밝은성품이 만들어내는 기쁨과 살아있는 느낌을 함께 주시한다.
14. 밝은성품 공간이 확장되도록 내버려 두고 공간장의 느낌을 시각적으로 인식한다.
15. 시각적으로 인식한 공간장의 느낌과 밝은성품의 기쁨, 살아있는 느낌을 함께 주시한다. 그 상태에 머문다.

여기까지가 보살도 초지 과정이다.
쌍조법의 핵심은 12번 과정이다. 이 과정은 들어가는 것도 힘들고 지속시키는 것도 힘들다. 쌍차한 이후에 쌍조가 이루어지는 것은 이 과정부터이다.
15번 과정에 머물게 되면 환희지(歡喜地)에 들어간다.
이때부터 2지 수행이 시작된다.
환희지는 밝은성품이 가진 기쁨으로 인해 시작된다.
환희지에 들어있다 보면 밝은성품이 확장되면서 진여문이 팽창한다.
보살이 환희지에 탐착해서 그 상태로 머물고자 하는 것이 열반상이다.
때문에 환희지에 오래 머물러서는 안 된다.
환희지에 머물면서 열반상에 빠지지 않으려면 초지 수행이 철

저하게 이루어져야 한다. 특히 12번 과정을 돈독하게 성취해
야 한다.

12번 과정을 바탕으로 환희지가 이루어지면 어느 때부터 중
심의 표면에 변화가 일어난다. 살아있는 느낌 위에 생멸심이
느껴진다.

이때의 생멸심은 일치를 통해 드러나는 현상이다.

이때 일치를 일으킨 원인이 두 가지이다.

하나는 보살이 분리해 놓은 의식 감정 의지로 이루어진 생멸
심이다.

이 생멸심은 혼을 몸으로 삼아서 생멸신을 이루고 있다.

반야해탈의 세 번째 단계에서 분리된 생멸심은 자기 본성에
대한 그리움을 안고 산다. 그러다 보니 넋 나간 상태가 되어
중음에 머물러 있게 된다.

시간이 지날수록 생멸신의 그리움은 커진다.

그런 상태에서 진여공간이 팽창하면 생멸심과 일치를 이룬다.

그때 보살의 중심에서 생멸심이 드러난다.

또 하나는 심식의의 원인이 되었던 중생이 보살을 그리워하는
것이다.

생멸문에 분리해 놓은 보살의 심식의는 다른 생명과 교류를
통해서 형성된 것이다. 그때 교류했던 다른 생명들이 보살을
그리워하면 보살의 중심에서 생멸심이 나타난다.

이런 연유로 일치된 생멸심을 거부하면 안 된다.

오히려 제도의 대상으로 삼아야 한다.

이렇게 일치된 생멸심을 제도하면서 보살도의 수행이 깊어진다.

3지부터 10지까지의 과정이 생멸심을 제도하면서 이루어진다.

진여보살이 생멸심을 제도하는 세 가지 방법이 있다.

그것이 바로 '삼신구족법'이다.

삼신(三身)이란 법신 화신 보신을 말한다.

청정법신, 천백억화신 원만보신이라 부른다.

삼신의 일은 보살도의 과정에서 완성을 이루지만 보살도 이전에도 행할 수 있는 공부이다. 삼관, 삼해탈의 과정에서 이루어지는 자기 제도와 경계의 제도 그리고 본성의 인식이 삼신구족법과 연계가 되어있다.

생멸수행을 하는 사람 중에 견성오도 수행을 하는 사람을 성문연각승(聲聞緣覺乘)이라 하고, 해탈도 수행을 하는 사람은 해탈승(解脫乘)이라 한다.

진여수행을 하는 사람 중에 보살도를 닦는 사람을 보살승(菩薩乘)이라 하고 등각도를 닦는 사람을 등각승(等覺乘)이라 하며 묘각도를 닦는 사람을 일불승(一佛乘)이라 한다.

성문연각승은 삼관의 행으로써 삼신을 구족한다.

해탈승은 삼해탈도로 삼신을 구족한다.

보살승은 삼무상을 행함으로써 삼신을 구족한다.

삼신이 구족되어야 등각으로 나아가며 묘각도를 이룰 수 있다.

청정법신의 대명사로 불리는 부처님이 비로자나 부처님이다.

석가모니 부처님은 천백억화신의 대명사이다.

원만보신의 대명사로 불리우는 부처님이 노사나 부처님이다.

성문연각승은 각각이 체득한 선정의 경지에 따라 삼신을 이룬다.

초선정에서는 중심의 편안함을 주체로 해서 삼신을 이룬다.

접해지는 경계나 자기 안에서 일어나는 심식의 습성을 중심의 편안함으로 비춰주는 것이 삼신행이다.

초선정에서는 삼신을 이룰 수 있는 근기가 갖추어지지 않았기 때문에 중관을 하는 행위로써 근기를 키우는 것을 목적으로 삼는다.

청정법신은 본성으로써 갖춰진다.

천백억화신은 일치된 대상을 통해 갖춰진다.
원만보신은 인식된 경계를 활용하면서 갖춰진다.
즉 '체'로써 법신을 이루고
'상'으로써 화신을 이루며
'용'으로써 보신을 이룬다.
초선정에서는 경계가 '상'이 되고 중심이 '체'가 된다.
아직 '용'의 역량은 갖추어지지 않은 상태이기 때문에 원만함을 이루지는 못한다.
초선정에서 경계를 대하는 것은 '있는 그대로 보는 것'을 목표로 삼는다.
중심으로 비추어서 있는 그대로 보기 때문에 일치가 일어나지 않고 그러므로 화신행이 성취되지 않는다.
보신행도 마찬가지이다.
초선정에서는 경계가 나를 이끌어가기 때문에 주체적으로 경계를 활용하지 못한다. 때문에 보신행이 성취되지 않는다.
법신행은 아직 본성을 인식하지 못했기 때문에 중심의 편안함을 내세워서 대치한다.

2선정에 들어가면 삼신행의 틀이 갖춰진다.
중심이 표면과 이면으로 분리되기 때문이다.
2선정에 들어가면 중심의 표면으로 일치를 이루고 이면으로 제도하면서 삼신행을 한다.
표면으로 일치된 현상은 화신행으로 삼는다.
일치된 현상을 그대로 느끼면서 이면으로 비춰주는 것이 이때의 화신행이다.
일치된 현상에 대해서 좋고 나쁨이 없고 집착하거나 거부해서도 안 된다.
이면의 관여되지 않는 자리를 비춰보는 것으로 법신행을 삼는다.

중심의 편안함으로 이면에 세워진 관여되지 않는 자리를 비춰본다.

일치된 현상을 활용하면서 보신행을 이룬다.

교화의 방편으로 활용하고 조화를 성취하는 근거로 활용한다.

조화를 통해 나와 경계가 함께 원만해진다.

3선정에서는 삼신의 일을 할 수가 없다.

중심이 철벽을 이루고 표면과 이면이 닫혀있기 때문이다.

4선정에서는 무심으로 화신행을 하고 본성으로 법신행을 한다.

조화의 성취로써 보신행을 한다.

중심에서 무심이 세워지고 머릿골 속에서 무념이 세워져서 서로를 비추는 상태가 본성의 상태이다. 경계를 인식할 때 머리와 가슴사이에 간극으로 비춰주는 것도 법신행이다.

4선정의 무심처는 텅 비워진 공간감과 관여되지 않는 자리의 느낌이 합쳐진 상태이다. 이 상태에서는 광범위한 일치가 일어난다.

개인의 업식 뿐만이 아니고 특정 공간의 업식이나 다른 세계의 업식도 공유된다.

때문에 4선정의 화신행은 다양한 생명의 면모를 체득할 기회가 된다.

그 상태에서는 물소리도 부처님, 새소리도 부처님, 바람소리도 부처님이다.

5선정에서는 본성이 주체가 되어서 자기 감정과 의식을 제도한다.

이 과정을 공무변처정(空無邊處定)이라 한다.

본성의 상태에 머물러서 무념 무심을 관하고 밝은성품이 일으키는 변화를 관찰하는 것이 이때의 법신행이다.

일치된 현상과 일치된 감정을 본성으로 비추어서 제도하는 것이 화신행이다.

인식된 경계는 허공해탈하고 일어난 감정을 금강해탈하는 것이 보신행이다.

허공해탈이란 경계의 원만함을 갖춰주는 행위이다.

본성과 계합하므로 경계가 원만해진다.

창조적 행위로써 경계가 원만해진다.

자기 본성으로 경계를 비춰주면 그것만으로도 원만함을 이룬 것이다.

여기에서 한 발짝 더 나아가서 경계의 가치성을 극대화해 주면 더 큰 원만함을 이룬 것이다. 경계의 가치를 창출하기 위해서 행해야 할 것이 창조적 발상과 설계이다. 발상과 설계가 끝나면 본성으로 비추어 준다.

금강해탈(金剛解脫)이란 의식과 감정이 가진 습성을 본성을 통해 제도해 주는 것이다.

5선정에서는 의식의 추업과 감정을 제도한다.

추업이란 거친 업을 말한다.

의식의 거친 업들은 집착과 욕심이다.

감정이 일어나면 그 감정에 머물러서 감정이 일어난 경로를 비춰 본다.

슬픔이 일어나면 심폐의 상태를 비춰보고 심폐를 수축시킨 원인을 살펴본다.

슬픔의 원인이 드러나면 본성으로 비춰준다.

자율신경의 문제면 자율신경을 자극해서 비춰주고 가슴 신경이나 가로막 신경의 문제라면 그 부위를 자극해서 비춰준다.

살갖 수행이나 뇌척수로 수행을 해본 사람은 손가락의 굴곡을 통해서 해당 장부와 신경을 자극한다.

그러면서 인식되는 현상들을 본성으로 비춰준다.

의식의 추업이 일어날 때도 같은 방법으로 관찰하고 제도한다.

허공해탈로 밖의 경계를 제도하고 금강해탈로 안의 경계를 제도하다 보면 의식과 감정이 본성으로 전환된다.

6선정에서는 의식의 습성을 제도하면서 허공해탈과 금강해탈을 행한다.

이 과정을 식무변처정(識無邊處定)이라 한다.

공무변처정에서 의식의 추업을 제도한 사람은 이 과정에서는 의식의 세업을 제도한다. 세업이란 미세한 업식을 말한다. 의식의 세업은 생각이다. 특히 의도하지 않는 생각이 무작위로 떠오르는 것이 의식의 세업이다. 막관(膜觀)을 해본 사람은 신경 억제를 통해 무념 상태를 조장하기 때문에 생각을 관찰하기가 쉽다. 생각이 떠오르면 그 생각을 본성으로 비춰준다. 그런 다음 생각이 일어나는 경로를 살펴본다.

8식을 활용하는 사람은 8식의 틀에서 표출된 정보가 7식과 6식의 틀을 지나 생각으로 조합되고 연계되는 과정을 인식할 수 있다.

그 경로를 들여다보면서 본성으로 비춰준다.

생각이 비워진 자리를 느껴보면 텅 빈 공간이 감각으로 인식된다.

그렇게 되면 금강해탈이 이루어진 것이다.

식무변처정에서 법신행은 본성에 머물러서 밝은성품을 함께 인식하는 것이다.

화신행은 생각이 일어나는 경로를 본성으로 씻어주는 것이다.

보신행은 의도한 대로 생각을 떠올리고 조화를 창출하기 위해 사유를 행하는 것이다.

7선정에서는 의식과 감정, 의지를 본성과 분리시키는 것을 목적으로 삼는다. 때문에 경계를 놓고서도 별도의 의도를 갖지 않는다.

7선정에서 법신행은 '무소구행'이다.

무소구행(無所求行)이란 오로지 본성의 상태에 머물 뿐 따로 경계를 취하지 않는 것을 말한다. 무념 무심과 밝은성품에 몰입해서 자기 심, 식, 의 조차도 인식의 대상으로 삼지 않는 것이 무소구행이다.

7선정에서 화신행은 의식 감정 의지를 본성과 분리하는 것이다.

본성과 분리된 심, 식, 의는 나가 아닌 다른 존재처럼 느껴진다. 의식, 감정, 의지를 분리한 다음 남을 보듯이 지켜보는 것이 이때의 화신행이다.

7선정을 무소유처정(無所有處定)이라 한다.

의식 감정 의지조차도 소유하지 않는 것이 무소유이다.

7선정에서의 보신행은 분리된 생멸심이 '칭법행'을 이루도록 하는 것이다.

칭법행(稱法行)이란 존재 목적에 입각해서 쓰이되 자기와 상대 그리고 주변이 이익되도록 하는 것이다. '진면목에 입각해서 쓴다. 또는 하화 중생한다'라는 말은 칭법행을 표현한 것이다.

반야해탈의 세 단계 중에 두 번째 단계에서 칭법행을 행한다.

7선정의 무소유처정이 반야해탈도의 과정이다.

본성이 인식의 주체가 되는 것이 반야해탈의 첫 번째 단계이다.

본성 각성 밝은성품과 의식 감정 의지가 서로 분리되는 것이 반야해탈의 두 번째 단계이다.

의식, 감정, 의지가 인식의 대상이 아닌 상태가 반야해탈의 세 번째 단계이다. 반야해탈의 두 번째 단계에서는 의식 감정 의지가 알아서 몸 살림을 한다.

이 과정의 공부가 생멸심을 벗어나서 진여심을 얻는 것에 목적을 두기 때문에 심, 식, 의의 일을 중요하게 생각하지 않는다. 때문에 칭법행을 소홀히 하게 된다.

반야해탈의 세 번째 단계로 나아가는 것은 잠시 미뤄 두고 두 번째 단계에 머물러서 칭법행을 하는 것에 매진해야 한다. 이 과정이 충실하게 이루어지면 보살도 과정에서 이루어지는 보신행이 좀 더 수월하게 이루어질 수 있다.

생멸심의 습성은 이기적인 것에 맞추어져 있다. 그런 이기심을 제도해서 이타심으로 바꿔가는 것이 칭법행의 시작이다.

상대를 이롭게 하려면 상대의 존재 목적을 알아야 한다.

주변을 이롭게 하는 것도 마찬가지이다.

존재 목적에 입각해서 서로 간에 조화를 창출하게 하는데 나의 심식의가 쓰여지면 보신행이 이루어진 것이다.

자기 심식의를 이렇게 길들여서 심식의를 분리시킨 이후에도 알아서 칭법행을 하게 되면 그 자체만으로도 하화중생한 것이다.

8선정의 비상비비상처정(非想非非想處定)에서는 본성과 밝은 성품을 활용해서 몸을 이루고 있는 세포 생명을 제도한다.

이 과정에서는 사륜삼매(四輪三昧)를 활용한 자기 제도가 이루어진다.

사륜이란 풍륜, 지륜, 수륜, 화륜을 말한다.

세포 생명을 이루고 있는 물질의 성분이 바로 사륜이다.

사륜삼매를 익히게 되면 지, 수, 화, 풍 사대와 교류할 수 있는 역량이 생긴다.

8선정에서의 법신행은 본성의 상태를 유지하면서 자기 밝은성품을 교류하고자 하는 대상까지 펼쳐 놓는 것이다. 몸밖의 사대와 교류하고자 할 때는 그 대상까지 자기 밝은성품을 펼치고 몸 안의 사대와 교류할 때는 원하는 부위에 밝은성품을 집중하고 사대의 형질을 분리해서 인식한다.

8선정에서의 화신행은 사대를 이루고 있는 원신의 표상을 중심으로 일치시켜 주는 것이다. 사대는 무정의 원신이다.

무정은 주체 의식이 한 개이다.

무정의 원신은 12연기를 거치면서 공간 상태가 변화한다.

그 결과로 생겨난 것이 사대이다.

사대의 공간은 그 공간을 지배하는 원신이 있다.

각 공간마다 원신의 형상이 다르다.

사대공간의 원신들은 '체백'으로 이루어진 몸을 갖고 있다.

체백(體魄)이란 생명정보를 내장하고 있는 물질 입자가 미생물로 변화된 것이다.

사대공간의 바탕 매질은 전자기 에너지다.

전자기 공간을 이루고 있는 전자들이 나선 운동을 하면 나선 운동의 끝점으로 체백들이 모여든다. 이때 모여든 체백들은 지, 수, 화, 풍의 공간 상태에 따라서 서로 다른 형상을 갖게 된다. 체백은 스스로 발광을 한다. 광자를 먹이로 삼기 때문이다.

사대공간을 이루고 있는 체백들은 발광하는 형태와 색깔이 서로 다른 모습을 하고 있다. 그 모습을 사대의 표상이라 한다.

땅의 표상은 황색이다.

바람의 표상은 녹색이다.

불의 표상은 백색이다.

물의 표상은 푸른색이다.

각각의 표상을 중심으로 일치시키고 무심으로 비춰준다.

이것이 8선정의 화신행이다.

화신행이 이루어지면서 세포 순화가 이루어진다.

세포가 순화되면 세포성이 사라지고 공간성만 남아있다.

이렇게 되면 화신행이 성취된 것이다.

8선정에서 보신행은 사대를 임의롭게 조절하고 활용하는 것이다. 그렇게 되면 공간의 제약을 받지 않고 어느 공간에서든지 자유롭게 살수 있다.

마하가섭은 계족산을 열고 들어가서 벽지불이 되었다.

고려의 승려 광덕은 백일동안 우물물 속에 들어앉아서 깨달음을 얻었다.

이런 등등의 사례들이 8선정의 보신행이다.

9선정의 삼신행은 아라한행과 보살행으로 나누어진다.

아라한(阿羅漢)은 생멸심을 분리한 자며 사대를 제도한 자이고 육도윤회계를 초월한 존재이다. 아라한은 진여의 본신을 성취한 사람이다.

아라한은 번뇌가 없다.

아라한은 생멸심과 몸을 활용해서 육도윤회계(六道輪回界)와 교류한다.

전5식을 활용해서 축생계와 교류하고 6식을 활용해서 인간계와 교류하며 7식을 활용해서 아수라계와 아귀계, 지옥계와 교류한다.

8식을 활용해서 천상계와 교류한다.

아라한의 화신행은 육도윤회계와 교류할 때 인식되는 모든 생명들을 본성으로 비춰주는 것이다. 아라한의 보신행은 교류하는 모든 생명들에게 각성을 갖추도록 이끌어 주는 것이다. 아라한의 법신행은 두 가지 관점으로 행해진다.

하나는 멸진정에 들어가는 것이다. 멸진정(滅盡定)이란 심식의를 분리하지 않은 상태에서 본성의 간극으로 몰입된 상태이다. 이 상태에서는 간극에 머물러서 무념과 무심의 상태를 쌍차쌍조한다. 심식의는 인식의 대상으로 삼지 않는다.

하지만 심식의가 사라진 것이 아니다.

멸진정에서 깨어나면 심식의가 다시 활동한다.

아라한의 법신행 중 또 한 가지 관점은 보살도(菩薩道)로 나아가는 것이다.
그러려면 심식의를 분리하고 상수멸정에 들어가야 한다.
상수멸정(想受滅定)이란 심, 식, 의를 분리한 상태에서 진여심에 머무는 것이다.
본성 각성 밝은성품이 서로를 비추는 상태에 머물러서 쌍차쌍조 하는 것이 상수멸정의 상태이다.

보살도에서 삼신행은 삼무상을 실현하면서 이루어진다.
이때 삼무상의 근거가 되는 것이 중심의 표면에서 인식되는 생멸심이다.
생멸문에 분리해놓은 자기 심식의가 일치되어 드러난 생멸심은 강한 그리움을 내포하고 있다. 때문에 중심의 표면에서만 느껴지는 것이 아니고 깊숙한 심부까지 파고들어온다. 이 상황을 놓고 중무상과 가무상, 공무상이 이루어진다.
중무상은 중심의 심부까지 파고들어온 생멸심을 이면에 세워진 진여심을 통해 제도하는 것이다. 생멸심이 중심의 심부를 자극하면 중심의 편안함이 훼손된다.
보살의 중심에서 감정이 일어나는 것이다.
이때 그렇게 드러난 감정을 이면에 세워진 진여심으로 비춰준다.
감정이 씻어지고 편안함을 회복하면 중무상을 이룬 것이다.
중무상을 이룬 것이 화신행을 성취한 것이다.
표면으로 일치된 생멸심을 통해 생멸문에 남아있는 심식의의 본체와 연결하고 그가 가진 그리움을 제도해 주는 것이 가무상을 이루는 것이다.
이때 두 가지 방법이 쓰인다.

첫째는 사무애법이다.

둘째는 이무애법이다.

사무애(事無碍)란 하나하나의 경계를 각각의 방법으로 제도하는 법이다.

보살이 자기 생멸심을 제도의 대상으로 삼았을 때 한 가지씩 제도해 가는 것이 사무애법이다. 사무애는 일치된 현상을 근거로 행해진다.

사무애가 행해질 때는 여러 가지 방편이 쓰인다.

화신이 쓰여지기도 하고 본신이 쓰이기도 한다.

화신의 경우는 보살의 의도로 창조된 상념체가 쓰인다.

원효와 파랑새 이야기 같은 경우가 화신이 나투어서 사무애를 한 경우이다.

본신의 경우는 보살 원신이 직접 나투어서 사무애를 한다.

정혜 거사와 수덕 각시 이야기가 본신 나툼 사무애의 사례이다.

이무애(理無碍)란 보살의 본성으로 생멸심의 본체를 비춰주는 것이다.

따로따로 생멸심과 교류하지 않고 생멸심 전체를 본성으로 비추어서 제도한다.

이 경우에는 보살이 자기 생멸심에 대한 그리움을 의도적으로 일으켜서 제도행을 한다. 대부분은 사무애가 먼저 행해지고 이무애가 나중 행해진다.

사무애와 이무애를 통해 가무상이 행해진 때가 보신행이 성취된 것이다.

보살도의 공무상은 중무상과 가무상이 이루어질 때에 진여심을 놓치지 않는 것이다. 이 과정에서는 본성의 간극을 주시하는 각성을 투철하게 유지하는 것이 중요하다. 이무애가 행해질 때 생멸심의 본체를 간극으로 비춰주면 생멸심의 제도가 훨씬 더 수월하게 이루어지기 때문이다.

공무상을 행하는 것이 법신행을 이루는 것이다.

보살도의 과정에서 삼신행이 이루어질 때 초지에서 7지까지는 퇴전이 있다.

즉 나아가기도 하고 물러서기도 한다는 말이다.

열반상에 빠진 보살은 처음부터 삼신행을 이루지 못한다.

2지 단계에 들어간 보살부터 삼신행을 할 수가 있다.

자기 생멸심의 원인이 되었던 다른 존재로부터 오는 그리움은 중심의 심부까지 파고들어오지 않는다. 때문에 중무상의 과정이 필요치 않다.

중심의 편안함을 유지하는 것으로 화신행을 삼는다.

중심의 표면으로 일치된 생멸심을 근거로 해서 생멸심을 일으킨 대상을 제도한다.

사무애를 행하더라도 화신이나 본신을 활용하지 않고 연결을 통해 제도한다.

중심으로 그리움을 일으켜서 대상과 연결하고 본성으로 비추어서 제도한다.

표면으로 일치되었던 생멸심이 편안함으로 돌아가면 가무상이 이루어진 것이다.

자기 생멸신도 그리움을 일으켜서 일치를 이루고 같은 방법으로 제도한다. 보신행이 이루어진 것이다.

보신행이 이루어지면 이면의 진여에 머물러서 쌍차쌍조를 행한다.

공무상이 이루어지고 법신행이 성취된 것이다.

진여신을 이루고 나서도 자기 생멸신의 원인이 되었던 의식,

감정, 의지를 저버리지 않고 제도의 대상으로 삼아야 한다.

진여심만을 가지고서는 일불승이 이루어지지 않는다.

생멸심을 제도해서 원만보신과 천백억화신의 역량을 갖추어야
만 비로소 불의 경지를 이룰 수 있다.

제12강 반야심경

12연기 무행 - 역무행진　十二緣起　無行　亦無行盡

무행(無行)은 행에 무하라는 뜻이다.

행은 크게 두 단계로 나누어진다.

첫 번째 단계는 각성이 의지로 전환된 상태이다.

두 번째 단계는 물질 입자가 생성되는 단계이다.

무행이란 다시 각성을 회복하란 말이다.

자시무명에 빠졌던 여래장이 무위각을 회복하면 진여문이 된다.

이때 어느 단계에서 진여문으로 돌아갔느냐에 따라 역무행진의 과정이 달라진다.

첫 번째 단계에서 진여문으로 돌아갔으면 생멸문이 존재하지 않는다.

때문에 역무행진의 과정에서 생멸문의 제도가 필요하지 않다.

이런 경우에는 밝은성품이 부딪치면서 생겨난 유의 공간을 불공여래장으로 전환해서 일심법계를 이룬다.

만약 명의 행이 이루어지는 경우라면 불(佛)의 목적에 따라 본연연기가 진행될 수도 있다.

두 번째 단계에서 진여문으로 돌아갔으면 생멸문의 제도가 필요하다.

이 과정에서는 원초신의 식의 틀이 갖춰져 있기 때문이다.

원초신을 제도하면서 역무행진하는 것은 보살도 10지과정의 공법이 쓰이지 않는다. 등각도의 두 가지 공법이 쓰인다.

등각도의 첫 번째 공법은 진여보살의 밝은성품으로 생멸문 전체를 감싸는 것이다.

그 상태에서 생멸문을 이루고 있는 심식의(心識意)의 모든 정보들을 자기 본성에 입각해서 제도한다. 행의 두 번째 과정에서는 식을 이루는 기본 정보는 형성되어 있지만, 아직 심의 정보는 형성되지 않은 상태이다. 식을 이루는 기본 정보도 세 종류 물질 입자에 대한 긍정과 부정으로 형성된 여섯 종류일 뿐 복잡한 구조를 갖고 있지 않다.

때문에 이 과정이 복잡하게 진행되지 않는다.

진여보살의 본성으로 제도된 원초신의 생멸심은 그대로 불공여래장이 되어 진여문과 한 자리를 이룬다.

이 상태가 되었을 때 등각도의 두 번째 과정이 진행된다.

진여문의 공여래장과 생멸문의 불공여래장이 불이문(不二門)을 이루었으면 불이문의 간극에 각성을 집중한다.

그 상태를 지속하다 보면 밝은성품이 확장되면서 일심법계가 형성된다.

하지만 아직까지 묘각도(妙覺道)가 이루어진 것은 아니다.

스스로의 일심법계는 이루었지만 불세계의 일원이 되지 못했기 때문이다.

묘각도가 이루어지려면 본불(本佛)의 영접을 받아야 한다.

불이문의 경지는 등각도의 두 번째 단계나 묘각도의 단계나 차이가 없다.

하지만 묘각도로 들어가려면 본불과의 교류가 이루어져야 한다.

본불과의 교류는 등각보살 스스로가 결정하지 못한다.

오로지 본불에게 결정권이 있다.

본불의 초대가 있을 때까지 등각보살은 기다려야 한다.

12연기가 진행된 후 견성오도, 해탈도, 보살도를 거쳐서 등각을 이룬 보살은 심식의를 이루었던 모든 정보를 제도한 다음에야 등각도의 두 번째 단계에 들어갈 수 있다. 이 과정에서 쓰이는 것이 사사무애법(事事無碍法)과 이사무애법(理事無礙法)이다.

법화경에는 등각보살이 보현보살의 이끎을 받아서 불세계로 들어가는 장면에 대해 묘사되어 있다.
불세계로 들어간 등각보살은 묘각도를 이룬 것이다.
佛을 이룬 묘각보살은 향수해에 떠 있는 연꽃의 한 잎이 되어
불세계를 장엄하게 한다.

행이 진행되는 과정을 상세하게 들여다보면서 무행하는 방법
에 대해 알아보자.

여래장의 파동이 똑같이 반복되면 이때가 무의 상태이다.
그러다가 파동에 변화가 일어나면 유의 상태가 된다.
현대 물리학의 관점에서 보면 빅뱅이 일어난 것이다.
현대 과학은 빅뱅의 원인에 대해 논리적 근거를 제시하지 못
한다.
일률적인 진동이 지속되다가 변화를 일으킨 원인을 유추하지
못하기 때문이다.
에너지나 물질의 관계성만을 가지고 공간 변화의 원인을 찾으
려고 하면 논리적 한계에 부딪친다.
하지만 생명성의 변화를 원인으로 두고 공간 변화를 들여다보
면 논리적 근거를 찾을 수 있다.

의식, 감정, 의지 중에 의지가 먼저 생겼다.
의지의 지각성이 식이 형성된 원인이다.
의지가 첫 번째 나타난 생멸심이다.
행의 과정에서 두 가지 변화가 일어난다.

의지의 발현과 물질 입자의 출현이 그것이다.

무념 무심의 간극에서 밝은성품 에너지가 생성된다.

각성이 밝은성품을 소비하지 못하면 밝은성품 공간이 점점 확장된다.

이 과정에서 먼저 생성된 에너지와 나중 생성된 에너지가 작용의 대상이 된다.

동질의 에너지가 서로 작용의 대상이 되면 작용점의 거리에 따라서 미는 힘과 당기는 힘이 생겨난다.

미는 힘을 마이너스라 하고 당기는 힘을 플러스라 한다.

변화되지 않은 밝은성품 에너지를 중간힘이라 한다.

동질의 힘이 작용해서 미는 힘과 당기는 힘이 생겨날 때 마이너스와 플러스 사이에 중간힘이 존재한다.

미는 힘과 중간 힘은 친하지 않다.

미는 힘과 당기는 힘은 서로 친하다.

당기는 힘과 중간 힘은 서로 친하다.

당기는 힘이 미는 힘과 중간 힘 사이에 끼어 있으면 양쪽으로 두 종류 힘을 거느리게 된다. 중간 힘이 양쪽으로 미는 힘과 당기는 힘을 끼고 있으면 중간 힘과 당기는 힘은 붙어있게 되고 미는 힘은 떨어져 있게 된다.

미는 힘이 중간에 위치하고 당기는 힘과 중간 힘이 좌우로 배치되면 당기는 힘과 미는 힘은 붙어있게 되고 중간 힘은 떨어져 있게 된다.

여기서 잠깐 에너지와 힘에 대한 차이에 관해 설명해 보자.

에너지는 생성 원인이 간극(間隙)이다.

서로 다른 형질의 인자가 간극을 두고 대치되면 간극장이 형성된다.

간극장이 형성되면 흐름이 생겨난다.

이때의 흐름은 서로 다른 인자가 같아지기 위한 변화를 일으키는 것이다.

무념 무심을 예로 들어보자.

무념 무심은 서로 다른 느낌이다.

무념은 공간이 비워진 느낌이고 무심은 감정이 쉬어진 느낌이다.

다른 표현으로 하면 적과 정이다.

이 두 가지 감각이 한자리를 이루면 적은 정이 되고자 하는 흐름이 생기고 정은 적이 되고자 하는 흐름이 생긴다.

자연에서는 불안정한 것과 안정된 것이 대치되면 불안정한 것이 안정된 것으로 변화하는 흐름이 생긴다.

바람도 그렇게 해서 생겨나고 물의 흐름도 그런 원리로 생겨난다.

적과 정의 흐름에서 생겨나는 것은 밝은성품 에너지이다.

높은 온도에서 낮은 온도로 기류가 이동하면서 생겨나는 것은 바람 에너지이다.

에너지는 공간을 이루는 장으로 존재한다.

힘은 에너지와 에너지가 작용의 대상이 되었을 때 생겨나는 산물이다.

에너지가 흐를 때도 힘이 생겨나고 에너지와 에너지가 부딪칠 때도 힘이 생겨난다. 힘의 역학 관계가 극명하게 구현된 것이 물질 입자 구조이다.

특히 원자구조 안에서 세 종류 힘에 의한 역학 관계가 극명하게 조성되어 있다.

원자구조 안에서 양성자와 전자는 서로 친하다.

양성자는 당기는 힘 두 개와 중간 힘 한 개가 결합해서 생겨났다.

전자는 미는 힘 한 개로 이루어져 있다.

중성자는 중간 힘 두 개와 당기는 힘 한 개가 결합해서 생겨났다.

양성자와 중성자는 당기는 힘과 미는 힘의 결합으로 결속을 이루고 있고, 양성자끼리는 중간 힘을 매개로 결속을 이루고 있다. 중성자끼리는 당기는 힘을 매개로 결속되어 있다. 양성자는 전자와 원자핵을 양쪽에 끼고 있다.

양성자와 전자는 약 67% 당기고, 33% 미는 관계를 갖고 있다. 양성자와 원자핵 간에는 67% 당기고, 33% 미는 힘의 관계를 갖고 있다.

원자핵의 내부에서 중간 힘이 생성된다.

중성자는 전자와도 약 63% 미는 관계를 갖고 있고, 원자핵과도 약 63% 미는 관계를 갖고 있다. 나머지 37%는 양쪽으로 당기는 관계를 갖고 있다.

원자핵과 전자는 100% 미는 관계를 갖고 있다.

중성자와 양성자, 전자와 원자핵 간에 작용하는 이와 같은 힘의 관계로 인해 원자구조가 유지된다.

중간 힘과 전자 간에 작용하는 미는 힘은 전자가 진동하는 원인이 된다.

그 결과로 전자기 에너지가 생성된다.

양성자와 전자 간에 작용하는 당기는 힘은 전압을 만드는 원인이 된다. 원자핵과 전자 간에 작용하는 미는 힘은 전류를 만들어내는 원인이 된다.

현대 과학은 전자를 밀어내는 중간 힘의 정체를 모른다.

왜 전자가 양성자와 결합해서 붕괴하지 않는지 그 원인을 찾아내지 못했다. 양성자를 이루고 있는 동질의 쿼크가 서로 결속되어 있는 이유도 모른다. 원자 모델을 놓고서는 아직도 연구해야 할 부분이 많다.

우리 민족의 전통사상에서도 삼극론(三極論)을 말한다.

'일시무시일 석삼극 무진본(一始無始一 析三極 無盡本)'이 바로 그 표현이다. '하나는 無에서부터 비롯되었고 無는 하나 속에 있다. 삼극으로 나누어져도 생명의 근본은 다함이 없다'. 이때의 그 하나라고 하는 것이 밝은성품 에너지다.

밝은성품 에너지는 無에서부터 생겨났고 밝은성품 에너지가 변화해서 세 개의 힘으로 나타난다.

행의 과정이 '明'을 바탕으로 이루어지면 창조주의 의도대로 밝은성품의 부딪침을 제어하면서 본연연기가 진행된다.

하지만 무명을 바탕으로 자연연기가 진행되면 밝은성품의 부딪침이 제어되지 못한다. 이 상태에서 각성은 밝은성품이 부딪치면서 일으키는 변화를 주시하고 있을 뿐이다.

각성이 밝은성품에 치중한 것은 기쁨을 취했기 때문이다.

밝은성품이 가진 형질이 기쁨과 착함, 뿌듯함이기 때문에 그것을 즐기면서 본성을 보는 것을 놓아버린 것이다.

밝은성품 간에 부딪침이 일어나면 기쁨과 뿌듯함이 점점 더 커진다.

때문에 밝은성품이 부딪쳐서 변화를 일으킬 때는 각성의 집중도가 더 커진다.

밝은성품이 미는 힘과 당기는 힘으로 나눠지고 세 종류의 에너지가 특정한 패턴을 가지고 공존하는 상태를 각성은 명백하게 느끼면서 지각하고 있다.

이 과정을 통해 각성이 의지로 전환된다.

의지와 각성의 다른 점은 의지는 분별성이 있다는 것이다.

좋다. 나쁘다. 하는 분별성은 의지의 것이다.

각성은 차별을 인식하되 좋고 나쁨을 일으키지 않는다.

즉 지각하되 긍정과 부정을 일으키지 않는 것이다.

각성이 밝은성품에 치중한 것은 유위각으로 전환된 것이지 의지로 전환된 것은 아니다.

각성이 의지로 전환된 것은 밝은성품이 부딪치면서 일으킨 변화를 지각하면서 이루어졌다. 밝은성품의 부딪침이 연계되면서 나타나는 기쁨과 뿌듯함은 처음 느낌보다 훨씬 더 강렬했다. 이 상태를 지각한 뒤 점점 더 큰 기쁨을 탐하게 되면서 비교와 분별성이 생겨났다.

각성이 의지로 전환되고 나서 여래장의 고유진동수에 변화가 일어난다.
여래장의 상태에서는 고유진동수가 0, 1, 2이다.
여래장은 0과 1과 2로써 무(無)의 상태를 유지한다.
본성이 0이고 각성이 1이다. 밝은성품이 2이다.
밝은성품이 부딪쳐서 생겨난 미는 힘과 당기는 힘은 3이다.
각성이 의지로 전환된 것이 4이다.
물질 입자가 생겨 나는 것이 5이다.

0, 1, 2는 무(無)의 고유진동수이다. 3부터 유(有)가 시작된다.
고유진동수를 일으키는 각각의 요인은 정보이다.
무를 이루는 0, 1, 2를 근본 정보라 한다.
유를 이루는 3, 4 이상의 정보를 생멸 정보라 한다.
근본 정보를 지각하는 것이 무위각이다.
생멸 정보를 지각하는 것이 유위각이다.
자시무명의 상태에서는 근본 정보와 생멸 정보의 인식이 함께 이루어질 수 있다.
하지만 미시무명의 상태에서는 근본 정보의 인식이 이루어지지 못한다.
의지는 생멸 정보를 인식할 뿐 근본 정보를 지각하지 못한다.
의지가 생멸 정보를 지각하면서 정보가 누적된다.
이렇게 누적된 정보를 의업(意業)이라 한다.
의업이 쌓여서 식(識)이 된다.
당기는 힘과 중간 힘, 미는 힘이 생겨나고부터 여래장 안에는 생멸 공간이 생겨나게 된다. 생멸 공간은 당기는 힘이 테두리가 되고 중간 힘이 중심부를 이루며 미는 힘이 중간대를 차지하고 있다.

생멸 공간과 여래장 공간의 다른 점이 있다.

그것이 바로 공간을 이루고 있는 바탕 매질의 차이이다.

생멸 공간은 당기는 힘과 미는 힘, 중간 힘으로 바탕 매질을 이루고 있다.

여래장 공간은 밝은성품으로 바탕 매질을 이루고 있다.

후에 생멸 공간에 물질 입자가 생기고 나서는 바탕 매질이 전자기 기반으로 바뀌게 된다. 바탕 매질이 서로 다른 생멸 공간과 여래장 공간은 서로 분리된 상태로 공존하고 있다. 여래장 공간의 바탕 위에 생멸 공간이 떠 있는 형태로 공존하는 것이다.

현상 우주와 비교하면 여래장 공간은 우주 공간이고 생멸 공간은 별과 같다.

생멸 공간이 형성되고부터 생멸 공간 안에서는 또 다른 변화들이 촉발된다.

그 변화들로 인해 행의 과정이 연계되고 12연기가 진행된다.

생멸 공간으로 분리되어 생겨난 생멸문은 아직까지는 원초신을 이루는 식의 틀이 갖춰지지 않은 상태이다.

여래장에서 분리된 생멸문은 근본 정보를 내장하고 있다.

때문에 밝은성품이 지속적으로 생성되고 있다.

밝은성품의 생성으로 인해 미는 힘과 당기는 힘도 지속적으로 생성된다.

그렇게 되자 당기는 힘으로 이루어진 테두리도 점점 두터워지게 되고 미는 힘이 차지하는 범위도 점점 더 넓어지게 된다.

이런 과정을 의지가 지각하면 정보가 된다.

생멸 공간 내부에서 세 종류 에너지의 부딪침이 지속해서 일어나자 미는 힘과 당기는 힘이 생성되는 속도가 점점 더 빨라지게 되었다.

밝은성품이 부딪치는 속도에 따라 당기는 힘과 미는 힘의 성향이 달라진다.

에너지의 성향은 물질 입자의 성향을 결정하는 원인이 된다.

한글 체계에서도 행의 과정과 물질 입자의 생성, 식의 출현을 자음으로 표시한다.

ㅇ은 본성을 뜻한다.

ㄱ은 밝은성품의 생성을 표시한다.

ㄴ은 밝은성품의 부딪침을 표시한다.

ㄷ은 본성과의 연결을 표시한다.

ㄹ은 밝은성품과 미는 힘 당기는 힘 간의 순환을 표시한다.

ㅁ은 미는 힘과 당기는 힘이 중첩된 것을 표시한다.

ㅂ은 에너지의 부딪침으로 물질 입자가 생성되는 것을 표시한다.

ㅅ은 물질 입자가 분열된 것을 표시한다.

ㅍ은 물질 입자의 진동을 표시한다.

ㅊ은 물질 입자가 생명 공간을 뚫고 벗어난 것을 표시한다.

ㅈ은 원초신이 여섯 개의 주체 의식으로 틀지어지고 본성을 회복한 것을 표시한다.

각각의 자음과 고유진동수의 변화를 연결해보면 다음과 같다.

0은 ㅇ이다.

1은 ㄱ이다.

2는 ㄴ이다.

3은 ㄹ이다.

4는 ㅁ이다.

5는 ㅂ이다.

6은 ㅅ이다.

7은 ㅍ이다.

8은 ㅊ이다.

9는 ㅈ이다.

한글의 문자 체계는 12연기에서 행이 진행되는 과정을 특정 자음으로 표시했다.

이것을 천부 8음이라 한다.

ㅇ은 본성을 뜻한다.

ㄱ은 여래장의 상태에서 밝은성품이 생성되는 것을 뜻한다.

때문에 ㅇ과 ㄱ은 행의 과정에 포함되지 않는다.

ㄴ은 행의 첫 번째 과정이다. ㄴ에서 세 종류의 에너지가 생겨났다.

리을이 행의 두 번째 과정이다. 세 종류 에너지의 순환을 의미한다.

미음이 행의 세 번째 과정이다. 세 종류 에너지의 중첩을 의미한다.

비읍이 행의 네 번째 과정이다. 물질 입자의 생성을 의미한다.

시옷이 행의 다섯 번째 과정이다. 물질 입자의 분열을 의미한다.

피읖은 행의 여섯 번째 과정이다. 생명 공간 안에서 일어난 물질 입자의 진동을 표시한다.

치읓은 행의 일곱 번째 과정이다. 물질 입자가 생명 공간을 뚫고 벗어나서 물질 공간을 형성한 것을 표시한다.

지읒은 행의 여덟 번째 과정이다. 여섯 가지 주체 의식을 갖춘 원초신의 상태를 표시한 것이다.

이처럼 행의 과정은 여덟 단계로 이루어졌다.

각 단계를 거칠 때마다 생멸문의 고유진동수는 한 단계씩 높아지게 된다.

여래장 상태의 고유진동수를 0으로 하면 식의 틀이 갖추어졌을 때가 8진동이다.

여래장 상태를 2진동으로 하면 식의 틀이 갖추어졌을 때가 10진동이다.

ㅁ의 과정에서 세 종류 에너지가 중첩된 형태는 당기는 힘이 테두리를 이루고 테두리 안쪽으로 중간 힘이 자리해서 미는 힘과 당기는 힘 사이에 간격을 유지하는 구조를 하고 있다. 그런 구조가 생멸 공간 내부에 첩첩이 중첩된 상태이다.

생멸 공간의 중심부에서 밝은성품이 지속적으로 생성되자 미는 힘과의 척력이 커지고 그 결과로 세 종류 에너지 간에 부딪침이 생기게 되었다. 에너지의 부딪침이 일어날 당시 에너지 공간은 양자성을 띠고 있었다. 그렇게 된 것은 의지의 지각성으로 쌓아진 생멸 정보와 근본 정보 때문이다. 행이 진행되고 있는 생멸 공간은 생멸 정보와 근본 정보가 함께 내장되어 있다. 이런 정보들은 각각이 갖고 있는 특정한 파동이 있다. 이것을 '정보 값'이라 한다.

정보가 내장된 에너지 공간은 정보 값으로 인해 요동하면서 응집성을 띠게 된다. 이 과정에서 양자성이 생겨난다.

양자성이란 입자성과 파동성이 공존하는 상태를 말한다.

생멸 정보 중에 높은 고유진동수의 상태에서 유입된 정보는 입자성을 띠고 낮은 고유진동수에서 유입된 정보는 파동성을 띠고 있다.

생멸 공간에 에너지의 부딪침이 일어나자 입자성을 띠고 있던 정보들이 물질화되었다. 이 과정을 통해 세 종류의 물질 입자들이 생겨났다.

물질 입자가 세 종류가 된 것은 세 종류 에너지 공간에 모두 생멸 정보가 내장되어 있었기 때문이다. 이것이 비읍의 과정이다.

물질 입자가 생겨나고부터 생멸 공간은 물질 공간과 생명 공간으로 나뉘게 되었다.

물질 공간은 생멸 공간의 테두리 쪽에 형성되었고 생명 공간은 중심부에 형성되어 있었다. 생명 공간의 형성 원인은 생멸문의 본성에서 생성되는 밝은성품 에너지이다.

물질 공간이 형성된 이후에도 생멸문은 자시무명을 유지하고 있었기 때문에 지속적으로 밝은성품을 생성해내고 있었다.

그렇게 생겨난 밝은성품이 점점 확장되면서 생명 공간이 형성되었다.

물질 입자들은 에너지 상태로 존재할 때의 성향을 그대로 갖고 있다.

그러면서 정보 값에 따른 서로 다른 무게와 형질을 갖고 있다.

물질 입자들이 갖고 있는 이런 상태는 물질 공간에 새로운 장이 형성되는 원인이 되었다. 입자 간에 작용하는 밀고 당기는 성향과 각각이 발산해 내는 파동은 공간의 고유진동수를 높이는 원인이 되었다.

생명 공간은 안정된 상태를 유지하고 물질 공간은 불안정한 상태였다.

그렇게 되자 불안정한 상태의 물질 입자들이 생명 공간 쪽으로 이동하기 시작했다.

물질 입자들이 갖고 있는 서로 다른 성향은 인력과 척력을 만들어 내었다.

같은 극성을 가진 것들끼리는 척력을 만들어내었고 다른 극성이 있는 것들끼리는 인력을 만들어내었다.

인력과 척력으로 공간이 채워지면 중력장이 형성된다.

중력장으로 인해 물질 공간과 생명 공간은 뚜렷하게 구분된 영역을 갖게 되었다.

중력장을 형성하는 물질 입자들은 서로 간에 결속되기도 하고 소멸하기도 한다.

물질 입자의 결속이 이루어질 때는 중간자를 매개로 한다.

이때의 중간자는 세 종류 입자 간에 관계성으로 인해 생겨난다.

세 종류의 중간자가 있다.

여기서부터는 설명을 쉽게 하기 위해 용어를 정리하고 넘어가자.

당기는 힘을 陽성이라 하자.

미는 힘을 陰성이라 하자.

중간 힘을 中성이라 하자.

양성과 양성의 척력으로 생겨난 중간자는 양미라 하자.

음성과 음성의 척력으로 생겨난 중간자는 음미라 하자.

중성과 중성의 척력으로 생겨난 중간자는 중미라 하자.

중간자는 생성의 근본이 되었던 입자와는 반대의 성향을 갖고 있다.

양미는 양성과 친하지 않고 음성과도 친하지 않으며 중성하고 만 친하다.

중미는 중성과 친하지 않고 양성과 친하지 않으며 음성과 친하다.

음미는 음성과 친하지 않고 중성과 친하고 양성과 친하지 않다.

물질 입자간에 인력이 작용할 때 중간자가 매개해 주지 못하면 서로 부딪쳐서 소멸된다. 물질 입자가 소멸되면 다시 에너지로 환원된다.

양미는 중성의 입자를 양쪽으로 껴안는다.

중미는 음성의 입자를 양쪽으로 껴안는다.

음미는 중성의 입자를 양쪽으로 껴안는다.

생명공간으로 이동하는 물질 입자들은 이와 같은 구조로 이루어져 있었다.

밝은성품은 중성을 띠고 있다.

때문에 음성을 띠고 있는 입자는 밝은성품 공간으로 들어오지 못한다.

하지만 음미와 결합된 물질 입자들은 밝은성품 공간으로 들어올 수 있었다.

밝은성품 공간으로 들어오지 못하는 음성 입자들은 생명의 테두리 쪽으로 밀려나 있게 된다. 반면에 양성을 띤 입자는 생명의 중심부 쪽으로 이동해 가게 된다.

중성을 띤 입자는 중간지점에 있게 된다.

음미와 결합된 중성입자들도 밝은성품 공간으로 들어오게 된다.

생명 공간의 중심부로 들어온 물질 입자들은 안정된 공간에 적응하기 위해 분열하게 된다. 생명의 중심부는 본성의 영역이다. 때문에 고유진동수가 2 이다.

반면에 물질 입자의 고유진동수는 8이다.

중심부로 접근한 물질 입자들은 중심부의 고유진동수와 근접해질 때까지 분열한다.

이 과정을 ㅅ이라 한다.

물질 입자가 분열하면서 에너지를 방출한다.

이 과정을 통해 생명 공간의 중심부에 엄청난 에너지가 누적된다.

에너지가 정도 이상 누적되었을 때 에너지의 방출이 일어난다.

에너지는 높은 곳에서부터 낮은 곳으로 방출된다.

중심부 에너지값이 테두리의 에너지값보다 정도 이상 높아졌을 때 테두리 쪽으로 에너지의 방출이 일어났다. 이때 물질 입자들도 함께 튕겨지면서 생멸 공간의 테두리에 부딪치게 되었다.

중심부의 에너지가 테두리 쪽으로 방출되면 테두리쪽의 에너지값이 높아진다.

그렇게 되면 다시 중심부 쪽으로 에너지가 이동한다.

이 과정이 반복되면서 물질 입자의 진동이 생겨났다.

생멸문의 틀 안에서 물질 입자가 진동한 것을 ㅍ이라 한다.

ㅍ과 ㅅ의 과정을 거친 물질 입자들은 처음 생성될 때와는 다른 형태를 갖게 되었다. 분열하고 결합하면서 복잡한 형태를 띠고 있었는데 공간의 고유진동수에 즉각적으로 반응할 수 있는 구조를 갖고 있었다.

이런 과정을 의지가 지각하면서 식의 정보가 점점 더 많아진다.

이때 의지는 세 종류 물질 입자에 대해 긍정성과 부정성을 일으켰다.

물질 입자들이 갖고 있는 거친 파동성이 본성의 안정을 훼손하는 것에 대해서 분별을 일으킨 것이다.

의지가 일으킨 분별로 인해 지각적 선택이 시작되었다.

이로 인해 생멸문은 여섯 가지로 이루어진 주체 의식의 틀을 갖게 되었다. 여섯 가지 식의 틀은 세 종류의 물질 입자에 대한 긍정과 부정으로 생겨났다.

미는 힘에 대한 긍정, 미는 힘에 대한 부정, 당기는 힘에 대한 긍정, 당기는 힘에 대한 부정, 중간 힘에 대한 긍정, 중간 힘에 대한 부정이 그것이다.

물질 입자에 대한 지각적 선택은 에너지 생성 과정에도 영향을 미쳤다.

지각적 선택 이전에는 밝은성품이 생성되면 먼저 생성된 밝은성품과 나중 생성된 밝은성품이 서로 부딪치면서 양성과 음성의 에너지가 생겨났다.

하지만 지각적 선택 이후에는 긍정성을 일으키면 양성의 에너지가 생겨났고 부정성을 일으키면 음성의 에너지가 생겨났다.

이렇게 생겨난 양성의 에너지는 생멸 공간의 테두리에 합쳐지면서 테두리의 두께를 두텁게 하는 역할을 하게 되었다.

반면에 음에너지는 생멸 공간 내부에 특정한 경로를 형성하면서 밝은성품 에너지와 미는 힘의 관계를 유지하고 있었다.

물질 입자의 진동이 반복될수록 입자의 분열이 가속화되고 그러므로서 생멸 공간 안에 에너지의 양이 점점 더 많아지게 되었다.
에너지의 증가는 에너지의 이동 빈도를 높여주고 그에 따라 물질 입자의 진동속도도 빨라지게 되었다.
물질 입자의 진동속도가 정도 이상 빨라졌을 때 의지는 혼란에 빠진다. 더 이상 지각적 의도를 할 수 없게 되었기 때문이다. 그 상태를 '혼돈(混沌)'이라 부른다.
의지가 혼돈에 빠진 이후부터 물질 입자의 진동은 더욱더 가속화된다.
또한, 지각적 선택으로 만들어지던 음성과 양성의 에너지도 생성이 중단되었다.
의지가 혼돈에 빠졌을 때도 본성의 상태는 지속되고 있었다.
다만 이 상태에서는 의지가 본성을 인식하지 못한다.
이것이 처음 시작된 미시무명의 상태이다.
본성을 인식할 수 있는 무위각이 완전하게 망각된 상태가 혼돈으로부터 시작되었다. 12연기가 진행될수록 생명은 심, 식, 의의 혼재로 야기된 혼돈으로 인해 미시무명에 빠지게 된다.
혼돈의 상태에서도 밝은성품은 계속해서 생성된다.
이때 생성된 밝은성품은 음성과 양성, 중성을 가진 물질 입자들과 부딪치면서 생멸장의 압력이 높아지도록 하는 원인이 되었다.

혼돈이 시작되고부터 긍정적 지각으로 생성되던 양성 에너지가 중단되자 생멸공간의 테두리는 점차 얇아지게 되었다.

이런 상태에서 생멸 공간 내부의 압력이 높아지고 물질 입자의 진동속도가 빨라지면서 '상전이'가 일어났다.

상전이란 특정 공간이 똑같은 형태로 부풀어 나는 현상을 말한다.

행의 과정을 거치면서 생멸 공간은 수많은 상전이를 일으켰다. 그 결과로 처음 형성될 때 보다 월등하게 넓은 공간을 갖게 되었다.

상전이가 반복적으로 일어나더라도 생멸 공간의 압력은 점점 높아졌다. 그러다가 어느 시점에 이르러서는 진동하는 물질 입자들이 생멸문의 틀을 뚫고 벗어나게 되었다.

이로써 생멸문의 외부에 물질 공간이 생겨나게 되었다.

이 과정을 ㅊ이라 한다.

ㅊ이 있고 나서 생명은 다시 자시무명의 상태를 회복한다.

이 상태를 ㅇ이라 한다.

여섯 가지로 차원화된 식의 틀을 갖게 된 것을 ㅈ이라 한다.

일러서 '식(識)'이라고 부른다.

각성이 의지로 전환된 이후 의지가 발현시킨 지각적 의도성은 생멸연기를 심화시키는 가장 큰 원인이 되었다.

무행(無行)하기 위해서 맨 처음 행해야 할 것이 지각적 선택에서 벗어나는 것이다. 좋고 나쁨, 옳고 그름, 긍정과 부정을 떠나야 무행이 시작된다.

중관이 행해지고 무위각이 갖춰지면 지각적 선택에서 벗어나게 된다.

조견(照見), 개공(皆空)이 무행하는 방법이다.

행의 과정에서 ㅊ이 빅뱅이다.

빅뱅 이전에는 ㄱ, ㄴ, ㄷ, ㄹ, ㅁ, ㅂ, ㅅ, ㅍ의 과정이 있었다.

제13강 반야심경

무식 역무식진   무명색 역무명색진
無識 亦無識盡 無名色 亦無名色盡

12연기 과정에서 식이란 여섯 가지 주체 의식으로 틀 지워진 원초신의 의식구조를 말한다. 식의 형성 원인은 크게 세 가지이다.
첫째는 정보의 생산과 내장이다.
둘째는 정보에 대한 지각이다.
셋째는 정보가 내장될 공간 상태이다.

식을 이루고 있는 정보는 생멸 정보와 근본 정보가 있다.
생멸 정보는 밝은성품의 부딪침과 물질 입자의 운동으로 만들어진다.
근본 정보는 본제(本際)를 이루고 있는 세 가지 요소 간의 관계로 인해 형성되었다.
이렇게 생성된 정보가 각성과 의지의 지각으로 인해 에너지 공간에 내장되면 식이 된다.
정보에 대한 지각은 각성과 의지가 담당한다.
근본 정보에 대한 지각은 무위각이 담당하고 생멸 정보에 대한 지각은 유위각과 의지가 함께 쓰인다.
정보가 내장되는 공간을 몸이라 부른다.
몸을 이루는 기반은 에너지와 물질이다.
생명이 어떤 몸을 갖고 있느냐에 따라서 정보가 내장되고 표출되는 형태가 다르다. 행의 과정이 끝난 원초신은 밝은성품과 음성, 양성으로 이루어진 에너지의 몸을 갖고 있다. 때문에 세 종류의 에너지에 저장된 정보들이 원초신의 식을 형성한다.

원초신의 식(識)을 놓고 무식(無識) 하는 것은 위의 세 가지 조건에 대해 무(無)하는 것이다.

정보의 생산과 내장의 과정에서 무가 이루어지려면 명(明)의 상태를 지속해야 한다.

무위각을 현전시킨 상태에서 명백한 의도성을 갖고 식의 내장을 주도해야 이 과정에서 무식이 이루어진다.

정보의 지각에 대해서도 마찬가지이다.

명(明)으로 지각하면 그 자체로 무식하는 것이다.

정보가 내장될 공간 상태를 놓고 무식하는 것은 불이문(不二門)을 이루는 것이다.

자기 진여문으로 생멸문을 껴안아야 공간에 대한 무식이 이루어진다.

등각도의 과정이 공간에 대한 무식의 방법이다.

역무식진(亦無識盡)이란 무식한 이후에 진여연기를 행하라는 말이다.

식의 과정에서 역무식진하는 것은 복잡한 절차를 필요로 하지 않는다. 식을 구성하고 있는 정보들이 단출하기 때문이다.

무식을 하는 세 가지 방법 자체가 역무식진의 과정이다.

만약 명(明)으로써 본연연기를 행한다면 본연연기 자체가 역무식진의 과정이 될 수도 있다.

12연기의 식(識)의 과정을 들여다보면서 무식과 역무식진에 대해 좀 더 알아보자.

생명이 만들어내는 밝은성품은 에너지 공간을 이루는 근본이다.

현대 양자물리학에서는 밝은성품을 초양자 에너지라고 한다.

현재 우리가 접하고 있는 물질 공간은 전자기 공간이다.

물질 공간은 초양자 에너지가 양자 에너지로 전환이 되고 양자 에너지가 응집되면서 생겨났다.

현재의 물질 공간은 초양자 공간, 양자 공간, 전자기 공간이 겹쳐진 형태를 하고 있다. 물에 잉크를 타면 잉크 용액과 물이 뒤섞인다.

그런 것처럼 전자기 공간 안에 양자 공간과 초양자 공간이 뒤섞여 있다.

세 종류의 공간이 뒤섞인 상태에서 전자기 공간을 분리하고 양자 공간을 분리하는 것이 가능하다. 이것을 '공간여기술'이라 한다.

공간여기술이 공개적으로 시현되었던 것이 필라델피아 실험이다. 테슬라 코일을 군함에 설치한 후 400만 헤르츠의 전자기를 방출했을 때 그 군함이 사라졌다. 전자기 공간이 여기되면서 양자 공간이 나타난 것이다. 양자 공간에서는 시공의 개념이 달라진다.

전자기 공간에서는 장소의 고유성이 유지되지만 양자 공간 안에서는 그렇지 않다. 양자 공간 안에서는 서울과 로스앤젤레스가 같은 공간에서 공존할 수 있다.

필라델피아 실험은 1936년도에 시작돼서 83년도까지 계속되었다.

의회 예산을 받아서 공식적으로 진행되었다.

아마도 현대 과학의 공간여기술은 상당히 진보되었을 것이다.

초양자 에너지의 파장은 적외선 파장과 같다.

적외선 측정기로 초양자 파장을 검출할 수 있다.

식품검역소에서 이 기술을 사용한다.

쌀이 들어오면 적외선 측정기로 파장을 측정해서 곡식의 상태를 판단한다.

썩은 곡식과 신선한 곡식이 초양자 파장으로 나타난다.

적외선 파장이 너무 길게 검출되면 상한 곡식이다.

이런 경우는 전자기 공간이 붕괴하기 전에 초양자 에너지가 왕성하게 방출되면서 나타나는 증상이다.

반대로 파장이 너무 짧아져 있어도 안 좋은 상태다.

이런 경우는 방부제가 과도하게 사용된 것이다.

건강한 쌀이 가진 적외선 파장을 기준으로 해서 그 파장이 검출되면 좋은 상태다. 수백 톤 되는 식량을 수입해 올 때 일일이 찍어보고 검사를 하는 것이 큰일이다. 그런 기계를 활용해서 검역하면 효율성이 획기적으로 높아진다.

이것이 초양자 에너지를 활용한 식품검사법이다.

이 기술은 서울대학교 학생들이 개발해서 실용화시켰다.

고유진동수가 높아질수록 공간의 범위는 협소해진다.

이때 공간을 이루고 있던 에너지와 정보들이 함께 응집된다.

초양자 에너지가 응집되면 양자계가 형성된다.

양자 에너지와 초양자 에너지, 음성, 양성, 중성의 에너지 관계로 인해서 세 종류의 물질 입자가 만들어졌다.

의지의 지각성이 세 종류 물질 입자에 대해 긍정과 부정을 일으키면서 6가지 유형의 정보적 틀이 갖춰졌다.

이것이 식의 출현이다.

육체의 몸인 세포 구조물은 전자기적 기반이고 혼의 몸은 양자적 기반이다.

영의 몸과 원초신의 몸은 초양자적 기반이다.

현재의 우주 공간은 물질 공간이 4%고 나머지 96%는 초양자 공간과 양자 공간이다.

초양자 공간이 생명공간이다.

에너지 공간 안에 내재된 식의 정보로 생명공간이 이루어져
있다.

생명공간 안에서 본성은 밝은성품을 생성해 내는 주체가 된다.

각성은 밝은성품과 본성을 주시하면서 6가지로 틀 지워진 식
의 정보를 같이 주시한다.

무에서부터 비롯된 생멸문이 식의 틀로 형성되는 과정 중에
본연(本然), 자연(自然), 인연(因緣)이 작용한다.

생명의 근본을 이루는 세 가지 요소의 관계로 생겨나는 것이
본연이다.

각성이 본성을 비추는데 밝은성품을 소비하는 것이 본연이다.

각성이 본성을 비추는 것을 놓아버리고 밝은성품을 비추는데
치중한 것도 본연이다.

생명 에너지가 서로 부딪치면서 만들어내는 모든 현상을 자연
이라 한다. 동질의 에너지가 서로 작용해서 작용점의 거리에
따라서 미는 힘이 생기고, 당기는 힘이 생긴 것이 자연이다.

세 종류의 에너지가 서로 순환하면서 생명의 틀 안에서 일정
한 통로를 만드는 것도 자연이다. 에너지와 에너지가 부딪쳐
서 물질 입자가 만들어지는 것도 자연이다.

물질 입자의 진동과 분열 또한 자연이다.

물질 입자들이 생명의 테두리를 뚫고 벗어나서 물질 공간을
형성하는 것도 자연이다.

정보를 지각하고 정보 간에 교류를 통해 새로운 정보가 생겨
나는 것이 인연이다. 의지의 지각성과 의도성이 정보를 기록
하고 그 정보로써 식의 틀이 갖춰지는 것이 인연 소산이다.

'나'라고 하는 존재는 본연과 자연과 인연의 소치로써 만들어
진다.

능엄경(楞嚴經)에 보면 부처님이 아난다에게 손가락을 들어

보이면서 '이게 뭐냐?'라고 묻는다. '언젠가 부처님께서 설법하실 적에 이것은 자연이라 했습니다.'
부처님이 '아니다.'라고 말씀하신다. '언젠가 부처님이 이것을 설명할 때 이것은 인연이라 했습니다.' '그것도 아니다.'
아난은 본연을 몰랐다.
본성에서부터 비롯된 마음이 어떤 경로를 통해 손가락을 움직이며 보는 것으로 작용하는지 그 과정을 알지 못했다.
본연을 관찰의 대상으로 두면 어떤 경계에도 현혹되지 않는다.
즉 마음을 **빼앗기지** 않을 힘을 얻는 것이다.
아난은 마등가녀의 사비가라 주문에 **빠져서** 파계했다.
그런 일을 당하지 않게 하려고 능엄경을 설하시게 된 것이다.
아난은 능엄경이 끝날 때까지 자연과 인연을 말하지만, 본연을 말하지 않는다.
결국, 아난은 부처님 생전에는 본연을 깨닫지 못한다.
나중에 가섭을 통해 깨닫는다.
본연의 이치를 아는 것을 해오(解悟)라 한다.
본연을 관할 줄 아는 것을 득오(得悟)라 한다.
자연과 인연의 소치로 생겨난 심식의를 본연의 주체인 진여와 분리시키는 것이 반야해탈도이다.
12연기를 이해하려면 본연과 자연과 인연의 과정에 대해 알아야 한다.

식의 틀이 갖추어진 생명 공간은 물질 공간과 구분이 되어 있다.
생명 공간은 본성과 밝은성품, 음기와 양기 그리고 6개로 틀지워진 서로 다른 차원의 식으로 이루어져 있다.
본성에서 밝은성품이 생성되어서 식의 틀에 제공되면 지각적 분별로 인해 긍정성과 부정성이 일어난다.
이 과정에서 음기와 양기가 만들어진다.

긍정성은 양기를 만들고 부정성은 음기를 만든다.

의식의 차원대 쪽에 음기 공간이 생겨난다.

밝은성품과 음기가 미는 힘으로 작용하기 때문에 나타난 현상이다.

양기는 생명 공간의 테두리가 된다.

시간이 지날수록 음기 공간도 넓어지고 양기 공간도 넓어진다.

의식의 차원대 쪽으로 음기가 누적되면 식과 식의 분리가 공고해진다. 그런 상태에서 밝은성품에 대한 지각적 분별을 계속하자 식과 식 사이의 고유진동수가 점점 더 차이 나게 되었다. 이는 의지의 지각성으로 생겨난 또 다른 정보가 식의 틀 안에 내장되면서 생겨난 결과이다.

식의 틀 안에 정보가 쌓아질 때 본성과 개별화된 식 간에는 밝은성품을 매개로 한 교류가 이루어진다.

밝은성품에 대한 지각적 분별이 계속되면서 음기와 양기의 범위가 점점 더 넓어진다.

이 상태가 계속되자 음기가 식의 틀 전체를 덮어버린다.

그렇게 되자 식을 나누고 있던 차원대가 사라지고 분할되어 있던 여섯 개의 식이 하나로 통합된다.

이 과정에서 서로 다른 형태로 내재되었던 정보들이 무작위로 교류한다.

이와같은 과정으로 내부 의식 간의 교류가 이루어지는 것을 명색(名色)이라 한다.

명색을 통해서 객체 의식이 생겨난다.

객체 의식이란 주체 의식 안에 다른 의식의 정보가 내장된 것을 말한다.

1의식을 주체 의식으로 삼았을 때 2, 3, 4, 5, 6식의 정보들이 1의식 안에 내장되면 2, 3, 4, 5, 6식의 정보들은 객체 의식이 된다.

다른 의식들의 경우도 마찬가지이다.
의식과 의식의 교류는 음기가 담당한다.

육체 안에서 음기 기반의 구조물이 신경이다.
신경을 통해서 의식이 교류하는 것은 명색의 과정이 육체 안에서 구현되는 것이다. 육체의 몸 안에서 일어나는 모든 생명 활동은 처음 생명이 형성될 때의 과정을 그대로 답습한다. 심지어는 세포 대사조차도 12연기 상에서 생명이 거쳐왔던 과정을 되풀이하는 것이다.
육체 구조물 안에서 일어나는 명색은 전오식과 후육식의 관계로 이루어진다.
전오식의 정보가 따로따로 내장되어 있다가 머리에서 합쳐져서 후육식이 되는 것이 명색이다.

객체 의식이 생겨난 이후에도 밝은성품이 생성된다.
이때 생성된 밝은성품을 주체 의식과 객체 의식이 소비한다.
밝은성품을 받아들인 객체 의식은 활동성이 높아진다.
주체 의식과 객체 의식 간에 고유진동수가 정도 이상 벌어진 상태에서 밝은성품이 지속적으로 공급되면 객체 의식이 분리된다.
이것이 바로 개체 생명의 탄생이다.
원초신에서 개체 생명이 떨어져 나오는 현상을 '자연 분리'라 한다.
생멸문의 본원인 원초신이 자연 분리를 통해서 천지만물을 낳는다.
이때 원초신에서 분리된 천지만물이 6종류가 있다.
신, 인간, 동물, 식물, 원생물, 무정이 그것이다.
원초신에서 떨어져 나온 6종류의 생명들이 서로 교류하는 것을 육입(六入)이라 한다.

무명색(無名色)이란 명색4의 과정을 무하라는 말이다.
명색의 원인이 지각적 분별이다.
때문에 무명색은 지각적 분별을 행하지 않는 것이다.
생멸문의 본성에서 생성되는 밝은성품에 대해 지각적 분별을
하지 않으면 음양이기가 증장되지 않고 내부 의식 간에 교류
가 일어나지 않는다. 그렇게 되면 객체 의식이 형성되지 않아
서 자연 분리가 일어나지 않는다.
지각적 분별에서 벗어나려면 의지를 각성으로 전환시켜야 한다.
다시 본성을 비추어서 밝은성품이 일으키는 변화에 관여되지
않으면 무위각을 회복한 것이다.
생멸문의 식의 틀이 형성된 상태에서 무위각이 갖춰지면 이때
부터 명(明)의 연기가 진행된다. 이 상태에서 진행되는 명의
연기는 식의 과정에 머물러서 원초신으로 존재할 수도 있고
육입의 과정으로 나아갈 수도 있다.
무명색의 과정에서 본성에 집중하는 것은 무념 무심과 간극의
상태를 함께 지켜보는 것이다.
무명색을 통해 지각적 분별이 쉬어지면 원초신의 생명 공간은
계속해서 확장된다.
본성에서 생성되는 밝은성품이 식에 의해 소비되지 못하고 자
연적 변화를 통해 새로운 공간을 생성하기 때문이다.

역무명색진 이란 '또한 무명색이 다했다' 또는 '명색에 무함이
다했다'라는 말이다.
이는 무명색 이후에 진여연기에 들어가라는 말이다.
무명색의 과정에서 진여연기에 들어가려면 본연을 회복해야
한다.

그러려면 무위각이 밝은성품을 소비해서 본성을 비추는데 활용해야 한다.

무명에 머무르면 밝은성품이 자연 변화를 일으키지만, 본연을 회복하면 無의 상태가 된다. 그렇게 되면 진여문이 생긴 것이다.

진여문이 형성된 이후에도 무의 상태가 지속되면 생멸문과 진여문이 서로 분리된다. 종반야의 상태가 되는 것이다.

이때의 생멸문은 생멸식의 상태를 유지하고 있다.

때문에 진여연기를 통해 생멸식을 제도해 주어야 한다.

이 상태에서 생멸식을 제도하는 것은 간극관을 통해서다.

간극관(間隙觀)을 하는 절차는 다음과 같다.

1. 무념과 무심이 서로 비추도록 한다.
2. 무념과 무심 사이에 간극을 인식한다.
3. 간극을 중심으로 삼고 무념과 무심을 양쪽으로 비춰 본다.
4. 무심을 표면으로 삼고 무념을 이면으로 삼는다.
5. 무심의 표면에서 생멸심을 비춰본다.
6. 이면의 무념으로 생멸심을 비춰본다.
7. 중심의 간극으로 생멸심을 비춰본다.

여기까지가 간극관의 과지법이다.

이 과정을 통해 생멸문이 제도되면 원초신이 불공여래장이 된다.

그렇게 되면 불이문을 이루어서 등각도에 들어간다.

생멸문이 천지만물로 분열되기 이전에는 진여연기를 행하는 것이 어렵지 않다.

하지만 천지만물로 분열된 이후에는 10지, 10행의 과정을 거쳐서 진여연기가 이루어진다.

제14강 반야심경

무육입 역무육입진 無六入 亦無六入盡

육입(六入)이란 여섯 가지 주체 의식을 통해 정보를 받아들인
다는 말이다.
원초신에서 분리된 개체 생명들이 안식, 이식, 비식, 설식, 신
식, 의식을 통해 새로운 정보를 받아들이는 것이 육입이다.
무육입(無六入)이란 육입에 무하라는 말이다.
무육입하는 두 가지 방법이 있다.
첫째가 본성이 주체가 되어서 경계를 인식하는 것이다.
무위각을 통해 본성을 비춘 상태에서 경계를 인식하면 개체식
의 틀 안에 정보가 유입될 때 근본 정보와 생멸 정보가 함께
내장된다.
그렇게 되면 생멸 정보가 식업으로 작용하지 않는다.
본성으로 제도된 생멸 정보는 불공여래장의 인자가 된다.
보살도에 들어있는 진여보살이 자기 심식의를 제도해서 불공
여래장을 이루는 과정이 육입이 행해지면서 함께 이루어지는
것이다.
하지만 이 상태가 보살도에 들어간 것은 아니다.
오도(五道)의 절차에 입각해 보면 해탈도의 초입반야 상태이다.

둘째가 무위각으로 본성에 몰입해서 6식의 작용을 인식하지
않는 것이다.
그렇게 되면 생멸심이 분리된다.
이 상태가 보살도에 들어간 것이다.
8식을 갖고 있던 개체 생명이 9식을 얻어서 열반에 들어간
것이다.

본성과 분리된 생멸심은 독자적인 활동을 하면서 육입을 행한다.

역무육입진(亦無六入盡)이란 무육입을 통해 성취한 열반에 머물지 말고 진여연기를 행하라는 것이다.
이때의 진여연기는 10지와 10행의 공법이 모두 활용되고 등각도와 묘각도의 과정이 포함된다. 제도의 대상이 생멸문의 본원인 원초신과 천지만물이기 때문이다.
쌍차쌍조법, 삼신구족법, 이무애 사무애법이 모두 활용된다.

육입의 과정을 상세하게 들여다보면서 무육입하는 방법에 대해 좀 더 알아보자.
개체 생명의 의식구조는 주체 의식과 객체 의식으로 이루어져 있다.
원초신에서 분리된 여섯 종류의 천지만물은 서로 다른 주체 의식과 객체 의식을 갖고 있다. 신과 인간은 근본 정보로 이루어진 본성과 생멸 정보로 이루어진 6개의 주체 의식을 갖고 있다.
동물은 종류에 따라 근본 정보로 이루어진 본성과 생멸 정보로 이루어진 5개, 4개, 3개의 주체 의식을 갖고 있다.
식물은 종류에 따라 근본 정보로 이루어진 본성과 생멸 정보로 이루어진 3개, 2개의 주체 의식을 갖고 있다.
무정은 근본 정보로 이루어진 본성과 한 개의 주체 의식을 갖고 있다.
원생물은 근본 정보로 이루어진 본성과 생멸 정보로 이루어진 6개의 객체 의식을 갖고 있다.
신과 인간은 주체 의식의 가짓수는 똑같지만, 객체 의식과 본성에 대한 인식력에서 차이가 난다. 인간은 신보다 분별을 일으키는 객체 의식이 발달되어 있다.
반면에 신은 본성에 대한 인식력이 발달되어 있다.

주체 의식의 가짓수가 똑같으면 생김새가 비슷하다.
인간과 신은 주체 의식이 같으므로 생김새가 비슷하다.
원초신에서 분리된 개체생명을 원신(原神)이라 한다.
원신은 주체 의식과 객체 의식으로 이루어진 식의 틀을 갖고 있다.
그것을 일러 원신의 구조라 한다.
개체 생명은 원신의 구조에 따라 종류가 달라진다.
원신은 영(靈)의 몸을 갖고 있다.
영의 몸은 밝은성품 에너지와 음양이기로 이루어져 있다.

주체 의식의 가짓수에 따라 천지만물의 유형이 갖춰진다.
천지만물의 주체 의식은 고정되어 있는 것이 아니다.
상황에 따라 줄어들기도 하고 늘어나기도 한다.
주체 의식이 늘어나는 것을 화생이라 한다.
주체 의식이 줄어드는 것을 습생이라 한다.
천지만물은 원신의 구조가 변화되면서 진화와 퇴화의 길을 걷게 된다.
주체 의식이 떨어져 나가면 원신적 퇴화가 이루어진다.
반대로 주체 의식이 늘어나면 원신적 진화가 이루어진다.
원신의 주체 의식을 분리하는 것은 음기이다.
음기는 육입의 과정에서 일으킨 부정성으로 생긴다.
원신의 몸 안에 음기가 정도 이상 누적되면 자연 분리가 일어나면서 주체 의식이 떨어져 나간다.
원신의 주체 의식이 늘어나는 것은 각성의 증장과 다른 생명의 호응을 통해서다.
무위각을 갖추어서 본성에 대한 인식력을 키운 상태에서 다른 생명의 호응을 얻으면 원신 배양이 이루어지면서 주체 의식이 늘어난다.

신의 경우 원신 배양이 이루어지면 더 큰 몸을 갖게 된다.

인간의 경우 원신 배양이 이루어지면 신으로 화생한다.

동물이나 식물이 원신 배양을 하면 인간으로 화생한다.

본생경(本生經)에 보면 부처님이 대범천에 태어나기 위해 3가지 노력을 했다는 대목이 나온다. 첫째가 다른 생명을 이롭게 하는 행이다. 이것을 보시행이라 한다.

둘째가 인간으로서의 습성을 극복하는 행이다. 이것을 바라밀행이라 한다.

셋째가 자기 본성을 깨닫는 행이다. 이것을 각성행이라 한다.

평범한 인간이 대범천의 신으로 태어나기 위해서는 위의 세 가지 노력을 통해서 원신적 진화를 이루어야 한다.

원초신의 의식구조는 단순하다.

원신의 의식구조는 복잡하다.

원초신의 의식은 본다, 듣는다, 느낀다, 생각한다, 말한다, 냄새 맡는다는 개념이 없었다. 밖으로 인식할 수 있는 대상이 없기 때문이다.

원초신의 의식은 내부 의식 간의 교류를 할 수 있는 명색적 기능만 갖고 있었다.

반면에 육입을 행하는 원신들은 외부적 교류를 할 수 있는 의식의 통로가 갖춰져 있었다. 그것이 바로 안식 이식 비식 설식 신식 의식이다.

원신의 의식구조는 현재 인간들이 갖고 있는 6식 구조와 비슷하다.

육체의 몸에서 영으로 돌아가면 원신과 똑같은 식의 구조를 갖게 된다.

무명, 행, 식, 육입까지의 과정을 통해 의지와 의식이 생겼다.

아직까지는 감정이 생기지 않은 상태이다.

의지가 가장 먼저 생겼고 그다음에 의식이 생겼다.

감정은 육입 이후의 과정에서 생긴다.

눈을 통해서 밖의 현상을 접할 때 '본다'라고 한다.
'본다'라는 것은 '생명 그릇을 채운다'라는 뜻이다.
귀를 통해서 밖의 현상을 접할 때 '듣는다'라고 한다.
'듣는다'라는 것은 '연결한다'라는 뜻이다.
귀는 파동을 통해 상대와 나를 연결한다.
촉감을 통해 밖의 현상을 접할 때 '느낀다'라고 한다.
공간과 공간이 접촉했을 때 느낌이 생긴다.
느낌은 에너지에 대한 지감이다.
이쪽 공간에서 저쪽 공간으로 에너지가 이동할 때 느낌이 생겨난다.
원신 공간이 서로 접촉되면 에너지의 교류가 일어난다.
그때 느낌이 생겨난다.
말은 '자기 안에 틀 지워진 정보를 밖으로 내보이고 확장시킨다'라는 뜻이다.
생각을 표현하는 도구가 말이다.
숨 쉰다는 것은 서로 의지해서 깊숙이 깃든다는 뜻이다.
나와 상대가 서로 안에 깊숙하게 깃든다.
나의 생명 작용이 상대에게 깃들고 상대의 생명 작용이 내 안에 깃드는 것이 숨 쉬는 것이다. 여기까지를 전오식(前五識)이라 한다.
생각(生覺)의 '생'은 전 오식의 조합을 말한다. '각'은 의지의 지각성이 전 오식의 조합을 통해서 새로운 의도를 만들어가는 것이다.
육입을 행하는 개체 생명은 다른 생명을 접촉함으로써 다른 생명의 정보를 자기 안에 내재한다.
육입을 통해서 생명은 식의 증장을 이루게 된다.

그러면서 본성에 대한 지각력을 잃어버리게 된다.

새로운 정보가 들어올 때 본성으로 비춰주면 고유진동수가 높아지지 않는다. 하지만 쌓아지는 정보에 천착되면 고유진동수가 높아진다.

정보에 입각해서 자기를 활용하면 정보가 자기 운명을 결정하는 그릇이 된다. 자기 안에 내재된 정보가 관념화되면 새로운 정보에 대해 부정의식을 갖게 된다.

살아갈수록 현명함을 잃어버리는 것은 자기 지식에 천착되어 있기 때문이다. 정보에 천착된 사람은 지식노름에 빠져서 육입의 행만 계속하게 된다. 그 결과로 생사윤회의 고해에 들게 된다.

무육입의 또 한 가지 방법이 여기에서 대두된다.

정보에 천착하지 않으려면 심식의를 자기로 생각하면 안 된다.

자기 안에 내재된 정보를 관념화시켜서 그것을 자기로 삼은 것이 중생이다.

심식의는 외부에서 들어온 정보의 조합일 뿐 본래의 나가 아니다.

그러하니 심식의를 증장시키는 것으로 자기 만족을 삼아서는 안된다.

심식의는 법신행과 화신행, 보신행을 이루는 도구일 뿐 그 이상의 가치가 없다.

육입의 행을 통해서 고유진동수가 높아진 원신들은 생명 공간을 벗어나서 물질 공간에 처해진다.

고유진동수가 빨리 높아진 생명들은 물질 공간으로 먼저 튕기쳐 나오고 고유진동수가 높아지지 않은 생명들은 생명 공간에 남아있게 된다.

신들은 고유진동수가 낮아서 생명 공간에 남아있다.

12연기가 끝난 후에는 생명공간이 네 개의 세계로 나누어진다.

공무변처천, 식무변처천, 무소유처천, 비상비비상처천이 바로 그것이다.

인간들은 신들보다 고유진동수가 높다.

대부분의 인간 원신들은 생명 공간을 벗어나서 물질 공간에 처해진다.

동물과 식물들은 인간보다 먼저 물질 공간으로 이동해 왔다.

물질 공간에 처해진 원신들이 물질 입자를 몸으로 삼음으로써 촉(觸), 수(受), 애(愛), 취(取)가 시작된다. 이 과정을 통해서 감정을 갖게 된다.

물질은 에너지의 응집으로 만들어졌다.

그렇게 만들어진 물질은 생명에게 '식'과 '심'을 갖추게 되는 원인이 되었다.

촉, 수, 애, 취는 영의 몸을 갖고 있던 생명이 물질 공간에 처해지면서 혼의 몸을 갖게 되는 과정과 혼으로서 살아가는 방식을 설명한 12연기의 절차이다.

영, 혼, 육체의 몸이 갖춰지는 과정과 죽음을 통해서 다시 윤회로 들어가는 과정까지를 논한 것이 12연기다.

또한, 의식과 감정과 의지가 생기는 과정을 설명한 것이 12연기다.

의식의 경우는 8식에서부터 6식이 갖춰지는 과정을 말하고 감정의 경우는 희, 노, 애, 락, 우, 비, 고뇌가 생겨나는 원인을 말하고 의지의 경우는 지각성 의도성 분별성이 갖춰지는 원인을 말한다.

제15강 반야심경

무촉 역무촉진 無觸 亦無觸盡

무촉(無觸)이란 촉에 무하라는 말이다.
촉이란 혼의 몸을 이루고 있는 물질 공간이 서로 접촉된 상태를 말한다.
촉이 이루어지면 혼을 이루고 있는 물질 입자들이 서로 교류된다.
그 과정에서 원신의 몸과 식의 구조에 새로운 변화가 생겨난다.
12연기의 절차 중 육입과 '촉' 사이에는 혼의 몸이 생성되는 과정이 생략되어 있다. 앞서 설명해 드린 명색과 육입의 과정에서도 개체 생명의 출연 부분이 생략되어 있었다. 촉을 설명하고 무촉하는 방법과 역무촉진하는 방법에 대해 논하려면 먼저 혼의 몸이 생겨나는 과정에 대해 알아야 한다.

혼의 몸을 설명하기 전에 먼저 생명의 몸과 식의 변화에 대해 알아보자.
생명이 최초로 갖게 된 몸이 여래장이다.
여래장은 부처의 몸이다.
부처의 몸에서 생멸문이라고 하는 원초신이 생겨나고 진여문이라고 하는 보살신이 생겨난다.
원초신이 분열돼서 원신이 생겨난다. 원신은 영의 몸을 갖고 있다.
원신들이 물질 공간으로 이주해 오면서 물질 입자로 이루어진 몸을 갖게 되었다.
그것을 일러서 '혼의 몸'이라 한다.
혼의 몸이 세포 구조물로 바뀌면서 육체의 몸이 생겨났다.
육체를 갖고부터 생로병사와 육도윤회를 겪게 된다.

육체의 식은 6식이다.
혼의 식은 7식이다.
영의 식은 8식이다.
진여식은 9식이다.
부처가 되면 10식이 된다.

부처님께서는 생로병사의 원인이 의식 감정 의지와 몸이라는 것을 깨달았다.
때문에 몸의 제도와 식의 분리를 통해 생사를 벗어나셨다.
몸의 제도는 육체의 몸을 제도해서 여래장이 되도록 하셨고, 식의 분리는 생멸심과 진여심을 분리시킨 다음 다시 일심법계를 이루심으로써 완성하셨다.
부처님은 12연기의 과정을 들여다보신 후에 몸을 제도하고 식을 제도하는 방법을 알게 되었다.
12연기의 과정에 무(無)함으로써 진여문에 들어가고 진여문에서 역무진(亦無盡)함으로써 묘각도를 이루셨다. 그 방법을 반야심경에 남겨놓으셨다.
12연기에 '무'하는 법이 삼해탈법이고 공여래장을 이루는 방법이다.
진여문에서 '역무진'하는 법이 삼무상법이고 불공여래장을 이루는 방법이다.

부처님께서 호명보살로 있을 때 이미 10지 보살이었다.
그런 존재가 어떤 연유로 육체를 갖고 태어나서 늙고 병들어 죽는 것에 대한 의문을 갖게 되었을까? 또 10지 보살의 진여신이 어떻게 인간 육체의 몸을 갖출 수 있었을까? 이 모든 과정이 역무진의 묘법이다.
그 과정이 본생경에 수록되어 있다.

10지 보살이 육체를 갖고 다시 태어나기 위해서는 식의 구조가 바뀌어야 한다.

9식을 8식으로 바꾸고 진여심에 생멸심을 갖춰줘야 인간으로 태어날 수 있다.

더군다나 고유진동수가 비슷한 부모를 만나야 한다.

그래야 입태가 이루어진다.

쌍차쌍조와 삼신구족법을 익힌 보살은 이무애와 사무애를 행하면서 생멸문을 넘나들 수 있지만, 본신환생(本身還生)을 이루는 것은 그 이상의 방법이 쓰여야 한다.

천상세계에는 '난타방'이라는 특별한 장소가 있다.

이 장소의 기능이 원신의 구조와 형태를 바꾸고 고유진동수를 조율하는 것이다.

호명보살도 도솔천의 난타방에 들어가서 이 과정을 거쳤다.

난타방의 수행은 역무역진(亦無易盡)의 수행이다.

진여보살이 인간으로 태어나서 부처가 되려면 반드시 이 과정의 수행을 성취해야 한다. 역무역진의 수행을 거친 보살은 생멸신에 들게 된다.

입태를 통해 생멸신을 갖게 된 보살은 8식의 구조 안에 9식을 내장하게 된다.

마치 부처인 10식이 생멸문을 낳고 진여문으로 들어가면 9식으로 갇혀버리는 것과 같다. 호명보살은 싯다르타로 태어나서 묘각도를 이루고 부처가 된다.

석가모니 부처님은 묘각도를 이루시고도 등각지에 머물고 있다.

반열반이란 등각도에 머무는 상태를 말한다.

석존께서 반열반에 들어있는 것은 현겁의 생멸문이 대겁에 들 때 각각의 개체성을 보존시켜주는 역할을 하기 위해서다.

그것이 석가모니 부처님이 서원했던 존재 목적이다.

부처님들도 각각의 존재 목적이 있다.

아미타불은 법장비구 시절에 48가지의 원을 세워 극락정토를
이루었다.
수행자는 깨달음의 단계에 따라서도 존재 목적을 세워야 하고
부처가 되고자 하는 목적도 함께 갖추어야 한다.
그래야만 다른 부처님의 수기를 받아서 불세계의 일원이 될
수 있다.
묘각도의 완성은 혼자의 힘으로 이루어지는 것이 아니다.
그것은 부처님들의 초대로써 완성된다.
부처가 되어서 이루고자 하는 서원이 없으면 수기를 받을 수
없다.
그렇게 되면 불세계의 초대도 받지 못한다.

깨달음을 추구하는 사람은 수행의 단계에 따라 이루고자 하는
목표가 뚜렷해야 한다. 견성오도 단계에서는 어떤 성취를 이
루어야 하고 해탈도의 과정에서는 어떤 성취를 이루어야 하는
지 명확한 목표를 가지고 수행해야 한다.
인지법행을 통해서 단계별로 이루어야 할 목적을 알 수 있다.

혼의 몸이 갖추어지는 과정을 들여다보면서 식의 틀이 변화되
는 과정을 함께 들여다보자.
12연기 과정에서 의지와 의식이 생겨나는 과정에 대해서는
앞에서 말씀드렸다.
여기서부터는 감정이 생겨나는 과정에 대해 알아보자.

의지의 지각성과 의도성이 정보를 기록하면서 의식이 생겨난다.
의지와 의식이 갖추어진 생명이 영의 몸을 갖고 있다가 물질
공간으로 이주해 오면서 물질 입자로 이루어진 몸을 갖게 된다.
그것이 곧 혼의 몸이다. 혼의 몸을 갖고부터 감정을 갖게 된다.

감정을 心이라 표현한다.

의식, 감정, 의지를 줄임말로 표현할 때 심, 식, 의라 한다.

'심'이 감정이고 '식'이 의식이며 '의'가 의지이다.

경전을 보다 보면 심(心) 자가 많이 나온다.

그 '심'자를 어떻게 해석하는가에 따라 경전의 내용이 달라진다.

반야심경의 '심'자도 해석에 따라 경전 전체의 내용이 달라진다.

심은 문맥의 흐름에 따라 네 가지 관점으로 해석할 수 있다.

첫째는 감정을 심으로 해석하는 것이다.

둘째는 의식 감정 의지를 통틀어서 심으로 해석하는 것이다. 생멸심 자체를 심이라는 한 글자로 표현한 경우이다.

셋째는 본성과 의식 감정 의지를 통칭해서 심이라고 해석하는 것이다. 생멸심과 진여심을 합쳐서 심으로 표현한 경우이다.

넷째는 진여심만을 심으로 해석하는 것이다.

'심은 나가 아니다'라는 표현은 '의식 감정 의지는 나가 아니다'라는 말일 수도 있고 '감정은 나가 아니다'라는 말일 수도 있다.

이 말을 본성마저 포함된 심으로 해석하면 '본성도 나가 아니다'로 해석하게 된다. 그렇게 되면 틀린 해석이 된다.

문자적으로만 심을 해석하면 이런 오류가 생긴다.

'심은 심이 아니요'라는 표현이 있다. 이런 경우도 해석을 잘 해야 한다.

이 문장의 경우 앞의 심은 의식 감정 의지의 심이고 뒤에 심은 본성을 포함한 진여심이다.

12연기의 과정을 통해서 의식 감정 의지라고 하는 광의의 심과 감정이라고 하는 협의의 심이 어떻게 해서 생겨나는지를 정확하게 알아야 한다.

불행하게도 지금까지는 12연기가 이렇게 해석된 적이 한 번도 없었다.

행의 과정에서 생성된 물질 입자가 생명의 틀을 뚫고 벗어나서 물질 공간이 생겨났다. 처음 물질 공간으로 이동해온 생명이 별 생명과 상념체다.

이들은 육입이 시작되기 이전에 물질 공간으로 이주해 왔다.

원초신에서 분열된 여섯 종류의 생명 중에 별 생명은 무정에 속한다.

상념체는 일곱 번째 생명이다.

상념체는 원신이 아니다. 창조된 생명이다.

상념체를 창조한 것이 신과 인간이다.

신과 인간의 상념에 의해서 창조된 생명이 상념체다.

육입의 과정에서 상념체가 창조되었다.

육입을 통해서 상대를 인식하면 그 정보가 식의 틀에 저장된다.

식의 틀에 저장된 정보가 다시 떠오르면 생각이 일어난다.

생각이 일어나면 에너지가 응집되면서 에너지의 형상이 생겨난다.

꽃을 떠올리면 꽃의 형상이 에너지로 응집된다.

신과 인간은 스스로가 생성해 내는 밝은성품 에너지가 있다.

그 에너지가 생각의 형태에 따라 뭉쳐진 것이 상념체이다.

생명 공간 안에서는 생각하는 모습이 에너지의 형상으로 나타난다.

때문에 다른 사람이 어떤 생각을 하고 있는지를 알 수 있다.

꽃을 떠올렸다가 생각을 놓게 되면 꽃의 형상으로 뭉쳐졌던 에너지가 물질 공간으로 튕겨지듯 이동해 간다.

물질 공간으로 이동해간 상념체는 무정의 공간에 처해진다.

무정의 원신들은 원초신에서 분열된 직후에 물질 공간으로 이주해 왔다.

그 후에 식물과 동물의 원신들도 무정의 공간으로 이주해 오게 된다.

생명들이 한 공간 속에 처해지는 것은 고유진동수가 비슷하기 때문이다.

식물과 동물, 상념체들은 무정과 비슷한 고유진동수를 갖고 있었다.

육입의 과정에서 수많은 상념체들이 만들어졌다.

그중 인간이 만들어낸 상념체와 신이 만들어낸 상념체는 형태와 공간 형질에서 차이가 있었다.

인간이 만들어낸 상념체들은 복잡한 구조를 갖고 있고 신이 만들어낸 상념체들은 단순한 구조를 갖고 있다.

인간이 만들어낸 상념체는 에너지 기반이 밝은성품과 음양이기로 이루어져 있고 신이 만들어낸 상념체는 밝은 성품으로 이루어져 있다.

음양이기와 밝은성품으로 이루어진 상념체들은 형상적 틀을 유지하는 시간이 길었다. 하지만 밝은성품으로만 이루어진 상념체들은 형상적 틀을 유지하는 시간이 짧았다. 이로 인해 창조물들은 서로 다른 수명을 갖게 되었다.

상념체가 창조되고부터 인간 원신들의 고유진동수는 점점 더 높아지게 되었다.

다른 원신들이 만들어낸 상념체에 대해 지각적 분별을 일으켰기 때문이다.

육입의 과정에서 일으킨 분별은 그 이전에 일으켰던 분별보다 세밀하고 구체적으로 이루어졌다.

누군가 개 한 마리를 상상하고 있다.

그때 옆에 있던 원신이 그 생각에 간섭한다.

그 개는 한쪽 다리가 짧은데 네가 생각하고 있는 개는 그렇지 않다는 둥….

눈이 큰데 작다는 둥…. 이런 간섭을 일으키는 것이다.

그러면서 분별이 일어난다.

이렇다 저렇다는 분별이 일어나고 좋다 나쁘다는 분별이 일어난다.

이런 분별을 한 것은 인간 원신들이다.

그러면서 인간들의 고유진동수는 점점 더 높아진다.

분별의 대상에서 해방된 상념체는 무정의 공간으로 이동해 간다.

분별로 인해 고유진동수가 높아진 인간 원신들도 생명 공간을 벗어나서 물질 공간으로 이동해온다.

물질 공간으로 이주해 온 인간원신들은 영의 몸 안에 물질 입자를 받아들이게 된다.

인간 원신은 스스로가 생성해 내는 밝은성품과 음양이기로 이루어진 영의 몸을 갖고 있다. 영의 몸은 공간 안에 내재된 정보들이 생성해 내는 파동으로 특정한 고유진동수를 형성한다. 이 상태에서 비슷한 고유진동수를 가진 물질 입자들이 영의 몸 안으로 들어오게 된 것이다. 이런 과정을 통해 영의 몸 안으로 이동해 온 물질 입자들은 영의 몸에 일부가 된다. 그것을 일러 '혼(魂)'이라 한다.

혼은 물질 입자로 이루어진 영의 몸이다.

이때 혼을 이루던 물질 입자들은 두 종류가 있었다.

하나는 분열을 일으킨 물질 입자였고 또 하나는 분열을 일으키지 않은 원초 물질 입자였다.

인간 원신들이 이주하고부터 물질 공간은 원신체의 공간과 무정의 공간으로 분할되었다.

처음 물질 공간에 원신들이 이동해 왔을 때는 원신체의 공간이 무정의 공간보다 훨씬 더 컸다. 그 범위가 하나의 은하계를 이룰 수 있을 만큼 거대했다.

한 개의 세포 안에는 2m 길이의 유전사가 내장되어 있다.

육체를 이루는 세포가 60조 개라고 가정을 해도 유전사의 길이를 합하면 120조 미터다.

120조 미터를 한 개의 끈으로 연결하면 그 길이가 태양계의 절반을 차지한다.

죽음을 통해 영생명(靈生命)으로 돌아가면 지금 상태로도 그만한 크기가 된다.

본래 생명은 그와 같이 광대무변했다. 개체 생명도 그렇게 거대했다.

고유진동수가 높아지면서 공간범위가 축소된다.

무정의 공간은 처음 형성될 때와 큰 차이가 없었다.

하지만 나중 '유'의 과정에서는 훨씬 더 큰 공간으로 성장하게 되었다.

혼의 몸을 갖춘 이후로 원신 생명의 몸은 4단계의 큰 변화를 겪게 된다. 그것이 바로 성, 주, 괴, 공이다.

'성'이란 혼을 이룬 물질 입자들이 영생명의 고유진동수에 적응하면서 일어난 변화를 말한다.

영생명이 물질 공간으로 밀려났을 때는 고유진동수가 11 정도였다.

그러다가 혼을 몸으로 삼고부터는 13 사이를 오고가는 상태였다.

그렇게 되자 혼을 이루고 있는 물질 입자들도 변화를 일으키게 되었다. 이때 물질 입자들의 변화는 두 가지 양상으로 이루어졌다.

행의 과정에서 분열을 일으켰던 물질 입자들은 중심 입자를 두고 테두리 입자만 내왕하는 형태로 변화를 일으켰다.

행의 과정에서 분열을 일으키지 않았던 원초 물질 입자들은 분열하고 결합하는 형태로 변화를 일으켰다. 이 과정에서 엄청난 에너지가 방출되었다.

이때 생겨난 에너지는 생명 공간 밖으로 방출이 되면서 주변 공간에까지 영향을 미쳤다. 그때 방출되었던 열의 흔적이 현재의 공간에도 남아있다. 그것이 바로 우주 배경복사의 흔적이다.

현재의 원자구조가 이 과정에서 생겨났다.

현대 과학은 쿼크 결합으로 원자핵이 생겨나고 핵에 의해 전자가 포획되면서 원자가 생겨났다고 말한다.

쿼크나 전자는 세 가지 형질의 에너지가 물질화된 것이다.

세 종류의 에너지의 상관관계에 의해서 만들어지는 물질이 전자와 쿼크이다.

쿼크가 먼저 생기고 나서 원자가 생긴 것이 아니다.

원자 구조물 안에서 쿼크가 만들어지고 전자가 만들어진다.

원자 구조물 안에서 초양자 에너지가 생성된다.

물질이 근본 정보를 내장하면서 초양자 에너지를 생성해 내게 된다.

성, 주, 괴, 공을 거친 물질 입자는 생명성을 갖게 된다.

입자구조 안에 정보 저장 기능이 갖추어져 있기 때문이다.

쿼크는 원자핵 내부에서 생성된다.

원자핵 중심부의 초양자 공간에서 초양자 응집이 일어나면 쿼크가 생성된다.

빅뱅이론을 신봉하는 사람들은 이 말을 믿지 못한다.

대폭발 이후 에너지 공간에 온도가 낮아지면서 쿼크가 되고 원자가 되고 분자가 되었다고 믿기 때문이다.

입자가속기를 통해서 새로운 물질을 찾아내고자 하는 시도를 한다.

그 과정에서 수많은 종류의 쿼크들이 생겨난다.

입자 물리 학자들은 그 쿼크들이 다른 종류라고 말한다.

하지만 그것은 틀린 주장이다.

물 안에서 큰 팽이가 돌아간다.

팽이가 돌면서 물방울이 튀어 오른다.

큰 물방울, 작은 물방울, 왼쪽으로 회전하는 물방울, 오른쪽으로 회전하는 물방울, 위로 뜨는 물방울, 아래로 가라앉는 물방울, 중간에 위치하는 물방울 이런 물방울들이 수없이 생겨난다.

물방울은 똑같은 물방울인데 위치와 크기, 회전량만 다르다.

그 물방울에 서로 다른 이름을 붙인다.

그러면서 새로운 물방울이 나타났다고 호들갑을 떤다.

그것이 현대 입자 물리학의 현주소이다.

이제는 신의 입자를 찾겠다고 나서고 있다.

요원한 일이다.

원자구조 안에 생명성이 내재하고부터는 주변 환경에 따라서 물질 성향이 바뀌게 된다. 쿼크가 두 개 만들어져서 중성자와 양성자 수가 늘어나면 거기서 물질구조가 바뀌고 또 전자가 생성되면 물질구조가 바뀐다.

초양자 에너지가 양자 에너지로 바뀌고, 양자 에너지가 전자가 되기도 하고 쿼크가 되기도 한다.

마치 하나의 물이 여러 형태의 물방울로 나뉘어지는 것과 같다.

아무리 나뉘어지고 형태가 달라져도 물은 물이다.

물질계에서는 전자기적 현상이 나타나고 양자계에서는 파동성과 입자성이 공존한다. 초양자계에서는 에너지만 존재한다.

영의 몸을 가진 생명은 초양자 에너지로 이루어진 에너지 공간을 갖고 있다. 혼의 몸을 갖고부터는 양자 에너지로 이루어진 공간을 갖고 있다.

고유진동수의 변화에 물질 입자가 적응하면서 여러 종류의 물질이 생겨났다.

현대의 원자 모델은 미완성이다.

그 모델로는 물질의 미세구조를 설명할 수 없다.

초양자적 관계, 양자적 관계, 전자기적 관계를 명확하게 규명해주지 못하기 때문이다. 원자 모델을 새롭게 정립해야 한다. 그런 연구를 우리가 해야 한다.

우리 민족의 유전자 속에는 이미 12연기의 원리가 심어져 있다. 부처님 이전에 이미 마고가 이 원리를 밝혀서 한글의 문자체계 안에 심어 놓았다. 우리 몸속에 있는 유전자 안에는 이 정보들이 다 들어있다.

우리 민족의 유전자 속에는 이 과정을 명확하게 들여다볼 수 있는 지도가 들어있다. 그것이 우리 민족이 가진 최고의 자산이다.

성의 과정에서 불안정한 상태에 있던 인간 원신들이 다시 안정을 이룬 상태가 '주'이다. 주의 과정에서는 정신도 안정되고 몸의 공간도 안정된다.

성의 과정을 겪은 생명들은 물질 입자에 내장된 생명정보로 인해 새로운 식의 틀을 갖게 된다. 그것이 바로 감정이다.

성의 과정에서 감정을 갖춘 뒤에 주의 과정에서 안정을 찾은 혼 생명들이 서로의 공간을 접속하면서 교류를 한다.

이것을 '촉'이라 한다.

처음 일어났던 촉의 현상은 의도성에 의해 이루어진 것이 아니다.

자연적인 현상으로 일어난 것이다.

고유진동수가 비슷한 생명은 같은 공간에 처하게 된다.

그중에 같은 고유진동수를 가진 생명들은 서로 겹쳐지기도 한다.

그러면서 촉이 이루어진다.

촉이 이루어진 혼 생명들은 물질 입자 간에 교류가 일어난다.

그 과정에서 서로가 갖고 있던 생명정보가 공유된다.

이때 물질 입자 간에 교류가 일어난 것을 '괴'라 한다.
생명 정보가 공유되면서 갖게 된 감성을 '수'라 한다.

'성'과 '주', '괴'의 과정을 거친 물질 입자들은 생명 정보를 내장하면서 근본 정보도 함께 내장한다. 그 과정에서 공성을 갖게 된다.
물질 입자가 공성을 갖춘 것을 '공'이라 한다.
성, 주, 괴, 공을 거친 물질 입자는 유의 과정에서 세포 구조물로 진화한다.
반면에 생명 정보를 내재하지 못한 물질 입자는 공간입자가 된다.
촉이 심화되면 영의식까지 공유된다.
그 과정에서 복합체가 생겨난다.

무촉(無觸)은 두 가지 관점에서 이루어진다.
하나는 몸을 이루고 있는 공간적 관점이다.
또 하나는 정신을 이루고 있는 식과 심, 의의 관점이다.

몸의 관점에서 무촉은 크게 세 단계로 이루어진다.
첫 번째 단계는 혼의 몸이 갖추어지는 과정에서의 무촉이다.
둘째 단계는 성이 이루어지는 과정에서의 무촉이다.
셋째 단계는 촉이 이루어지는 과정에서의 무촉이다.
혼의 몸이 갖추어질 때 물질 공간에 처해지면 물질 공간이 가진 거칠음과 불안정한 상태로 인해 부정성이 팽배해진다.
이 당시 물질 공간은 양자성과 전자기성이 공존하는 상태였다.
행의 과정에서 미세입자로 분열된 물질들은 양자성을 띠고 있었고 그렇지 않은 물질들은 전자기성을 띠고 있었다.
양자성을 띠고 있는 물질들은 공간의 고유진동수에 쉽게 반응한다.

때문에 비교적 안정된 상태를 유지했다.

하지만 전자기성을 띠고 있는 물질 입자들은 대단히 거친 형질을 갖고 있었다.

전자기성을 갖고 있는 입자들은 음성을 갖고 있었다.

행이 이루어질 당시 이 물질들은 생명의 중심부로 향해지지 못하고 생멸문의 테두리 쪽에 치우쳐 있었다.

이렇게 된 것은 음성을 띤 물질 입자와 원초신이 생성해 내는 밝은성품이 서로 미는 힘으로 작용했기 때문이다.

음성을 띤 물질 입자들은 양성을 띤 물질 입자들과 결합된 상태에서 생명의 중심부에 가까워질 수 있다. 하지만 이런 상태가 되면 물질의 형질을 지속하는 시간이 지극하게 짧다. 양성의 입자들과 결합된 음성 입자들은 이런 과정을 통해 소멸되고 다시 에너지 상태로 환원된다.

물질 공간에 남아있는 전자기성 입자들은 이런 과정에서도 살아남은 것들이다.

영생명의 몸은 밝은성품과 음양이기로 이루어져 있다.

밝은성품이 중심부를 차지하고 양기가 테두리를 이루며 음기가 주체 의식을 구분짓는 차원대 역할을 하고 있다.

그런 상태에서 음성을 가진 물질 입자를 만나면 양기로 이루어진 테두리 쪽에 음성 입자들이 배치된다. 양성이나 중성을 띤 입자들은 음성을 띤 입자들의 바깥쪽에 위치한다.

물질 공간을 이루고 있는 양성의 입자들과 중성의 입자들은 행의 과정에서 미세입자로 분열된 것들이다. 이 입자들은 양자성을 갖춘 상태로 쿼크 결속을 이루고 있다. 때문에 음성의 입자와도 적정거리를 유지할 수 있고 양성의 입자와도 적정거리를 유지할 수 있다. 양자성을 가진 물질 입자들은 원자구조 안에서 업쿼크와 다운쿼크가 결속된 형태를 띠고 있었다.

이런 상황에 처해진 원신들은 음성을 가진 입자들이 생성해 내는 미는 힘으로 인해 위축되고 억압된 혼의 몸을 갖게 되었다. 몸의 공간으로 인해 생긴 부자연스러움이 이때 처음으로 생겨 났다.

혼의 몸을 갖게 된 원신들은 자기 생명성이 고정된 틀 안에 갇혀 버리는 답답함을 처음으로 경험하게 되었다.

이런 상태에 처한 원신들은 그 상태에 대해 강한 거부감을 일으켰다.

그로 인해 생명의 고유진동수는 한 단계 더 높아졌다.

이 과정에서의 무촉은 음성을 가진 물질 입자들이 생성해 내는 미는 힘에 대해 저항하지 않는 것이다.

답답함과 위축감이 생겨날 때 무위각(無爲覺)을 일으켜 세워서 본성을 주시하는 것에 매진하면 무촉을 행하는 것이다.

성이 이루어지는 과정에서 '무촉'하는 것은 분열하고 융합하는 물질 입자들이 생성해 내는 열과 압력에 관여되지 않는 것이다.

본성의 무념 무심에 각성을 집중하고, 쌍조를 행하면서 영의 공간까지 영향을 미치는 열과 압력에 대해 관여되지 않으면 무촉이 이루어진다.

이 당시 음성을 가진 물질 입자들이 분열하고 결합하면서 만들어내는 열과 압력은 물질 공간 전체를 휩쓸고 지나갈 만큼 강력한 것이었다.

때문에 혼을 몸으로 삼은 원신체들은 강력한 충격파에 노출된 상태였다.

엄청난 진동이 수반된 충격파는 영의 공간까지 뒤흔들어 놓았다. 이 상태에서 각성을 유지하지 못한 원신들은 처음으로 두려움에 빠지게 되었다.

식의 관점에서 혼의 몸을 갖춘다는 것은 8식의 체계에 7식이 새롭게 생겨나는 것이다. 수행을 하면서 식을 발현시키다 보면 식과 식 사이에서 두려움이 깨어난다.

6식에서 7식을 발현시킬 때도 두려움이 일어나고 7식에서 8식을 발현시킬 때도 두려움이 일어난다.

7식이 발현될 때는 신경이 날카로워지면서 두려움이 생겨나고 8식이 발현될 때는 사유를 하면서 상상으로 나타난다.

두려움은 모르는 일을 준비 없이 당했을 때 생겨난다.

생명에게 심어진 두려움의 씨앗은 성의 과정에서 처음으로 심어졌다.

두려움은 심, 식, 의의 작용이 함께 쓰이면서 나타나는 마음이다.

감정은 요동하고 의식은 갈피를 잡지 못하고 의지는 극도의 부정성으로 점철된 상태가 두려움에 빠진 것이다.

성의 과정에 대해 아무렇지 않은 마음으로 무촉하게 되면 두려움에 빠지지 않는다.

더불어서 고유진동수가 높아지지도 않는다.

두려움에 빠져 고유진동수가 높아지면 물질 입자의 융합이 더욱더 빈번해진다.

그렇게 되면 악순환이 반복된다.

촉이 이루어지는 과정에서 무촉하는 것은 괴의 과정에서 일어나는 물질 입자 간의 교류를 최소화하는 것이다.

혼을 이루고 있는 물질 공간이 접촉되면 미세입자의 교환이 이루어진다.

이 과정에서 감정적 교류가 함께 일어난다.

촉이 이루어지고 있는 동안에는 이 상황들이 신비롭고 감미롭다.

새로운 세계를 경험하기 때문이다.

하지만 혼의 공간이 분리되면 극도의 상실감에 빠지게 된다. 이때의 상실감은 괴의 과정에서 교류되었던 물질 입자들이 한꺼번에 빠져나가면서 생긴 감정이다.

촉을 이루었던 혼의 공간이 분리되면 합쳐졌던 혼의 입자들이 본래의 자리로 회귀된다. 괴가 진행되면서 미세입자 간에 교환이 이루어지면 이 상태에서도 에너지가 생성된다. 이때 생성되는 에너지는 양자 에너지이다.

이렇게 생성된 양자 에너지는 원신의 감정 활동에 쓰인다.

특히 복합적 감정 활동을 유발하는 에너지원이 된다.

혼의 공간이 분리되면 양자 에너지의 생성이 중단되면서 일어났던 감정이 일시에 사그라든다.

수의식을 경험해 보았던 생명이 이런 상태에 처하면 극도의 상실감을 느끼게 된다. 그야말로 무미건조한 상태가 되는 것이다.

혼의 입자들이 빠져나간 혼의 공간은 공간 자체도 축소되고 에너지 상태도 급감한다. 그러면서 상처가 생긴다. 상처란 혼의 공간에 남아있는 공백을 말한다.

촉을 경험했다가 분리된 원신체들은 자신의 상처를 메꿔줄 수 있는 대상을 만나기 위해 또 다른 접촉을 시도하게 된다.

접촉의 공간을 넓게 이룬 존재일수록 상처가 더 크다.

상처가 클수록 상실감도 더 커진다.

이런 장애에 빠지지 않으려면 촉의 범위가 최소화되도록 해야 한다.

그러기 위해서 행하는 것이 무촉이다.

촉이 이루어지지 않도록 하면 그것이 최상의 무촉이다.

혼의 몸으로써 무촉이 이루어지면 혼의 몸과 영의 몸이 서로 분리된다.

정신으로써 무촉이 함께 성취되면 영의 몸은 진여신이 된다.

진여신을 이룬 다음에는 역무촉진을 행하게 된다.

정신을 이루는 심식의의 관점에서 무촉이 이루어지는 것 또한 세 단계로 이루어진다.
첫째 단계가 '의'로서 무촉이다.
둘째 단계가 '식'으로서 무촉이다.
셋째 단계가 '심'으로서 무촉이다.
의(意)로써 무촉을 행하는 것은 혼의 몸이 생기는 과정과 촉이 이루어지는 모든 과정에서 각성을 유지하는 것이다.
혼의 몸이 형성되는 과정에서 본성을 보는 각성을 투철하게 유지하는 것이 이때의 무촉이다.
음성을 띤 물질 입자들이 만들어내는 위축감에 대해 부정의식을 갖지 않는 것과 성의 과정에서 만들어진 열과 압력에 대해 두려움에 빠지지 않는 것이 혼의 몸이 생기는 과정에서 의로서 무촉하는 것이다.
촉이 이루어질 때 무촉하는 것은 각성을 통해 몸 공간의 움직임을 통제하는 것이다. 처음 촉이 이루어질 때는 고유진동수에 따라 혼의 몸이 처해지는 공간이 결정되었다. 의도한 대로 오고 가는 것이 이루어지지 못했다.
때문에 촉의 과정이 자연적으로 일어났다.
이 상태에서 무촉하는 것은 촉의 범위를 최소화하는 것일 뿐 촉 자체가 일어나지 않도록 하는 것이 어려웠다.
성의 과정에서 무위각을 유지한 생명들은 몸 공간을 임의롭게 움직일 수 있는 능력을 갖추게 된다.
본성을 보는 각성을 유지함으로써 고유진동수가 높아지지 않으면 몸 공간이 축소되지 않고 성의 과정 자체를 임의대로 조절할 수 있다는 것을 알게 되면서 몸을 움직일 수 있는 힘을 얻게 된 것이다.

그런 생명은 자신의 고유진동수를 임의롭게 조절하면서 생명 공간조차도 자유롭게 넘나든다. 이런 생명들이 연기를 거슬러 올라가면서 무육입하고 무명색하고 무식하고 무행하면 진여보살이 된다.

성의 과정이 끝나고 주의 과정에서라도 무위각을 갖춘 생명들은 그와 같은 능력을 갖추게 된다.

촉이 이루어지는 괴의 과정에서라도 자각하면 상처받는 것이 최소화된다.

나아가서 혼의 몸을 임의대로 움직일 수 있는 힘을 얻게 되면 상처를 받지 않게 된다. 하지만 괴의 과정에서 복합 감정을 경험한 존재들은 무촉하는 것이 대단히 어렵다. 복합 감정이 가진 감미로움에서 벗어나기가 힘들기 때문이다.

혼의 상태에서 몸의 움직임을 자유롭게 하는 것은 나중 육도윤회에 들어가는 생명한테도 중요한 일이다.

육도윤회계에 들어서 혼의 몸의 움직임을 주재하지 못하면 중음신이 된다.

영혼의 상태에서 혼의 몸을 움직이려면 신식(身識)을 활용해야 한다.

신식에게 생명 에너지를 공급해 주고 스스로의 개체적 틀을 인식할 수 있는 공간 감각을 갖춰주면 혼의 몸을 움직일 수 있는 역량을 갖게 된다.

육도윤회계에 들어있는 생명이 운용할 수 있는 생명력은 밝은 성품과 혼의 에너지, 체백의 에너지, 천지의 공간 에너지, 다른 생명이 제공해주는 성(誠)의 에너지이다.

어떤 에너지라도 신식에 제공해 주면 혼의 몸을 움직일 수 있게 된다.

촉의 과정에서 혼의 몸을 가진 생명이 운용할 수 있는 생명 에너지는 본성에서 생성되는 밝은성품과 의지의 지각적 분별로 생겨난 음기와 양기 그리고 혼의 입자들이 분열하고 융합하면서 만들어낸 양자 에너지이다. 이 중 밝은성품 에너지가 혼의 몸을 통제할 수 있는 최고의 에너지이다. 이는 본성을 인식할 수 있는 무위각을 갖추어야만 운용할 수 있는 생명 에너지다.

밝은성품을 신식에 제공해주고 자기 몸 공간에 대한 지각력을 키워주면 혼의 몸을 주재할 수 있게 된다.

이것이 의로써 무촉하는 방법이다.

혼 생명이 가진 양자 에너지는 나중 애(愛)의 과정에서 다른 생명과 교류하는 수단으로 쓰인다.

음기는 자기 내부 의식 간에 교류를 하는데 쓰이고 양기는 자기 개체적 틀을 유지하는데 쓰인다.

식(識)으로써 무촉하는 것은 고유진동수를 조절할 수 있는 역량을 갖추는 것이다.

식은 정보의 내장으로 형성된다.

정보는 인연을 통해 유입되고 내부 의식 간에 교류를 통해 재생산된다. 정보는 각각이 생성해 내는 주파수가 있다.

각각의 정보가 생성해 내는 주파수의 조합으로 고유진동수가 형성된다. 생명이 생성해 내는 고유진동수는 생명성을 변화시키는 주요한 원인이면서 생명이 처해질 수 있는 환경을 결정하는 요인이다.

12연기의 전체 과정을 고유진동수의 관점에서 바라보아도 무방할 정도로 고유진동수의 변화가 생명활동에 미치는 영향은 절대적이다.

생멸문이 형성되고 식의 틀이 처음으로 갖추어졌을 때의 고유진동수가 9진동이었다.

그러다가 명색이 일어나고 객체 생명으로 분리될 때 10진동이 되었고 육입이 진행되면서 11진동이 되었다.

11진동의 상태에서 물질 공간으로 이동해 왔고 혼의 몸을 갖추면서 12진동이 되었다. 성의 과정을 거치고 촉이 행해질 무렵에는 13진동을 갖고 있었다.

나중 '애'와 '취'의 과정을 거치면서 14진동이 되고 '유'의 과정이 15진동에서 이루어진다. 생로병사를 거쳐 육도 윤회계에 들어있는 생명은 18진동에서 24진동 사이를 오고 간다. 육체의 몸을 갖추었을 때는 24진동이었다가 영혼으로 돌아가면 18진동이 되는 것이다.

식으로써 무촉하는 것 또한 세 단계를 거쳐서 이루어진다.

첫째 단계가 혼의 몸이 만들어지는 과정에서 이루어진다.

처음 물질 공간에 처해졌을 때 고유진동수를 12진동으로 올라가지 않도록 조절하는 것이 이때의 무촉이다.

경계를 인식할 때 각성이 주체가 되면 고유진동수를 조절할 수 있다.

물질 입자의 거칠음을 대할 때도 각성을 유지하고 음성을 가진 물질 입자로 인해 공간이 위축될 때도 각성을 유지하면 고유진동수가 높아지지 않는다.

반면에 의지가 주체가 돼서 경계를 인식하면 고유진동수가 높아진다.

고유진동수를 높이는 가장 큰 원인이 지각적 분별이다.

의지가 주체가 돼서 경계를 인식하면 지각적 분별이 커지고 각성이 주체가 되면 지각적 분별이 일어나지 않는다.

무위각을 주체로 해서 낱낱의 정보에 대해 본성 값을 더해주면 새로운 정보가 유입되도 고유진동수가 올라가지 않는다.

이때 본성 값을 더해주는 방법이 인식된 정보를 본성으로 비춰주는 것이다.

본성 값이 더해진 정보는 식의 틀 안에서 근본 정보로 작용한다.

본성 값이 더해진 근본 정보가 식업으로 자리하면 내부 의식 간에 교류가 이루어질 때 본성으로 쓰인다.

이 시기의 인간 원신들은 육입의 과정에서 유입된 생멸 정보를 주의식으로 삼고 있었다. 때문에 상상하고 떠올리고 분별하는 재미에 빠져 있었다.

각성이 없이 무명의 상태로 이루어지는 내부 의식 간에 교류는 그 자체가 번뇌이다.

그 상태에서는 고유진동수가 올라간다.

그런 의식계에 근본 정보가 유입되면 명(明)의 상태에서 교류가 이루어진다.

명으로써 이루어지는 내부 의식 간에 교류는 그 자체가 해탈지견이다.

그런 상태에서는 고유진동수가 올라가지 않고 오히려 내려간다.

식으로써 행해지는 두 번째 무촉은 성의 과정에서 이루어진다.

처음 성의 과정이 진행될 때는 고유진동수가 12였다.

그러다가 물질 입자가 분열하고 결합하면서 방출해낸 열과 압력이 영의 공간에 영향을 미치면서 13으로 올라가게 되었다.

이 상황에서 고유진동수가 높아지지 않도록 관리하는 것이 이때의 무촉이다.

성의 과정에서 고유진동수를 올려놓은 가장 큰 원인이 두려움이다.

때문에 이 과정에서 식(識)의 무촉이 이루어지려면 두려움을 제도해야 한다.

두려움 또한 복합 감정이다. 의지의 부정성과 의식의 상상력, 감정의 불안정한 상태가 합쳐져서 나타나는 극단적인 거부의 식이다.

의지의 부정성은 각성으로 제도한다.

무위각을 세워서 부정성을 제도한다.

의식의 상상력은 명성(明性)으로 제도한다.

명성이란 본성을 이루고 있는 무념과 근본 정보가 합쳐져서 만들어진 식의 주체이다. 명성이 주체가 되어 내부 의식 간에 교류가 이루어지면 상상력이 제도된다.

감정의 불안정함은 중심으로 제도한다.

편안함을 세워서 불안함을 제도한다.

편안함이 세워진 상태가 중심이 갖춰진 상태이다.

편안함은 본성과 감정이 합쳐져서 만들어진 7식의 주체이다.

혼의 몸을 가진 생명이 감정을 갖게 되었을 때 본성의 무심 상태와 감정이 합쳐지면서 편안함이 생겨났다.

두려움이 제도되면 성의 과정을 거치면서도 고유진동수가 올라가지 않는다.

식으로써 무촉하는 세 번째 과정은 촉의 단계에서 이루어진다.

촉이 이루어지고 괴가 진행되면 감정의 유희가 시작된다.

그러면서 생멸심에 천착된다.

촉의 과정에서 생긴 감정이 기쁨이다.

이때의 기쁨은 밝은성품이 가진 기쁨하고는 전혀 다른 형질을 갖고 있다.

밝은성품의 기쁨은 에너지 기반이 초양자성이다.

반면에 촉의 과정에서 생겨난 기쁨은 양자성이다.

밝은성품의 기쁨은 근본 정보를 기반으로 삼고 있다.

촉의 기쁨은 생멸 정보를 기반으로 삼고 있다.

밝은성품의 기쁨은 고유진동수가 3이다.

촉의 기쁨은 고유진동수가 13이다.

밝은성품의 기쁨은 착함과 뿌듯함을 수반한다.

촉의 기쁨은 감미로움과 탐착을 수반한다.

이와 같은 차이로 인해 괴의 과정에서 생성된 기쁨에 천착하면 고유진동수가 높아진다. 본성을 보는 것 또한 더욱더 멀리하게 된다.

결과로써 나타나는 것이 생멸연기의 연계이다.

이 과정에서 식(識)으로써 무촉하려면 기쁨에 탐착하지 않아야 한다.

탐착의 탐(貪)이란 접해진 경계에 자기의식을 빼앗긴 상태를 말한다.

착(着)이란 탐의 상태를 지속하고자 애쓰는 것이다.

탐착에 빠져서 스스로를 망각하면 그것을 일러 욕(慾)에 빠졌다고 말한다.

욕심이란 탐착에 빠진 마음을 말한다.

탐착에 빠지지 않으려면 현상과 스스로를 함께 주시해야 한다.

현상을 지켜볼 때에는 중심으로 비추어서 지켜보고 스스로를 지켜볼 때에는 기쁨이 일어나는 과정을 본성으로 비추어서 지켜본다.

중심의 편안함을 통해 현상을 비춰보면 감정의 동요가 일어나지 않는다.

그러면서 현상이 생겨나는 과정을 세밀하게 관찰할 수 있게 된다.

촉이 이루어질 때 혼의 입자들이 교류되고 그 상태에서 양자에너지가 생성되면서 기쁨이 일어나는 과정을 지켜보면 그때의 기쁨이 본래 자기 것이 아니고 물질의 반응에서 비롯되었다는 것을 알게 된다.

그렇게 되면 기쁨에 탐착하지 않게 된다.

본성을 통해 식의 상태를 비춰보면 식의 정보 안에 심어져 있는 근본 정보를 인식하게 된다. 그중 기쁨과 연관된 근본 정보를 인식하게 되는데 이는 현상과 교감하는 식업의 습성으로 나타나는 자연과 인연의 흐름이다.

기쁨과 연관된 근본 정보는 밝은성품이 일으키는 변화에 치중했던 자시무명의 흔적이다. 이 정보가 식의 틀 안에 내장되어 있다가 밖의 기쁨에 반응해서 떠오르는 것이다. 이 습성이야말로 생멸연기가 시작된 원인이다.

본성을 통해 이 과정을 비춰보면 자시무명의 습성이 제도된다. 밖에서 일어나는 기쁨에 탐착하지 않고 안으로 자시무명의 습성을 제도하면 촉의 과정에서 식으로써 무촉하는 것이 성취된 것이다.

그렇게 되면 진여문에 들어간다.

심(心)으로써 무촉(無觸)을 이루는 것은 감정의 제도를 통해서다. 감정이란 혼을 이루는 물질 입자에 식의 정보가 내장되면서 갖추어진 7식의 면모이다. 혼을 이루고 있는 물질 입자들은 양자성을 띠고 있다.

입자성과 파동성을 동시에 가진 것이다.

식의 정보는 입자 공간에도 저장되고 파동 공간에도 저장된다.

입자 공간은 전자기 기반으로 작동하고 파동 공간은 초양자 기반으로 작동한다.

전자기 기반으로 작동하는 입자 공간에 저장된 식의 정보는 자장(磁場)의 영역에 포획된 형태로 내장되어 있다. 때문에 정보의 출입이 원활하게 이루어지지 않는다.

반면에 초양자 기반에 내장된 정보는 밝은성품이 표출될 때 함께 드러나기 때문에 출입이 용이하다.

다만 식의 틀 안에서 정보가 표출되는 것은 자연과 인연의 법칙에 순응한다.

자연의 법칙이란 식이 저장된 공간이 가진 에너지의 형질과 식업의 성향이 같은 것을 말한다. 부정성으로 인식된 정보는

음 에너지 공간에 저장된다.

긍정성으로 인식된 정보는 양 에너지 공간에 저장된다.

인연의 법칙이란 비슷한 고유진동수로 내장된 정보는 서로 소통하고 교류하는 것이다. 의도성이 없어도 저절로 생각이 일어나는 것이 인연법칙 때문이다.

자장에 포획된 식의 정보와 초양자 공간에 내재된 식의 정보들도 자연과 인연의 법칙에 따라 서로 교류한다.

이때의 교류형태가 공명(共鳴)이다.

자장에 포획된 정보가 요동하면 초양자 공간에 저장된 정보가 함께 요동하면서 파동을 일으킨다. 반대의 경우도 마찬가지이다.

초양자 공간의 정보가 요동하면 전자기 공간의 정보도 함께 요동한다.

이때 파동에는 정보 값이 실려 있다.

파동에 내재된 정보의 성향에 따라 서로 다른 감정이 만들어진다.

혼의 몸을 갖춘 이후로 인간 원신에게 생겨난 감정은 희, 노, 애, 락, 우비, 고뇌(喜, 怒, 愛, 樂, 憂, 悲, 苦惱)이다.

정보의 요동이 일어나는 것 또한 자연과 인연의 법칙에 의해서다.

인식 정보의 성향과 고유진동수에 따라 내재된 정보의 요동이 촉발된다.

심식의(心識意)의 유희에 빠진 생명들은 스스로의 의도를 통해 내부 의식 간에 교류를 행한다.

이런 경우에는 경계에 대한 반응이 없어도 감정이 생겨난다.

이와 같은 과정을 통해 감정이 생겨나기 때문에 감정을 제도하는 것이 대단히 어렵다.

감정의 제도는 크게 두 단계로 이루어진다.

첫 번째 단계는 식의 구조를 바꾸는 것이다.

두 번째 단계는 물질 입자에 포획된 정보를 해방시켜 주는 것이다.

식의 구조를 바꾸는 것은 생멸심의 구조에 진여심을 심어주는 것이다.

즉 자연과 인연의 소치로 작동하는 생멸심의 체계에 본연의 체계를 더해준다는 말이다.

본성과 밝은성품이 각성을 통해 비춤의 대상이 되는 것이 이때의 본연행(本然行)이다.

먼저 본제관(本際觀)을 통해 본성을 인식한다.

심의 편안함과 식의 아무렇지 않음이 서로를 비추게 하는 것이 본제관의 시작이다.

이 상태가 한 단계 발전하면 본성이 된다.

편안함이 무심으로 발전하고 아무렇지 않음이 무념이 된다.

무념과 무심히 서로를 비추면 간극이 드러난다.

간극을 주시하면 밝은성품이 인식된다.

무념과 무심이 서로를 비추고 간극에서 생성되는 밝은성품을 인식하면 그 상태를 유지한다. 그렇게 하면 식의 체계에 본연을 갖춰준 것이다.

본연이 갖추어진 식은 세 단계의 변화를 거쳐서 진여문이 된다.

이때의 세 단계 변화가 반야해탈도의 세 단계 과정이다.

심식의가 갖추어진 존재가 그것을 제도하기 위해 활용하는 과지법이 해탈도이다. 혼의 몸을 갖춘 생명들이 감정을 제도하기 위해서는 삼해탈도의 기법을 전체적으로 활용해야 한다.

본성이 인식의 주체가 되면 의식, 감정, 의지가 본연에 순응한다.

그렇게 되면 탐착과 성냄, 망각의 굴레에서 벗어나게 된다.

의식의 흐름에 종속되어서 자기를 빼앗긴 것이 탐심(貪心)이다.

감정에 치우쳐서 자기를 잃어버린 것이 진심(嗔心)이다.

비교와 분별에 빠져서 각성을 잃어버린 것이 망각(忘覺)이다.
이것을 삼독심(三毒心)이라 한다.
삼독심에 빠지면 본성을 잃어버린다.
그 결과로 생멸연기가 심화된다.
본연행이 깊어지면 의식과 감정이 본성과 분리된다.
그렇게 되면 진여문에 들어간다.

감정을 제도하기 위해 물질 입자에 포획된 정보를 해방하려면
먼저 고유진동수를 낮추어서 물질 입자의 분열을 촉발해야 한다.
그런 다음 물질 입자를 제도해서 초양자 에너지로 전환해줘야
한다.
고유진동수가 9이하로 내려가면 물질 입자가 붕괴된다.
핵과 전자가 분리되고 쿼크 결속이 깨어진다.
이런 상태가 되면 자기장이 사라진다.
자기장이 사라지면서 표출되는 감정 정보를 본제관을 통해 제
도한다.
무념 무심의 간극으로 감정 정보를 비춰주면 감정 정보가 근
본 정보로 전환된다.

물질 입자를 제도해서 초양자 에너지로 전환시켜주는 것은 진
여문에 들어가서 행해진다. 사륜삼매의 기법이 쓰이고 등각도
의 단계에서 마무리가 된다.
역무촉진의 법이 이 과정에서 쓰인다.

무촉의 과정에서 기쁨을 탐하는 마음을 제도하는 것이 가장
중요한 과정이다.
그 마음을 제도하면 자시무명에 빠지지 않게 된다.
생멸연기의 시작이 자시무명에서 비롯되었다.

때문에 자시무명을 제도하면 생멸연기에서 벗어난다.

명(明)으로써 본연연기에 들어간 아미타 부처님도 구품연대의 모든 생명들에게 무촉을 통해서 자시무명의 원인을 제도하는 방법을 설하신다.

'관무량수경(觀無量壽經)'에서 제시하는 미타십관이 바로 그 절차이다.

일곱 가지 감정 중 분노는 두려움에 대상성이 더해져서 생긴 감정이다.

부정적 거부의식으로 생긴 두려움에 대상성이 부여되면 분노가 된다.

애(愛)는 대상에 대한 그리움이다.

촉의 과정에서 복합 감정을 경험했던 생명들이 자기 상처를 치유하기 위해 일으킨 감정이다.

락(樂)이란 현상을 즐기는 마음이다.

식의 틀 안에 본연을 갖춘 생명은 본연의 작용을 낙으로 삼아서 진여문에 들어간다.

하지만 심, 식, 의의 작용을 낙으로 삼으면 생멸연기에 빠져서 고통의 굴레에 들게 된다.

우(憂)란 감정이 침체된 상태를 말한다.

생명 에너지가 급속하게 감소될 때 감정이 침체된다.

우는 전체적 원신의 합체 이후에 분리체들에게 나타난 상실감이다.

비(悲)란 슬픔을 말한다.

혼의 공간이 수축할 때 슬픔이 일어난다.

고유진동수가 높아지면서 혼의 공간이 급격하게 수축할 때 슬픔이 일어난다.

고뇌(苦惱)란 무작위로 의식이 교류하면서 만들어내는 괴로움이다.

의식의 부정적 성향이 커지고 식의 틀 안에 음기가 정도 이상 누적되면 번뇌가 생긴다.
본연이 갖춰지면 일곱 가지 감정이 모두 제도된다.

역무촉진이란 진여문에 들어가서 자기 생멸심을 제도하라는 말이다.
혼의 몸을 갖고 있던 생명이 무촉을 통해서 진여문에 들어가면 혼의 몸과 생멸심이 생멸문에 남겨진다.
그렇게 되면 생멸문에 남아있는 혼의 몸과 심식의를 불공여래장으로 전환해줘야 한다.
혼의 몸을 제도하는 데는 사륜삼매법(四輪三昧法)이 쓰인다.
물질 입자가 가진 사대의 성향에 따라 각각의 입자들을 제도해서 밝은성품으로 되돌려 놓는 것이 사륜삼매의 목적이다.
사륜삼매란 풍륜삼매, 수륜삼매, 화륜삼매, 지륜삼매를 말한다.
무촉의 과정에서 고유진동수의 조율을 통해 물질 입자를 분열시켜 놓으면 사대의 성향이 뒤섞이게 된다. 그러면서 열과 압력으로 요동하는 상태가 된다.
그런 상태의 입자들을 밝은성품으로 감싸 안는다.
거친 파동이 가라앉고 공간이 안정되면 사대의 위치를 잡아준다.
풍륜의 성향은 위로 떠오르고 지륜의 성향은 아래로 가라앉으며 수륜의 성향이 중간에 위치한다. 화륜의 성향이 상간을 넘나들며 집산을 반복한다.
이와 같은 방법으로 사대가 제도되면 물질성이 사라지고 밝은성품의 성향을 갖게 된다. 제도된 사대는 여래장공간의 일부가 된다.
佛세계의 공간을 이루는 인자가 되는 것이다.
그렇게 되면 생멸문을 구분 짓던 경계가 사라진다.
생멸문 전체가 불공여래장으로 제도되어 여래장의 일부가 되는 것이다.

물질이 제도되지 못하면 생멸문이 안정되지 않는다.

그렇게 되면 그 거친 파동이 여래장공간까지 영향을 미친다.

진여보살이 생멸문을 제도하는 것은 두 가지 이유가 있다.

하나는 자기 불국토를 장엄하게 하는 것이다.

또 하나는 여래장의 장엄을 훼손하지 않는 것이다.

사대를 이루고 있는 물질 입자를 자기 밝은성품으로 뒤덮은 때가 등각의 상태이다.

생멸문에 남겨진 심식의를 제도하는 것은 쌍차쌍조법과 삼신 구족법, 이무애 사무애법이 함께 쓰인다.

10지, 10행, 등각의 두 단계를 거쳐서 생멸심이 제도되면 더 이상의 생멸연기가 진행되지 않는다.

제16강 반야심경

무수 역무수진 無受 亦無受盡
무애 역무애진 無愛 亦無愛盡
무취 역무취진 無取 亦無取盡

무수(無受)란 受에 무하라는 말이다.
수란 촉의 과정에서 생긴 복합 감정이다.
수의 본질은 기쁨이다.
때문에 무수하는 것은 기쁨에 빠지지 않는 것이다.
본성으로 비추고 본연으로 제도해서 무수에 들어가면 진여문
을 이룬다.

역무수진(亦無受盡)이란 진여문에 들어가서 수의 원인을 제도
한다는 말이다.
수의 원인은 촉을 이루었던 혼의 입자들이다.
자기 혼의 입자들과 대상이 가진 혼의 입자들이 서로 교류하
면서 수(受)가 생겨났다. 기쁨의 원천이며 상처의 원인이 되었
던 상대의 혼성을 제도하고 자기 혼성도 제도해야 역무수진이
이루어진다.
상대의 혼성을 제도하기 위해서 이무애법(理無碍法)과 사무애
법(事無碍法)이 쓰인다.
자기 혼성을 제도하기 위해서 쌍차쌍조법(雙遮雙照法)과 삼신
구족법(三身具足法)이 쓰인다.
상대의 혼성을 제도하면서 자기 혼성에 남아있는 상처가 치유
된다.

혼의 몸이 생기고부터 영의식은 내부 의식이 되었다.

246

반면에 혼의식은 외부 의식이 되었다.

원신에게 있어서 혼은 감정 정보가 내재된 밖의 몸이다.

영은 의식 정보가 내재된 안의 몸이다.

생명이 혼을 갖고부터는 이원화된 두 개의 의식체계를 갖게 되었다.

처음 촉이 이루어지는 과정에서는 밖의 몸에서만 교류가 이루어졌다.

하지만 감정의 공감대가 의식의 공감대로 확장되고부터는 안의 몸까지 교류가 이루어졌다.

밖의 몸을 통해 이루어지는 교류를 '부분적 원신의 합체'라 한다.

안의 몸까지 교류의 영역이 확장된 것을 '전체적 원신의 합체'라 한다.

부분적 원신의 합체가 이루어질 때와 전체적 원신의 합체가 이루어질 때는 공간적 관점과 의식적 관점에서 많은 차이가 있다.

수(受)는 부분적 원신의 합체를 통해 만들어진 복합 감정이다.

전체적 원신의 합체가 일어나고부터는 더욱더 풍부한 감성을 갖게 되었다. 일체감과 충족감, 충만감 등이 바로 그것이다.

촉의 과정에서는 혼의 영역 일부에서만 '괴'가 일어났다.

하지만 전체적 원신의 합체가 일어날 때는 혼의 몸 전체에서 '괴'가 일어났다.

안 몸 영역까지 합체되고부터는 식의 정보까지 공유하게 되었다.

그 결과 두 가지 변화가 생겨났다.

한 가지 변화는 훨씬 더 풍부한 생멸 정보를 내재하게 된 것이다.

이는 식업이 비약적으로 증장되는 원인이 되었다.

또 한 가지 변화는 밝은성품을 생성하는 능력이 향상된 것이다.

이로 인해 인식 분리를 할 수 있는 능력이 생겨난다.

신은 혼자서도 인식 분리를 할 수 있었다.

본성에서 생성되는 밝은성품 에너지가 넘쳐났기 때문이다.

인간 원신들의 경우는 본성에 대한 인식력이 부족해서 충분한 양의 밝은성품을 생성해 내지 못한다. 때문에 혼자서는 인식 분리를 할 수가 없었다.

하지만 두 명의 원신이 하나로 합쳐지고부터는 인식 분리를 할 수 있는 능력을 갖추게 되었다.

안 몸의 영역이 합쳐지면서 근본 정보의 영역도 늘어났기 때문이다.

이런 경험을 한 원신들이 서로 분리되면 극도의 상실감에 빠지게 된다.

더불어서 상처로 인한 공허감에 시달리게 된다.

충만감과 일체감, 충족감이 일시에 사라져 버리고 넘쳐나던 생명력이 한순간에 사그라들었기 때문이다. 이때 생겨난 감정이 우(憂)와 비(悲)이다.

우와 비의 감정이 일어날 때 본성으로 비추어서 제도하는 것이 이때의 무수(無受)이다.

전체적 원신의 합체를 이루었다가 다시 분리된 존재들을 분리체라 한다.

우(憂)와 비(悲)에 빠져 있던 분리체들은 충만감과 충족감, 일체감에 대한 그리움을 갖게 된다. 그때의 그리움을 애(愛)라 한다.

혼과 혼이 전체적으로 합쳐지면 혼의 입자 속에 내재된 생명 정보가 서로 공유된다. 그러다가 서로 떨어지게 되면 혼의 공간에 상처가 생긴다.

상처를 입은 분리체들은 더 큰 애심(愛心)을 일으키게 된다.

그러면서 고유진동수가 점점 높아진다.

애심이 일어날 때도 본성으로 비추어서 제도해 준다.
그렇게 하면 무애(無愛)한 것이다.
촉(觸)은 동류의 생명에게서 일어난다.
고유진동수가 비슷하고 식의 구조가 같은 생명끼리 촉이 이루어진다.
서로 다른 종류의 생명들끼리는 영혼의 상태에서 촉이 이루어지지 않는다.
나중 육체를 갖고 나서는 신과 인간이 촉(觸)을 하게 된다.
육체의 상태에서는 신과 동물 또는 인간과 동물도 촉(觸)을 하게 된다. 촉, 수, 애, 취의 과정에서 생겨난 감성들이 습성화돼서 나중 성적인 교류를 하게 된다.

촉의 과정은 여러 생명들 간에 교차적으로 이루어졌다. 그 결과로 하나의 원신 안에 여러 생명이 가진 정보가 중첩되게 되었다.
생명공간 안에 정보가 중첩되면서 나타난 것이 유전성이다.
유전적 형질은 세포에서만 나타나는 것이 아니다.
혼을 이루는 물질 입자들이 정보를 내장한 후 다른 생명에게 매개하면서 유전적 형질이 생겨난다. 이때 정보를 매개하는 인자가 있다.
그것이 바로 체백이다.
체백(體魄)은 혼을 이루고 있던 물질 입자들이 결합해서 만들어진 일종의 미생물이다.
생명정보를 내장하고 있는 물질 입자가 서로 결합하면서 내장 정보를 주체 의식으로 삼아 탄생한 새로운 생명이다. 백(魄)이 생겨난 시기가 취(取)의 과정 이후이다.
백으로 인해 유(有)의 과정이 전개된다.
현존하는 백의 크기는 원자의 150배 정도이다.

인간원신의 공간에서 탄생한 백은 일곱 종류가 있다.

영의식에 따라 여섯 종류의 백이 만들어졌고 감정에 따라 한 종류의 백이 만들어졌다. 안백, 이백, 설백, 신백, 비백, 의식백, 감정의 백이 그것이다.

나중 무정의 공간에서는 지수화풍 사대의 백이 만들어진다.

유(有)의 과정에서 생겨난 세포는 체백을 통해 공간 형질을 유지한다.

세포의 고유성과 기능성을 결정하는 것이 마스터 유전자이다.

체백이 마스터 유전자의 역할을 담당한다.

마스터 유전자는 영의 정보와 혼의 정보를 근거로 해서 세포 구조를 유지하고 세포 대사를 주관한다.

세포 구조 안에서 마스터 유전자의 기능이 정체되면 세포가 병들게 된다

세포 구조물 안에 내재된 유전사도 백이 지배하는 영역이다.

유전사의 역할은 두 가지가 있다.

하나는 정보를 저장하는 역할이다.

또 하나는 정보를 송수신하는 역할이다.

유전사는 세포의 안테나이다. 세포와 세포가 하나의 전자기장 안에서 서로 공명할 수 있도록 안테나 역할을 한다.

세포와 세포가 적당한 거리를 유지하는 것에서부터 영양 흡수 기능에 이르기까지 체백의 역할이 절대적으로 쓰인다.

특정 공간 안에서 특정 유전자의 공명 영역이 정도 이상 확장되면 그 공간은 그 유전자를 가진 생명들이 살아갈 수 있는 환경으로 최적화된다.

지구가 물고기의 유전자 공명이 지배하는 세상이 되었으면 대기가 물로 이루어졌을 것이다.

공간을 지배하는 생명이 어떤 생명이냐에 따라서 공간 상태가 달라진다.

밝은성품의 고유진동수와 양자 에너지의 양자 공명 그리고 전자기 에너지의 세기가 유전자 작동의 원인이 된다.

현재 인간들이 가진 고유진동수가 24이다.

이것이 26으로 올라가면 유전형질이 바뀐다.

또 양자 공명의 균형이 깨지면 유전형질이 바뀐다.

서로 신호를 주고받지 못하기 때문이다. 그런 상태에서 돌연변이가 일어난다.

전자기 에너지의 세기가 적정 값을 갖고 있지 못해도 유전자 공명이 이루어지지 않는다.

신경은 최대 120mV, 0.02~0.03mA 이 조건에서 정상적인 유전자 진동이 일어난다. 이 값이 15mV 이하로 떨어지면 유전자 공명이 차단된다.

그렇게 되면 체백의 유전자 지배력이 상실된다.

현대 과학에서는 체백을 소마티드라고 부른다.

현대에 와서 관찰되는 소마티드는 4000도에서도 죽지 않는다.

수명도 무한하다.

하나의 생명에서 분리된 개체 생명들은 다시 하나의 생명으로 합쳐질 수 있는 속성을 갖고 있다. 영혼의 상태에서는 고유진동수만 맞으면 언제든지 합쳐질 수 있다.

또 고유진동수가 달라지면 언제든지 분리될 수도 있다.

원신 구조 안에서는 음기가 정도 이상 많아지면 주체 의식이 떨어져 나간다.

합쳐지고 분리되서 형성된 이 몸을 놓고 내 몸이라고 생각하는 것은 어리석은 것이다. 의식 또한 마찬가지이다. 바깥 정보가 쌓아져서 형성된 것이 의식이다.

그것을 나라고 할 수 없다.

감정은 물질 입자 속에 기록된 정보이다. 그 또한 나가 아니다.

스스로를 망각하도록 하는 의지 또한 나가 아니다.

본래의 나는 비교하고 선택하지 않는다.

그것을 모르는 생명들은 몸도 자기라 생각하고 의식 감정 의지도 자기라고 생각한다. 12연기가 심화할수록 생명들이 가진 이런 성향들이 더욱더 짙어진다.

그로 인해 본성을 주시하는 각성을 완전히 잃어버리고 미시무명에 빠지게 된다.

그런 존재를 중생(衆生)이라 한다.

'애'를 일으킨 원신들은 스스로가 생성해 내는 양자 에너지를 주변 공간에 펼쳐 놓는다. 이렇게 펼쳐진 양자 에너지에는 그리움의 파동이 내장되어 있다.

고유진동수가 비슷한 생명이 그리움이 내장된 양자 파동을 접하게 되면 두 생명이 한 공간에서 만나게 된다. 그런 후에 전체적 원신의 합체가 이루어진다.

이것을 일러서 취(取)라고 한다.

이 과정을 거치면서 원신의 고유진동수가 점점 높아진다.

고유진동수가 높아질수록 생명의 크기가 줄어든다.

무취(無取)란 취를 행하지 않는 것이다.

그러려면 먼저 애심을 제도해야 한다.

무애(無愛)하면 무취가 저절로 이루어진다.

하지만 그렇지 못했으면 취가 진행되는 과정에서 무취를 행해야 된다.

취의 과정에서 전체적 원신의 합체를 이룬 존재를 복합체라 한다.

복합체들은 취의 과정에서 복합 분리를 하게 된다.

복합 분리란 자연 분리와 인식 분리가 함께 일어나는 현상이다.

복합체들은 복합 분리를 통해 자식들을 만들어 낸다.

이로 인해 영혼으로 존재하는 자식들이 생겨났다.
신들은 영의 상태에서 인식 분리를 통해 자식을 분리했다.
하지만 인간의 원신들은 복합체를 이루고 나서야 자식을 만들 수 있었다.
복합 분리를 통해 자식이 만들어지면 그 과정에서 상념체가 함께 만들어진다.

복합체를 이루었을 때 무취(無取)하는 것은 세 단계로 이루어진다.
먼저 일체감과 충족감 충만감에 대해 무취해야 한다.
그런 다음 복합 분리의 과정에서 무취해야 한다.
분리된 자식을 놓고서 무취해야 한다.

처음 복합체를 이룰 때 두 생명이 하나로 합쳐지면 일순간에 애심이 사라진다.
그리움과 갈망이 쉬어지고 그 자리를 일체감과 충만감이 채워준다.
일체감은 공통의 공감대를 통해 형성된다.
공통의 공감대는 고유진동수가 일치됨으로써 자연스럽게 형성된다.
충만감은 밝은성품 에너지가 증폭되면서 생겨난다.
이 상태에서 생각이 공유되면 그때부터 충족감이 생겨난다.
이 과정에서 무취하는 것은 일체감과 충만감, 충족감에 빠지지 않는 것이다.
그러려면 본성과 감정을 분리해야 한다.
먼저 본성을 세워서 감정을 비추고 본성에 몰입해서 감정을 인식의 대상으로 삼지 않으면 무취가 이루어진 것이다.
이 과정을 단계적으로 행해야 한다.

애심이 쉬어졌을 때 본성을 세워주면 가장 좋다.

갈망과 그리움이 쉬어진 자리에서 본성이 드러나기 때문이다.

이때는 별도의 노력을 하지 않아도 본성이 현전한다.

그 상태를 누리기만 하면 된다. 하지만 이 시간이 오래가지 않는다.

잠시 유지되다가 금방 사라진다.

일체감이 일어나서 본성의 자리를 차지해 버리기 때문이다.

안정을 추구하는 원신들은 이 과정에서 본성의 끈을 잡을 수 있지만 그렇지 않은 원신들은 일체감에 빠져서 본성을 놓쳐 버린다.

이것을 '애욕(愛慾)에 빠졌다'라고 말한다.

이 상태에서 본성을 인식하면 본성을 주체로 해서 취의 과정을 지켜본다.

밝은성품이 증폭되면서 기쁨이 커지는 것을 지켜보고 혼의식 안에 내재된 다른 감정들을 지켜본다. 그런 다음 본성으로 비춰준다.

밝은성품이 증폭되면 충만감이 더 커진다.

이때에도 충만감에 빠지지 말고 본성으로 비춰준다.

본성이 인식의 주체가 되면 생각의 공유가 이루어지지 않는다.

때문에 충족감이 연계되지 않는다.

본성에 머무르면 그 상태에서 원신이 분리된다.

고유진동수가 달라지면서 합쳐졌던 원신이 저절로 분리되는 것이다.

그렇게 되면 무취(無取)가 이루어진 것이다.

일단 일체감이 일어나면 본성을 인식하는 것이 쉽게 이루어지지 않는다.

그때는 이미 애욕에 빠진 상태이기 때문이다.

애욕에 빠지게 되면 충만감과 충족감이 연계되어 일어난다.

그 상태에서는 무취를 이루기가 더욱더 어려워진다.

처음 복합체를 이룬 존재들은 이 과정에서 무취를 하지 못한다.

취의 과정을 몇 번을 반복한 후에야 비로소 무취의 필요성을 느끼게 된다.

취의 과정이 끝난 분리체들은 두 가지 한계성을 맞이하게 된다.

하나는 혼의 공간에 남겨진 상처로 인한 고통이다.

또 하나는 자연 분리를 통해 떨어져 나간 객체 의식으로 인한 상실감이다.

이런 한계성에 처했던 분리체들이 그것을 극복하려는 노력을 하면서 무취가 행해진다.

충만감이 일어났을 때 본성으로 비추는 것은 반야해탈도의 세 단계 공법이 단계적으로 쓰인다.

복합 분리란 자연 분리와 인식 분리가 함께 일어나는 것이다.

자연 분리란 의도하지 않아도 스스로의 원신이 분리 되는 것을 말한다.

자연 분리를 일으키는 원인이 세 가지가 있다.

첫 번째는 과도하게 음기가 누적된 경우이다.

이런 경우는 주체 의식이 떨어져 나가면서 자연 분리가 이루어진다.

두 번째는 객체 의식이 정도 이상 쌓아진 경우이다.

이런 상태에서 밝은성품의 공급이 늘어나면 객체 의식이 분리되면서 자연 분리가 일어난다. 육입의 행이 빈번해지고 생각이 많아지면 객체 의식의 쌓아짐이 과도해진다. 때문에 밖의 경계에 치우처 있고 번뇌가 많은 생명일수록 객체 의식의 분리가 빈번하게 일어난다.

세 번째는 상념체가 분리될 때 자연 분리가 함께 일어나는 것이다.

이 같은 경우도 밝은성품의 생성이 비약적으로 증가했을 때 나타나는 현상이다.

인식 분리는 의도를 통해 자기 원신을 분리하는 것이다.
대부분 인식 분리를 통해 분리된 생명이 원신의 자식들이다.

복합체의 상태에서 자연 분리가 일어나는 것은 공통의 사유를 통해 상념체를 창조할 때이다.
상념체를 창조할 때는 서로의 생각에 공감이 더해지면서 이루어진다.
상대가 생각을 일으키면 그 생각을 공유하면서 서로의 견해를 더하게 된다.
그러다가 새로운 생각을 일으키면 먼저 일으켰던 생각은 상념체가 되어 분리된다. 이때 정도 이상 집중했던 생각들은 상념체가 분리될 때 자연 분리가 함께 일어난다. 이런 상태로 자연 분리가 일어나면 자기도 모르는 사이에 원신의 구조가 훼손된다. 객체 의식들이 떨어져 나가기 때문이다.
복합체를 이루고 있을 때는 그 상태를 못 느끼지만, 나중 분리체가 되고 나면 확연한 차이를 알게 된다.
객체 의식이 떨어져 나가면 인식이 부자연스럽게 이루어진다.
이런 경우를 '습생(習生)에 들었다'라고 한다.
습생을 통해 생명은 퇴화의 길을 걷게 된다.
때문에 이 과정에서 무취(無取)할 수 있어야 한다.
이때의 무취는 두 단계를 거쳐서 이루어진다.
첫 번째 단계는 관(觀)하는 것이다.
두 번째 단계는 지(止)하는 것이다.
관이란 비추어 보는 것이다.
접해진 현상을 중심이나 본성을 통해 비춰보면서 심식의가 가진 탐진치(貪嗔痴)에 빠지지 않도록 하는 것이 관이다. 관을 하면서 지켜보는 마음을 갖게 되면 자기도 모르게 현혹되는 것에서 벗어날 수 있다.

그렇게 되면 자연 분리가 일어나지 않는다.

지(止)란 멈추는 것이다.

관을 하면서 현상과 자신을 지켜보다가 절제할 수 없는 상황에 처해지면 그때 멈춤을 행한다.

지(止)를 행할 때는 무념처를 활용하는 법이 있고 간극을 활용하는 법이 있다.

무념의 텅 빈 공간에 각성을 집중하고 그 상태를 지켜간다.

그러다 보면 경계도 사라지고 자기도 사라진다.

간극에 머물 때도 마찬가지이다.

무념 무심의 상간에서 간극을 세운 다음 그 자리에 각성을 집중한다.

지(止)가 순일하게 이루어지면 의식과 감정이 본성과 분리된다.

그렇게 되면 무취가 이루어진 것이다.

복합체의 상태에서 인식 분리가 일어나는 것은 자식을 만들 때이다.

자식이 만들어지기 위해서는 서로 간에 갈망이 있어야 한다.

복합체를 이룬 뒤에도 상대에 대한 갈망을 유지하는 것 또한 쉽게 이루어지지 않는다. 애욕에 빠지면 갈망도 쉬어지기 때문이다.

상대에 대한 갈망이 유지되기 위해서는 자기감정에 치우치지 않고 상대의 감정을 살필 수 있어야 한다. 상대를 주체로 삼고 자기는 주시자가 되어 상대의 감성과 상대의 의식을 지켜봐야 한다. 그러다 보면 상대에 대한 지극함이 생겨난다.

복합체를 이룬 상태에서 서로에게 지극함을 갖추기가 쉽지가 않다.

더군다나 인식 분리가 일어날 만큼 오랜 시간 동안 그 상태를 유지하는 것은 더욱더 어렵다. 때문에 자식을 만드는 일이 자주 일어나지 않는다.

이때에도 자식은 귀한 존재였다.

복합체 상태에서 감성과 의식을 공유하는 시간이 길어지면 서로를 닮은 상념체가 형성된다. 그렇게 되면 그 상념체에 대해 서로의 견해를 나누게 된다.

상념체에 집중했던 시간이 정도 이상 길어지면 자연 분리의 징후가 나타난다.

이때 나타나는 증상이 짜증이다.

짜증은 의식 활동이 둔화하면서 생기는 번뇌이다.

의식계 안에서 음기의 양이 증가되고 밝은 성품의 양이 줄어들면서 짜증이 생긴다. 의식계 안에 음기가 많아지면 밝은성품의 유입이 차단된다.

음기로 인해 밀려나기 때문이다.

의식계가 밝은성품을 공급받지 못하면 의식 활동이 둔화한다. 반면에 의식에 의해 소비되지 못한 밝은 성품은 복합체의 중심부에 쌓이게 된다.

의식이 밝은성품을 공급받지 못하면 분별력도 줄어든다.

그렇게 되면 창조성이 둔화되면서 충족감이 사라진다.

이런 상황에 처해지면 상념체에 집중했던 관심도 사라진다.

관심이 거두어진 상념체는 복합체의 공간에서 분리되어 나간다.

상념체가 분리될 때 자연 분리가 함께 이루어져야 한다.

하지만 이 과정에서는 자연 분리가 일어나지 않는다.

음기로 인해 식의 틀에 제공되던 밝은성품이 차단되었기 때문이다.

자연 분리는 주체 의식과 객체 의식이 가진 고유진동수의 차이 때문에 생겨난다.

자연 분리가 일어나려면 주체 의식과 객체 의식에 밝은 성품이 제공되어야 한다.

밝은성품이 제공되지 못하면 의식의 활동성이 둔화돼서 자연분리가 이루어지지 않는다.

상념체가 분리된 다음에도 복합체의 의식에는 짜증이 남아있다. 그런 상태에서 객체 의식들이 가진 거친 파동을 접하게 되자 거부 의식이 생겨났다. 이때 일으킨 거부 의식은 객체 의식에 대한 분리적 의도로 전환된다.

분리적 의도가 커졌을 때 밝은 성품이 식의 틀에 제공되면 인식 분리가 일어난다.

인식 분리된 객체 의식이 복합체의 자식이다.

자식을 만든 복합체는 떨어져 나간 객체 의식으로 인해서 상실감에 빠지게 된다.

그러면서 생명력이 현격하게 감소한다.

나중 분리체로 돌아간 뒤에는 상처와 상실감으로 인한 괴로움에 빠지게 된다.

자식을 만드는 과정에서 무취(無取)하는 것 또한 지법(止法)과 관법(觀法)이 쓰인다.

상대의 감성과 의식을 살피는 과정에서부터 서로를 닮은 상념체가 만들어지는 전체 과정에서 관하는 마음을 유지하고 짜증과 상실감에 빠졌을 때는 止(止)의 상태를 유지한다.

분리체로 돌아간 다음에도 상처와 상실감에 빠지지 말고 오롯하게 멈추어야 한다. 무념과 간극의 공함으로 멈추게 되면 상실감도 사라지고 상처도 치유된다.

나아가서 무애하고 무수하고 무촉하고 무육입, 무명색, 무식, 무행, 무무명해서 진여문에 들어간다.

성, 주, 괴, 공은 물질 입자가 생명성을 취득하는 과정이다.
촉, 수, 애, 취는 영혼으로서 살아가는 삶의 양태이다.
성, 주, 괴, 공을 통해 생명성을 갖게 된 물질은 세포 구조물로 바뀌게 된다.
그중에서 체백의 기능을 하던 것들은 유전적 형질의 근원이 된다.
체백이 가진 유전형질은 접촉과 공명을 통해서도 공유된다.
조상의 체백을 잘 모시면 자손이 발복하는 것은 공명을 통해서 체백이 전이되는 경우이다. 유전적 형질은 수정란을 통해서만 이어지는 것이 아니다.
체백을 통해서도 유전이 된다.
고유진동수가 같은 체백끼리 공명하면서 유전성이 매개된다.
문화적 유전인자가 있다. 그것을 '밈'이라 한다.
밈도 체백의 일종이다.
우리는 같은 민족이다. 그래서 같은 문화를 공유한다.
그것이 밈의 작용으로 이루어진다.
밈의 공명은 거리를 불문한다.
지구 반대쪽에 사는 원숭이끼리도 밈적인 공유가 이루어진다.
이쪽 원숭이가 고구마를 씻어 먹으면 저쪽 원숭이도 고구마를 씻어 먹게 된다.
그것이 바로 체백으로 인해 유전성이 공유되는 사례이다.

역무애진(亦無愛盡)은 애심을 통해 진여수행을 하라는 말이다.
애심은 제도의 대상이지만 애심을 활용해서 생멸심을 제도한다.
애심을 통해 생멸문에 분리해 놓은 자기 생멸심과 일치를 이룬다.
중무상(中無相)을 통해 화신행을 할 때 자기 생멸심에 대해 그리움을 일으키는 것이 애심을 활용하는 것이다.

중생은 자기 애심을 통해 진여보살에 대한 그리움을 일으킬 수 있다.

그 결과로 보살의 사무애 수행이 진행된다.

애심은 천지만물이 서로 연결될 수 있는 수단이다.

중생과 불보살이 연결되는 것도 애심으로 이루어지고 등각도에서 생멸문과 진여문이 불이문을 이루는 것도 애심으로 이루어 진다.

무애(無愛)를 통해서 진여문에 들어가면 다시 애심을 일으켜서 자기 생멸심을 제도하고 천지만물을 제도한다. 이것이 바로 역무애진의 묘법(妙法)이다.

역무애진에 쓰여지는 과지법은 역무촉진과 같다.

역무취진(亦無取盡)이란 취(取)를 활용해서 진여수행을 하라는 말이다.

취를 활용한 진여수행은 두 가지 진로가 있다.

하나는 취의 과정에서 생겨난 모든 현상들을 제도하는 것이다.

또 하나는 취의 성향을 활용해서 불공여래장을 이루는 것이다.

취의 과정에서 생겨난 현상의 제도는 복합체를 이루었던 상대의 제도와 인식 분리를 통해 만들어낸 자식의 제도 그리고 상념체의 제도이다. 이 과정은 쌍차쌍조법, 삼신구족법, 이무애 사무애법 전체가 활용된다.

취의 성향을 활용해서 불공여래장을 이루는 것은 진여연기를 완성하기 위한 노력이다.

진여연기란 보살이 불(佛)을 이루기 위해 자기 생명성의 변화를 만들어가는 절차이다.

진여보살이 佛을 이루기 위해서는 일심법계를 이루어야 한다.

일심법계(一心法界)란 진여문과 생멸문이 불이문을 이룬 상태를 말한다. 불이문이 이루어지려면 진여문으로 공여래장을 이루고 생멸문으로 불공여래장을 이루어야 한다.

진여보살은 자기 진여문으로써 공여래장을 갖춘 존재이다.

하지만 불공여래장은 갖추고 있지 않은 상태이다.

진여보살이 불공여래장을 갖추려면 생멸문을 제도해야 한다.

그런 다음 제도된 생멸문으로 불공여래장을 이루어야 한다.

이 과정에서 쓰이는 것이 화생법(化生法)이다.

화생이란 생명과 생명이 합쳐져서 큰 생명이 되는 것이다.

진여보살이 공여래장 안에 불공여래장을 갖추려면 제도된 생멸문과 하나로 합쳐져야 한다. 이때 쓰이는 것이 화생법이다.

화생을 이루기 위해 쓰이는 것이 취심(取心)이다.

진여보살이 생멸문에 대한 취심을 일으킬 때 첫 번째 대상이 되는 것이 자기 생멸심이다. 그다음 대상이 복합체를 이루었던 상대이다.

그다음 대상이 자식이다. 그다음 대상이 스스로가 창조했던 상념체들이다.

그런 후에 천지 만물을 제도해서 생멸문 전체와 합체를 이룬다.

진여수행의 단계와 성취는 얼마만큼 불공여래장을 이루었느냐에 따라 달라진다. 등각의 단계에 이르러야 비로소 불공여래장이 완성되고 불이문이 갖춰진다.

생멸연기는 생의 형태로 보면 습생(쭴生)의 연속이다.

연기가 진행될수록 생명이 분열돼서 작은 생명으로 변화되기 때문이다.

반면에 진여연기의 생의 형태는 화생(化生)의 연속이다.

때문에 연기가 진행될수록 생명이 합쳐져서 큰 생명으로 승화된다.

생멸연기의 과정에서 생겨나는 취심은 습생의 원인이 된다. 하지만 진여심에 입각해서 쓰이는 취심은 화생을 이루는 방편이 된다. 취심이 화생의 방편으로 쓰이기 위해서는 세 가지 갖추어야 할 것이 있다.

첫째가 본성을 인식할 수 있는 무위각을 갖추는 것이다.

둘째가 자기 습성을 제도하는 것이다.

셋째가 다른 생명의 호응을 얻는 것이다.

자기 습성의 제도는 생멸심의 제도로써 이룬다.

다른 생명의 호응은 다른 생명을 이롭게 함으로써 얻는다.

'상구보리 하화중생(上求菩提 下化衆生)'은 자기 화생을 통해 불공여래장을 이루어가는 진여수행이다.

취심을 이와 같이 활용했을 때 역무취진을 이룬 것이다.

질문 : 체백이 불생불멸한다는데 16단계로 변화되면 마지막에 죽을 수도 있는가?

답변 : 죽지 않고 그냥 분리만 된다. 형태만 변하는 것이다. 체백의 변화가 8단계를 넘어가면 질병이 나타난다.

그러다가 9단계를 넘어서면 질병이 깊어진다.

10단계를 넘어가면 회복하기 어렵고 세포는 죽음의 절차에 들어간다. 16단계로 분리된 체백이 육체를 떠나면 그다음에 혼성이 뒤따라서 걷어진다. 육체를 빠져나간 체백은 나중에 영혼과 합쳐진다.

질문 : 체백을 어떻게 인식하는가?

답변 : 눈으로 보이기도 하고 몸으로 느껴지기도 한다.

질문 : 시각적 형태로 보이는가? 동글동글 그런 형태로?

답변 : 그렇게 보이기도 하고 색깔이나 형상으로 보이기도 한다. 검은색으로도 들어오고 푸른색으로도 들어오고 여러 가지

색깔로 들어온다. 물고기 모양으로도 들어오고 구름 형태로도 들어오고, 꽃 형태로도 들어오고…

질문 : 물질 형태라고 하였는데?

답변 : 체백들이 그런 형상으로 모여있다. 체백이 모인 장소에 작용하는 인력에 따라서 체백의 형태가 달라진다. 물고기 형태가 되기도 하고 구름 형태가 되기도 하고 용 형태가 되기도 한다. 어떤 경우는 새의 형상으로 날아가기도 한다.

질문 : 그럼 에너지 덩어리 아닌가?

답변 : 에너지를 안고 있지만, 그 본질은 물질이다.

질문 : 그럼 영혼 아닌가? 혼 입자가 주입된 에너지 덩어리로 봐야 하는 것이 아닌가?

답변 : 원자의 150배 크기를 관찰할 수 있는 현미경으로 관찰을 한다. 체백이 빛을 발하면 눈으로도 보이고 모여서 군체를 이루면 보인다. 그렇지 않으면 보이지 않는다.

질문 : 그럼 상념체랑 영혼이랑 체백이랑 어떻게 구분하는가?

답변 : 체백은 체백만의 형태가 있다. 상념체도 형체가 있지만 느낌이 다르다.

질문 : 우리가 죽고 나면 혼이 걷히고 영이 걷히고 해서 빠져나가지 않는가? 그때 체백이 몸에 그대로 남아있는가?

답변 : 체백이 먼저 빠져나간다.
체백 중에서 뼈에 내장된 체백은 남아 있다.

질문 : 체백이 우리 몸을 떠나버리는 것인가?

답변 : 그렇다. 체백이 떠난 다음에 영혼이 빠져나가고 세포가 괴멸한다.

질문 : 49재 동안 혼성이 충분하게 뭉치지 못하면 안 보이고 안 들리는 상태가 되지 않는가? 우릉 우릉 소리가 나면서 돌아오는 건 혼성인가?

답변 : 그건 혼성이고 체백이 오는 날도 있다. 삼일째 되는

첫째 날에 체백이 온다.

질문 : 그럼 완벽해진다면 영과 혼도 다시 완전체를 이루고 내 몸을 이뤘던 체백까지도 다 모인 상태에서 환생하는 것인가?

답변 : 그렇다. 그런데 체백이 100퍼센트 오기는 힘들다. 뼈 구조물에 있던 체백들은 육체에 남아 있다. 뼈에 남아 있는 체백은 분리되는데 만 150년이 걸린다.

질문 : 상당 부분 내가 활동하던 공간에 남아 있을 수도 있고 자기 몸에 남을 수도 있고, 다시 취할 수도 있는 것 아닌가?

답변 : 자기가 분리해 놓은 체백들을 거두어들이는 수행법이 있다. 물고기 형태로 온다든지 구름 형태로 온다든지 사자 형태로 온다든지 이런 일들이 거두어들이는 수행에서 나타나는 현상이다.

질문 : 그럼 수련을 해서 내가 진동수를 최대한 낮추어서 그 진동수에 맞는 소마티드들이 들어오면 내가 더 건강해지고 능력이 생기고... 그 새로운 게 내 영과 혼의 고유진동수에 맞춰져서 내 것이 되는 것인가?

답변 : 그렇다.

질문 : 그럼 평소에도 체백이 일부분 빠져나가서 다른 사람한테 붙고 그런 것도 있는가?

답변 : 그렇다. 사랑하면 그런 일이 더 잘 일어난다.

질문 : 사랑하면 혼도 일부분 가고 체백도 가고 그러다가 사랑 안 하면 다시 오기도 하는가?

답변 : 혼성은 촉의 성향이 계속 남아있어서 사랑하면 내 혼이 상대한테 가고 상대의 혼이 나에게 온다. 그때 이미 체백은 이동해 있다.

질문 : 보통 체백이 먼저 움직이고 영혼이 움직이는가?

답변 : 그런 경우가 많다.

질문 : 체백이 가진 밈적인 효과를 말씀하셨다. 가령 유행을

타거나 군중들이 들고일어나면 옆의 사람들이 같이 들고 일어나는게 체백적 효과도 있다는 건가?

답변 : 그렇다. 체백을 자극하는 진동이 일어나면 같이 동조가 된다.

질문 : 체백이 전자의 나선 운동을 좋아해서 나선 호흡을 하는가? 나선 호흡을 할 때 체백과 교류하는 현상을 많이 느꼈다.

답변 : 공간의 체백을 보면 반짝반짝하는 빛으로 인식이 되지만 그걸 세분화시켜 보면 허공의 체백, 물의 체백, 불의 체백, 땅의 체백으로 나누어진다. 각각의 체백마다 발광하는 색깔이 다르다.

질문 : 그럼 귀(鬼)는 무엇인가?

답변 : 귀가 체백이다. 체백이 진화해서 귀가 된다.
체백이 땅이나 물이나 허공이나 불의 에너지를 취해서 성장하면 그걸 귀라고 부른다.

질문 : 그건 생명성이 있는가?

답변 : 생명성이 있다. 독자적인 생명체이다.

질문 : 귀도 파동이 맞으면 흡수되는가?

답변 : 그렇게 된다.

질문 : 가끔 눈앞에 느리게 떠다니는 것이 있는데 그게 체백인가?

답변 : 그렇다.

질문 : 보통 발광해서 노란색으로 많이 보이기도 하였고 발광을 안해도 동글동글하게 보이는 경우도 있었다. 그것도 체백인가?

답변 : 그렇다. 체백이 많이 모여있는 공간은 좋은 공간이다.
체백은 생명이기 때문에 스스로 에너지를 만든다.
그래서 체백이 많은 공간은 에너지가 좋다.

질문 : 수련을 할 때 마음을 중심과 이면에 두고 밝은성품을

지켜보다가 바깥으로 공간을 지정해서 밝은성품을 같이 공유하는 것은 어떤가?

답변 : 그것이 연꽃좌 수행과 같은 방법이다.

질문 : 체백과 교류하는 건 나쁜 수행이 아니지 않는가? 그들은 생명력이 좋아지고 나도 그들의 정보를 얻을 수 있고.

답변 : 그렇다. 체백들은 안정된 공간을 좋아하고 물과 전자를 좋아한다.

질문 : 밝은성품도 좋아하지 않는가?

답변 : 그렇다. 안정될수록 밝은성품이 많이 나오기 때문에 안정된 공간을 좋아하는 것이다.

우리 몸의 70%가 물인데 세포가 물로 이루어져 있는 것은 정보에 대한 저장력과 외부 공간과 내부 공간의 공명 그리고 소마티드를 불러들이기 위해서이다. 세포가 그냥 물로 이뤄진 것이 아니다.

몸의 특정한 영역에 소마티드를 남겨놓고 죽으면 죽어서도 시체가 썩지 않는다. 뇌줄기 영역에다 소마티드를 남겨놓고 죽으면 몸의 전자신호가 계속 살아있으면서 시체가 썩지 않고 그대로 미라가 된다.

질문 : 예전에 유튜브 보니까 머리카락 하나가 계속 움직이는데 마치 벌레처럼 계속 움직였다. 그것도 소마티드를 몸에 남겨놓은 것인가?

답변 : 그렇다. 특정한 능력을 갖춘 사람이 자기 소마티드를 머리카락에 남겨놓으면 그렇게 된다.

질문 : 수행할 때 보면 기운 덩어리가 들어올 때가 있는데 그건 기운 덩어리인가 아니면 체백이나 다른 것일 수 있는가?

답변 : 둘 다일 수 있다.

질문 : 큰 덩어리가 천천히 등줄기로 들어올 때가 있는데 그건 수행을 하지 않아도 안정되어 있으면 들어오는가?

답변 : 그렇다. 소마티드는 안정된 공간으로 이동을 한다. 수행하면서 고유진동수가 18진동 이하로 떨어지면 소마티드들이 나를 중심으로 모여든다. 내가 이 육체 이전에 다른 영혼으로 존재하다가 떨어뜨렸던 소마티드들도 다 모여든다.

질문 : 촉, 수, 애, 취를 거치지 않는 신 같은 존재도 있었는가?

답변 : 그렇다. 촉, 수, 애, 취를 거슬러 올라가서 다시 영의 몸을 갖게 되면 신처럼 된다. 촉, 수, 애, 취를 거치고 육체를 갖추게 되었어도 다시 거슬러 올라갈 수 있다. 촉에서 수로 안 가고 그냥 영으로 갈 수도 있고 수에서 애로 안 가고 그냥 영으로 갈 수도 있다.

제17강 반야심경

무유 역무유진 無有 亦無有盡

유(有)란 세포 구조물로 이루어진 육체의 몸이 생겨난 것을 말한다.

무유(無有)란 육체의 몸을 제도해서 진여문에 들어가라는 말이다.

역무유진(亦無有盡)이란 진여수행을 통해서 육체의 몸을 제도하라는 말이다.

촉, 수, 애, 취를 거친 분리체들은 고유진동수가 점점 높아져서 18진동이 되었다.

그러면서 혼을 이루던 물질 입자들 간에 결합이 일어났다.

물질 입자의 결합으로 생겨난 열과 압력으로 인해 주변 공간이 플라스마 상태가 되었다. 플라스마 공간이 식어가면서 공간이 분할된다.

원신체의 공간과 무정의 공간, 상념체의 공간이 분할되고 그 상간에 물질 공간이 형성된다.

생명 공간 사이에 끼여있는 물질 공간을 '궁창(穹蒼)'이라 한다. 이 당시 물질 공간에는 무정의 원신과 인간의 원신, 동물, 식물의 원신과 상념체들이 있었다. 특히 무정의 원신 공간안에 동물, 식물의 원신과 상념체들이 내재되어 있었다. 공간이 플라스마 상태가 된 후에도 이 공간들은 뚜렷하게 구분된 고유 영역을 갖고 있었다.

이 상태에서 공간이 식어가자 각각의 공간 형질에 따라 물질 입자들이 결합하기 시작했다. 그 결과로 생겨난 것이 새로운 형태의 물질 공간이다.

생명 공간을 이루고 있던 물질 입자들은 세포 구조물로 바뀌게 된다.

궁창을 이루고 있던 물질 입자들은 공간 매질이 되었다.

무정을 이루던 물질 입자들은 별이 되었다.

이때 무정의 공간 안에 내재되어 있던 식물과 동물, 상념체들도 세포 구조물로 변화되면서 함께 형상화된다.

진화론에서는 단세포가 진화해서 다세포 구조물이 생겨났다고 주장한다. 하지만 플라스마 상태에서 단세포가 생겨나는 조건이나 다세포가 생겨나는 조건은 다르지 않다.

원초신이 분열될 때 천지만물의 원형이 만들어졌다.

인간의 원형과 식물, 동물의 원형, 신과 원생물의 원형, 무정의 원형이 만들어졌다. 상념체만이 인간과 신에 의해서 창조된 존재이다.

이렇게 만들어진 생명의 원형은 이미 그 자체로 온전한 상태이다.

때문에 진화의 과정을 거치지 않더라도 인간은 이미 인간이고, 원숭이는 이미 원숭이인 것이다. 원숭이가 아무리 진화해도 인간이 되지 않는다.

원숭이가 진화하면 진화한 원숭이지 그것을 인간이라 부르지 않는다.

식의 구조와 형태가 다르기 때문이다.

그와 같이 원생물이 진화해서 인간이 되지 않는다.

원생물이 진화해서 세포수가 늘어나도 원생물일 뿐이다.

세포 구조물은 혼의 봉투 속에서 생겨났다.

혼의 몸은 물질 공간에 떠있는 봉투와 같다.

그 봉투 안에 영의식과 생명 정보를 내장한 물질 입자들이 들어있는 것이다.

공간이 플라스마화 되는 과정에서 혼의 봉투 안에 들어있던 물질 입자들이 세포 구조물로 바뀐다. 그 결과로 생겨난 것이 육체의 몸이다.

육체가 생기고부터 생명은 세 개의 몸을 갖게 되었다.

영의 몸, 혼의 몸, 육체의 몸이 그것이다.

혼의 몸과 영의 몸은 육체 안에 내재된 상태로 존재한다.

혼의 봉투 속에서 세포가 생겨나기 이전에 소마티드가 먼저 생겨났다. 소마티드로 인해서 RNA와 DNA가 생겨난다.

RNA는 정보 전달 체계이고, DNA는 정보 저장 체계이다.

소마티드는 세포 구조물 안에서 RNA와 DNA의 형질을 지배한다.

세포 대사의 패턴을 보면 생명이 걸어왔던 그 길을 그대로 답습하고 있다.

원초신에서부터 천지만물이 분열되는 그 과정을 세포분열을 통해서 그대로 구현하고 있다.

세포는 초양자성과 양자성, 전자기성을 모두 갖고 있다.

각각의 에너지마다 발원처가 있고, 그에 따른 역할이 있다.

초양자 에너지는 공성(空性)에서 생성된다. 성, 주, 괴, 공을 거친 물질 입자들이 생명성을 갖추면서 생겨난 기능이다. 물질 입자들 중에서 초양자 에너지를 생성해 내는 입자들이 세포로 변화된다.

세포가 생성해내는 초양자 에너지로 인해 세포 내 공생 체계가 유지된다. 소마티드와의 공생이나 나중 미토콘트리아와의 공생이 초양자 에너지로 인해 이루어진다.

양자 에너지의 발원처는 혼의 입자이다.

성, 주, 괴, 공을 통해 분열된 물질 입자들이 갖고 있는 입자성과 파동성으로 인헤 양자 에너지가 생성된다.

양자의 파동성은 초양자성을 띠고 있다.

입자성은 전자기성을 띠고 있다.

양자의 파동성은 정보 전달 체계로 활용된다. 이때 활용되는 기능이 공명(共鳴)이다.

육체 안에서 이루어지는 정보 전달 체계의 70% 이상이 공명을 통해 이루어진다.

대표적인 예가 유전자 공명이다.

몸을 이루고 있는 60조 개의 세포와 200조개 이상의 미생물들은 각각의 막으로 분리된 상태에서 정보를 주고받는다. 세포는 호르몬을 분비해서 자기 의도를 전하기도 하지만, 대부분의 대화는 공명을 통해 이루어진다.

유전사가 안테나가 되어 파동을 전사하면 다른 세포들이 그 파동과 공명하면서 정보 교환이 이루어지는 것이다.

세포 내에서 공생하는 미생물들도 공명을 통해 생명 정보를 공유한다.

대부분의 생각 경로도 공명을 통해 가동된다.

몸을 이루고 있는 구조물끼리도 공명이 이루어진다. 단적인 예로 심장과 혈관이 공명하고, 심장과 적핵이 공명하고, 심장과 관절이 공명한다.

양자의 입자성은 공간의 고유 형질을 유지하는 기능으로 활용된다.

육체 공간의 고유성을 유지시켜 주는 원인이 전자기 에너지이다. 60조 개의 세포가 하나의 몸을 이룰 수 있는 것이 전자기 에너지 때문이다. 몸을 이루는 전자기적 조건이 150mV, 0.2 ~ 0.6mA의 전기와 0.36가우스의 자기이다. 60조 개의 세포가 서로 다른 공간으로 이루어져 있으면서도 하나의 생명활동에 동참할 수 있는 것은 전자기적 공동체를 형성하고 있기 때문이다.

육체의 몸은 150mV의 전기와 0.36가우스의 자기로 둘러싸여 있다.

그와 같은 전자기적 조건 안에서 양자 공명이 일어난다.

육체의 전자기 조건에 이상이 생기면 양자 공명도 원활하게 이루어지지 않는다. 만약 생체 전기가 15mV 이하로 떨어지면 면역성이 급격하게 떨어진다.

6개월 이상 그 상태가 지속되면 유전적 변이가 일어난다.

유전자 공명이 일어날 수 있는 생체 전기의 조건이 15mV이상이다.

세포 구조물 안에 형성된 DNA의 이중나선은 일종의 송수신 안테나이다. 이 안테나는 24진동, 150mV에서 최적화된 기능을 발휘한다.

만약 고유진동수가 25진동이 되면 이때에도 유전자 공명이 일어나지 않는다. 0.2mA ~ 0.6mA의 전류값이 정도 이상 떨어져도 유전자 공명이 차단된다. 유전자 공명이 차단되면 소마티드가 세포에서 분리된다. 그렇게 되면 세포가 붕괴된다. DNA와 RNA가 제 기능을 하지 못하면 60조 개의 세포가 딴 살림을 차린다. 그 결과로 나타나는 것이 질병이다.

생명의 의식 정보로 인해 고유진동수가 생겨난다.
고유진동수는 초양자 파동을 일으키는 원인이 된다.
초양자 파동으로 양자 공명이 촉발된다.
양자 공명은 전자기장 안에서 일어난다.

DNA에 내장된 생명정보는 세포의 핵 속에 감겨져 있다.
DNA에 저장된 유전정보는 습득되는 것이다.
습득되는 정보가 쌓아져서 유전형질이 된다.

RNA는 DNA에서 정보를 받아 생명정보를 복제해 내는 기능을 한다.
그러면서 스스로가 전달해야 될 정보를 선택하기도 하고 차단하기도 한다.
RNA형 바이러스는 세포의 DNA 정보를 탈취해서 자기 복제를 한다.
그런 만큼 자기 주도적 의지가 있는 것이다.

유전형질로 저장되지 않는 정보들은 세포 공간 내의 물에 저장된다.
물은 아주 미세한 파동도 기록할 만큼 정보 저장 능력이 뛰어나다.
우리 몸이 70%가 물로 이루어진 것은 두 가지 이유 때문이다.
정보를 저장하면서 소마티드가 머물도록 하기 위해서다.
몸 안의 물은 계속해서 교체된다.
물이 내장하고 있던 정보는 물이 교체되면서 빠져나간다.
그 과정에서 유입된 정보가 유전형질로 남아 있도록 해주는 것이 소뇌이다.

세포 구조물 안에는 세 가지 혼성(魂性)이 내재되어 있다.
선천혼, 유전혼, 습득혼이 그것이다.
이 세 가지 혼성에 감정이 내재된다.
선천혼(先天魂)은 의식정보가 세포에 내장되게 하는 촉매 역할을 한다. 그러면서 육체 형성에 관여한다.
육체 형성이 끝나면 재생인자로 활동을 하고 세포 통신을 주도한다.
세포 통신이 이루어지려면 세포가 50mV 이상을 충전하고 있어야 한다. 세포 통신이 일어나면 죽어가던 세포도 정상세포로 복원된다.

습득혼을 유전혼으로 바꾸는 역할도 선천혼이 해준다.

신경 재생 세포의 일종인 슈반 세포와 글리아 세포에 선천혼이 내장되어 있다. 수정란이 형성될 때는 매트릭스 세포로 활동하고 체백과 연계해서 마스터 유전자의 역할을 한다.

유전혼(遺傳魂)은 유전사에 내장되어 있다. DNA가 유전혼이다.

습득혼(習得魂)은 교류를 통해 체득된 혼성이다.

두 종류의 습득혼이 있다.

하나는 영양소다. 이는 먹이활동을 통해 섭취된 혼성이다.

또 하나는 감정의 교류를 통해 습득한 혼성이다.

육체를 통해 행해지는 촉, 수, 애, 취의 모든 과정에서 습득혼이 내왕한다.

세포 구조물 안에서 의지가 내재된 경로를 알면 본성이 내장된 형태를 가늠해 볼 수 있다. 의지의 속성은 지각, 분별, 의도이다.

지각의 지(知)는 인지이고 각(覺)은 지켜봄이다.

분별은 정보를 놓고 서로 차이나는 것을 인식하는 것이다.

의도는 스스로가 일으키는 능동적 발상이다.

감정과 의식의 차이를 구분하는 것도 의지가 한다.

이때 의지는 감정과 의식의 상간에 존재한다.

'배고프다 밥 먹어야지' 하는 것도 의지이다. 이때의 의지는 인식과 기억 사이에 존재한다. 의지는 바람과 같다.

이쪽과 저쪽, 서로 차이 나는 현상만 있으면 언제든지 그 상간에 의지가 존재한다.

몸의 구조물 안에서도 모든 막과 막의 사이에 의지가 존재한다.

본성도 마찬가지다. 본래 본성과 각성은 한 몸이다.

의지와 본성은 같은 영역에 내재되어 있다.

다만 서로가 취하고 있는 관점이 다르다.

의지는 막과 막 사이의 차별적 요소를 취하고, 본성은 간극이 갖고 있는 공성(空性)을 취한다. 막과 막 사이에 본성과 의지가 내재되어 있고, 그 자리에서 초양자 에너지가 생성된다.

생명의 몸은 막의 산물이다.

혼의 몸과 영의 몸, 육체의 몸은 막의 변형된 모습일 뿐이다. 막의 분리로써 개체 생명이 출현했고, 막의 결합으로 일심법계를 이룬다. 여래장 생명도 막으로 이루어져 있고, 개체 생명도 막으로 이루어져 있다. 막이 훼손되면 생명성이 사라진다. 그것이 바로 죽음이다.

육체의 몸은 60조 개의 세포 연합체로 이루어진 독립된 막이다. 그 막이 150mV, 0.2 ~ 0.6mA의 전기와 0.36가우스의 자기로 유지되는 것이다. 세포 또한 막으로 이루어져 있다.

세포의 기능과 형태가 다른 것은 막과 막이 형성된 조건이 다른 것이다.

생명이 갖고 있는 주체 의식의 가짓수가 늘어나면서 고유진동수가 높아진다.

고유진동수가 높아지면서 영의 몸과 혼의 몸, 육체의 몸이 생겨난다.

초양자 에너지가 양자화되고, 양자 에너지가 전자기화되는 것도 고유진동수의 영향이다.

고유진동수가 18진동이 되었을 때부터 육체의 삶이 시작되었다. 육체란 눈, 귀, 코, 입, 몸, 머리로 이루어진 인식 경로와 뼈와 근육, 신경과 경락, 힘줄과 핏줄, 육장 육부로 이루어진 세포 구조물이다.

인간 원신들이 촉, 수, 애, 취를 거쳐올 때 물질 공간에 자리하고 있던 무정의 원신에도 공간적 변화가 일어났다.

그것이 바로 별의 형성이다.

현대인들은 별을 생명이 없는 존재라고 생각한다.

하지만 별은 생명이다.

별은 자체적으로 전자기장을 갖고 있다. 그리고 생장한다.

스스로 생장하는 것을 생명(生命)이라 한다.

별 생명의 원형이 무정의 원신이다.

별 생명은 신(身)을 이루는 주체 의식과 근본 정보로 이루어진 무정의 원신이다.

별 생명이 형상화되기 이전에 별 생명 안에는 인간과 신의 상념에 의해서 창조된 상념체들과 식물, 동물, 원생물들이 함께 내재되어 있었다. 성, 주, 괴, 공을 거치면서 생겨난 엄청난 열과 압력이 공간을 휩쓸고 지나갈 때 별 생명의 공간도 그 영향을 받게 된다.

공간의 고유진동수가 전체적으로 올라가면서 별 생명 안에서도 물질 입자의 결합이 일어났다. 그 결과로 형상화된 별들이 생겨났다.

유(有)가 시작될 무렵에는 대부분의 별들이 플라스마 상태의 불안전한 공간을 갖고 있었다.

그러다가 시간이 지나면서 삼체공간(三體空間)의 구조로 안정이 되었다. 지구 같은 경우는 오랜 시간이 흐른 뒤에 삼체공간을 갖게 되었다.

지구는 자연상태에서 삼체 공간이 생긴 것이 아니다.

지구는 천인에 의해서 삼체 공간의 틀을 갖추게 되었다.

지구 공간을 안정시켜서 현재의 환경을 만든 것이 마고(麻姑)이다.

마고는 지구의 공간 형태를 땅과 물과 공기가 존재하도록 조율해서 육체 생명이 살아갈 수 있는 최적의 환경을 만들었다.

마고가 공간의 형태를 조율하는데 활용했던 방법이 오음 칠조(五音 七調)이다.

오음이란 다섯 개의 음(音)을 말한다.

칠조란 일곱 가지 장단을 말한다.

마고는 오음을 통해 공간의 고유진동수를 조율했다.

칠조를 통해 일곱 종류의 상념체들을 형상화시켰다.

그 당시 지구의 고유진동수는 18진동을 넘지 않았다.

헤르츠로 환산하면 5헤르츠 정도이다.

그때에는 지구 자기장이 펼쳐진 범위가 대단히 넓었다.

그러면서 큰 생명들이 태어났다.

그 당시 나무들은 100km가 넘는 키를 갖고 있었다.

인간들도 50m에서 100m 정도의 키를 갖고 있었다.

별이 갖고 있는 고유진동수와 에너지양에 따라 별 안에서 태어나는 생명의 크기가 결정된다.

공간의 고유진동수와 그 공간 안에서 살아가는 생명의 고유진동수는 일치한다.

지구 진동수가 5였을 때는 5의 진동수를 갖고 있는 생명들이 가장 잘 살 수 있는 환경이 되고, 고유진동수가 7.83이라면 7.83의 고유진동수에 최적화된 생명이 살 수 있는 조건이 된다.

7.83헤르츠를 유지하는 지구는 인간 기준으로 보면 알파파에 해당한다.

인간의 알파파가 3에서 8헤르츠이기 때문이다.

하지만 현대의 인간들은 13에서 23헤르츠의 베타파를 갖고 있다.

인간이 지구보다 훨씬 더 불안정한 상태인 것이다.

베타파 상태에서는 인간과 지구가 서로 공명하지 못한다.

인간의 고유진동수가 높아지면서 지구환경이 열악해지고 있다.

바꾸어 말하면 지구가 인간을 수용하기에 한계적 상황에 봉착해 있는 것이다.

인간들의 고유진동수는 점점 더 높아지고 있고 공간은 수많은 초단파들로 단절되어 있다. 공간이 늙어가고 있다.

별 생명과 그 안에서 살아가는 생명들이 공명하지 못하면 공간 변화가 촉발된다. 공간 분리가 일어나는 것이다.

대기의 헤르츠가 지금보다 높아지면 대기가 얇아진다.

전자기가 방출돼서 지구 자기장이 좁아지기 때문이다.

기압이 낮아지고 지진이 일어나고 홍수와 한파가 생긴다.

현재의 인간들은 기로에 서 있다.

지구와의 공명이 단절되는 데서 오는 재앙을 목전에 두고 있다.

처음 만들어진 세포 구조물이 줄기세포이다.

때문에 환경에 맞추어서 몸의 구조나 기능을 바꿀 수 있었다.

육체의 형태적 틀은 주변 환경에 적응하면서 단계적으로 만들어졌다.

생명의 형태를 결정하는 것은 원신의 구조와 주변 환경이다.

이때 원신의 구조에 따라 결정되는 것이 인식 경로의 가짓수이다.

주체 의식의 가짓수에 따라 인식 경로의 가짓수가 만들어진다.

6개의 주체 의식을 갖고 있으면 6개의 인식 기관이 갖춰진다.

주변 환경에 따라서 결정되는 것이 인식 경로의 위치와 육체 구조물의 형태이다. 환경에 따라서 눈이 머리 꼭대기에 있을 수도 있고 손바닥에 있을 수도 있다.

장시간 동안 지구 바깥에 나가 있으면 뇌구조가 바뀐다.

육체에 작용하는 중력과 인력이 다르기 때문이다.

별들이 인력을 발생시키기 이전에는 인간 원신들의 육체가 줄기세포 상태를 유지하고 있었다.

그러다가 별의 인력이 생기고부터는 육체 구조에 변화가 일어났다.

외부 인력에 저항하면서 근골격계가 생겨났다.

이 당시 인간 원신들은 별과 별 사이의 공간에 있었다.

처음 물질 공간으로 이주해온 원신체의 공간은 별 보다 더 컸다.

그러다가 촉, 수, 애, 취를 거치면서 점점 작아져서 나중 육체를 갖출 무렵에는 2km 정도의 크기를 갖고 있었다.

분리체들의 고유진동수가 15를 넘어서면서부터 별 보다 작은 몸을 갖게 되었다.

원신체의 육체는 별에서 만들어진 것이 아니다.

우주공간에서 만들어져서 별의 표면으로 이주해온 것이다.

이 당시 인간 원신들은 산소 기반의 호흡을 하지 않았다.

그렇기 때문에 육체를 갖고서도 우주공간에서 살 수가 있었다.

별의 인력에 대항해서 근골격이 생겨나고, 영의식에 내장된 정보와 혼의식에 내장된 정보가 외부 생명과 서로 교류하기 위한 수단으로 눈, 귀, 코, 입, 몸, 머리가 생겨났다.

육체를 갖게 되면서 물질화된 정보의 통로가 생겨났다.

그것이 바로 신경(神經)이다.

물질로 이루어진 세포는 전자기 에너지로 가동된다.

신경도 전기로 가동된다.

본성과 각성은 신경세포와 신경세포 사이의 간극에 내재된다.

신경이 간극을 놓고서 신호를 전달하는 것은 본성의 형질을 내재하고 있기 때문이다. 재생인자인 선천혼들도 신경세포에 가장 많이 내재되어 있다.

육체는 불편한 몸이다. 생명의 입장에서 보면 감옥과 같다.

자유분방한 활동성을 갖고 있던 영혼이 세포라는 감옥에 갇혀버린 것이다. 갇히려고 해서 갇힌 게 아니고 고유진동수가 높아지면서 저절로 그렇게 된 것이다.

세포 구조물에 갇혀버린 생명은 몸이 주는 괴로움에 빠지게
되었다.

육장 육부는 두 가지 기능성을 갖고 있다.
하나는 외부 인력에 저항하기 위해서 육체 구조물을 만드는
기능이다.
또 하나는 눈, 귀, 코, 입, 몸, 생각이 활동하는데 필요한 에
너지를 생산하고 공급하는 기능이다.
육장 육부의 근본이 육식(六識)다.
육식이 세포 구조물 안에 갇히면서 육장 육부가 생겨났다.
육부(六腑)는 여섯 가지 주체 의식이 활동할 수 있는 에너지
를 만드는 기관이다. 이는 본성에서 생성되는 밝은성품을 의
식이 소비하는 관계가 고착화되어 나타난 구조물이다.
육장(六臟)은 육부에서 생성되는 에너지를 저장해서 육식에
공급해 주고 육체 구조물에 공급해 주는 역할을 한다.
육장 육부의 세포 구조물은 줄기세포가 기능성에 따라 변화된
것이다.
유(有)의 시기에는 육체의 변화가 자유롭게 이루어졌다.
필요에 따라 몸의 구조도 바꿀 수 있었고 육근의 위치도 고정
되어 있지 않았다. 손이 따로 없고 입이 따로 없이, 필요한
대로 기능적인 변화를 일으킬 수 있는 것이 줄기세포 상태의
육체 구조물이다.
둥근 공 모양을 하고 있다가 말하고 싶으면 입이 나타나서 말
하고, 듣고 싶으면 귀가 나타나서 듣고, 보고 싶으면 눈이 나
타나서 보고, 숨 쉬고 싶으면 코가 나타나서 숨 쉬는 그런 구
조였다.
그런 상태에서 인력에 저항하고 의식 활동에 필요한 에너지를
공급하면서 줄기세포가 성체세포로 변화된다.

이 과정에서 고유진동수가 높아진다.

유의 과정을 거치면서 인간원신의 고유진동수는 21진동이 된다.

고유진동수가 높아지면서 삶의 터전이 바뀌게 된다.

21진동의 공간으로 이주해 가게 된 것이다.

이 당시 21진동을 갖고 있는 공간이 별의 표면이다.

이때 원신들이 이주해 간 별은 지구 뿐만이 아니었다.

태양이나 달, 화성이나 금성 등 다양한 별들로 이주해 갔다.

별의 표면으로 이주해 간 원신들은 각각이 처한 환경에 적응하면서 서로 다른 형태의 육체를 갖추게 되었다.

마고의 의도로 조율된 지구에는 두 종류 원신족이 이주해 왔다.

한 종류는 마고와 마고의 자손들이다.

또 한 종류는 12연기를 거쳐온 원신들이다.

12연기를 거쳐온 원신들은 후무명이 고착화된 존재들이다.

마고의 후예들은 후무명에 들지 않고 선무명에 머문 존재들이다.

마고는 지구를 상념체들이 살 수 있는 최적화된 환경으로 만들었다.

상념체들을 땅 생명이라 부른다.

산해경에서는 황토족이라 하였다.

마고는 명생명(明生命)이다.

12연기를 거쳐온 원신들은 무명생명(無明生命)이다.

그리스 신화에 나오는 크로노스가 대표적인 무명원신이다.

크로노스의 아들 제우스는 한 단계 진보한 원신이다.

크로노스는 후무명에서 시작된 원신이다.

크로노스족을 불교에서는 광음천인(光音天人)이라 한다.

광음천은 육도윤회가 시작된 이후에 생겨난 천상계다.

겁이 다해서 생멸문의 천지만물이 하나로 합쳐지면 광음천이 된다.

광음천이 다시 팽창해서 생명들이 다시 분리될 때 인간으로 분리된 존재들이 광음천인이다.

마고는 겁이 다해서 생명문이 수축될 때 함께 수축되지 않은 존재이다. 마고는 다섯 번의 겁을 거치면서 수축되지 않고 자기 개체성을 보존했다. 마고는 육도윤회계 중 야마천(夜摩天)을 창조했다.

마고족을 야마천인이라 불렀다.

초창기 지구에는 광음천인과 야마천인들이 함께 살았다.

야마천인들이 먼저 이주해 왔고, 나중에 광음천인들이 이주해 왔다.

마고의 후예들이 사는 곳을 마을 또는 고을이라 불렀다.

마고가 처음 지구로 왔을 때 지구는 아직 공간 형태가 갖춰지지 않은 플라스마 상태였다. 그 상태의 공간을 삼체 공간으로 안정시켜서 땅 생명들이 온전한 형체를 갖게 했다.

광음천인들이 지구로 이주해 왔을 때는 야마천인과 땅 생명들이 함께 살고 있었다.

이 당시의 나무들은 키가 100km가 넘는 것들이 있었다.

이 나무들은 원초신에서 분리된 식물의 원신들이다.

그런 나무들을 신목(神木)이라 불렀다.

크로노스 같은 무명 생명들은 각성이 없어서 지구보다 더 빨리 고유진동수가 높아졌다. 1세대 광음천인들은 지구 고유진동수에 적응하지 못했다. 2세대 광음천인들은 고유진동수를 안정시켜서 지구에 적응했다. 그들은 야마천인들에게 교육을 받은 후에 고유진동수를 조절하게 되었다. 마고족은 지구에 내려와서 땅 생명과 광음천인을 교화했다.

지구 최초의 학교는 마고족이 만들었다.

그 당시 학교로 활용했던 수련장들이 피라미드이다.

피라미드 안에서 수련을 하게 되면 안정된 심성을 갖게 된다.

피라미드 수행자들은 자연과 교류할 수 있는 능력을 갖게 되었다.

육체를 갖고 별의 표면으로 내려온 원신들은 새로운 환경에 처해지면서 또 다른 고난을 받게 된다. 그 원인이 산소(酸素)와 중력(重力)이다. 식물이 번성하면서 대기 중에 산소 농도가 높아지게 되었다.
산소의 산화성이 세포 구조물을 훼손하면서 질병이 생겨났다. 처음 질병을 겪게 된 원신체들은 고통과 두려움에 빠지게 되었다.

질문 : 외계인들이 지구로 와서 인간의 유전자와 동물의 유전자를 조작해서 현재의 인간이 생겨났다고 하는데?
답변 : 동물과 인간 원신이 결합하여 탄생한 것이 키메라이다.
키메라는 신과 동물 또는 천인과 동물이 이종결합을 해서 만들어진 생명이다.
크로노스족과 신수가 이종결합을 해서 만들어진 키메라가 있고, 상념체 중 동물의 상념체와 이종결합을 해서 만들어진 키메라가 있다. 그리스 신화를 보면 헤라클레스와 메두사에 대한 이야기가 나온다. 메두사는 크로노스족과 신수가 결합해서 만들어진 키메라이다. 메두사는 신들도 죽이지 못한다. 그래서 헤라클레스한테 죽이도록 한다.
헤라클레스는 천인과 인간 사이에서 태어난 반신반인이다.
그런 존재들을 네피림이라 부른다.
프로메테우스가 1대 네피림이고 헤라클레스는 그 뒤에 태어난 네피림이다. 지구 중반기에 신에 의해 창조된 키메라가 있었다. 이후 그들이 진화해서 한 시대의 지배자가 된다.

지구 초창기에 키메라와 네피림의 전쟁이 있었다.
그 전쟁을 통해서 키메라가 멸종된다.
키메라들은 4000년 전까지 살아 있었다.
산해경에는 당시까지 살아있던 키메라들에 대한 이야기가 수록되어 있다.

질문 : 우주가 굉장히 넓고 지구와 같은 조건의 행성들이 여러 개가 있을 텐데 우리 지구는 특별한 행성인가?
답변 : 지구는 지구환경에 맞는 생명들이 사는 별이다. 다른 별에도 그 환경에 맞는 생명들이 살고 있다. 화성이든 금성이든 생명들이 살 수 있다.
수많은 생명들이 이 우주에 흩어져 살고 있다. 33개의 세계가 존재한다고 부처님께서는 말씀하신다.

질문 : 이 지구 말고도 다른 행성들이 많지 않은가? 거기도 초창기에 무정이었다가 누군가가 형성을 해줘야 또 그 나름대로의 생태계가 생기지 않겠는가? 거기서도 마고족이 활약을 했는지? 아니면 지구 한 곳에만 왔는지?
답변 : 마고는 3000명의 자손을 데리고 지구로 와서 지구 형태를 만들어놓고 자기 자손들의 고유진동수가 높아지는 것을 보고 두 딸을 데리고 지구를 떠난다. 지구까지 오면서 여러 별들을 조율했을거라 생각한다.
마고는 광음천에서 분리되어 나오는 무명생명을 따라서 지구까지 오게 된다.
지구는 초창기 유의 시기에 태어난 별이 아니다. 몇 번의 겁을 거친 후에 태어난 작은 별이다. 5겁 전에 태어난 마고가 현겁이 시작되던 시기에 광음천 주변에 있다가 광음천에서 분열되어 나오는 생명들을 보게 된다. 한 송이 꽃이 떨어져 나오듯이 광음천에서 분리되어 나오는 생명들을 보면서 마고는 환희심에 빠지게 된다.

그런데 그렇게 분리되어 나온 생명들이 얼마 안 있다가 흩어지는 것을 보게 된다.

그것을 가엾게 여겨서 생명들이 흩어지지 않도록 보호해주게 되었다. 그때 사용했던 방법이 노래이다.

오음 칠조로 노래를 부르면서 자기 생명력을 나눠주고 광음천에서 분리되어 나온 생명들을 보호했던 것이다.

광음천에서 분리되는 생명들은 8음을 통해서 분리되었다.

여덟 가지 진동으로 천지 만물이 생겨났다. 그 여덟 가지 진동으로 여덟 종류의 생명이 생겨나는데 그 중에 일곱 종류의 생명들이 흩어지게 된다.

그래서 일곱 가지 장단을 통해 일곱 종류의 생명에게 자신의 생명력을 나누어주었다.

이때 사용했던 방법이 이름을 지어주는 것이었다.

일곱 종류의 생명에게 각각의 이름을 지어주면서 그 이름을 길게 노래로 불러주었다. 마고는 광음천의 여덟 진동을 천부8음(天府八音)이라 불렀다.

그래서 그 여덟 음을 자음으로 표시한다.

그 여덟 자음이 한글의 ㄱ, ㄴ, ㄹ, ㅁ, ㅂ, ㅅ, ㅇ, ㅈ이다.

자음을 음상이라 하고 려상이라고도 한다. 각각에 파동값이 있다는 뜻이다. 마고는 8음에서 생겨난 천지만물의 파동값을 바탕으로 거기에 맞는 이름을 짓고, 모음에다 자신의 생명 에너지를 실어서 길게 노래하는 방법으로 천지만물의 형체를 보존시켰다. 그런 후에 그 생명들을 따라서 지구까지 오게 된 것이다. 지구까지 오면서 제도된 상념체들은 다른 별에서도 정착했을 것이다. 그 당시 지구는 플라스마 상태였고, 그 공간 안에 상념체들이 같이 내재되어 있었다.

그 모습을 본 마고가 지구 공간을 조율해서 삼체 공간을 만든 것이다.

지구 조율을 끝낸 뒤에도 마고는 수십억 년을 지구에서 살았다. 그러다 지구를 떠난 뒤 야마천을 창조했다.

야마천은 다툼 없는 세상을 만든다라는 서원으로 창조된 세계이다.

마고는 지구를 떠날 때 자기 자손들을 남겨놓고 떠났다.

지구에 남겨진 마고의 자손이 네 민족을 이루게 된다.

네 민족 중 첫째가 우리 민족이다.

둘째가 중국의 한족이고, 셋째가 이집트의 파라오족, 넷째가 유대족이다.

네 민족들은 마고의 네 손자들이 조상이다.

첫째가 황궁씨고 둘째가 청궁씨 셋째가 백소씨 넷째가 흑소씨이다.

마고는 자손들을 남겨두고 떠나면서 다시 돌아오겠다고 말했다. 마고에 대한 이런 얘기를 신라의 재상이었던 박제상이 징심록(澄心錄)이란 책에 기록했다.

징심록은 8부로 되어 있는데 그중 부도지라는 대목에 우리 민족의 시원과 계보를 말하면서 마고에 대한 설명이 나온다.

질문 : 경전에서 부처님께서는 지구 뿐 아니라 다른 세계의 인간들에 대해서도 말씀하셨는가?

답변 : 아주 자세히 말씀하셨다. 웃타라쿠루 얘기라든지, 다른 세계의 인간들에 대해 상세하게 말씀하신다. 아함경(阿含經)이나 기세경(起世經)에서 삼십삼천에 대해 말씀하시면서 네 개의 인간 세상에 대해 말씀하셨다.

질문 : 우주의 역사를 130억년이라고 말하는데 몇 만년 전까

지 지구에서 유(有)가 진행됐단 말씀인가?

답변 : 유가 진행되면서 몇 번의 팽창과 수축이 있었다.

질문 : 마고가 활동한 것이 몇십억 년 됐는지 알 수는 없지만 어느 때에 마고는 떠났고, 그 뒤에 네피림과 키메라들이 세상을 지배했다는 것인가?

답변 : 그렇다.

질문 : 전대 문명이나 전 전대 문명은 현생 인류의 이야기인가?

답변 : 현생인류 이전의 이야기이다. 전대 문명은 네피림들이 주도했다.

질문 : 마고족은 육체의 상태인가, 영혼의 상태인가?

답변 : 육체를 갖고 있다. 마고족도 똑같이 촉, 수, 애, 취, 유라고 하는 이 과정을 거쳤다. 다만 마고족은 각성을 갖고 있기 때문에 명 생명으로서 생멸연기에 드는 것이다. 광음천인들은 각성이 없어서 후무명으로 생멸연기에 들게 된다.

질문 : 그러면 크로노스는 지구에서 떠난 것인가?

답변 : 그렇다. 크로노스는 그 시기에 쇠퇴했다.

별의 표면으로 이주해온 인간 원신들은 중력과 기압의 영향을 받게 된다.

그러면서 중력과 기압에 적응하기 위한 몸을 갖추게 되었다.

이때 이루어진 것이 뼈와 근육의 강화이다.

뼈와 근육이 강화되면서 육체 전반에 걸쳐 변화가 일어났다.

육체를 이루는 세포들이 영역별 특징을 가지고 고착화되었다.

근육세포 뼈세포 장부세포 피부세포 등등 영역별 세포들이 고착되고 눈, 귀, 코, 입, 몸이 한 자리에 고정되어 고착화되었다.

육체의 몸이 고착화되면서 의식은 더욱더 속박되었다.

이런 변화는 야마천인이나 광음천인에게 똑같이 일어났다.

그런 과정을 겪으면서 고유진동수가 점점 더 높아졌다.

21진동에서 별의 표면에 정착한 인간 원신들은 육체 구조물이 고착화되고 나서 고유진동수가 한 단계 높아졌고 산소가 갖고 있는 산화성으로 인해 세포막이 훼손되면서 또 한 단계 높아졌다. 세포막의 훼손은 병고(病苦)의 시작이었다.

병으로 생긴 고통은 고유진동수가 높아지게 하는 또 하나의 원인이 되었다.

별의 표면으로 내려오면서 인간 원신들이 갖게 된 또 하나의 특징이 시간에 대한 인식이다. 해가 뜨고 지는 것에서부터 스스로의 몸이 변화되어가는 것에 대한 인식이 생겨나면서 시간적 관념을 갖게 되었다. 그때 생겨난 말이 '어제' '오늘' '내일'이다.

어제의 '어'라는 말을 문자 원리로 풀어보면 'ㅇ'은 '본성'이란 뜻이다.

'ㅓ'는 '안으로 깃들다'라는 뜻이다.

'제'의 'ㅈ' 은 '성스럽다'라는 뜻이다.

'ㅔ'는 'ㅓ' 와 'ㅣ'가 합쳐진 것이다.

'ㅓ'는 '안으로 깃들다'라는 뜻이고 'ㅣ'는 '사람"이라는 뜻이다.

그래서 'ㅔ'는 '사람이 안으로 깃들다'라는 뜻이다.

어제라는 말의 뜻을 합쳐보면 '사람이 안으로 깃들어서 본성을 회복하고, 성스러움이 안으로 깃들게 한다'라는 뜻이다.

여기서 성스러움이란 본성과 동떨어지지 않은 식의 정보를 말한다.

식의 틀을 이루고 있는 정보들은 과거의 산물이다.

그 정보들이 본성을 여의지 않도록 관리하는 것이 어제의 일이다.

어제라는 말 속에는 '지나간 순간순간이 성스럽게 내 안에 깃들도록 한다'라는 의미도 있다.

오늘이라는 말도 풀어보자.

'오'자의 'ㅇ'은 '본성'이고, '·'은 '하늘 성품'이다. 'ㅡ'는 '중심'이다.

중심에 하늘 성품을 갖추어서 본성을 회복한다.

이것이 '오'자의 뜻이다.

'늘'자의 'ㄴ'은 '위로 향한다'라는 뜻이다.

'ㅡ'는 '중심'이다. 'ㄹ' 은 '계속한다' '즐긴다'라는 뜻이다.

오늘이라는 말은 '중심에 하늘 성품을 갖추어서 본성을 회복하고, 스스로가 하늘 생명이 되는 것을 즐긴다.'라는 뜻이다.

이 순간을 통해 본성을 회복하고 스스로가 하늘 생명이 되는 기쁨을 맛보는 때가 오늘이다.

내일의 'ㄴ'은 '승화'라는 뜻이다.

'ㅐ'는 서로 의지해서 밖으로 확장한다.

'일'자의 'ㅇ'은 본성, 'ㅣ'는 사람, 'ㄹ'은 즐긴다.

내일이란 말에 뜻을 풀어보면 '서로 의지해서 밖으로 확장하고 자기 승화를 이룬다. 사람이 본성을 보는 것을 즐긴다.'라는 의미가 있다.

내일도 나는 내 본성을 즐긴다. 앞으로 다가올 모든 일이 나를 확장시키고 승화시키는 일이다. 어제와 오늘, 내일이라는 말속에는 '본성을 누리고 즐겨서 하늘 생명이 된다'라는 의미가 내포되어 있다.

이런 개념을 만든 사람은 시간을 어떻게 써야 하는지를 아는 존재였다. 이것이야말로 유(有)의 과정에서 무유(無有)하는 방법이다.

어제를 알고, 오늘을 알며, 내일의 일을 하는 사람은 무유를 이룬 사람이다. 어제, 오늘, 내일은 지금까지 한 번도 변하지 않았던 순수한 우리의 말이다. 이런 개념들은 평범한 사람들이 만들어낸 것이 아니다. 그야말로 깨달은 존재가 만들어낸 개념이다.

오늘, 어제, 내일을 이런 관점으로 바라보지 못한 생명들은 시간적 관념이 생겨나면서 고유진동수가 24까지 높아지게 된다.

과거, 현재, 미래라고 하는 시간적 관념이 공고해질수록 생명이 갖고 있는 고유진동수는 점점 더 높아져서 현재와 같이 된다.

어제도 오늘도 내일도 중심과 본성을 여의지 않고 그것을 누림의 대상으로 삼는다. 성스럽게 깃들어 있는 심식의로 이 순간을 즐기고 다가올 경계와 서로 의지해서 존재적 승화를 이룬다.

마고(麻姑)는 스스로의 깨달음을 천부사상(天符思想)으로 정립했다.

인류 최초의 문자인 한글과 숫자를 만든 것이 마고이다.

천부사상은 교육체계로 확립되었다.

이때 만들어진 교육체계가 삼천도류이다.

삼천도류란 풍천도류, 수천도류, 지천도류를 말한다.

풍천도류란 조식을 통해 본성을 보는 공부법이다.

조식이란 식의 작용을 비추어서 무념을 얻는 방법이다.

수천도류란 지감을 통해 본성을 보는 공부법이다.

지감이란 감정을 지각해서 무심을 얻는 방법이다.

지천도류란 금촉을 통해 본성을 보는 공부법이다.

금촉이란 촉감을 비워서 밝은성품을 인식하는 방법이다.

조식의 방편으로 관법이 쓰인다.

지감의 방편으로 음률이 쓰인다.

금촉의 방편으로 체술이 쓰인다.

천부사상이 정립되고부터 광음천족과 땅 생명들의 교화가 시작되었다. 마고는 천부사상의 원리를 문자 속에 담아 놓았다.

우리말의 뜻을 풀어보면 그 속에 천부사상이 있다.

우리말과 문자에 내재된 뜻을 해석하는 방법을 자손들에게 가르쳐야 한다.

천부사상과 불교는 많은 부분에서 공통점이 있다.

특히 12연기법(十二緣起法)과 천부경(天符經)은 생명의 근본과 면모의 형성, 존재 목적의 성취에 있어서 사상적 공감대를 이루고 있다.

우리 말에 내포되어 있는 의미들을 해석해 가면서 우리 조상들의 사상과 철학을 배워야 한다.

아이들을 이렇게 가르치면 어려서부터 저절로 철학자가 된다.

수행을 통해서 자기 심식의를 다스리고 자연과 교류해서 자연의 형질을 조절할 수 있는 능력을 갖춘 존재들이 마고의 자손들 중에 나타났다. 마고는 그런 능력을 갖춘 후손들을 지구 각지에 파견해서 통치를 하게 했다. 그로 인해 지구에는 안정된 사회구조가 만들어졌다.

다만 공간의 고유진동수가 높아지는 것은 어찌할 수가 없었다. 교육을 통해 생명들을 제도해도 제도되지 못한 생명들이 만들어내는 거친 파동을 막을 수가 없었기 때문이다.

이 시기의 생명들은 야마천족도 그 크기가 거대했고 식물, 동물들도 그 크기가 거대했다. 천인들은 최소한 100미터 이상의 키를 갖고 있었다.

고유진동수가 높아지면서 그 크기가 점점 줄어들게 된다.

육체의 몸이 줄어든 것은 생(生)의 과정을 통해서이다.

육체가 줄어들면서 유전적 변이가 함께 일어났다.

유(有)의 상태에서 일어난 가장 큰 변화(變化)가 호흡과 양분의 섭취, 그리고 생식호르몬의 생성이다.

육체의 몸이 기압에 노출되면서 외부 압력에 적응하기 위해 호흡이 시작된다. 본래 호흡은 외부와 내부의 연결을 위해 행해지는 의식 활동이었다. 그러다가 기압에 노출되면서부터는 내부 압력을 높이는 기능으로도 쓰이게 되었다. 생명의 존재 양태에 따라 서로 다른 호흡이 쓰인다. 영 생명으로 존재할 때의 호흡은 고유진동수의 변화에 따라 밝은성품 공간이 팽창하고 수축하는 것이다.

고유진동수가 낮아지면 공간이 넓어지고, 고유진동수가 높아지면 공간이 좁아지는 것이 영 생명의 호흡이다.

혼의 몸을 갖고부터는 성, 주, 괴, 공의 과정에서 일어난 물질적 변화로 인해 호흡이 일어난다.

물질 입자의 분열과 결합으로 만들어진 에너지가 외부로 방출되는 것도 호흡이다. 혼과 혼이 접촉되면서 에너지와 정보가 서로 교환되는 것도 호흡이다. 세포 구조물 안에 갇힌 영의식과 혼의식이 외부 생명의 의식과 서로 연결하는 것도 호흡이다.

기압의 장애로부터 자유로워지기 위해서 외기를 끌어들이는 것도 호흡이다. 폐의 구조가 고착되면서 산소와 이산화탄소를 서로 교환하기 위한 호흡이 이루어진다.

호흡을 하게 되면서 인간 원신들의 에너지 생성 기능에 장애가 생겨난다. 외부의 공기로 내부를 채우면서 적정 에너지를 생성해내던 육부의 기능이 저하된 것이 그것이다.

내부의 압력은 높아져서 외부 압력에 저항할 수 있는 조건은 되었지만 공기의 거친 파동 때문에 육부가 생성해 내는 밝은성품이 줄어들게 되었다.

그러면서 밝은성품이 갖고 있는 생명에 대한 보호기능이 약해지기 시작했다.

육부가 공기로 채워지면서 조급하고 격한 성향들이 생겨나게 되었다.

감정이 불안정해지고 의식이 조급해지면서 평온함이 사라졌다.

거부적 인식이 팽배해지고 부정성이 커지면서 생명 에너지가 음화되기 시작했다. 생명 에너지의 음화로 인해 번뇌가 생겨났다.

육체는 그 자체만으로도 번뇌를 일으키는 원인이 된다.

하지만 호흡을 하고부터는 훨씬 더 큰 번뇌에 시달리게 되었다. 초기에 유(有)화되었던 생명들은 육부가 생성해내는 적정 에너지만으로도 자기 의식 활동을 할 수가 있었고, 불편했지만 기압과 중력에도 적응할 수가 있었다.

그 상황에서 불편함을 해소하기 위한 수단을 강구하면서 자기 의식의 흐름을 통제하지 못하는 번뇌에 빠지게 되었다.

생명 에너지의 음화는 세포 구조물 안에서 초양자 에너지의 순환 범위를 축소시키게 된다. 그러면서 우주가 만들어내는 초양자 에너지가 세포 안으로 들어오는 틈을 차단하게 된다. 본원 생명의 밝은성품과 객체 생명의 밝은성품이 서로 공유되지 못하게 된 것이다.

이 과정에서 개체 생명들이 고립된다.

우주가 생성해 내는 초양자 에너지와 개체 생명이 생성해 내는 초양자 에너지가 서로 교류되면 안정되고 평화로운 상태를 유지한다.

반대로 초양자 에너지의 교환이 단절되면 외로움과 우울함에 빠지게 되고 고립감에 시달리게 된다.

음기의 양이 점점 더 많아지면 세포를 감싸고 있는 전자기막이 음화된다. 이런 생명들은 조화성을 잃어버린다.

자연과 교감하고 조화를 이룰 수 있는 힘을 잃어버리고 단절되는 것이다.

스스로가 생성해 내는 에너지가 부족하면 우주에서 생성되는 에너지를 흡수해서 다른 생명들과 상생적 관계를 유지할 수 있다.

하지만 음기의 막이 공고해지면서부터는 그런 기능마저도 사라지게 되었다.

호흡을 하면서 세포 구조물들이 산화되면 그것을 복구해야 한다. 그러려면 우주의 밝은성품을 받아들여야 한다.

음기로 인해 고립된 생명들은 훼손된 세포를 복구하지 못해서 고통과 두려움에 빠지게 된다. 그러면서 공격성과 이기성을 갖게 된다.

이기성과 공격성은 고립되고 단절된 환경에서 생겨나는 자기방어적 본능이다.

세포막이 훼손되는 것이 병(病)이다.

이런 상황에 처해진 원신 생명들은 병의 고통에서 벗어나기 위해 또 다른 노력을 하게 되었다. 그것이 바로 양분의 섭취이다.

땅 생명들은 무정이 형상화되면서 같이 형상화되었다.

땅 생명들은 육체가 훼손되어도 금방 복원시킬 수 있었다.

땅 생명의 세포복원력은 양분의 섭취를 통해 갖추어진 능력이다.

무정의 공간 안에 혼의 상태로 공존하던 상념체들은 무정의 혼과 촉의 상태를 지속하는 관계였다. 때문에 혼의 입자 간에는 성(成)이 빈번하게 일어나고 있었다.

그런 성향이 땅 생명으로 분리되고 나서도 남아 있었다.

그것이 행동으로 나타난 것이 먹는 것이다.

'먹' 이란 말을 풀어 보면 다음과 같은 뜻이 있다.

ㅁ 고정된 틀, ㅓ 안으로 깃든다. ㄱ 그것은 항상 방향성을 갖고 있다. 내 몸이 고정된 틀이다. 그 몸을 놓고서 항상 안으로 깃든다. 이것은 항상 방향성이 있다.

'는다'의 '는'은 '편안하게 위로 향한다' 또는 '바라본다'라는 뜻이고 '다'는 연결해서 확장한다는 뜻이다.

고정된 틀 안에 깃들게 하고 편안하게 자기 승화를 도모한다.
그러므로 다른 생명과 연결을 이루고 밖으로 확장된다.
땅 생명에게 먹는 행위는 이토록 성스러운 것이었다.
하지만 원신체들에게는 극단적 퇴화를 이루는 계기가 되었다.

별 생명과 땅 생명의 이와 같은 관계로 인해 땅 생명들의 먹는 행위는 자연스럽게 이루어졌다.
하지만 하늘에서 내려온 천인들은 별 생명과 성(成)의 관계를 맺지 않았다. 때문에 먹는 관계가 아니었다.
처음 별로 내려왔을 때에도 먹는다는 의도 자체가 없었다.
천인들은 밝은성품을 생성해서 생명활동을 했기 때문에 외부에서 양분을 섭취할 필요가 없었다.
호흡이 먹는 행위의 원인이 되었다.
호흡을 하면서 생긴 고통과 두려움이 먹고자 하는 의도를 갖게 한 것이다. 이렇게 된 것은 자기도 모르게 생멸연기에 휩쓸려 왔기 때문이다. 여기서라도 자각해서 어제와 오늘과 내일이 되도록 하면 호흡하기 이전의 상태로 돌아갈 수가 있다.
하지만 교화를 받지 못한 생명들은 그 방법을 알지 못했다.
세포가 훼손되면 피부병에 걸린 것처럼 흉측해진다.
그러면서 통증에 시달린다.
이런 상황에 처해진 천인들이 땅 생명들을 따라 하면서 먹는 행위가 시작되었다.
"아함경"에 보면 이 대목에 대한 설명이 나온다.
부처님께 제자가 묻는다.
'어떻게 똑같은 생명에게서 계급이 생겨났습니까?'
'불가촉천민과 크샤트리아, 브라흐만이 왜 생겼습니까?'
부처님께서 대답하신다.
"광음천인들이 지구로 내려와서 처음 먹은 음식이 지유였다.

지유는 땅에서 솟는 물이었는데 그 맛이 달고 부드러웠다.
그 물을 많이 먹은 사람은 못생기고 천한 습성을 갖게 되었고, 그 물을 적게 먹은 사람은 잘생기고 귀한 사람이 되었다.
또 그 물이 마른 다음에는 '멥'이라는 곡식이 생겼다.
주먹만한 크기의 멥 또한 달고 맛이 있었다.
멥을 많이 먹은 사람은 천한 신분이 됐고 적게 먹은 사람은 귀한 신분이 되었다."

마고의 역사를 기록한 부도지에서도 비슷한 대목이 있다.
마고의 권속 중에 지소씨가 있었다. 지소씨는 다른 사람에게 지유를 양보하고 뒤에 남았다가 결국에는 배가 고파서 성벽 위에 고여있는 물을 마셨다.
그 물을 먹고 나니 기분이 황홀해지고 불끈불끈 힘이 솟았다.
그래서 큰소리로 고함을 질렀다. 그 모습을 본 마고가 대노했다.
부도지에서는 이 사건을 '오미의 난'이라 부른다.
이때 지소씨가 먹은 물은 포도가 떨어져서 발효된 술이었다.
마고는 자기 자손이 다른 생명을 먹어서 양분을 삼는 것을 보고 분노했다. 생명이 생명을 먹음으로써 생기는 혼탁함으로 인해 아수라계가 열리는 것을 염려했기 때문이다.
마고는 두 딸만 남겨두고 모든 자손들을 성 밖으로 쫓아냈다.
그런 다음 큰 비를 내리게 해서 마고 대성을 씻어 내었다.
그렇게 오미의 난이 있고 난 뒤 지유가 말라 버렸다.
그때 마고는 야마천으로 돌아갔다
"언젠간 다시 돌아올 것이다. 자손들끼리 잘 살아라."
마고가 남기고 간 말이다.
부도지는 야마천족의 관점에서 유(有)의 시기를 기록한 책이다.
아함경은 광음천인의 관점에서 유(有)의 시기를 기록한 책이다.
지구 초창기에 두 종류의 천인이 있었다는 근거가 되는 것이 부도지와 아함경이다.

광음천인들과 야마천인들은 양분을 섭취하는 방법과 생의 과정으로 들어가는 절차가 서로 달랐다.

마고에게는 네 명의 손자가 있었다. 황궁씨, 청궁씨, 흑소씨, 백소씨가 바로 그들이다. 마고가 지구를 떠난 뒤에 네 자손들은 사방으로 흩어졌다.

백소씨는 남쪽으로 가서 이집트의 파라오가 되었다,

흑소씨는 다른 생명을 먹었던 벌로 백소씨의 노예가 되었다.

청궁씨는 동쪽으로 가서 한족의 조상이 되었다.

한족은 청궁씨족과 땅족이 피를 섞어서 탄생한 반신반인이다.

즉 네피림인 것이다.

그 일을 추진했던 사람이 신농씨이다.

백소씨들은 이집트를 세우고 그곳에서 신으로 군림한다.

최초로 음식을 먹었던 지소씨는 흑소씨의 자손이었다.

흑소씨가 그 책임을 지고 백소씨의 노예가 된다.

흑소씨들이 유대인의 조상들이다.

황궁씨는 천산으로 이주해가서 참회 수행을 하면서 살았다.

참회하는 마음으로 다른 음식은 먹지 않고 칡뿌리만 캐먹고 살았다.

황궁에게서부터 유인씨, 환인씨, 환웅, 단군으로 이어지는 자손들이 생겨났다. 우리 민족의 조상 중 환웅까지는 야마천인이고 단군부터는 네피림이다.

단군은 마지막 환웅과 땅족의 어머니 사이에서 태어난 네피림이다.

고조선이 패망한 뒤에는 단군이 신라의 왕이 된다.

박혁거세가 단군이다.

유의 시기에 일어났던 그와 같은 일들이 지금은 신화로 남아

있다.

그리스 로마신화나 프로메테우스의 탄생설화, 단군의 탄생설화, 중국 민족의 탄생설화, 이집트 신화들이 비슷한 공통점을 갖고 있는 것은 그와 같은 이유 때문이다.

훼손된 세포를 복원하기 위해 섭취했던 음식은 시간이 지나면서 기쁨을 느끼는 방편이 된다. 먹는 기쁨에 빠져버린 것이다.

여러 종류의 기쁨이 있다. 그 중에 먹는 행위의 기쁨은 도파민적 기쁨이다.

양분의 섭취는 세포 구조물의 복구라는 긍정적 결과도 있게 했지만, 육부의 적정성을 훼손하는 부정적 결과를 가져왔다.

음식이 육부의 공간을 채우면서 적정력을 완전하게 상실해 버린 것이다. 그런 천인들은 땅 생명과 비슷한 형체를 갖게 되었다.

땅 생명이 적정력이 없어서 밝은성품을 생성해 내지 못했듯이 적정을 잃어버린 천인들도 밝은성품을 생성해 내지 못했다.

그런 천인들은 성스러움이 사라졌다.

부도지에서는 이때의 모습에 대해 묘사한 대목이 나온다.

"음식을 먹은 사람들은 이빨이 났다.

침을 흘리고 콧물과 눈물도 나왔다.

오금을 잃어버렸다.

서로 다른 언어를 쓰기 시작했다.

눈, 귀, 코, 입, 몸, 생각의 활동성이 비약적으로 줄어들었다."

오금(五金)은 세포가 제도되었을 때 나타나는 체백의 형상이다.

세포 제도란 선천혼과 선천백을 활용해서 세포의 물질성을 제도하는 방법이다.

음식을 먹기 전에 밝은성품으로 살아가는 세포들은 체백이 제공해주는 에너지만으로도 공간적 형질을 유지할 수 있었다.

체백들은 밝은성품과 광자를 양분으로 삼아 세포 공간에 일정량의 전자기 에너지를 공급해주고 있었다. 산소의 산화성으로 세포막이 훼손된 세포들은 체백이 물질을 분해해서 혼백의 상태로 돌아간다. 그때의 형상이 반짝이는 빛무리가 뭉쳐 있는 모양이다. 그 모양을 오금이라 불렀다.

음식을 섭취하지 않은 천인들은 죽은 뒤 오금의 상태로 돌아갔지만 음식을 섭취한 천인들은 오금의 상태로 돌아가지 못했다. 그런 천인들은 몸이 부패되었다.

오금으로 돌아가는 세포들은 영혼이 육체를 벗어나면 그 즉시 오금으로 변화된다.

때문에 시체가 남지 않는다.

먹음으로써 말이 서로 달라지는 것은 육장이 생성해 내던 밝은성품이 중단되었기 때문이다. 육장 중 위장과 소장에서 생성되는 밝은성품이 말하는데 쓰이던 에너지였다. 그 에너지가 연수와 대뇌 연합령에 공급되면 말이 나왔는데, 에너지 공급이 끊어지자 말을 할 수 없게 된 것이다.

언어가 끊어진 천인들은 자기 의사를 표현할 수 없었다.

그러므로서 더욱더 고립된 상황에 처해지게 되었다.

나중 물질 양분의 에너지가 언어 경로에 제공되고부터는 말을 할 수가 있었다. 하지만 이때는 서로 다른 언어를 사용하고 있었다.

언어가 끊어질 무렵 눈, 귀, 코, 입, 몸, 생각의 기능도 현격하게 퇴화되었다. 신안(神眼)이 육안(肉眼)으로 바뀌고, 신이(神耳)가 육이(肉耳)로 바뀐 것이다.

밝은성품의 공급이 차단된 생각은 심식의의 기반으로 전환되었다.

그런 존재들은 본성을 잃어버리고 의식, 감정, 의지를 자기라 생각했다. 언어가 달라진 천인들은 교화를 받을 수가 없었다. 결국에는 땅 생명과 섞여 살면서 본래의 광명을 잃어버리게 되었다.

음식을 먹어서 양분을 섭취한 세포들은 제도의 과정이 복잡하게 이루어진다. 그 방법이 무유(無有)의 과지법이다.
유(有)에 무(無)하기 위해서는 유(有)가 생겨난 원인을 제도하고 유(有)로써 드러난 현상을 제도해야 한다.
유(有)의 원인은 탐진치(貪嗔癡)이다.
유로써 드러난 현상은 육체 구조물이다.
때문에 무유(無有)하는 것은 탐진치를 제도하고 육체 구조물을 제도하는 것이다. 탐진치는 의식, 감정, 의지가 갖고 있는 부정적 성향이다.
탐진치로 인해 생명의 고유진동수가 높아지고, 혼의 몸이 세포 구조물로 바뀌게 되었다. 탐진치를 제도하면 고유진동수도 낮아진다.
의식이 현상에 치중해서 자기를 잃어버리는 것이 탐심(貪心)이다.
감정에 빠져서 자기를 잃어버리는 것이 진심(嗔心)이다.
의지가 비교와 분별에 빠져서 지각성을 잃어버린 것이 치심(痴心)이다.
탐심은 무념으로 제도한다.
진심은 무심으로 제도한다.
치심은 각성으로 제도한다.

육체 구조물의 제도는 크게 두 단계로 이루어진다.
첫 번째 단계는 물질 양분 섭취 이전에 행하는 세포 제도이다.

두 번째 단계는 물질 양분 섭취 이후에 행하는 세포 제도이다. 물질 양분을 섭취하기 이전의 세포들은 체백이 생성해 내는 에너지와 자기 밝은성품으로 형태적 틀을 유지한다.

때문에 밝은성품만 충분하게 공급해 주면 세포 제도가 이루어진다.

탐진치를 제도하고 본성을 인식하는 각성만 투철하게 유지하면 고유진동수가 안정돼서 별의 표면으로 내려오지 않는다.

그 상태에서 무취(無取)하게 되면 영혼과 육체가 분리된다.

영혼은 12연기를 거슬러 올라가면서 진여문을 이루고, 육체의 세포들은 오금으로 변화된다. 나중 진여연기의 과정에서 사대(四大)로 전환된다.

물질 양분을 섭취한 이후에 세포의 제도는 습득혼의 제도와 유전혼의 제도 그리고 습득백의 제도를 통해 이루어진다.

습득혼(習得魂)이란 다른 생명의 혼성이 세포 구조물 안으로 들어온 것을 말한다.

습득혼이 유입되는 경로는 두 가지이다.

하나는 양분 섭취를 통해 유입되는 것이다.

또 하나는 감정 교류를 통해 유입되는 것이다.

양분 섭취를 통해 들어오는 습득혼은 이화와 동화의 과정을 통해 유전혼으로 전환되어 세포 안에 내장된다.

감정 교류를 통해 들어오는 습득혼은 오장(五臟)에 내장된다.

이와 같은 경로로 유입된 습득혼을 제도하는 것이 선천혼이다.

선천혼은 습득혼과 성(成)을 이루면서 유전혼으로 전환시킨다.

유전혼으로 전환된 습득혼은 체백과 공조하면서 유전형질로 고착된다. 선천혼이 정상적으로 활동하면 습득혼의 제도가 저절로 이루어진다. 하지만 선천혼은 특정한 조건에서만 활동한다.

선천혼이 활동하는 두 가지 조건이 있다.

그것이 바로 고유진동수와 에너지 상태이다.

선천혼은 18진동 이하에서 활동성이 촉발된다.

선천혼은 밝은성품과 양자 에너지, 적정한 세기의 전자기 에너지가 공급되어야만 활동성이 촉발된다.

24진동을 갖고 있는 인간들은 선천혼이 활동하지 않는다.

이 당시 물질 양분을 섭취했던 천인들은 고유진동수가 24였다. 때문에 이들의 세포는 제도되지 못한 상태였다. 그 결과 나타난 것이 오금의 상실이다. 선천혼의 돌봄을 받지 못한 습득혼은 유전혼과 융화를 이루지 못하고 서로 부딪치게 된다. 그 결과 세포 대사가 정체된다. 세포 대사가 정체되면 육체 기반의 의식체계가 가동되지 못한다. 세포의 호흡이 끊어지고 양분 공급이 중단된다.

이 상태가 길어지면 죽음을 맞이한다.

하지만 다행스럽게도 이변이 일어났다.

안, 이, 비, 설, 신, 의가 닫혀 버리면서 고유진동수가 18진동으로 내려간 것이다.

그 상태에서 선천혼이 활동하면 습득혼이 유전혼으로 전환되면서 세포 대사가 재개된다. 세포 대사가 재개되어 다시 육근이 가동되면 고유진동수가 올라간다. 그렇게 되면 선천혼이 활동을 멈추면서 앞의 과정이 반복된다.

이 과정은 계속해서 반복적으로 일어났다.

이것이 바로 '잠'이다.

잠은 세포 대사가 정체된 데서 생겨나는 생리적 작용이다.

물질 양분을 섭취하는 생명들은 잠을 자지 못하면 죽게 된다. 잠을 자는 것만으로는 모든 습득혼이 유전혼으로 전환되지 못한다. 그런 습득혼은 세포 내에 질병의 원인으로 남아 있다. 분리될 때는 상처를 준다.

세포의 제도를 이루기 위해서는 고유진동수를 18진동 이하로 떨어뜨려야 한다.

마고는 삼천도류를 가르쳐서 그 방법을 알려주었다.

반야심경에서 제시하는 방법은 조견 오온 개공이다.

중심을 세워서 오온을 비춰보면 고유진동수가 18진동 이하로 떨어진다.

선천혼이 활동할 수 있는 에너지 조건을 갖춰주려면 초양자 순환체계와 양자 공명체계, 전자기 균형체계가 갖추어져야 한다.

우주의 본원에서 생성되는 초양자 에너지와 세포가 생성해 내는 초양자 에너지가 서로 교류할 수 있는 통로를 확보해 주는 것이 초양자 순환체계를 갖춰주는 것이다.

정도 이상 강해진 음기의 틀을 해소하여 초양자 순환을 복원한다.

양자 공명체계는 세포 간의 막간 거리와 세포 내 양성자 펌프로 인해 가동된다.

세포와 세포는 적당한 거리를 유지함으로써 서로 간에 공명한다.

세포 간에 거리를 조절해 주는 것이 양자적 관계이다.

세포의 양자적 관계는 세포외막의 전기적 형질과 초양자 에너지의 관계에 의해 결정된다.

세포의 외막은 양성자 펌프로 만들어진 양이온에 의해 플러스 형질을 갖고 있다.

플러스와 플러스가 서로 척력적 관계를 유지하면서 세포 간의 거리가 생겨난다.

이해를 돕기 위해 예를 들어 보자.

같은 전기적 형질의 물질 열 개를 2cm 간격으로 배열한다.

편의상 열 개의 물질에 1 ~ 10까지 고유번호를 부여한다.

이렇게 배열하면 1번과 2번 간에는 척력이 작용한다.

2번과 3번 간에도 척력이 작용한다.

3번과 4번, 4번과 5번, 5번과 6번~ 9번과 10번 간에도 척력이 작용한다. 1번과 3번 간에는 인력이 작용한다.

3번과 5번 간에는 인력이 작용한다.

5번과 7번, 7번과 9번 간에도 인력이 작용한다.

2번과 4번 간에도 인력이 작용한다.

마찬가지로 4번과 6번, 6번과 8번, 8번과 10번 간에도 인력이 작용한다.

전기적 형질이 같은 물질 입자를 배열했을 때 이와 같은 관계가 생겨나듯 세포 간에도 똑같은 관계가 형성된다.

육체의 몸은 150mV의 전자기 막으로 둘러싸여 있고 그 안에 60조 개의 세포가 서로 적정한 거리를 유지한 채 다중적 입체구조를 이루고 있다.

세포가 막간 거리를 유지하는 또 하나의 원인이 있다.

그것이 바로 초양자 에너지와 플러스극의 관계이다.

세포는 내부의 중심부에서도 초양자 에너지를 생성해내지만 세포와 세포가 서로 대치된 간극에서도 초양자 에너지를 생성한다.

수많은 세포가 군집을 이루는 것은 최대한의 간극을 확보하여 최대량의 초양자 에너지를 생성해내기 위해서다.

촉, 수, 애, 취를 거치면서 초양자 에너지 생성 기능이 저하된 생명들은 세포 구조물의 관계를 활용하여 초양자 생성체계를 만들었다.

세포의 간극에서 생성된 초양자 에너지는 몸 밖의 초양자 에너지와 교류되기도 하고, 세포 내부에서 생성되는 초양자 에너지와 교류하기도 한다.

그러면서 플러스극을 갖고 있는 세포외막과 인력적 관계를 유지한다.

간극에 위치한 초양자 에너지가 세포를 끌어안고 있기 때문에 세포가 정도 이상 멀어지지 않게 된다.

만약 초양자 에너지가 정도 이상 많아지든지 세포외막의 전기적 형질이 바뀌게 되면 세포 간 막간거리에 이상이 생긴다. 그 결과로 나타나는 것이 늙음과 부종이다.

세포 간 거리가 멀어지면 늙음이 생긴다

세포 간 거리가 가까워지면 부종이 생긴다.

초양자 에너지가 음기의 틀안에 갇혀버리면서 초양자 순환이 이루어지지 않는다.

그렇게 되면 세포 사이의 간극에 초양자 에너지가 누적된다.

음기의 틀안에 갇힌 초양자 에너지는 세포의 막간 거리에 영향을 미친다.

세포에 대한 인력이 증가하면서 막간 거리가 좁아지는 것이다.

그렇게 되면 세포막의 이온 터널이 좁아지게 된다.

이온 터널이 좁아지면 영양 흡수가 차단되고, 습득혼이 세포 내부로 들어오지 못한다.

세포막에 뚫려있는 이온 터널들은 그 크기가 서로 다르다.

영양소의 서로 다른 크기에 맞추어서 이온 터널이 형성되었기 때문이다. 세포의 이온 터널에는 선천혼과 선천백이 내재되어 있다.

선천혼은 이온 터널 안에서 습득혼과 성(成)을 이룬다. 이 과정에서 양성자 펌프가 활용된다.

세포막의 이온 터널이 막히고 양성자 펌프가 가동되지 못하면 세포막 안팎으로 양자계가 형성되지 못한다.

그렇게 되면 세포 간 막간 거리도 가까워지고 세포 안의 초양자 에너지와 세포 밖의 초양자 에너지가 서로 교류하지 못한다.

세포외막에 위치한 양성자들과 세포내벽에 위치한 전자들은 양자적 공명을 이루면서 분리되기도 하고 합쳐지기도 한다.
이것이 이화와 동화이다.
이화와 동화가 일어날 때 세포 내부의 초양자 에너지와 세포 외부의 초양자 에너지가 서로 교환된다.
이때 초양자 에너지가 교환되는 형태가 나선형 꼬임이다.
세포의 내막과 외막 사이에 양자계가 형성되지 않으면 전자기성이 강해지면서 초양자 순환이 차단된다.
초양자 순환이 차단된 세포는 고립된다.
세포의 고립이 집단으로 이루어지면 질병이 생겨난다.
세포와 세포는 초양자 순환을 통해 서로 간에 통신을 한다.
그러면서 유전정보도 공유하고 상처도 치료해 준다.
세포 통신을 통해 세포재생이 일어난다.

세포의 막간 거리가 좁아진 것을 해소시켜 주려면 피부 쪽에 누적된 음기를 몸 밖으로 배출시켜야 한다.
이때 활용되는 방법이 살갗 수행이다.
마고는 지천도류의 체술로서 초양자 순환이 이루어지도록 했다.
세포 간에 막간 거리는 세포 내부에 양성자 펌프를 가동시키는 것에도 영향을 미친다.
양성자 펌프는 선천혼과 선천백이 습득혼과 성을 이룰 때 사용하는 양자 생성기이다. 양성자 펌프는 섭취된 양분을 이화와 동화를 통해 유전혼으로 바꿔가는 기능을 한다. 양성자 펌프로 생성된 양성자와 전자는 세포 안팎에 양자적 균형을 잡아주는 역할을 한다.
세포의 막간 거리가 비정상적일 때는 세포벽에 뚫려있는 이온 터널이 막히게 된다.
그렇게 되면 영양소가 세포 안으로 들어오지 못한다. 먹어도 영양 흡수가 되지 않아서 영양실조에 걸리게 되는 것이다.

영양소가 이온터널을 통과할 때 양성자 펌프가 돌아간다.
그러면서 영양소가 양이온과 전자로 분리된다.
이때 분리된 전자는 세포내막을 타고 돌면서 외막의 양이온과 양자적 공명을 이룬다.
그러다가 다시 합쳐져서 유전혼으로 전환된다.
유입된 양분이 이 과정을 거치지 않으면 유전혼의 정보를 공유하지 못한다.
양이온과 전자가 세포막을 사이에 두고 서로 공명할 때 물질구조 안에 유전정보가 심어지면서 유전혼으로 전환되는 것이다.
전자가 부족하면 물질 양분의 분해와 결합이 이루어지지 않는다.
때문에 적정량의 전자가 여분으로 함축되어 있어야 한다.
그런 전자를 환원 전자라 한다.
환원 전자를 보유하고 있는 것이 선천백이다.
특히 취와 유의 과정을 겪어왔던 선천백들은 다량의 환원 전자를 내포하고 있으면서 습득혼들을 유전혼으로 전환시키는 역할을 한다.
이와같은 연유로 세포들은 최대한 많은 체백들을 받아들이기 위한 구조를 갖고 있다. 체백이 물을 좋아하니 물로 이루어진 공간을 갖고 있고, 전자의 나선운동을 좋아하니 모든 구조물의 형태를 나선으로 만들었다.
눈의 세포 구조도 나선이고, 귀의 형태도 나선이며, 코의 구조나 피부조직, 맛을 보는 혀의 미각 돌기 조차도 나선이다.
신경세포의 구조도 나선이고, 세포의 이온채널도 나선 형태를 이루고 있다.
이 당시 세포들은 미토콘드리아와 공생하지 않았다.
때문에 양성자 펌프는 세포막에서 가동되었다.
미토콘드리아와 공생하고부터는 양성자 펌프가 미토콘드리아 안에서 가동된다. 미토콘트리아와의 공생은 후에 선천혼이 세포와 분리되고 나서 이루어진다.

양성자 펌프로 인해 세포외막은 양이온의 형질을 띠게 된다.

세포와 세포가 서로 달라붙지 않는 것은 양이온 간에 작용하는 척력 때문이다.

이온 터널이 정상적으로 작동하지 못하거나 양성자 펌프가 가동되지 못하면 세포 외벽의 양성자 양이 줄어든다. 그렇게 되면 양성자 간에 작용하는 척력이 약해져서 세포 간의 거리가 가까워진다.

세포 간 거리가 정도 이상 가까워지면 이온 터널이 막혀서 영양공급이 차단된다.

전자기 균형을 유지하려면 육체를 감싸고 있는 전자기 막이 정도 이상 강해지지 않도록 해야한다.

이때 필요한 것이 음기와 양기의 균형이다.

세포의 내외부 간에 양자적 균형이 유지되면 세포 외벽은 양이온으로 덮어진다.

그렇게 되면 초양자 순환이 원활하게 이루어진다.

반대로 세포의 양자적 균형이 깨어지면 세포 외벽 쪽에 습득혼이 누적된다. 습득혼은 전자기로 이루어져 있다.

세포 외벽의 전자기성이 강해지면 세포의 막간 거리가 멀어진다. 이로 인해 노화가 진행된다.

노화가 진행되는 세포에는 선천혼이 머물지 않는다.

초양자 순환이 정체되고 양자 공명이 차단되었으며 전자기가 정도 이상 강해졌기 때문이다.

선천혼이 탈피한 세포는 오금으로 돌아가지 못한다.

선천혼의 기능을 선천백이 담당하지만 선천백만으로는 세포제도가 완전하게 이루어지지 않기 때문이다.

세포의 이런 상황이 외부의 체백을 최대한 받아들여야 하는 원인이 되었다. 그 결과 나타난 것이 미토콘드리아와의 공생이다.

외부에서 들어온 체백을 습득백(習得魄)이라 한다.

세포 안으로 들어온 습득백이 선천백과 융화를 이루지 못하면 질병의 원인이 된다.

바이러스나 세균에 감염된 것과 같은 증상이 나타나는 것이다.

습득백이 제도되면 세포 내부에서 공생하게 된다.

나중, 생(生)의 과정에서는 정(精)이 만들어지는 원인이 된다.

습득백이 세포 내부로 들어왔을 때 부정적 환경이 조성되어 있으면 공격성을 띠게 된다. 그렇게 되면 세포핵이나 세포막을 공격하여 전자를 탈취한다.

세포핵이 전자를 빼앗기면 유전적 형질에 변화가 생기고, 세포막이 전자를 빼앗기면 세포막이 훼손된다. 그렇게 되면 세포 변이가 일어나고 심한 경우 세포가 죽게 된다. 선천혼이 세포 구조물을 떠난 뒤에 이화와 동화를 돕기 위해 불러들인 습득백이 오히려 새로운 병의 원인이 되었다.

이렇게 되지 않으려면 세포 내부에 긍정적 환경이 조성되어야 한다.

습득백이 좋아하는 것은 먹이이다.

습득백은 밝은성품과 전자를 먹이로 삼는다.

세포 내부가 긍정적 환경을 갖추려면 밝은성품과 전자가 많아야 한다.

긍정적 환경이 갖추어진 세포 안으로 습득백이 들어오면 먹이활동을 하면서 공격성을 갖지 않게 된다.

그런 습득백은 공생관계를 유지하면서 이화와 동화를 도와준다.

이렇게 공생을 시작한 습득백들이 한 개의 세포 안에 2만 개 이상 존재한다. 하지만 늙어가는 세포의 내부는 밝은성품도 부족하고 전자도 부족하다.

그런 경우 습득백을 제도하려면 외부의 초양자 에너지를 몸안으로 끌어들여야 한다. 이때 쓰이는 방법이 나선 호흡과 ㄴ 발성법이다.

백회에서부터 나선 호흡을 들이쉰 후에 날숨에 길게 니은 발성을 해주면 초양자 에너지와 전자가 함께 유입된다.

이 방법을 음식을 먹는 과정에서 틈나는 대로 해주면 습득백이 들어올 때 초양자 에너지와 전자가 함께 들어오게 된다.

그렇게 되면 습득백이 세포를 공격하지 않는다. 친화성을 갖고 세포 안에 정착해서 이화와 동화를 도와준다.

세포 제도를 위해 습득백을 채집하는 방법으로 별의 체백을 받아들이는 방법이 있다. 별의 체백은 네 종류가 있다.

지, 수, 화, 풍 사대의 체백이 그것이다.

나선 호흡으로 받아들이는 별의 체백은 세포 내부에서 부딪침을 일으키지 않는다.

때문에 받아들이는 순간부터 공조가 이루어 진다.

별의 체백이 모여있는 장소를 명당(明堂)이라 부른다.

명당의 형태에 따라 각기 다른 종류의 체백이 모여 있다.

별의 체백을 흡수하기 위해서는 먼저 명당을 찾아야 한다.

그런 다음 나선 호흡과 발성 수행법, 그리고 양신배양법을 익혀야 한다.

양신(陽神)이란 제도된 세포로 이루어진 오금의 몸이다.

별의 체백을 최대한 받아들여서 세포 제도를 이루면 육체적 형질이 사라지고 양신으로 변화된다.

양신배양법(陽神培養法)은 보살도의 수행 과정이다. 때문에 역무유진(亦無有盡)의 방법이다.

양신배양은 반드시 육체를 갖고 있는 상태에서 이루어야 한다.

양신 배양은 자기 제도와 함께 이루어진다.

양신배양을 이루는 단계가 비상비비상처정(非想非非想處定)이다.
양신은 나중 천백억 화신으로 변화된다.
부처님께서는 "수능엄삼매경"에서 천백억 화신법에 대해 말씀
하셨다.
양신배양법에 대해서는 필자의 책 "관, 12연기와 천부경"을
참조하시기 바란다.

세포 제도에 있어 유전혼의 제도는 소뇌막관을 통해 이루어진다.
소뇌막관법에 대해서는 척수막관을 다루면서 이미 말씀드렸다.
뒤에 생(生)의 과정에서 보충 설명을 해드리도록 하겠다.
무유(無有)의 과정에서 세포의 제도는 가장 어려운 과정이다.
세포 제도 이전에 장부 순화와 신경 순화, 뼈 순화를 이룬다.
이 부분에 대한 구체적인 방법은 필자의 책 '관 쉴 줄아는 지
혜'와 '관 여덟진로 수행체계'에 상세히 수록되어 있다.

역무유진(亦無有盡)에 있어서 몸의 제도는 육체의 상태에서
이루어진다. 때문에 육체의 몸을 유지한 채로 보살도에 들어
서 역무유진을 닦아야 한다.
육체의 상태에서 역무유진의 방법으로 쓰이는 것이 양신배양
법과 32진로 수행법, 그리고 16문자관이다.
32진로수행법에 대해서는 필자의 책 '관 12연기와 천부경'에
서 상세하게 다루었다. 참조하시기 바란다.
16문자관의 기법은 나중 별도의 지면을 통해 구체적인 방법
을 공개하도록 하겠다.

역무유진에 있어서 마음의 제도는 진여신의 상태에서 마무리
된다.
탐, 진, 치를 제도하면서 가장 어려운 부분이 이기심의 제도

이다.

이기심은 스스로를 지키고 보호하려는 의도에서 생겨났다.

그 원인을 들여다보면 심, 식, 의와 몸을 자기라고 생각하는 데서 시작된다.

부처님께서는 이기심을 아상, 인상, 중생상, 수자상으로 구분 하셨다.

본성을 인식한 뒤에 해탈도의 과정에서 제도하는 것이 바로 이기심이다. 금강해탈도에서 이기심을 제도하고 반야해탈도에 서 이기심의 원인인 심식의를 제도한다.

8선정의 비상비비상처정에서 몸의 제도를 이룬다.

이기심은 자기 자신에게 천착되면 언제든지 생겨나는 뿌리 깊 은 생멸심이다. 때문에 보살도에 들어서도 이기심에 빠지지 않도록 단도리를 해야 한다.

보살이 열반을 탐하는 것도 이기심에 빠진 것이다.

때문에 부처님께서는 열반상마저도 벗어나라 말씀하셨다.

진여수행의 과정을 통해 이기심을 제도하는 것은 7지까지 이 어진다.

7지 이전에는 언제라도 이기심에 빠질 수가 있는 것이다.

진여보살이 이기심을 극복하기 위해 활용하는 방법이 서원을 세우는 것이다.

'상구보리 하화중생'은 역무유진을 하기 위한 보살서원(菩薩誓願)이다.

번뇌무진서원단(煩惱無盡誓願斷)
다함이 없는 번뇌를 반드시 끊기를 서원합니다.
중생무변서원도(衆生無邊誓願度)
변함없는 중생들도 반드시 제도할 것을 서원합니다.
법문무량서원학(法門無量誓願學)

한량없는 법문을 모두 배우기를 서원합니다.
불도무상서원성(佛道無上誓願成)
더 이상 오를 데 없는 최고의 깨달음으로 부처가 되겠습니다.
이것은 생멸문(生滅門)의 중생이 세우는 자기 서원이다.

자성번뇌서원단(自性煩惱誓願斷)
스스로의 본성으로 일체의 번뇌를 끊기를 서원합니다.
자성중생서원도 (自性衆生誓願度)
자기 안에 모든 중생을 본성으로 제도할 것을 서원합니다.
자성법문서원학(自性法門誓願學)
진여수행의 모든 법을 반드시 익힐 것을 서원합니다.
자성불도서원성(自性佛道誓願成)
반드시 일심법계를 이루어서 부처가 되겠습니다.
이것은 진여문(眞如門)의 보살이 세우는 자기 서원이다.

시시때때로 서원을 되새기며 자기 정진심을 놓지 않는 것이
이기심을 제도하고 역무유진하는 것이다.
보살의 진여심에는 번뇌가 없다.
보살의 번뇌는 생멸문에 두고 온 생멸심에서 전이된다.
생멸심이 일으킨 그리움이 보살에게 전해지면 그것이 번뇌가
된다.
보살은 생멸심의 그리움을 도외시하고 열반에 머물 수도 있다.
하지만 그렇게 하면 진여수행이 이루어지지 않는다.
법화경(法華經)에 이르기를 진여수행을 하기 위해 발심하는
것을 진여출가(眞如出家)라 했다.
진여문에 들어가서 열반에 안주하고 진여출가를 하지 못하면
그 이후의 수행을 할 수가 없다.
진여보살이 열반에 머물 때 생멸심의 그리움이 전해지면 그때

가 바로 진여출가를 해야 할 때이다.

자성번뇌 서원단은 진여 출가를 할 때 세우는 첫 번째 서원이다.

중생은 생멸심의 심식의를 자기로 아는 존재이다.

보살은 진여심의 본성, 각성, 밝은성품을 자기로 아는 존재이다.

보살의 진여심에는 중생이 없다.

때문에 스스로에게는 제도해야 할 중생이 없다.

보살이 제도해야 할 중생은 생멸문에 분리시켜 놓은 생멸심과 생멸심의 원인이 되었던 반연중생이다.

진여출가를 한 이후에 진여수행의 과정이 생멸심의 제도와 반연중생의 제도로 이루어진다.

그 여정이 생멸문의 모든 중생을 제도한 후에 끝이 난다.

때문에 돈독한 정진심과 투철한 서원이 있어야 한다.

자성중생 서원도는 진여출가를 이룬 보살이 세우는 두 번째 서원이다.

진여수행을 하기 위해서는 인지법과 과지법을 알아야 한다.

진여수행의 십신, 신주, 십행, 십회향, 십지의 절차를 아는 것이 인지법을 갖춘 것이다.

쌍차쌍조법, 삼신구족법, 이무애 사무애법, 양신배양법, 32진로수행법, 16문자관법을 아는 것은 과지법을 갖춘 것이다.

보살도의 성취를 가늠하는 가장 중요한 절차가 이러한 법을 배워서 아는 것이다.

진여출가를 이룬 보살이 이러한 법문을 들을 수 있기를 서원하는 것이 자성법문 서원학이다.

열반에 들어서 진여보살이 되고 진여출가를 해서 진여수행을 하더라도 묘각도를 이루어서 부처가 되기까지는 수많은 절차와 과정을 거쳐야 한다.

그것은 혼자만의 노력으로 이루어지는 일이 아니다.

천지 만물의 호응과 본불의 초대가 있어야 비로소 불세계의 일원이 될 수 있다. 때문에 십지보살이라 할지라도 단번에 부처가 되지 못한다. 부처가 될 수 있는 첫 번째 조건이 부처가 되겠다는 서원을 세우는 것이다. 두 번째 조건이 부처님으로부터 수기를 받는 것이다. 세 번째 조건이 본불의 초대를 받는 것이다.

이 세 가지 절차가 이루어졌을 때 비로소 부처가 되는 것이다. 자성불도 서원성은 진여출가를 행한 보살이 부처가 되기 위한 첫 번째 절차를 밟는 것이다.

제18강 반야심경

무생 역무생진 無生 亦無生盡

생(生)이란 태어남을 말한다.
무생(無生)이란 태어남에서 벗어나는 것을 말한다.
역무생진(亦無生盡)이란 생을 벗어난 뒤에 행하는 진여수행을 말한다.

生은 생식세포의 출현으로 시작된다.
생식세포는 두 가지 원인으로 만들어진다.
첫째가 세포 수명이다.
둘째가 영양 성분의 누적이다.
적정성을 잃어버린 천인들은 수명을 갖게 되었다.
선천혼이 떠나간 세포들도 수명을 갖게 되었다.
죽어가는 세포들은 자기 유전정보를 전해줄 수 있는 대체 세포를 선택한다. 그것이 바로 생식 세포이다.
세포는 수명이 다하면 생식 세포에게 자기 정보를 주고 죽는다.
이화와 동화를 거친 물질 양분이 유전혼으로 바뀌면서 생식세포가 생겨난다. 두 종류의 생식세포가 있다. 정자와 난자가 그것이다.
생식세포는 뼈, 성선신경총, 전립선, 뇌하수체호르몬, 줄기세포, 생식기관의 작용으로 만들어진다.
뇌하수체는 세포가 빛의 영향을 받으면서 생겨났다.
시각중추와 피부감각체계가 빛의 자극을 받으면서 뇌하수체가 생겨난다. 나중 물질 양분을 섭취하고부터는 세포의 분열과 성장, 생식세포를 생성하는 역할을 담당하게 되었다.
뇌하수체는 세 영역으로 나누어져 있다.

전엽, 중엽, 후엽이 그것이다.

뇌하수체의 전엽에서 분비되는 호르몬이 세포 간 대화에 관여하고 생장과 생식, 이화와 동화에 관여한다.

중엽에서 분비되는 호르몬은 빛과 반응하며 시각과 피부 기능에 관여한다. 포유류의 중엽은 나중 송과체가 생겨나면서 영역이 좁아진다.

중엽이 갖고 있는 기능도 대부분 송과체가 담당한다.

뇌하수체 후엽은 항이뇨 호르몬과 옥시토신을 분비한다.

옥시토신은 자궁 내에서 아기가 태어날 수 있는 환경을 만들어주고 젖샘 기능에 관여한다.

뇌하수체의 세 영역 중 전엽은 입천장 세포와 연결되어 있다.

때문에 양분 섭취와 연관된 기능이 전엽에서 이루어진다.

양분의 섭취로 인해 생식세포가 생겨났기 때문에 생식에 연관된 기능도 전엽에서 이루어진다.

뇌하수체는 중엽이 가장 먼저 형성되었다.

그 후 전엽과 후엽이 비슷한 시기에 만들어졌다.

뇌하수체 호르몬은 크게 네 가지 기능을 갖고 있다.

첫째는 세포의 분열과 성장에 관여하는 것이다.

성장호르몬이 그 기능을 담당한다.

단백질성호르몬으로 뼈의 성장, 단백질 합성에 관여한다.

둘째는 생식호르몬의 생성에 관여하는 것이다.

성선자극호르몬으로 난포자극호르몬, 황체형성호르몬, 정자형성호르몬, 간질세포자극 호르몬. 황체자극호르몬, 옥시토신 등이 있다.

셋째는 빛 반사에 관여하는 것이다.

항이뇨호르몬과 멜라닌세포자극호르몬이 있다.

넷째는 이화와 동화, 면역에 관여하는 것이다.
갑상선자극호르몬과 부신피질자극호르몬이 있다.

뇌하수체는 삼차신경과 안면신경을 통해 활동에 필요한 정보와 에너지를 얻는다.
안면신경을 통해 얻어진 정보를 바탕으로 혈압조절 기능에 관여한다.
삼차신경을 통해 얻어진 정보를 바탕으로 통증억제 기능과 중추신경 면역 기능, 항이뇨호르몬 분비 기능, 생식세포 생성 기능, 두부체감각계 지배 기능에 관여한다.
삼차신경을 통해서는 호르몬을 생성하고 분비할 때 쓰이는 에너지를 제공받는다. 삼차신경은 이빨의 저작활동을 통해 전자를 생성해서 뇌하수체에게 공급해준다.

성선신경총은 자율신경의 부교감 체계가 이원화되면서 생겨난 신경이다. 자율신경의 부교감 체계는 머리 영역과 천골 영역으로 나누어져 있다. 그중 천골 영역의 부교감신경이 성선신경총을 이룬다.
성선신경총은 자율적 기능과 의도적 기능이 함께 갖추어져 있다. 자율적 기능은 교감신경과 부교감신경이 함께 주도하고 의도적 기능은 부교감신경이 주도한다.
성선신경총에 의해 자궁과 난소, 전립선과 정소가 만들어진다.
성선신경총과 뇌하수체는 삼차신경 척수핵 경로를 통해 서로 연결되어 있다. 그런 조건에서 생식세포가 만들어지고 포태가 이루어진다.
생식세포의 원형은 뼈에서 만들어진다.

뼈에서 만들어진 줄기세포가 난소와 정소로 이동해서 생식세포로 전환된다. 뇌하수체는 줄기세포가 생식세포로 전환될 수 있는 원인 호르몬을 분비한다. 뇌하수체는 양분의 분해와 흡수, 세포의 성장과 분열, 뼈의 성장에 관여하면서 생식세포를 생성할 수 있는 완벽한 인프라를 구축하고 있다.

정자와 난자가 갖고 있는 유전성에는 선천성 정보와 습득성 정보가 함께 내장되어 있다. 하지만 습득성이 우성이 되고 선천성이 열성이 된다.

습득성 정보는 정자와 난자가 생성되는 기간에 갖고 있던 의식, 감정, 의지의 성향이 정보화된 것이다.

선천성 정보는 본래 원신으로 분리되기 이전부터 갖고 있던 정보와 정이 생겨나기 이전까지 체득된 정보이다.

본래 적정성을 갖고 있던 천인들은 물질 양분을 섭취하면서 적정성을 잃어버리고 심, 식, 의 기반의 의식구조를 갖게 되었다.

때문에 선천성 정보는 본성적 성향을 갖고 있고 습득성 정보는 심, 식, 의의 성향을 갖고 있다. 정자와 난자에 내장된 유전정보는 습득 정보가 우성으로 작용하면서 지극히 심, 식, 의적인 성향을 띠고 있다.

그런 연유로 생식세포와 기존세포 간에는 뚜렷하게 구분되는 이원성이 존재한다. 생식세포와 기존세포의 이러한 관계성은 생명으로 하여금 또 다른 의도를 갖게 하는 원인이 되었다.

그것이 바로 '욕정' 이다.

욕정은 촉, 수, 애, 취의 과정을 거쳐온 생명에게 남아있는 취의 습성과 생식세포의 성향이 합쳐져서 만들어진 복합 감정이다.

생식세포는 기존세포에서 분리되고자 하는 의도가 있고 기존세포도 생식세포를 분리시키려는 의도가 있다.

서로의 고유진동수가 차이 나기 때문이다.

선천 정보를 기반으로 존재하는 기존세포들은 생식세포를 인식분리의 대상으로 삼는다.

반면에 습득정보를 바탕으로 존재하는 생식세포들은 기존세포에서 자연분리 된다.

자연분리 되는 생식세포는 원신의 취(取)적 습성을 자극한다.

그러면서 욕정이 일어난다.

욕정으로 인해 정과 정이 만나서 생이 이루어진다.

한 부모에서 여러 명의 자식이 태어나지만, 자식마다 성격이 다르다. 유전기반은 똑같은데 누구는 사과를 좋아하고 누구는 배를 좋아한다. 그런 성향이 나타나는 것이 습득 형질이 유전성에 영향을 미쳤기 때문이다.

생이 이루어지려면 먼저 정자와 난자가 만나야 한다.

이 당시에는 신, 인간, 물질체, 원신형 동물, 물질체형 동물, 신의 자식들이 정자와 난자를 갖고 있었다.

남신과 여신은 정을 나누는 관계가 될 수 있다.

남자와 여자도 정을 나눌 수 있는 관계가 된다.

물질체의 남녀도 정을 나눌 수 있다.

동물의 경우 원신형 동물끼리는 정을 나누는 관계가 된다.

하지만 원신형 동물과 물질체형 동물은 정을 나눌 수 없었다.

물질체형 동물들은 자기들끼리 정을 나누었다.

이 당시에는 신과 인간, 신과 물질체, 신과 동물, 인간과 물질체, 인간과 동물 간에도 정을 나눌 수 있었다.

유전자 구조가 세 줄로 되어있었기 때문이다.

이 당시의 유전자 구조는 중간 줄이 채워져 있었다.

그렇기 때문에 체온이 다르고 원신적 형태가 달라도 자식이 생겨날 수 있었다.

요하 홍산문명에서 출토된 유물을 보면 이 시대를 살았던 종족의 모습이 조각상으로 만들어져 있다. 그 유물을 흑피옥이라 한다.

흑피옥 유물에는 다섯 종류 생명들이 서로 교합하여 그 후대를 만들어가는 모양이 상세히 묘사되어 있다.

그 조각상들에는 호모사피엔스가 생겨나기 이전에 지구를 지배했던 생명들에 대한 기록이 남아있다.

필자는 200점 정도의 조각상에 새겨진 문자를 해석해서 그 역사를 알게 되었다. 남신과 여신 사이에서 태어난 자식은 신이다.

인간의 자식은 인간이다.

물질체의 자식은 물질체이다.

동물의 자식은 동물이다.

신과 천인 사이에서 태어난 자식을 천사라 한다.

천사는 두 종류가 있다.

신과 신 사이에서 태어난 천사와 신과 천인 사이에 태어난 천사이다.

신과 물질체의 교합을 통해 생겨난 자식을 네피림이라 한다.

신과 원신형 동물이 합쳐진 것을 키메라라고 부른다.

신과 물질체형 동물이 합쳐진 것도 키메라라고 부른다.

신과 원신형 동물이 합쳐져서 만들어진 키메라들은 능력이 대단했다.

천사들도 그들을 제어하지 못했다.

봉선이란 의식이 있다.

이는 중국의 천자가 태백산에 올라가 하늘에 제사를 지내는 의식이다. 그 의식 중에 천자의 정자를 채집해서 보관하는 절차가 있다.

천자가 자손을 남기지 못하고 죽었을 때 그 정자를 활용해서 대를 잇기 위해 행하는 의식이다.

흑피옥의 조각상에는 정자 보관용으로 만들어진 물질체의 형상이 있다. 그 물질체들은 신의 정자를 자신의 몸 안에 보관하고 있다가 신의 유전정보를 받아들여서 진화를 시작한다.

그 물질체들이 가장 강력한 키메라가 된다.

이들이 다른 생명을 잡아먹게 되면 그 생명이 갖고 있던 유전형질을 습득하게 된다.

사람을 잡아먹으면 사람의 형질을 갖게 되고 거북이를 잡아먹으면 거북이 형질을 갖게 된다. 그렇게 진화한 키메라들이 세상을 지배하는 시대가 있었다.

그 키메라들을 없애기 위해 반신반인의 네피림들이 만들어졌다. 중국의 신농씨는 물질체들과 원신체의 교합을 통해 네피림으로 이루어진 군대를 만들었다. 네피림으로 이루어진 군대들과 키메라 간에 전쟁이 벌어졌다.

그 전쟁에서 네피림이 승리하면서 네피림의 시대가 열렸다.

신의 시대가 가고 나서 키메라의 시대가 열리고 그 후에 네피림의 시대가 열렸다. 현생 인류는 네피림의 후예이다.

흑피옥 조각상에는 키메라의 진화 과정이 그대로 표현되어 있다.

그리고 마지막까지 진화한 키메라의 모습이 새겨져 있다.

네 종류의 生이 있다.

화생, 습생, 태생, 난생이 그것이다.

화생은 영혼이 합쳐져서 태어나는 것이다.

습생은 영혼이 분열돼서 태어나는 것이다.

태생은 태로 태어나는 것이다.

난생은 알로 태어나는 것이다.

화생은 영혼의 상태에서 이루어지는 생의 형태이다.

육도윤회가 이루어지면서 화생이 시작된다.

두 개 이상의 영혼이 하나로 합쳐져서 한 생명으로 태어나면 그것이 화생한 것이다.

화생을 하기 위해서는 세 가지 조건이 갖춰져야 한다.

첫째가 본성의 인식이다.

둘째가 다른 생명의 호응이다.

셋째가 자기 습성의 제도이다.

습생 또한 영혼의 상태에서 이루어지는 생이다.

습생의 조건이 되는 것이 의식의 집착과 공간의 음화이다.

자연분리, 인식분리, 복합분리가 모두 습생의 형태이다.

생명은 습생을 통해 천지만물로 분열되었다.

화생과 습생을 열기로 태어나고 습기로 태어나는 것이라고 해석하면 안 된다. 그것은 영혼의 상태에서 이루어지는 생의 형태를 모르기에 잘못 해석된 것이다.

태생은 외부에서 영혼이 들어와서 이루어지는 경우도 있고 영혼이 들어오지 않고 이루어지는 경우도 있다.

신과 물질체의 여자가 만나서 태생이 이루어질 경우에는 외부에서 영혼이 들어오지 않는다. 그런 경우 아버지 신의 정자가 영혼이 되고 어머니 물질체의 난자가 육체가 된다.

물질체 어머니의 난자에는 유전정보가 있다.

신의 정자는 신의 원신에서 습생적 성향으로 자연분리된 것이다.

이런 경우는 아버지 신의 영혼이 떨어져 나와 자식 네피림의 영혼이 된다. 제우스의 경우도 자기 영혼이 떨어져 나가서 프로메테우스의 영혼이 되었다. 다른 영혼이 들어온 것이 아니다.

네피림들이 신과 같은 권능을 가질 수 있었던 것은 그런 이유 때문이다.

물질체끼리의 태생은 외부에서 영혼이 들어와야 이루어진다. 물질체의 정자와 난자가 만나서 수정란이 형성되었을 때 영혼이 들어오지 않으면 착상 이후 세포분열이 일어나지 않는다. 그렇게 되면 유산이 된다.

엄마가 신이고 아빠가 인간인 경우에는 엄마의 난자가 영혼이 되고 아빠의 정자가 유전형질이 된다.

신과 천인들의 정은 그 자체 내에 자기 영혼의 일부를 내포하고 있다. 호모사피엔스의 유전형질은 난자 기반의 유전정보가 훨씬 더 많은 비율을 차지한다.

생이 시작되고부터 후천의 시대가 열린다.

선천의 시대에는 영혼을 분리시켜 자식을 만들었지만, 후천의 시대에는 정의 교류를 통해 자식을 만들게 되었다.

물질체와 물질체의 결합으로 포태가 이루어질 때 외부에서 들어오는 혼은 상념체이다. 이때의 상념체는 육입의 과정이나 취의 과정에서 창조된 존재들이다.

상념체의 주체 의식은 스스로를 창조한 원신이 갖고 있던 분별의식을 기반으로 형성된 것이다. 때문에 적정성이 없다.

반면에 원신체와 물질체의 결합으로 만들어진 네피림들은 적정성이 있다. 네피림과 네피림 간에 포태가 이루어지는 것도 수정란에 영혼이 깃들어야 한다.

수정란에 들어오는 영혼은 수정란과 비슷한 고유진동수를 갖고 있다.

수정란이 형성될 때도 난자와 비슷한 고유진동수를 갖고 있는 정자가 난자 벽을 뚫는다. 난자의 벽은 공명을 통해서 열린다. 정자가 힘으로 뚫는 것이 아니다.

수정란에 영혼이 들어오면 세포분열이 급속도로 일어난다.

생의 과정을 통해 생명은 두 가지 큰 변화를 맞이하게 된다.
하나는 생명성의 진화이다.
또 하나는 원신의 구조가 바뀌는 것이다.
여섯 가지 의식 구조를 갖고 있던 생명이 다섯 가지 의식 구
조로 바뀔 수도 있고 다섯 가지 의식 구조를 갖고 있는 생명
이 여섯 가지 의식 구조로 바뀔 수도 있다.
또 여섯 가지 의식 구조 안에서 특정한 영역의 의식이 협소했
던 생명이 그 의식을 보완하여 균형있고 원만한 의식 구조를
갖출 수도 있다.
영혼이 갖고 있는 의식 정보가 대를 이어갈수록 계속 합쳐지
면서 의식적 진보를 이룰 수 있는 조건이 만들어진다.
이것이 생이 갖고 있는 긍정성이다.
현재의 인간은 생사를 반복하면서 의식적 진보를 비약적으로
이루었다. 반면에 본성을 지각하는 각성은 완전하게 잃어버렸다.
심, 식, 의에 치우쳐 있음으로써 본성과 각성과 밝은성품을
더욱더 도외시하게 된 것이다.

無生이 이루어지기 위해서는 먼저 욕정을 다스려야 한다.
그런 다음 생식세포를 제도해야 한다.
욕정의 제도는 두 단계를 거쳐서 이루어진다.
첫 번째 단계는 취(取)의 습성을 제도하는 것이다.
두 번째 단계는 생식세포가 생겨나는 경로를 제도하는 것이다.
생식세포의 제도는 정(精)을 생체 에너지로 전환시키는 것이다.
취의 습성을 제도하는 것은 무취의 과지법이 그대로 쓰인다.
갈애에서 벗어나고 충만감과 충족감, 일체감에 대한 갈망에서
벗어나면 욕정에 빠지지 않게 된다.

생식세포가 생겨나는 경로를 제도하기 위해서는 삼차신경과 뇌하수체, 성선신경총과 전립선을 제도해야 한다.
삼차신경을 제도하면서 나머지 영역을 함께 제도할 수 있다.
삼차신경의 제도는 뇌척수로운동법과 발성수행법을 병행하여 활용한다.
삼차신경은 중뇌핵, 주감각핵, 운동핵, 척수핵 네 개의 신경핵으로 이루어져 있다.

중뇌핵은 중뇌 상부 등 쪽에 위치한다.
동안신경과 연접해 있으면서 시각 경로에 작용하고 엔도르핀 생성 체계에 영향을 미친다. 시상배쪽후내핵과 시냅스를 하면서 체감각계와 연계된다. 귀의 전정 센서와 연결을 이루고 가로막신경, 천골신경과도 연계되어 있다. 안분지를 통해 뇌하수체와 연결되어 있고 하악신경으로 분지되어 있다.
눈 밑 광대뼈를 싸고돌면서 전립선기능에 영향을 미친다.

주감각핵은 교뇌에 위치한다.
위로는 중뇌핵과 연결되어 있고 아래로는 미주신경과 연결되어 있다.
머리의 체감각과 하악 상악의 운동감각을 지배한다.
운동핵과 연접해 있으면서 이빨의 저작운동에 관여한다.
이빨에서 생성되는 생체 전기를 뇌신경 전체에 공급해 주는 역할을 한다.

운동핵은 교뇌에 위치한다.
위로는 적핵과 연결되어 있고 아래로는 교감신경과 연결되어 있다.
소뇌와 연수의 하올리브핵과 시냅스를 하면서 언어활동에 관여한다.

상악신경에 분지하고 가슴신경, 고관절신경과 연계되어 있다.

코의 후각신경과 연결을 이루고 천골교감신경과 연계되어 있다.

주감각핵과 연접해서 이빨의 저작운동을 주관하고 생체 전기 생성 기능과 공급 기능을 담당한다.

중뇌핵과 연계해서 귀의 소리 경로를 조절하는 기능을 한다.

삼차신경척수핵은 연수에 위치한다.

위로는 주감각핵, 운동핵, 중뇌핵과 연결되어 있고 아래로는 미주신경과 연결되어 있다.

척수의 교감신경경로를 따라 주행하면서 피질, 적핵 경로와 시냅스를 이루고 천골 부교감신경과 연결되어 있다.

특히 안분지와 시냅스를 하면서 뇌하수체와 연결되어 있다.

머리와 천골부의 부교감신경을 연결하고 천골부의 정보를 뇌하수체에게 전달해 주는 역할을 한다.

운동핵과 주감각핵에서 제공되는 생체 전기를 주행 경로 전체에 공급해 주는 역할을 한다.

삼차신경은 눈, 귀, 코, 입, 몸, 머리 전체에 분포되어 있다.

이빨이 생성하는 생체 전기와 뇌척수액이 파동할 때 생성되는 생체 전기를 인식 기관 전체에 공급해 주면서 인지 작용을 조절해 준다.

피질, 적핵, 자율신경과 시냅스를 이루고 망상체의 상태를 조장해서 신경전달물질의 분비에 영향을 미친다.

삼차신경은 손가락과 연결되어 있다.

중뇌핵과 주감각핵은 검지와 연결되어 있다.

검지 첫째 마디가 중뇌핵이다.

둘째 마디가 주감각핵이다.

엄지가 운동핵이다.
4지가 척수핵이다.

검지 운동으로 중뇌핵을 자극한다.
기법은 중뇌 막관을 할 때와 똑같다.
엄지로 검지 첫째 마디를 지그시 눌러준다.
양손을 똑같은 자세로 한다.
그런 다음 중뇌핵의 위치에 의지를 집중한다.
나선 호흡으로 중뇌까지 들이쉰 다음 중뇌에 멈추어서 중뇌핵의 위치를 잡아준다.
천천히 숨을 내쉬면서 미심을 관찰한다.
안분지와 동안신경이 항진되면서 미심의 박동한다.
미심이 박동하면 박동을 따라서 중뇌까지 들어간다.
안분지는 중뇌핵에서 발원하고 동안신경 또한 중뇌핵과 연결되어 있다. 두 신경이 만들어 내는 진동을 따라가면 중뇌핵을 느낄 수 있다.
이때 동안신경의 경로는 좌우가 교차되어 있다.
왼쪽 검지의 감각은 오른쪽에서 느껴지고 오른쪽 검지의 감각은 왼쪽에서 느껴진다. 중뇌핵에 의지를 집중하고 눈, 귀, 코, 입, 몸, 머리의 상태를 관찰한다.
그러면서 중뇌핵과 연결된 몸의 부위들을 차례차례 살펴본다.
미심으로 호흡을 내쉬면서 뇌하수체를 느껴보고 천골부교감신경을 살펴본다. 뇌하수체와 천골을 함께 지켜본다.
양쪽 눈 밑에 광대뼈 감각을 느껴본다.
좌우가 균등하게 느껴지는지 살펴보고 경직감이 느껴지면 그 부위와 반대쪽 중뇌핵을 서로 연결시켜 준다. 반대쪽 검지의 누르는 힘을 서서히 빼주면서 광대뼈의 상태를 관찰한다.
경직감이 풀어지면 광대뼈 감각과 전립선을 서로 연결해서 느껴본다.

호흡이 반복될수록 얼굴 전체에서 자자작하는 자극감이 커지게 된다.

그러면서 전립선에서 진동이 느껴진다.

진동을 주시하다 보면 전립선 부위가 얼음장처럼 차가워진다.

그러면서 온몸에 오한이 일어날 정도로 냉기가 빠져나간다.

전립선의 냉기가 천골로 이어지면 천골도 함께 냉해진다.

그런 상태가 되면 들숨을 꼬리뼈 끝까지 들이쉰다.

그런 다음 숨을 내쉬면서 천골의 냉기를 꼬리뼈 밖으로 내보낸다.

이때 숨을 내쉬면서 '니~~~~은!' 발성을 함께 해준다.

혀끝으로 입천장을 자극하면서 미심을 울려주고 척추를 따라 꼬리뼈를 울려주면 천골과 전립선의 냉기가 몸 밖으로 빠져나간다.

이 과정을 반복하면서 냉기가 제거되면 전립선 부위에서 호두알만한 크기의 빈 공간이 느껴진다. 그렇게 되면 백회와 전립선 부위를 하나로 연결한다.

전립선 부위가 회음혈이다.

중뇌핵을 중심으로 삼고 백회와 회음을 위아래로 비춰본다.

나선호흡을 회음까지 들이쉬고 숨을 내쉬면서 백회와 회음이 서로 마주 보도록 해주면서 중뇌핵에 집중한다.

회음에서 느껴지던 빈공간이 백회까지 연결되면서 몸통의 중심부가 비워지면 중뇌핵이 제도된 것이다.

주감각핵의 제도는 교뇌 막관법을 활용한다.

검지 둘째 마디를 엄지로 지그시 누르면서 굴곡시킨다.

그런 다음 나선 호흡으로 교뇌까지 들이쉰다.

숨을 내쉬면서 두피의 표면 감각과 얼굴의 표면감각을 전체적으로 주시한다. 그러면서 부담이 느껴지는 부위를 인식한다.

처음에는 부담이 안 느껴질 수도 있다.

반복하다 보면 부담이 나타난다.

부담이 느껴지는 부위를 주시하면서 혀끝을 입천장에 붙인다.

그런 다음 혀끝을 조금씩 움직이면서 입천장의 감각과 부담으로 느껴지는 부위의 감각을 일치시킨다.

혀끝에 두어지는 힘의 세기를 조절하면서 부담의 상태를 느껴본다.

부담이 사라질 때까지 그 상태를 유지한다.

머리와 얼굴의 체감각계는 뇌하수체와 연결되어 있고 입천장은 뇌하수체 전엽과 연결되어 있다.

그 연결을 매개하는 것이 주감각핵이다.

입천장의 감각체계는 뇌하수체 전엽을 자극하면서 두부체감각계 전체와 연결되어 있다.

지름 약 2cm 정도 되는 입천정의 범위에 두부체감각계 전체가 연결되어 있다.

혀끝으로 입천장 앞쪽을 자극하면서 두피 감각과 얼굴 감각을 관찰하다 보면 어느 부위가 어느 영역과 연결되어 있는지를 알게 된다.

두부체감각의 부담이 사라지면 양쪽 어금니를 지긋하게 물어준다.

이때 혀끝은 입천장에 붙인 상태이다.

어금니를 물어 주면서 어금니의 교합을 느껴본다.

위아래 어금니가 서로 잘 맞닿아 있는지 살펴본다.

떠 있는 느낌이나 틀어진 느낌이면 무는 압력을 조절해서 교합을 맞춰준다.

교합을 맞춘 다음에는 양쪽 관자놀이의 압력을 느껴보고 높이를 가늠해 본다.

좌우 높이가 똑같이 느껴지면 관자놀이에서 주감각핵까지 수평선을 그어준다.

숨을 들이쉬면서 수평선을 따라 주감각핵까지 들어가고 다시 숨을 내쉬면서 관자놀이로 나온다.

이 과정을 반복하다 보면 손오공의 머리띠가 느껴진다.

양쪽 관자놀이에서 뒤통수로 연결되어 있는 수평선이 느껴지고 미심에서 관자놀이로 이어지는 머리띠가 느껴진다.

숨을 들이쉬면서 손오공의 머리띠가 교뇌까지 조여들도록 유도한다.

그런 다음 숨을 멈추고 주감각핵의 상태를 느껴본다.

교뇌부에서 혈관의 박동이 느껴지면 숨을 내쉬면서 머리띠가 확장되도록 한다.

이 과정을 반복하다 보면 온몸의 근육이 퍼득거리는 것이 느껴진다.

그런 상태가 되면 살갗 호흡법으로 몸 전체를 세수한다.

뇌신경을 씻어주고 경수를 씻어주고 흉수, 요수, 천수를 씻어준다.

들숨에는 머리띠를 조여주고 날숨에는 세수를 한다.

근육의 잔떨림이 사라지고 주감각핵이 텅 비워지면 다음 과정으로 넘어간다.

삼차신경운동핵의 제도는 교뇌 막관법을 활용한다.

엄지를 굴곡시켜 운동핵을 자극한다.

검지 끝으로 엄지 손톱을 지그시 눌러준다.

백회에서 교뇌까지 나선 호흡으로 들이쉰다.

이때 손오공의 머리띠도 함께 조여서 교뇌까지 수축시킨다.

들숨에 숨을 멈추고 운동핵을 느껴본다.

어금니는 꽉 다문 상태로 혀끝은 입천장에 붙인 상태이다.

교뇌에서 혈관 박동이 느껴지면 천천히 숨을 내쉬면서 머리띠를 확장시킨다.

이 과정을 열 번 반복한다.

그러다 보면 팔다리가 저절로 움직이는 것을 느끼게 된다.

툭툭거리면서 팔다리가 움직이는데 의도하지 않아도 저절로 움직인다.

관여하지 말고 호흡을 계속한다.

숨을 내쉬면서 양쪽 얼굴에 광대뼈를 느껴본다.

좌우 감각이 똑같은지 비교해 본다.

눈을 감은 상태에서 밝음의 상태를 비교해 본다.

얼굴 면의 상태를 앞뒤로 느껴보고 좌우로 느껴본다.

얼굴 면이 기울어지게 느껴지면 엄지의 굴곡 각도를 조절해서 교정해 준다.

뒤로 밀려나 있는 것처럼 느껴지는 쪽에 검지 힘을 더 주면서 얼굴 면의 상태를 느껴본다. 좌우 면이 균등하게 느껴지면 다음 과정으로 넘어간다.

호흡을 들이쉬었다가 내쉬면서 위쪽 어금니 상태를 느껴본다.

이때 어금니는 지그시 힘을 줘서 물고 있는 상태이다.

좌우 어금니의 높이를 비교해 본다.

어금니에 가해진 압력을 느껴본다.

좌우가 기울어 있으면 내려와 있는 쪽 어금니에 힘을 주어 압력을 올려준다. 몇 번만 반복하면 높이가 조절된다.

이 과정을 반복하다 보면 온몸에 힘이 빠지면서 허기가 느껴진다.

이런 증상이 나타나면 뇌하수체가 교정되고 있는 것이다.

입술 상태를 느껴본다.

입술 중앙선에서 좌우 상태가 균등하게 느껴지는지 살펴본다.

한쪽으로 기울어 있다든지 어느 한쪽이 부풀어 있는 것처럼 느껴지면 교정을 해준다.

호흡을 들이쉰다. 나선 호흡과 머리띠 호흡을 병행한다.

날숨에 "미~~~~"하고 길게 발성한 다음 숨이 다하면 "음!" 하면서 딱 끊어 준다.

미~~~~할 때는 양쪽 입술 꼬리의 떨림을 관찰한다.

떨림의 강도가 똑같아질 때까지 발성을 계속한다.

음! 할 때도 입술이 닫히는 느낌을 살펴본다.

균등하게 느껴지면 교정된 것이다.

입술 교정은 안면신경을 교정하는 것이다.

안면신경은 얼굴의 체감각을 뇌하수체에게 전달해 주는 역할을 한다.

안면신경이 불균형하면 뇌하수체 호르몬분비가 비정상적으로 이루어진다. 심장박동을 조절하고 뇌혈관 상태를 조절하는 기능이 안면신경과 뇌하수체의 공조로 이루어진다.

미음 발성 시에 입술 떨림을 4뇌실까지 이끌어가는 것이 중요하다.

4뇌실이 미~~~발성으로 파동하면 4뇌실에서 생성되는 생체 전기가 운동핵과 안면신경에 제공되면서 훼손된 영역에 재생이 일어난다.

뇌척수액이 파동하면 850mV의 생체 전기가 생성된다.

그렇게 되면 세포막에서 분리되어 나갔던 선천혼이 다시 활동하게 된다. 선천혼이 활동하면서 세포재생이 일어나고 세포제도가 진행된다.

세포에서 분리된 선천혼은 별아교세포 속에 내장되어 있다.

그러다가 고유진동수가 안정되고 생체 전기가 강해지면 다시 활동하게 된다. 뇌파가 세타파가 되고 생체 전기가 800mV 이상 생성이 되면 선천혼이 깨어난다.

미음 발성법의 구체적인 방법은 필자의 책 "본제의학 원리"를 참조하시기 바란다.

나선 호흡과 머리띠 호흡을 병행하면서 날숨에 가슴신경 전체를 자극한다. 이때 혀의 위치는 입의 중간에 둔다.
교뇌에서 척수로 숨을 내쉬면서 가슴신경 전체를 자극한다.
심장박동이 느껴지는지 살펴본다.
심장박동이 안 느껴지면 엄지를 더 세게 눌러준다.
심장박동이 느껴지면 날숨을 요수까지 끌어내린다.
그런 다음 양쪽 다리로 호흡을 내린다.
양쪽 발바닥 용천혈에서 심장박동을 느낀다.
용천의 진동과 교뇌의 진동을 일치시킨다.

삼차신경 척수핵의 제도는 연수 막관법을 활용한다.
엄지로 4지 첫째 마디와 둘째 마디를 지그시 눌러준다.
혀를 아래 이빨 뒤쪽에 살짝 대고 나선 호흡으로 연수까지 들이쉰다.
숨을 내쉬면서 연수와 천수를 연결한다.
날숨의 감각이 천수를 훑고 지나가도록 한다.
성선신경총이 영입되는 전체 영역을 살펴본다.
전립선, 방광, 직장, 신장의 상태를 살펴본다.
혀끝을 아래 이빨 뒤쪽에 살짝 대인 상태에서 시~~~~~하고 길게 발성한다.
그런 다음 혀를 입천장에 붙이면서 "옷!" 하고 짧게 끊어준다.
소리는 크지 않아도 된다.
작은 소리로 시~~~~~하면서 이빨 사이로 바람을 일으킨다.
날숨으로 성선신경총이 자극되는 것과 시~~~~의 발성이 천골부에서 동치되도록 한다. 호흡의 느낌과 발성의 진동이 동치되면 전립선, 방광, 직장, 신장 부위에서 냉기가 빠져나간다.

이 과정을 반복하다 보면 이빨 사이에서 찬 바람이 느껴진다.
이빨이 시릴 정도로 찬바람이 일어나서 발성과 함께 빠져나간다.
냉기가 해소될 때까지 이 과정을 반복한다.
이빨의 냉기가 사라지면 척수핵이 제도된 것이다.
삼차신경척수핵은 사랑니와 연결되어 있다.
척수핵 경로가 약해질 때 사랑니가 돋아난다.
때문에 사랑니를 함부로 빼면 안 된다.

생식세포가 생겨나는 경로가 제도되면 욕정이 사라진다.
그렇게 되면 생식세포를 제도할 수 있는 근기가 갖춰진 것이다.

정을 제도해서 생체 에너지로 전환시키기는 방법이 '채약법'
이다.
채약법을 통해 정이 제도되면 '환정'을 이루었다 말한다.
채약은 견성오도 이후에 행하는 자기 제도의 과정이다.
밝은성품과 선천기, 후천기를 합쳐서 생식세포를 생체 에너지
로 전환시켰을 때 채약을 이루었다고 말한다.
채약법에 대해서는 필자의 책 "관, 12연기와 천부경" 에 상세
하게 수록되어 있다.
참조하시기 바란다.
생식세포를 제도하면 무생(無生)할 수 있는 몸의 조건을 갖춘
것이다. 이때부터는 공무변처정과 식무변처정, 무소유처정으
로 나아가서 의식 감정 의지를 완전하게 제도한다.
무소유처정에 들어가서 반야해탈도를 이루면 무생을 이룬 것
이다.

역무생진(亦無生盡)은 보살도에 들어가서 생멸심을 제도하는
것이다.

생이 있고 나서 보살도에 들어가는 것은 이때나 지금이나 똑같은 과정을 거쳐야 한다. 때문에 역무생진하는 방법 또한 보살도 전체 과정이 쓰인다.

제19강 반야심경

무노사 역무노사진 無老死 亦無老死盡

노사(老死)는 늙고 죽는 것을 말한다.
무노사(無老死)란 늙고 죽음에서 벗어난다는 뜻이다.
역무노사진(亦無老死盡)은 보살도에 들어가서 노사의 원인을
제도하는 진여수행을 하라는 말이다.

원신의 죽음과 네피림의 죽음 그리고 물질체의 죽음은 그 형
태가 다르다.
물질체들은 육체가 부패된다.
자기 제도를 하지 못한 네피림들도 육체가 부패된다.
수행을 통해 적정을 체득한 네피림들은 육체가 오금(五金)으
로 변해서 죽음을 맞이한다.
썩는 육체로 죽음을 맞이하는 것은 고통스럽다.
오금으로 죽음에 들어가는 것은 죽음 자체도 환희롭다.
육체의 얽매임에서 해방되기 때문이다.
죽음을 통해 육체에서 분리된 영혼은 자기 고유진동수에 맞는
세계에 처해지게 된다. 그로써 생멸문 안에 육도윤회계가 생
겨난다.
죽음을 통해 영혼으로 돌아간 생명들은 새로운 형태의 생을
맞이하게 된다.
영혼이 갖고 있는 고유진동수와 원신적 구조에 따라 태어나는
세계가 달라지고 서로 다른 생의 형태를 갖게 된다.
원신의 구조와 형태에 따라서 일곱 종류의 생명이 나타나고,
여섯 종류의 세계가 펼쳐진다.
식물, 동물, 무정, 인간, 신, 원생물, 물질체가 일곱 종류의 생

명이고 천상계, 인간계, 아수라계, 지옥계, 축생계, 아귀계가
여섯 세계이다.

태생이나 난생을 통해 태어난 생명들은 늙음과 질병의 고통에
처해지게 된다.
늙음과 질병으로 인해 육체의 훼손이 정도 이상 이루어지면
죽음에 들게 된다.
질병의 원인은 수없이 많다.
하지만 질병의 결과로 나타나는 것은 세포 구조물의 훼손이다.
세포는 생명공간이다.
생명공간(生命空間)은 생명정보와 생명 에너지, 고유진동수로
이루어져 있다.
생명공간을 이루고 있는 세 가지 요소의 결함으로 질병이 생
긴다.
세포 간 생명정보가 단절되면 병이 생긴다.
세 종류의 생명에너지 간에 부조화가 이루어지면 병이 생긴다.
고유진동수가 불안정하면 병이 생긴다.
각종 유전병에서부터 난치병에 이르기까지 다양하고 광범위한
질병들이 생명정보의 단절로 생겨난다.
생명정보를 단절시키는 원인 또한 수없이 많다.
감염이나 훼손, 스트레스나 중독, 신경전도의 차단이나 호르
몬 불균형 등이 생명정보를 단절시키는 대표적인 원인들이다.
전자기 에너지와 양자 에너지, 초양자 에너지 간의 불균형이
질병을 일으킨다.
두려움이나 공포, 탐욕과 성냄이 고유진동수를 불안정하게 한다.
그렇게 되면 선천백과 유전백이 변이를 일으키면서 세포 대사
가 비정상적으로 이루어진다.
선천백의 변이가 8단계를 넘어서면 세포 구조물이 붕괴되면서

질병이 깊어진다.

늙음은 선천혼(先天魂)이 세포를 떠나면서 시작되었다.
선천혼이 세포 안에 존재하면 세포의 물질성이 오금의 성향을
갖게 된다.
오금으로 이루어진 세포는 훼손되지 않는다.
때문에 수명이 무한하다.
선천혼이 세포를 떠나면 오금이 사라진다.
그때부터 세포는 수명을 갖게 된다.
선천혼이 떠난 세포는 선천백(先天魄)이 대사를 주관한다.
세포가 훼손되면 선천백은 세포를 복원시킨다.
이때 쓰이는 것이 환원 전자이다.
선천백이 갖고 있는 환원 전자는 다양한 경로로 활용된다.
습득혼을 유전혼으로 전환시키는 데에도 활용되고 이화와 동
화에도 활용된다.
텔로미어도 선천백이 갖고 있는 환원 전자로 이루어져 있다.
세포가 분열될 때마다 텔로미어가 줄어든다.
선천백이 갖고 있는 전자가 소모되면서 늙음이 생겨나고 수명
이 생겨난다.
세포의 막간 거리가 멀어지면서 오는 늙음은 일시적인 것이
다. 막간 거리가 조절되면 다시 회복된다.

질문 : 죽는 과정에서 혼백(魂魄)이 걷히는 과정이 굉장히 고
통스러운가?
답변 : 그렇다. 백이 걷히는 과정은 고통스럽다. 호흡이 끊어
지고 나서 15분 정도가 고통스럽다.
질문 : 병원에서 돌아가시는 분들을 보면 의식을 잃으시고 백

이 걷히는데 하루 정도 걸리는 것 같던데 맞는 것인가?

답변 : 의식을 잃었다고 해서 백이 걷히는 것은 아니다. 의식이 없을 때 몸에서 진동이 일어나는 것은 아직 혼백이 떠나지 않은 것이다.

질문 : 그럼 백이 걷히는 것은 숨이 걷어지고 난 뒤 15분 정도인가?

답변 : 아니다. 숨이 끊어지기 전에 백이 걷힌다.

질문 : 천천히 걷히는가?

답변 : 그렇다. 백이 걷히는 과정에서 호흡이 끊어진다.

백이 걷히고 나서 영혼이 정수리로 빠져나가는 것이 가장 편안하다. 코나 입이나 상처로 영혼이 빠져나갈 때는 대단히 고통스럽다. 두정부 피질이 막혀 있으면 영혼이 정수리로 빠져나가지 못한다.

백이 빠져나가고 영혼이 합쳐질 때는 영은 침잠하고 혼은 부상한다. 육체 구조물 안에서 영은 뇌와 척수 영역에 깃들어 있다. 대뇌에는 습득영이 내재되어 있고 소뇌에는 유전영이 내재되어 있으며 척수에서는 선천영이 내재되어 있다.

혼성은 시상과 대뇌변연계에 내재되어 있고 심장, 간, 비장, 폐, 신장에 내재되어 있다.

혼성도 습득혼, 유전혼, 선천혼이 있다.

습득혼은 영양소이고 유전혼은 부모한테서 받은 혼성이다.

선천혼은 영과 함께 들어온 혼이다.

그중에서 5장에 거하는 혼성이 선천혼이다.

5장의 혼성은 시상의 혼성과 서로 공명하면서 감정을 일으키는 원인으로 작용한다. 선천혼은 습득혼들을 유전혼으로 바꾸고 세포재생을 담당한다.

죽음에 이르러서는 장부에 있는 혼성들이 먼저 걷힌다.

그다음에는 감각을 지배하는 혼성이 걷히게 된다. 감각을 지배하는 혼성이 걷힐 때 신경에 남아있던 백이 함께 걷힌다.

혼이 걷힐 때는 오장에 나누어져 있던 혼성과 시상과 변연계 쪽에 남아있던 혼성이 심장에서 하나로 합쳐진다.

그런 다음 머리 쪽으로 올라간다.

척수, 대뇌, 소뇌에 내재되어 있던 영은 시상부에서 합쳐져서 인후부로 내려온다. 혼이 올라가고 영이 내려오는 것은 동시에 이루어진다.

영성과 혼성이 만나는 자리가 목의 갑상선 부위이다.

영혼이 만나면서 엄청난 에너지가 생성된다.

본성에서 밝은성품이 생성되듯이 초양자 에너지와 양자 에너지, 전자기 에너지가 동시에 생성된다. 그 형상이 백색의 빛무리로 드러나는데 이것을 '원초투휘광채'라고 한다.

이것이 중음(中陰)의 시작이다.

중음이란 육체를 벗어난 영혼이 윤회에 들기 전에 겪게 되는 과정을 말한다. 영혼이 인후부에서 만나 서로 합쳐지면 이것을 '초입 중음에 들어갔다'라고 말한다.

대부분의 사람들은 영혼이 만날 때 정신을 잃어버리기 때문에 원초투휘광채를 인식하지 못한다.

기절하지 않으면 원초투휘광채를 볼 수 있다.

그렇게 되면 원래 자기 몸이 그런 모습인 것을 알게 된다.

기절을 하면 원초투휘광채가 목부위에서 아랫배 쪽으로 내려와서 성선신경총을 돌고 꼬리뼈로 해서 척추를 타고 머리로 올라간다. 그때 피질 경로가 막혀 있으면 백회로 빠져나가지 못하고 다시 돌아온다. 그런 다음 코로 빠져나가던지 입으로 빠져나간다.

영혼이 이렇게 빠져나가면 아주 고통스럽다.

착한 사람은 영혼이 백회로 빠져나간다.

악한 사람은 코나 입으로 빠져나간다.

정신을 잃지 않았다면 영혼이 몸에서 움직이는 것을 볼 수 있다.

중음의 과정에서 다 걷히지 못하는 혼성들이 있다.

그런 혼들은 나중에 다시 걷혀서 영혼에게 돌아오기도 하고 특정 장소에 묶여있기도 한다. 그러면 다른 데서 태어났어도 꿈에 그 장소가 보인다.

꿈에 자주 나오는 장소가 있으면 그곳이 내 혼이 묶여있는 장소일 수 있다.

원초투휘광채를 인식하지 못하고 기절을 하면 이틀 반에서 삼일 사이에 깨어난다. 그렇게 되면 자기 육체를 보게 되고 가족들도 보게 된다. 그때 오장에 남아있던 혼성이 먼저 빠져나간 영혼과 합쳐지는 현상을 접하게 된다. 첫날에는 백이 영혼과 합쳐지는 형상이 나타나고, 그다음 날에는 그 사람의 의식 성향에 따라 오장에서 걷어진 혼성이 차례대로 다가온다. 그때 다가오는 형상이 우릉우릉 소리가 나고 번쩍번쩍 빛이 나는 모습이다.

그런 현상을 접하더라도 무서워하지 말고 거부하지 않아야 한다. '저것은 중음의 과정에서 다 걷히지 못했던 혼이 다시 돌아오는 것이다.'라고 생각하고 그 빛을 거부하지 말고 받아들여야 한다.

그런 현상이 3, 4, 5, 6, 7, 8일째까지 다가온다.

영혼이 그 빛을 받아들이면 영혼으로 살아갈 수 있는 생명 에너지를 얻게 되지만 그 빛을 받아들이지 못하면 생명 에너지가 고갈되면서 보는 것이 끊기고 듣는 것이 끊기고 느끼고 말하고 생각하고 움직이는 것이 끊기게 된다.
그렇게 되면 중음신이 된다. 중음신들은 어둠에 갇혀 있다.

3일에서 8일까지 혼의 현상이 지나가면 9일째에는 좋고 싫은 것에 대한 기억이 떠오른다. 좋아하는 것이 많았으면 좋아하는 현상이 안, 이, 비, 설, 신, 의를 통해 6일 동안 떠오르고 싫어하는 것이 많았으면 싫어하는 현상이 안, 이, 비, 설, 신, 의를 통해 6일 동안 떠오른다.
영가가 부정적 성향이 강했느냐 긍정적 성향이 강했느냐에 따라 남은 시간이 달라진다. 부정적 성향이 많았으면 좋아하는 것이 하루 동안 나타나고 싫어하는 것이 6일 동안 나타난다. 반대로 긍정적 성향이 많았으면 좋아하는 것이 6일 동안 나타나고 싫어하는 것이 하루 동안 나타난다.
이때 좋아하는 것에 빠져있으면 좋아하는 것으로 윤회에 든다.
사과를 너무 좋아해서 사과 벌레로 태어날 수도 있는 것이다.
싫어한 것이 많아서 거부하다 보면 그걸 피해다니다 싫은 것과 반대되는 것으로 태어나게 된다. 그것도 안 좋은 것이다.
그래서 그날이 찾아오면 좋고 싫은 것을 여의어야 한다.
영혼의 삶을 준비하는 사람은 좋은 것도 갖지 말고 싫은 것도 갖지 말아야 한다. 좋은 것에도 아무렇지 않고 싫은 것에도 아무렇지 않은 그런 근기를 쌓아가는 것이 영혼의 삶을 준비하는 것이다.
좋고 싫은 것 때문에 7일이 금방 지나간다.
칭찬받는 것을 좋아하면 6일 동안 칭찬만 듣다가 금세 지나버린다. 그렇게 되면 그 6일 동안 생명 에너지가 고갈된다.
나중에는 아무것도 보이지 않고 아무것도 들리지 않는 상태가 된다.

그 시간이 지나고 16일째가 되면 그 뒤로 다가오는 것이 탐진치(貪瞋癡)의 길이다.

탐심은 의식에서 오고, 진심은 감정에서 오며 치심은 의지에서 온다.

의식이 무언가에 집착하면 그것이 탐이다.

감정이 희, 노, 애, 락, 우, 비, 고뇌에 빠져 있는 것이 진심에 빠져 있는 것이다.

의지가 비교하고 분별하고 고집부리고 하면서 자기를 잃어버리는 것이 치심에 빠져 있는 것이다.

탐심의 길은 흰색의 길이고,

진심의 길은 붉은색의 길이고,

치심의 길은 검은색의 길이다.

탐심의 날에 처해지면 영혼은 하얀색의 길을 가게 된다.

소금처럼 하얀 빛으로 뻗어있는 길을 계속 걷게 된다.

의식에 탐심이 있으면 그 길을 걷게 된다.

하루 종일 걷다 보면 그만 걷고 싶다는 생각을 하게 된다.

그래서 앉아서 쉬려고 하면 그 자리가 오물로 덮여 있고 뱀들이 우글거린다.

하루 종일 걷다가 피곤한데 쉬지도 못하니 화가 난다.

그렇게 되면 진심의 길이 열린다.

진심의 길은 붉은색 길이다.

하얀색 길이 끝나고 빨간색 길이 펼쳐지면 그때는 호기심이 발동한다. 신기해서 그 길을 가다 보면 가도 가도 끝없이 붉은색 길이 이어진다. 쉬고 싶어도 쉴 수가 없다. 힘이 빠지고 정신이 혼미해지고 너무 힘들어서 죽을 지경이 된다. 그러면 깜깜한 어둠의 길이 눈앞에 펼쳐진다.

생명력이 고갈되고 보는 기능이 사라져서 어둠 속을 걸어가게 된다.

그 어둠은 각성이 없어서 생겨난 것이다.

망각의 길이며 치심의 길이다.

그 길을 가다가 아! 난 도저히 못해 하고 철퍼덕 주저앉아 버리면 길이 뚝 끊어져 버린다. 앞을 봐도 낭떠러지, 뒤를 봐도 낭떠러지, 옆을 봐도 낭떠러지이다.

그 상태에서 어! 하다가 떨어지면 엄마 뱃속으로 들어간다.

탐, 진, 치의 길에서 윤회에 들면 가장 안 좋은 상태에서 태어나는 것이다. 그렇게 태어나면 좋은 엄마를 만날 수 없다. 두려움과 분노 답답함을 안고 태어나게 된다.

다행히 탐진치의 길에서 윤회에 들지 않게 되면 그때 새로운 마음이 일어나게 된다. 모든 에너지가 고갈된 데서 오는 평안함이 생긴다.

그 평안함으로 인해 4가지 성스러운 몸이 발현된다.

원초신, 법신, 화신, 보신이 성스러운 4가지 몸이다.

죽어서 19일째 되는 날은 대단히 중요한 날이다.

원초신은 본래 한 생명으로 존재했을 때의 몸이다.

천지만물로 세분화되기 이전에 한 생명으로 존재할 때가 원초신이다.

원초신의 의식은 아주 단순하다. 6개의 주체 의식과 본성으로 이루어진 상태다. 영혼이 원초신으로 돌아갈 수 있는 기회를 사후 19일째에 맞이하게 된다. 하지만 각성이 없으면 그 상태에 머물지 못한다.

욕심도 없고 감정도 없고 분별심도 없으면 그것이 심심하고 무료하게 느껴진다. 심지어는 답답하게 느껴진다.

그렇기 때문에 원초신의 상태에 머물 수 없게 된다.

생전에 닦음이 있었으면 이날 원초신을 이룰 수 있다.

하지만 심심하고 무료하고 외로운 것을 극복하지 못해서 원초신으로 돌아갈 수 있는 기회를 놓치게 된다.

심심하고 무료한 시간이 지나면 정신이 맑고 투명해진다.

눈으로 보이는 것은 텅 빈 공간뿐이다.

생전에 공관을 해본 사람이라면 이것이 무념인 것을 알게 된다.

그러면 그 상태에 머물러서 지극하게 음미하게 된다.

이 과정을 통해 법신(法身)이 이루어진다.

'배고픔도 없고 목마름도 없다.'

법신을 이루게 되면 무생법인(無生法印)을 성취했다 말한다.

공관에 들면 최소한 무색계 4천에서 태어나게 된다.

욕념도 없고 육체에 대한 집착도 없는 존재가 태어나는 세계이다.

하지만 텅 빈 공간을 보는 것을 심심해하면 법신을 이루지 못한다.

자꾸 뭔가를 상상하면서 하루를 허비하게 된다.

그다음 날에는 편안함이 찾아온다.

그날에는 희, 노, 애, 락, 우, 비, 고뇌가 없고 편안한 마음이 생긴다.

그때 누군가를 생각하면 그 사람의 마음이 그대로 느껴진다.

편안함이 중심을 이루고 그 상태에서 일치가 이루어지는 것을 '화신이 발현되었다'라고 말한다.

영혼이 화신을 이루게 되면 그리움을 통해 화생을 이룰 수 있는 능력을 갖추게 된다. 하지만 편안한 마음을 지켜가지 못해서 화생의 능력을 잃어버리게 된다.

보고 싶은 사람을 그리워하면서 일치가 이루어지면 그것에 애착하면서 편안함을 잃어버린다. 때로는 거부하면서 편안함을 잃어버리게 된다.

편안함에 머물러 지극함을 갖추면 그것이 곧 선정인데 선정에 머무르지 못하는 것이다. 슬픈 어머니와 일치되면 슬퍼서 편안함을 잃어버리고 미운 사람과 일치되면 원망하면서 편안함을 잃어버리게 된다.

그러면서 하루를 지내면 화신을 이룰 수 있는 기회가 사라져버린다.

편안함을 유지하고 선정을 지키면 2선정, 3선정으로 들어가면서 천상세계에서 화생할 수 있는 조건을 갖추게 된다.

원초신, 법신, 화신은 생전에 수행을 하지 않았으면 성취할 수 없다. 영혼으로 돌아가서 최고의 승화를 이룰 수 있는 기회를 놓쳐버리게 되는 것이다. 그것이 참으로 안타까운 일이다.

죽음을 통해서 얻을 수 있는 두 가지 이로움이 있다.

첫 번째 이로움이 원신적 진화를 이루는 것이고,

두 번째 이로움이 더 큰 생명으로 더 좋은 세상에 태어날 수 있는 기회를 갖게 되는 것이다.

화신의 날이 지나가면 그다음에 찾아오는 것이 원만보신의 날이다.

이날은 사후 22일째 되는 날이다.

이날에는 이런저런 잡다한 생각들이 일어난다.

특히 비교되는 상황들이 떠오른다.

좋은 것과 싫은 것, 큰 것과 작은 것, 옳은 것과 그른 것 등등 서로 상반되는 기억들이 잡다하게 떠오른다.

그런 상황에 처해지면 좋은 것도 편안하게 지켜보고 싫은 것도 편안하게 지켜본다. 현상에 치우쳐 분별과 편견에 빠지지 말고 '어떻게 쓸 것인가?'를 생각하는 것이다. 떠오르는 기억들을 천도하는 마음으로 하나하나 승화시켜 아름다운 모습을 갖게 하면 그것이 바로 원만보신을 이룬 것이다.

그렇게 원만보신으로 제도된 경계들은 후생에서 다시 만나게 되는데 그때는 아름답고 좋은 모습으로 만나게 된다.

천상세계에 향수로 이루어진 연못과 그 연못가에 피어있는 기화이초는 누군가의 원만보신으로 생겨난 것이다.

그런 사람은 윤회에 들더라도 큰 호응을 얻게 된다.

하지만 비교하고 분별하고 끄달리게 되면 천상계에 태어나지 못한다.

성스러운 네 가지 몸을 발현시킬 수 있는 기회를 놓치게 되면 육도윤회계가 열린다. 그날이 23일째 되는 날이다.

질문 : 사후 육체를 미라로 만들면 어떻게 되는가?

답변 : 미라로 만드는 것은 장례의 한 가지 방법이다.

장례는 체백들이 영혼으로 회귀할 수 있도록 그 조건을 만들어 주는 의식 절차이다. 장례의 법식은 효율적으로 체백이 걷어지도록 하는데 목적이 있다.

물, 불, 땅, 바람의 에너지로 육체에서 체백을 분리시키고 체백이 성장할 수 있는 조건을 만들어주기 위해 장례의 방법이 생겨났다.

미라를 만들면 뼈가 주변 에너지를 흡수하면서 체백이 성장하게 된다. 피라미드로 에너지를 집약시킬 수 있는 장치를 해놓고 미라를 안치하면 미라가 주변 에너지를 흡수하면서 미라 안에 있는 소마티드들이 성장 한다.

그래서 0.5nm의 소마티드가 수박만하게 커지게 된다.

오금으로 돌아가지 못한 천인과 네피림들이 오금을 갖추기 위한 방법으로 미라를 만들었다.

질문 : 물질체와 물질체가 결합해서 포태할 때 혼이 들어간다고 하셨는데 영성이 없어도 육체와 혼만으로도 살아갈 수 있

는가?

답변 : 바보천치라는 말이 있다.

바보는 생각을 못하는 것이고 천치는 감정이 없는 것을 말한다. 그래서 혼성만 있는 상태를 바보라고 한다.

바보천치는 물질체한테 해당되었던 말로, 육체와 혼만으로도 살아갈 수 있다.

죽음은 식의 틀이 바뀌는 것이다.

식의 틀은 크게 세 개로 이루어졌다.

영의식의 틀, 혼의식의 틀, 육체의 틀이 그것이다.

12연기 전체를 놓고 보면 유, 생, 사(有, 生, 死)는 육체가 일으키는 식의 변화이다.

촉, 수, 애, 취는 혼이 일으키는 식의 변화이다.

육입, 명색, 식은 영이 일으키는 식의 변화이다.

죽음은 육체를 갖고 있는 생명이 영과 혼으로 식의 틀을 바꾸는 것이다.

중음의 과정을 통해 식의 틀이 바뀌는 과정을 상세하게 들여다볼 수 있다.

중음의 시작은 체백이 걷히는 것이다. 이것을 초입중음이라 한다.

그다음에 혼이 걷히고 영이 걷힌다.

영혼이 합쳐져서 육체를 빠져나가면 이때가 중간중음에 든 것이다.

원초투휘광채를 인식할 때가 만중음의 상태이다.

정신을 잃어버렸다가 깨어나는 경우도 만중음에 든 것이다.

만중음의 과정을 통해 식의 틀이 변화된다.

원초투휘광채를 인식하는 경우에는 그 상태 그대로 영의 몸을 갖추게 된다.

그렇게 되면 윤회에 들더라도 무색계에 태어난다.

원초투휘광채를 인식하지 못한 경우에는 정신이 깨어난 이후에 다가오는 현상들을 얼마만큼 수용했느냐에 따라서 서로 다른 식의 틀을 갖게 된다.

셋째 날에 다가오는 체백의 몸을 받아들이면 생명 에너지가 충분하게 갖추어진 영혼의 몸을 갖게 된다.

넷째 날부터 여덟째 날까지 다가오는 혼의 빛을 받아들이면 혼의 몸이 온전해지고 안, 이, 비, 설, 신, 의가 활동할 수 있는 힘을 얻게 된다.

아홉째 날부터 십오일 째까지 다가오는 안, 이, 비, 설, 신, 의의 좋고 싫은 것을 극복하면 영의 몸이 온전해진다.

16일째부터 18일까지 다가오는 탐, 진, 치를 극복하면 생멸심을 벗어나게 된다. 19일째부터 22일째까지 다가오는 성스러운 4가지 몸을 성취하게 되면 진여문에 들어가게 된다.

이렇듯 중음을 거치면서 생명이 걸어왔던 12연기의 과정을 거슬러 올라간다. 중음은 생명으로 하여금 12연기를 벗어날 수 있는 최고의 기회를 제공해 준다.

깨달음을 얻은 존재는 중음의 과정을 거치면서 자기 생멸심을 제도하고 진여문에 들어간다. 하지만 깨닫지 못한 존재는 중음에 적응하지 못하고 육도윤회에 들게 된다. 생전에 견성오도를 이룬 존재는 중음을 통해 생멸문을 벗어나서 진여문으로 들어갈 수 있다.

중음에서 나타나는 현상은 사람마다 다르다.

살아오면서 쌓아진 업식이 다르기 때문이다.

하지만 전체적인 과정은 다르지 않다. 12연기의 과정을 그대로 거쳐간다.

영혼에서 다시 육체로 태어나면 그 또한 식의 틀이 바뀌는 것이다.

생사(生死)는 서로 붙어있다.

이쪽에서 생이 일어나면 저쪽에서는 사하고, 저쪽에서 사에 들면 이쪽에서 생이 이루어진다.

12연기를 거쳐온 생명들은 각각의 성향에 따라서 여섯 세계를 이룬다. 그 세계를 육도윤회계(六道輪廻界)라 한다. 육도윤회계는 지옥계, 아귀계, 아수라계, 축생계, 인간계, 천상계로 이루어져 있다.

천상계는 신들이 창조한 세계다.

무명(無明)으로 창조된 천상계가 있고, 명(明)으로 창조된 천상계가 있다.

지옥계는 영혼의 생명력이 고갈된 존재들이 처해지는 세계이다. 때문에 보고 듣고 느끼고 생각하고 말하고 냄새 맡고 생각하는 기능이 원활하게 이루어지지 않는다. 지옥계는 공포와 두려움, 분노가 지배하는 세계이다.

아귀계는 영혼으로 돌아가서도 먹는 습성을 버리지 못한 생명들이 처해지는 세계이다. 영혼으로 돌아가서도 계속 먹으려고 하다 보니 배고픔이 해소되지 않는다.

아귀계에 들어가면 배고픔의 고통에서 벗어나지 못한다.

그런 생명을 아귀라고 한다.

아수라는 투쟁심과 경쟁심으로 살아가는 생명이다.

싸워서 이겨야 하고 경쟁해서 최고가 되어야 하는 생명들이 아수라가 된다. 깨달음을 얻었어도 경쟁의식을 갖고 있으면 아수라가 된다.

견성오도를 했어도 투쟁심을 제도하지 못했으면 아수라로 태어난다.

축생계는 원신의 구조가 5개 이하로 갖춰진 생명들로 이루어진 세계이다.

식물이나 동물, 원생물들이 축생계에 속해있다.

인간들로 이루어진 세계가 인간계다.

인간은 6개의 주체 의식으로 이루어진 생명이다.

인간은 의식과 감정이 균등하게 갖춰진 생명이다.

인간 중에는 아수라의 성향을 갖고 있는 존재도 있고, 신의 성향을 갖고 있는 존재도 있다.

천상계의 신들은 6개의 주체 의식을 갖고 있으면서 적정성을 함께 갖추고 있다.

인간은 적정성이 부족한 반면에 분별성이 발달되어 있다.

신들은 분별성이 부족한 반면에 적정성이 발달되어 있다.

사후 23일째부터 28일까지 육도윤회계가 열린다.

육도윤회계가 열리는 순서는 망자가 갖고 있는 생명적 성향에 따라 서로 다르다.

투쟁심이나 경쟁심이 많은 사람은 아수라계가 먼저 열린다.

아수라계가 열릴 때는 우중충한 녹색 빛이 사방에 깔려있다.

번쩍번쩍 빛나는 녹색 빛은 부처님의 광명이다.

하지만 우중충한 녹색 빛은 아수라의 광명이다.

투쟁하기 좋아하고 경쟁하기 좋아하고 지고는 못 사는 성격을 갖고 있는 사람은 육도윤회계가 시작될 때 녹색 빛이 먼저 나타난다. 녹색 빛이 나타나면 그 빛을 편안해 하고 좋아한다. 그렇게 되면 아수라계에 태어난다.

인간이 아수라계에 태어나면 큰 아수라들에게 핍박받고 괴롭힘을 당하게 된다. 우중충한 녹색 빛에 처해지게 되면 그 자리에 앉아서 참회를 해야 한다. 경쟁심과 투쟁심을 제도하지 못해서 이와 같은 과보를 받았다고 생각하고 고요히 앉아서 참회하고 수행심을 일으켜야 한다.

"지금 이 순간 모든 투쟁심과 경쟁심을 버립니다. 오로지 편안한 것으로 돌아가고자 하니 부처님께서 참회를 받아주시고 미천한 중생을 이 세계에서 거두어 주십시오. 다시는 투쟁심과 경쟁심을 갖지 않겠습니다" 이렇게 참회하고 발원한 다음 고요하게 앉아서 수행을 해야 한다.

마음이 편안해지면 그때 주변에서부터 우릉! 우릉! 하는 소리가 들린다. 그때 눈을 뜨고 주변을 보면 넘실거리는 오색빛이 다가온다.

그 빛은 사후 3일째부터 8일째까지 다가왔던 혼백의 빛이다. 그 빛이 다가오면 기꺼운 마음으로 그 빛을 받아들여야 한다. 그렇게 되면 오색 빛의 몸으로 천상세계에 태어난다.

지옥계가 열릴 때는 우중충한 갈색빛이 안개처럼 깔려있다.

지옥계에 처해지는 것은 중음의 기간 동안 쫓기고 도망다니면서 자기 생명력을 잃어버렸기 때문이다.

중음의 시간 동안 죽은 영혼이 갖고 있는 생명력을 뺏어가는 영혼들이 있다. 그런 영혼들은 살아있는 사람의 생명력도 뺏어간다.

중음신이나 천신들 중에 그런 존재들이 있다.

천신은 생명이 갖고 있는 밝은성품을 탐한다.

중음신들은 혼의 에너지를 탐한다.

그런 영혼들에게 생명 에너지를 뺏기는 것은 자기 에너지가 음화 되어 있기 때문이다. 생명 에너지가 음화된 사람은 고통스럽게 죽음을 맞이한다. 그런 사람은 영혼의 에너지도 음화 되어 있다.

그런 영혼이 중음신을 만나면 자기 생명력을 빼앗기게 된다.

부정적인 의식이나 거부 의식, 분노는 영혼의 주체 의식을 분리시키게 된다. 지옥 생명들은 대부분 생명력이 고갈돼서 안, 이, 비, 설, 신, 의의 주체 의식들이 훼손되어 있다. 그런 조건에서는 편안함을 갖추는 것도 어렵고 주체 의식을 다시 회복시키는 것도 어렵다.

때문에 한번 지옥계에 들어가면 장구한 세월을 보내게 된다.

우중충한 갈색빛에 처해지면 지옥계에 든 것이다.

그런 상태에 빠지면 참회를 해야 한다.

"내 마음의 부정 의식이 생명력을 음화시켜서 그 과보로 지옥계에 처해졌습니다. 다시는 분노하지 않고 미워하지 않겠습니다. 용서해 주십시오."

그런 다음 그 자리에 앉아서 마음을 편안히 하기 위한 노력을 해야 한다. 마음이 편안해지면 우릉우릉 소리가 나고 번쩍번쩍 빛나는 오색의 빛이 다가온다. 그 빛을 받아들이면 생명력이 채워지면서 지옥계를 벗어난다.

그 일이 오늘 일어날 수도 있고 내일 일어날 수도 있다.

10년 뒤에 일어날 수도 있고 100년 뒤에 일어날 수도 있다.

100년 뒤에라도 마음이 편해지면 언제라도 그 빛은 다가온다. 중심을 세워서 마음을 편안히 하고 생각이 아무렇지 않도록 하는 것이 영혼의 양식을 얻는 최고의 방법이다. 무념과 무심이 서로를 비추면서 만들어 내는 밝은성품이 영혼에게는 최고의 양식이다.

생전에 무념 무심과 친숙해지지 못한 중생은 죽어서도 그 상태에 머물지 못한다.

생전에 사마타를 닦고 선나를 닦아서 편안함과 아무렇지 않음에 친숙해지도록 하는 것이 대단히 중요하다.

49재 때 천도를 하려고 영가와 일치해 보면 영가가 처해진 상황들이 느껴진다.

그때 지옥계에 처해진 영가를 만나면 이렇게 얘기해 준다.

"영가여! 당신은 지금 생전의 습성과 집착 때문에 지옥계에 처해져 있습니다. 거기에 머무르면 생명력이 고갈되어 영혼의 몸이 나눠지게 됩니다. 그렇게 되면 오랜 세월 동안 지옥고를 받게 됩니다. 생전에 우리가 함께 했던 발성법이 있으니 그 수련으로 편안함을 얻으십시오.

먼저 '옴자 발성'으로 제 중심을 편안하게 하겠습니다.

그런 다음 나의 중심을 당신과 연결해줄테니 당신도 함께 발성을 하십시오."

그렇게 말해준 다음 옴~~~~하면서 내 중심을 편안하게 해주면 영가도 함께 편안해진다. 영가가 편안해지면 우릉우릉하는 오색빛이 다가온다. 그 빛을 받아들이면 그 순간 영가의 모습이 바뀐다.

오색찬란한 빛의 몸으로 바뀌면서 지옥계에서 벗어난다.

최고의 공덕과 보시는 다른 생명에게 편안함을 주는 것이다. 편안함과 친숙해지도록 그 환경을 만들어 주는 것이 최고의 보시이다. 편안하면 착한 마음도 저절로 생겨난다.

잠시라도 편안함이 주는 기쁨을 느껴본 사람은 언젠가는 해탈의 길에 들어설 수 있게 된다.

아귀계가 열리면 우중충한 붉은빛이 주변을 덮게 된다.

그때가 되면 배가 고파진다. 그냥 고픈 게 아니고 허기가 진다. 투쟁심이나 경쟁심이 많지 않은 사람은 처음 육도윤회계가 열릴 때 아귀계가 먼저 깨어난다. 배가 고프면 여기저기 먹을 것을 찾아서 헤매게 된다.

감에도 붙었다 배에도 붙었다 하는데 그런 음식은 아무리 먹으려고 해도 먹을 수가 없다. 아귀의 배를 채워줄 수 있는 음식 중 하나가 스님들 바릿대를 씻은 물이다. 바루공양할 때 편안하고 고요하게 음식을 먹기 때문에 그 그릇에는 생명 에너지가 깃들어 있다. 그 그릇을 씻은 물에도 생명력이 남아있다. 그 물이 아귀의 목마름을 해소시켜 준다.

바릿대 씻은 물을 버릴 때는 아귀 공양을 한다.

"혹시 아귀들이 있다면 이 물로 목마름을 적시고 주림을 면해라. 생전에 몸으로 먹던 습성을 모두 버리고 이제 영혼으로 양식을 얻는 법을 배워라. 이 인연으로 마음을 편안히 할 수 있는 법을 배워서 스스로가 생명 에너지를 생성할 수 있는 역량을 갖추어라."

영혼으로 존재하면서 자기 스스로 생명 에너지를 생성할 수 있는 생명들은 많지가 않다. 최고의 신만이 그런 능력을 갖고 있다.

영혼으로 돌아가서 스스로 생명 에너지를 생성할 수 있으면 부러울 게 없다.

그런 생명이 고유진동수만 조절할 수 있다면 최고의 세계를 창조할 수도 있고 생멸문 전체를 맘대로 다닐 수도 있다. 그야말로 자유로운 영혼이 되는 것이다. 그런 영혼들이 많지 않다. 대부분 땅의 에너지를 취해서 살던지 공간에너지를 취해서 살아간다. 영혼이 스스로 먹고사는 법을 모르면 의지해서 살아야 한다. 그러다 보니 얽매여 살게 된다.

아귀가 되면 주는 것도 받아먹지 못한다.

몸을 갖고 있었을 때 먹던 습성을 버리지 못하면 아귀가 된다. 생전에 사마타를 닦고 선나를 닦고 삼마발제를 닦아서 무심, 무념, 밝은성품을 갖추면 영혼으로 사는 것이 훨씬 더 자유롭다. 그런 사람은 육체를 갖고 태어날 필요가 없다.

붉은빛에 처했을 때 배고픔이 일어나면 이와 같이 생각해야 한다.

"나는 영혼이다. 나는 이미 육신이 없으니 나의 배고픔과 나의 목마름은 몸에서 오는 것이 아니다. 그것은 습성에서 오는 것이다. 영혼의 양식은 먹어서 얻어지는 것이 아니다. 편안함과 아무렇지 않음으로 내 본래의 생명 에너지를 받아들이자."
우릉우릉 소리가 나고 번쩍번쩍 빛나는 다섯 색깔의 빛을 받아들이면 그것만으로도 영혼으로 사는데 부족함이 없다.
영혼의 삶을 사는 방법을 아는 것은 대단히 중요하다. 누구나 죽기 전에 그 방법을 알아야 한다.

축생계가 열릴 때는 우중충한 청색빛이 펼쳐진다.
축생의 성향을 갖고 있는 사람은 집착이 강하고 상처에 약하다.
이런 사람들은 우중충한 청색빛이 아름답게 보인다.
그런 사람이 푸른빛을 보면 휘황찬란하게 보인다.
그래서 쉽게 현혹된다.
축생적 습성은 주체 의식의 가짓수에 의해 생겨난다.
집착이나 거부로 인해 주체 의식이 떨어져 나갔으면 그 자체가 축생의 상태이다. 그 상태에서 청색빛을 보게 되면 아름답게 보인다.
축생적 습성이 없는 영혼은 우중충한 청색빛이 차갑게 느껴진다.
그래서 청색빛을 싫어한다.
축생은 의식보다 감정이 발달되어 있다.
우중충한 청색빛이 이쁘게 보이면 축생보에 들어있는 것이다.
그럴 때는 자신을 돌이켜봐야 한다.
"감정을 너무 앞세우고 감정적으로 살아왔기 때문에 내가 지금 축생보를 받는구나. 내가 우매해서 내 영혼이 떨어져 나갔구나.
보는 것에 집착되어 있는가?
듣는 것에 집착되어 있는가?
느끼는 것에 집착되어 있는가?

생각에 집착되어 있는가?

냄새에 집착되어 있는가?"

이렇게 스스로를 돌이켜봐야 한다.

보는데 집착되어 있으면 아무렇지 않게 보고자 노력을 하고 촉감에 집착되어 있으면 그 마음을 아무렇지 않게 바라봐야 한다.

이렇게 하면 우중충한 청색빛이 아름답게 보이지 않는다.

이때부터는 더 깊은 편안함을 얻기 위해 노력해야 한다.

마음이 편안해지면 우릉우릉 하는 소리가 들리면서 번쩍번쩍 빛나는 오색빛이 다가온다.

축생보를 받은 사람이 혼의 빛을 맞이하는 것은 쉽지 않은 일이다. 주체 의식이 분리될 정도로 집착이 강했던 영혼이 원신적 구조를 회복하는 것이 쉽게 이루어지지 않기 때문이다.

사람이 소로 태어나면 주체 의식이 하나 떨어져 나간 것이다. 그런 경우 떨어져 나간 주체 의식을 다시 만나려면 수많은 세월을 기다려야 한다.

떨어져 나간 주체 의식이 나무 한 그루로 태어났으면 그 나무가 죽을 때까지 기다려야 한다. 나무가 죽었을 때 그 옆에 있다가 다시 합쳐지는 인연을 만나야 인간이 될 수 있다.

한번 동물이 되면 다시 인간으로 돌아오는 것이 대단히 어렵다.

그러니 그런 과보에 빠지지 말아야 한다.

인간계가 열릴 때는 우중충한 황색 빛이 펼쳐진다.

사람으로 태어날 때는 좋은 부모를 만난다는 것이 가장 중요하다.

황색 빛에 처해지면 밝고 좋은 공간이 있고 어둡고 침침한 공간이 있다. 그것이 부모에게서 오는 빛이다.

자기 업보와 맞는 부모는 밝게 보인다.

반대로 업보에 맞지 않는 부모는 어둡게 보인다.

그런 상황에 처해지면 스스로가 살아왔던 삶을 돌이켜 본다.

나는 어떤 삶을 살았는가?

'남을 위해 봉사했고 남의 이로움을 위해서 노력했다.

원만한 성품을 갖추기 위해 노력했다.'

만약 그런 삶을 살았으면 밝은 황색 빛을 선택하면 된다.

반대로 잘못된 삶을 살았다고 생각되면 어두운 황색 빛을 선택하면 된다. 자신을 돌아봤을 때 나 같은 사람 만나는 것이 싫으면 우중충한 황색 빛을 선택하면 되는 것이다. 그렇게 했을 때 수정이 안 될 수도 있다. 고유진동수가 너무 많이 차이 나면 수정이 안 되기 때문이다. 고유진동수가 적당하게 차이가 나면 입태가 된다. 하지만 때어날 때까지 많은 괴로움을 겪게 된다.

착하게 잘 살아서 밝은 빛을 선택하면 좋은 부모를 만나게 된다. 인간으로 태어나기 싫으면 아무것도 선택하지 말고 편안하고 고요한 마음을 유지하면 된다. 그러다 보면 우르우릉 소리가 나고 번쩍번쩍 빛나는 오색빛이 다가온다. 그 빛을 받아들이면 태어남에 얽매이지 않는 자유로운 영혼이 된다.

천상세계가 열릴 때는 우중충한 백색 빛이 펼쳐진다.

천상세계에 태어나려면 화생을 해야 한다.

인간의 영혼으로는 천상세계에 태어나지 못한다.

화생을 하려면 본성을 인식하고 다른 생명의 호응을 얻어야 한다.

그리고 인간적 습성을 버려야 한다.

천상세계에 태어나려면 이 세 가지 조건을 갖추어야 한다.

무념 무심이 갖추어져서 본성을 인식하고 다른 생명의 호응을 통해 큰 영혼을 갖게 되면 천상세계 중에서도 큰 세계에서 태어날 수 있다. 우중충한 백색 빛에 처해지면 스스로를 돌이켜 봐야 한다.

"나는 어떤 노력을 했는가?

본성을 인식하기 위해서 얼마만큼 노력했는가? 각성은 갖추었는가?

다른 생명에게 어떤 이로움을 줬고 얼마만큼 호응을 받았는가? 인간의 습성을 얼마만큼 제도했는가? 중심은 돈독한가?"

이렇게 스스로를 점검해야 한다.

그 결과를 놓고 세 가지 갖춤을 이루었으면 백색 빛 중에서도 밝은 빛을 취한다.

만약 세 가지 갖춤이 부족하다 판단되면 다시 황색 빛으로 돌아온다.

백색 빛의 상태에서 편안한 마음을 유지하면 우릉우릉 소리가 나고 번쩍번쩍 빛나는 오색빛이 다가온다.

그 빛을 받아들인 후에 편안하게 기다리면 다시 황색 빛이 도래한다.

황색 빛을 취하면 인간으로 태어난다.

육도윤회에 들지 못한 영혼이 29일째를 맞이하면 그때 저승 사자의 인연이 다가온다.

처음 죽음을 맞이했던 생명들은 사자의 인연이 없었다. 그 당시에는 사자의 역할을 해줄 수 있는 존재들이 나타나지 않았기 때문이다.

나중에 죽음의 장애에서 벗어난 생명들이 뒤에 오는 생명들을 위해 사자의 역할을 하게 된다. 그런 생명들이 만든 세계가 지상신명계(地上神明界)이다.

지상신명계를 관장하는 사자들의 왕이 염라대왕이다.

염라대왕은 지역을 관장하는 지상 신명이다.

우리나라에는 지구 중심에서부터 표출되는 네 개의 큰 에너지장이 있다. 이것이 4개의 산맥을 이룬다.

그 생명 에너지를 의지해서 살아가는 수많은 영혼들이 있다. 그들 중 가장 안정된 영혼이 지상신명계를 지배한다.

4개의 에너지장은 각기 8개의 작은 에너지장을 거느리고 있다. 그래서 우리나라 전체를 놓고 보면 36개의 염왕부가 있다.

그곳에 사는 가장 안정된 신명이 죽은 영혼들을 가르쳐서 죽음에 적응하도록 이끌어준다. 저승사자들은 육도윤회에 들지 못한 영혼들을 가르쳐서 죽음에 적응시키는 역할을 한다. 그런데 그것조차도 거부하는 영혼들이 있다.

사자가 영혼을 찾아올 때는 영혼이 가장 좋아했던 존재의 모습으로 온다. 불교를 믿었으면 스님의 모습이나 관세음보살님, 부처님 모습으로 오고 기독교를 믿었으면 천사나 예수님의 모습으로 온다.

저승사자를 거부한 영혼들은 중음신이 된다.

사자에게 교육을 받고 조율된 영혼들은 다시 윤회에 들게 된다. 36개의 염왕부를 통치하는 염라대왕은 임기가 정해져 있지 않다.

어떤 때는 1년 만에 바뀌기도 하고 어떤 때는 4년 만에 바뀌기도 한다.

어떤 때는 몇 백 년 동안 안 바뀌는 경우도 있다.

염왕으로 선출되는 두 가지 조건이 있다.

많은 양의 천기가 도래하는 땅의 주체 신명이 염왕이 되고 수행을 해서 더 안정된 의식을 갖고 있는 신명이 염왕이 된다.

36개의 각 지점에서는 죽은 영혼들을 일차적으로 조율한다. 그런 다음 염라대왕에게 교육을 받고 육도윤회계에 배치를 받게 된다.

대부분 저승사자들은 아기 때 죽은 영혼들이다. 아기 영혼들을 가르치고 키워서 사자의 직책을 준다.

일부는 사자 서원을 통해 사자가 된 존재들도 있다.

'나로 하여금 사자로써 봉사하게 해주십시오.'라고 서원한 영혼들이 사자가 되어 다른 영혼들을 안내한다.

서울에는 북한산에 염왕부가 있다.

인간이 인간으로 윤회에 들 때는 체백의 인연을 우선시한다.

때문에 대부분의 영혼들이 자기 자손에게서 태어난다.

같은 체백을 공유할수록 태어나고 성장하는 것이 순탄하게 이루어진다.

윤회의 주체는 의식, 감정, 의지로 이루어진 식의 틀이다.

의식, 감정, 의지는 6식 7식 8식으로 이루어진 식의 틀 안에 내재되어 있다. 6식의 틀에서 7식의 틀로, 7식의 틀에서 8식의 틀로, 8식의 틀에서 7식, 6식의 틀로 식의 틀이 바뀌는 것이 죽음이다.

의식 감정 의지가 죽음과 태어남을 통해 6식, 7식, 8식의 틀을 돌고 도는 것이 윤회이다. 그러면서 지옥계, 아귀계, 아수라계, 축생계, 인간계, 천상계라고 하는 육도의 세계를 돌고 도는 것이 육도윤회이다.

연기는 의식 감정 의지가 만들어지는 과정과 식의 틀이 만들어지는 과정을 말한다. 8식으로써 영과 7식으로써 혼, 6식으로써 육체가 만들어지는 과정이 연기이다.

윤회와 연기는 생명이 일으키는 변화를 설명하기 위한 개념이다.

하지만 서로 취하는 관점이 다르다.

연기는 생명의 면모와 구조가 갖추어지는 과정을 말하는 것이고 윤회는 생사를 통해 식의 틀이 바뀌는 현상을 표현한 것이다.

윤회는 죽음 이후에 나타난 생명적 현상이다.

의식 감정 의지를 자기라고 생각하는 생명이 6식, 7식, 8식의
틀을 벗어나서 본성, 각성, 밝은성품으로 이루어진 9식을 증
득하는 것을 해탈이라 한다.
반야심경과 금강경에서는 해탈을 이루는 방법을 제시했다
무안, 이, 비, 설, 신, 의 무색, 성, 향, 미, 촉, 법이 6식으로
써 의식 감정 의지를 벗어나는 방법이고, 무안계 내지 무의식
계는 7식으로써 의식 감정 의지를 벗어나는 방법이다.
무무명 역무무명진 내지 무노사 역무노사진은 연기를 통해 갖
추어진 생멸식의 틀을 벗어나서 진여식을 이루고 진여수행을
하라는 말이다.

무노사(無老死)를 이루기 위해서는 세포 제도를 해야 한다.
그러기 위해서는 세포 내부에 선천혼이 활동할 수 있는 여건
을 갖춰줘야 한다.
적정력을 회복하고 고유진동수를 18진동 이하로 낮추고 생체
전기가 850mV 이상 생성되면 선천혼이 깨어난다.
선천혼이 세포로 돌아오면 세포가 오금으로 전환된다.
그렇게 되면 늙음이 사라진다.

늙음은 생명공간에서 나타나는 공간 형태의 변화이다.
늙음의 원인은 공간의 음화이다.
영혼 공간에서도 늙음이 일어난다.
생명의 부정성이 밝은성품 에너지를 음화시키면 영혼 공간 안
에 음기가 많아지면서 늙음이 일어난다.
공간이 늙어지면 세분화가 진행된다.
영혼이 습생에 드는 것은 공간이 늙어서 세분화되었기 때문이다.
습생에 들어간 영혼은 그 세계에서는 죽은 것이다.
때문에 영혼의 상태에서도 늙음과 죽음이 이루어진다.

세포 공간 안에서 일어나는 늙음 또한 음기의 양이 늘어나면서 시작된다. 세포가 분열되고 밝은성품과 전자기 에너지의 공급이 제한적으로 이루어지는 것이 음기와 밝은성품 간에 작용하는 척력 때문이다.

세포가 늙어가면서 육체의 수명이 생겨났다.

선천혼이 활동하면서 세포의 양자적 균형을 회복시켜주면 음기가 해소되면서 밝은성품의 순환이 이루어진다. 그 과정에서 세포가 오금으로 전환된다. 그렇게 되면 늙음이 진행되지 않는다.

오금으로 전환된 세포는 수명이 없다.

노사(老死)의 원인은 생명공간을 음화시키는 모든 습성이다.

때문에 무노사(無老死)하기 위해서는 생명공간을 음화시키는 심, 식, 의의 모든 습성을 제도해야 한다. 허공해탈과 금강해탈, 반야해탈을 통해서 심식의의 모든 습성과 식의 틀을 제도한다.

역무노사진(亦無老死盡)은 중음의 과정을 통해 이루어진다.

중음의 과정에서 체백을 받아들이는 것과 혼의 몸을 갖추는 것도 역무노사진을 이루는 것이고 안, 이, 비, 설, 신, 의의 습성을 제도하는 것도 역무노사진을 이루는 것이다. 탐진치를 제도하고 성스러운 네 가지 몸을 갖추는 것도 역무노사진하는 것이다. 성스러운 네 가지 몸을 갖추어서 육도윤회에 들지 않으면 그대로 진여문을 이룬 것이다.

생멸연기를 거쳐온 생명이 역무노사진의 죽음을 맞이할 수 있는 것은 크나큰 축복이다. 다만 이와 같은 죽음을 맞이하려면 생전에 반야해탈도를 성취해야 한다.

제20강 반야심경

무고집멸도 무행 無苦集滅道 無行

무고집멸도(無苦集滅道)란 고집멸도를 행하지 않는다는 말이다.
고집멸도(苦集滅道)는 심, 식, 의를 제도하기 위한 과지법행이다.
심, 식, 의가 고(苦)의 원인이기 때문이다.
반야해탈(般若解脫)의 두 번째 단계까지는 진여심과 심식의가
함께 공존한다.
때문에 중간반야까지는 고집멸도가 행해진다.
하지만 종반야의 단계에서는 심식의 자체가 인식의 대상이 되
지 않는다. 때문에 고집멸도가 행해지지 않는다.
무고집멸도는 종반야로 나아가서 심식의를 인식의 대상으로
삼지 말라는 말씀이다.

고집멸도를 사성제(四聖諦)라 한다.
고성제, 집성제, 멸성제, 도성제가 그것이다.
4성제법은 부처님의 최초 설법이다.
부처님께서는 녹야원의 다섯 비구에게 사성제법을 설하셨다.
고성제란 심(心), 식(識), 의(意)가 고통의 원인인 것을 아는
것이다.
중생들은 심식의를 자기라고 생각한다.
때문에 그것이 고통의 원인이라고 생각해서 벗어나려고 하는
의도를 갖지 않는다.
중생이 심식의가 고통의 원인이라고 생각하는 것만으로도 성
스러움을 갖춘 것이다. 의식의 탐착성과 감정의 희, 노, 애,
락, 우, 비, 고뇌가 고통의 원인이다.
또한, 의지의 선택과 비교, 관철되지 않는 의도가 고통의 원

인이다.

무념으로써 의식을 제도하고, 무심으로 감정을 다스린다.

각성으로 의지를 제도한다.

무념처를 인식하고, 무심처를 세우며, 무위각을 얻는 것이 집성제를 이룬 것이다.

무념과 무심이 서로를 비추어서 본성을 이루고, 무위각을 통해 의식과 감정을 제도하는 것이 멸성제를 이룬 것이다.

무념, 무심의 간극에서 밝은성품이 생성되는 것을 인식하고, 본성과 밝은성품을 무위각을 통해 지켜보는 것이 도성제를 이룬 것이다.

집성제의 과정에서 선나와 사마타, 삼마발제를 익히고, 멸성제의 과정에서 견성오도를 이룬다. 견성오도 이후에 공무변처정과 식무변처정에서 감정과 의식을 제도하고, 무소유처정에서 본성이 인식의 주체가 되도록 한다.

본성, 각성, 밝은성품으로 진여심이 갖춰지면 이때부터는 의식, 감정, 의지를 분리의 대상으로 삼는다. 이것이 반야해탈의 두 번째 단계이다. 이 단계부터 무고집멸도가 행해진다.

견성오도 이후에 행해지는 공무변처정과 식무변처정의 과정이 금강해탈도의 과정이다. 때문에 멸성제와 도성제 사이에 금강해탈도와 허공해탈도의 과정이 있다.

반야해탈의 첫 번째 단계부터 도성제에 들어간 것이다.

무고집멸도는 그 이후에 행해지는 공부이다.

본성에서 의식, 감정, 의지가 분리되면 그 상태에서는 고집멸도를 할 필요가 없다. 그 상태에서는 무념과 무심을 비추어보면서 그 상간에 기쁨이 넘쳐나는 것을 지켜본다. 무념을 비춰보면서 머릿골 속을 들여다보면 거기서 본래의 얼굴을 보게 된다.

그 얼굴에는 눈도 없고, 귀도 없고, 코도 없고, 입도 없다.

그 얼굴을 가슴 바탕에 비추어보면 편안함과 서로 마주 보게 된다.

그 상태에서는 생각도 없고, 감정도 일어나지 않는다.

그 상태를 지속하다 보면 기쁨이 차오른다.

쉽기로 말하면 이렇게 쉬울 수가 없고, 어렵기로 말하면 그것이 뭔지를 알 수가 없다. 공관을 할 줄 알고 중관을 할 줄 아는 사람이라면 이 과정이 수월하게 이루어진다.

본성은 본래 갖추어진 것이다. 때문에 그것을 지각하는 것이 어려운 일이 아니다. 본성을 인식하는 방법을 모르기 때문에 견성오도를 어렵다고 생각한다.

본성을 인식한 다음부터 해탈도가 시작된다.

해탈도(解脫道)를 닦는 목적(目的)이 있다.

본성에 머무르고 의식, 감정, 의지의 습성을 극복하는 것이다.

이것이 금강경(金剛經)의 주제이다.

"아뇩다라삼먁삼보리심을 증득한 사람이 어떻게 그 마음을 머물게 하며 어떻게 그 마음을 조복 받겠나이까."

수보리가 부처님께 질문한 내용이다.

금강경이 이 질문으로 시작된다.

그 마음을 머물게 한다는 것은 본성, 각성, 밝은성품의 상태에 머물게 하는 것이고, 조복 받는다는 것은 의식, 감정, 의지의 습성을 조복 받는 것이다.

견성오도를 했어도 아직은 의식, 감정, 의지의 습성이 남아있기 때문에 그것을 제도하는 방법을 여쭙는 것이다.

여기까지 반야심경의 내용을 살펴보자.

"관자재보살 행심반야바라밀다시 조견 오온 개공 도일체고액

사리자 색불이공 공불이색 색즉시공 공즉시색 수상행식 역부
여시 시제법공상 불생불멸 불구부정 부증불감 시고 공중무색
무수상행식 무안이비설신의 무색성향미촉법 무안계 내지 무의
식계 무무명 역무무명진 내지 무노사 역무노사진 무고집멸도
(觀自在菩薩 行深般若波羅蜜多時色 照見五蘊皆空 度一切苦厄
舍利子 色不異空 空不異色 色即是空 空即是色 受想行識 亦
不如是 是諸法空想 不生不滅 不垢不淨 不增不減 是故 空中
無色 無受想行識 無眼耳鼻舌身意 無色聲香味觸法 無眼界 乃
至 無意識界 無無明 亦無無明盡 乃至 無老死 亦無老死盡 無
苦集滅道)"
여기까지가 초선정에서 7선정까지의 내용이다.
무고집멸도 하기 전 금강해탈도와 허공해탈도의 방법은 금강
경에서 다루어진다.

육조 혜능이 오조 홍인대사 휘하에서 물러 나올때 오조 홍인
이 혜능에게 삼경부터 새벽까지 금강경을 말씀해 주셨다. 당
시 혜능은 견성오도한 상태였다.
그렇기 때문에 해탈도를 닦게 하기 위해 금강경을 설해준 것
이다.
해탈도를 닦는 것이 보임하는 것이다.
그 방법이 금강경에 제시되어 있다.

"무안이비설신의 무색성향미촉법 무안계 내지 무의식계"
이것은 색의식과 수의식에 대해 무하는 방법을 말한 것이다.
눈, 귀, 코, 입, 몸, 생각으로 접해지는 색성향미촉법의 경계
에 대해서 무한다. 오로지 중심으로 비추어본다.
"무안계 내지 무의식계"
수의식으로 접해지는 안계, 이계, 비계, 설계, 신계, 의식계에

대해서 무한다. 이면에 관여되지 않은 자리로 수의식으로써 접해지는 눈, 귀, 코, 입, 몸, 생각의 세계를 비춘다.

"무무명 역무무명진 내지 무노사 역무노사진"

연기의 원인이 되는 의식 감정 의지가 분리의 대상이 되도록 한다. 그래서 생멸연기의 굴레를 끊는다.

의식, 감정, 의지에서 해탈하여 본성과 각성과 밝은성품으로 이루어진 진여의 몸을 갖춘다.

초선정에서부터 2선정, 2선정에서부터 3선정, 3선정에서부터 4선정으로 다시 초선정으로 이렇게 오르내리면서 수련을 해야 한다.

4선정에만 머물러 있으면 2선정이나 3선정이나 초선정에 대한 감각이 무디어진다. 일상에서 선정을 넘나드는 훈련을 반복해 주는 것이 중요하다.

반야심경의 무고집멸도는 무행(無行)의 과지법(果地法)이다.

반야심경에서는 오온 개공의 방법으로 무색, 무수, 무상, 무행, 무식을 제시했다.

무상(無想)의 과지법이 무무명 역무무명진 내지 무노사 역무노사진이다.

무수(無受)의 과지법이 무안계 내지 무의식계 이다.

무색(無色)의 과지법이 무안이비설신의 무색성향미촉법이다.

본성을 인식할 수 있는 각성이 갖추어진 것을 시각(時覺)을 갖추었다 말한다.

시각의 상태에서는 본성이 인식의 주체가 된 상태가 아니다. 아직은 본성과 각성이 합일을 이루지 못한 상태에서 각성이 본성과 심, 식, 의를 더불어서 보고 있는 상태이다.

시각이 갖춰졌으면 고통의 원인이 멸한 것이다.

그렇기 때문에 고성제와 집성제와 멸성제를 행할 필요가 없다.

여기서부터는 도성제로 나아가야 한다.

그러기 위해 금강해탈도(金剛解脫道)와 허공해탈도(虛空解脫道)를 행해야 된다.

"시고 공중무색 무수상행식" 하면 어떻게 공의 중심에 들어가는가?

색에 무하고 수상행식에 무함으로써다.

무안이비설신의 무색성향미촉법으로 무색하고, 무안계 내지 무의식계로 무수하며, 무무명 역무무명진 내지 무노사 역무노사진으로 무상한다.

무고집멸도로써 무행하고, 무지 역무득으로써 무식한다.

이것이 곧 무식(無識)의 경지이다.

식은 개체를 결정하는 원인이다. 이것을 제8 아뢰야식이라 한다.

나라는 개체 생명의 원인인 그 식의 틀에 무한다.

결국에는 개체식의 틀을 벗어난다는 말이다.

개체식의 8식을 벗어나면 9식이 된다. 9식을 암마라식이라 한다.

9식을 얻으면 보살도에 든 것이다. 반야해탈을 통해 9식에 들어간다.

금강해탈을 통해서 본성과 각성이 하나가 된 본각(本覺)을 증득하고 이 본각으로써 의식과 감정을 분리시킨 뒤에 9식으로 들어간다.

금강경의 전체 내용을 통해 금강해탈도를 이루는 방법을 체득하고 그런 다음 다시 반야경으로 와서 무지 역무득하는 방법을 들여다본다.

무지 역무득의 방법이 반야해탈의 세 번째 단계를 이루는 과지법이다.

제21강 금강경

법회인유분 선현기청분 대승정종분 묘행무주분
法會因由分 善現起請分 大乘正宗分 妙行無住分

각자의 깨달음에 의거하여 금강경과 반야경을 해석한 책들이
많다.
하지만 반야해탈이나 금강해탈이라는 관점에서 해석한 책은
접해보지 못했다.
조선 초기 함허득통 선사가 금강경오가해(金剛經五家解)에서
삼관법과 삼해탈법을 논했지만 금강해탈과 허공해탈의 관점으
로 금강경을 해석하지 못했다.
금강경의 원문을 들여다보면서 금강해탈도와 허공해탈도의 체
계를 논해보자.

법회인유분(法會因由分)

[이와 같이 나는 들었다. 한때 부처님께서 사위국의 '기수급
고독원'에 계시면서 큰 비구들 1,250인과 함께 계시었다. 그
때 세존께서는 식사 때가 되어 옷을 입으시고 발우를 들으시
고, 사위 대성에 들어가 걸식을 하시었다. 그 성안에서는 차
례대로 밥을 얻어가지고 다시 본처로 돌아오셔서 식사를 마치
시었다. 식사를 마치신 후에는 의발을 거두시고 발을 씻으신
뒤, 자리를 펴고 앉으시었다.]

선현기청분(善現起請分)

[그때 대중 가운데 있던 장로 수보리가 자리에서 일어나 오른쪽 어깨에 옷을 메고 오른쪽 무릎을 땅에 꿇고 합장하여 공경하며 부처님께 아뢰었다. "거룩하시옵니다. 세존이시여, 여래께서는 모든 보살들을 잘 보살펴 주시고 잘 당부해 주십니다. 세존이시여, 선남자, 선여인이 '아뇩다라삼먁삼보리심'을 일으킨 이는 마땅히 어떻게 그 마음을 간직하여 살아야 하오며, 어떻게 그 마음을 항복시켜야 하겠사옵니까." 부처님께서 말씀하시었다. "착하고 착하도다. 수보리야, 너의 말과 같이 여래는 모든 보살들을 잘 보살피고 잘 당부하고 있느니라. 너희는 이제 자세히 들으라. 너희를 위하여 마땅히 설해 주리라. 선남자, 선여인이 아뇩다라삼먁삼보리심을 내었으면 마땅히 이와 같이 마음을 간직하고 살아야 하며, 이와 같이 그 마음을 항복시켜야 할 것이니라." "그러하옵니다. 세존이시여, 기꺼이 듣고자 원하옵니다."]

아뇩다라삼먁삼보리심(阿耨多羅三藐三菩提心)이란 모든 욕심을 여읜 최고의 지혜라는 말이다.
곧 본성을 인식한 상태라는 말이다.
'아'는 부정격으로 쓰인 말이고 '뇩'은 욕심을 말한다.
'아뇩'은 욕심이 없다는 말이다.
'다라'는 '많다' 또는 '무한하다'라는 말이다.
'삼먁'은 삼매를 말한다. 하나의 경계를 놓고, 선나와 사마타, 삼마발제가 동시에 구현된 것이 '삼먁'이다.
'삼보리'란 무념, 무심, 각성을 말한다. 의식, 감정, 의지가 본성에 입각해서 나투어지는 것이 삼보리심이다.
'무한하게 많은 욕심과 진심과 치심을 여의고, 삼매로써 무념,

무심, 각성을 증득한 사람'이 아뇩다라삼먁삼보리한 존재이다. 즉 '본성을 인식한 사람'이라는 말이다.

'본성을 인식한 사람이 어떻게 그 마음을 지켜가며 어떻게 심식의의 습성을 조복받을 수 있습니까?' 수보리가 이렇게 질문한 것이다.

이 질문은 두 가지 답변을 전제하고 있다.

하나는 각성의 유지를 어떻게 하느냐이다.

또 하나는 심, 식, 의의 조복이다.

금강경의 전체 내용은 이 두 가지 질문에 대한 답변으로 이루어졌다.

이 대목의 아뇩다라삼먁삼보리는 견성오도를 말한 것이다.

견성은 각성으로써는 시각(時覺)의 상태다.

시각은 일시적 무위각(一時的 無爲覺)의 줄임말이다.

시각의 상태에서는 본성에 대한 주시가 지속적으로 이루어지지 못한다. 아직은 심식의의 습성이 남아있기 때문이다.

"선정체계로 수행을 해온 사람은 중심을 통해 이면을 비추면서 무위각을 유지하고, 본제관을 했던 사람은 중심과 중황이 서로를 비추도록 하면서 무위각을 유지한다."

"의식, 감정, 의지가 갖고 있는 탐진치를 항복받고, 바깥경계가 갖고 있는 부조화스러움을 항복받는다."

현대불교는 견성 즉 성불(見性 卽 成佛)이라 말한다.

이것은 성철 스님의 주장이 반영된 해석이다.

만약 견성이 곧 성불이라면 금강경의 명제가 잘못된 것이다.

견성과 성불 사이에는 해탈도와 보살도, 등각도와 묘각도가 있다.

묘각도가 성불이다.

견성이 성불이라고 하면 견성 이후에 머무를 마음과 항복받아야 할 마음이 없는 것이다. 그런 성불을 이룬 사람은 없다.

부처도 그렇게 성불하지 못했다.

성철 스님은 돈수(頓修)라는 말도 잘못 해석했다.

돈수는 단박에 닦는다는 뜻이 아니다. 돈수는 본성에 입각해서 수행한다는 말이다.

해탈도의 전체 과정이 돈수이다.

금강경과 반야경이 돈수의 방법을 말한 경전이다.

성철 스님은 정진력에 있어서는 좋은 모범을 보여주셨지만, 인지법행과 과지법행의 체계에 대해서는 전혀 알지 못했던 분이었다.

견성오도를 이룬 사람은 일시적 무위각을 본연적 무위각으로 진보시켜가야 한다. 그 과정에서 금강해탈과 허공해탈이 이루어진다.

심식의의 습성을 제도하는 것이 금강해탈(金剛解脫)이고 경계의 부조화를 제도하는 것이 허공해탈(虛空解脫)이다.

본성을 인식한 후에 의식, 감정, 의지를 제도하지 못하면 무위각이 유지되지 못한다. 때문에 의식, 감정, 의지의 습성을 제도하고, 본성과 각성과 밝은성품이 자기 주체가 되도록 해야 한다.

이 부분에 대한 부처님의 대답을 본문에서 들어 보자.

대승정종분(大乘正宗分)

[부처님께서 수보리에게 말씀하셨다. "모든 보살마하살은 마

땅히 이와 같이 그 마음을 항복시켜야 할 것이니라. 있는 바 일체중생의 종류는 알로 생긴 것이거나, 태로 생긴 것, 또는 습생으로 생긴 것이나, 화생으로 생긴 것, 또는 형상 있는 것이거나, 형상 없는 것, 또는 생각 있는 것이거나, 생각 없는 것, 또는 생각 있는 것도 아니고 생각 없는 것도 아닌 것들을 내가 모두 다 무여열반에 들게 하여 그들을 제도하리라. 이와 같이 한량없고 무수하고 끝없이 많은 중생을 다 제도하였지만, 실로 한 중생도 제도된 바 없느니라. 왜 그러냐 하면 수보리야, 만약 보살이 나라는 생각, 남이라는 생각, 중생이라는 생각, 오래 산다는 생각이 있으면 곧 보살이 아니기 때문이니라."]

첫 대목을 보면 "모든 보살마하살은 마땅히 이와 같이 그 마음을 항복시켜야 할 것이다"라고 했다.

이때 항복시켜야 할 마음이 자기 심식의와 바깥 경계이다.

그다음 대목에 나와야 할 말이 자기 심, 식, 의를 제도하는 방법과 바깥 경계를 제도하는 방법이다. 그 방법으로 제시한 것이 생멸문에 존재하는 모든 생명을 제도하겠다는 뜻을 세우라는 것이다.

"알로 생긴 것, 태로 생긴 것, 습생으로 생긴 것, 화생으로 생긴 것을 다 제도하고, 또 형상 있는 것, 형상 없는 것 생각 있는 것이거나, 생각 없는 것도 다 제도하며, 생각 있는 것도 아니고 생각 없는 것도 아닌 것들도 모두 다 제도해서 무여열반에 들게 한다." 이런 뜻을 세우라는 것이다. 이것은 **등각서원(等覺誓願)**이다.

등각서원은 생멸문의 모든 중생을 제도하여 불공여래장을 만들겠다는 서원이다.

등각보살(等覺菩薩)은 공여래장과 불공여래장을 합쳐서 불이문을 이루기 위해 생멸문 전체를 제도의 대상으로 삼는다.

무여열반에 들지 못한 모든 대상들을 제도의 대상으로 삼겠다는 말은 바깥경계로 인식되는 모든 대상들을 제도하겠다는 말이다.

이 말씀은 먼저 허공해탈을 이루라는 말이다.

허공해탈을 이루는데 그냥 이루는 것이 아니고 등각서원을 세운 다음에 이루라는 말이다.

그런 다음 자기 제도를 행하는데 그 제도의 대상이 아상(我相), 인상(人相), 중생상(衆生相), 수자상(壽者相)이다.

"이와 같이 한량없고 무수하고 끝없이 많은 중생을 다 제도하였지만 실로 한 중생도 제도된 바 없느니라. 왜냐하면 만약 보살이 나라는 생각, 남이라는 생각, 중생이라는 생각, 오래 살았다는 생각을 갖고 있으면 보살이 아니기 때문이다."

"수많은 중생을 제도했지만 실로 한 중생도 제도된 바가 없다"라는 말은 심식의로는 심식의를 제도하지 못한다는 말이다.

다른 말로 하면 중생심으로는 다른 중생을 제도할 수 없다는 말이다.

아상, 인상, 중생상, 수자상은 의식, 감정, 의지에서 나온다.

그렇기 때문에 의식, 감정, 의지로 제도한 것은 제도한 것이 아니라는 말이다.

그러면 어떻게 제도해야 하는가? 본성으로 제도해야 한다.

본성에는 아상, 인상, 중생상, 수자상이 없다.

의식, 감정, 의지가 아상, 인상, 중생상, 수자상을 일으킨다.

두 가지 대승(大乘)의 종지(宗旨)가 있다.

첫째는 바깥으로 존재하는 모든 생명을 무여열반에 들도록 하겠다는 서원이다.
둘째는 자신의 의식, 감정, 의지로 만들어지는 아상, 인상, 중
생상, 수자상을 제도하겠다는 서원이다.

"생각이 있는 것이나 생각이 없는 것"
생각이 있는 것은 의지와 의도로써 자기 의식을 이끌어 갈 수
있는 존재 즉 유정이다. 생각이 없는 것은 무정이다.
유정과 무정을 모두 제도하겠다는 말이다.
"생각이 있는 것도 아니고 생각이 없는 것도 아닌 것들" 이것
은 상념체를 말한다. 상념체들은 주입된 정보가 있기 때문에
생각이 없다고 할 수도 없고 스스로 정보를 생성해 내지 못하
기 때문에 생각이 있다고 할 수가 없다.

무여열반(無餘涅槃)이란 진여심만으로 상수멸정에 드는 것을
말한다.
유여열반(有餘涅槃)이란 진여심과 심식의가 분리되지 않은 상
태에서 멸진정에 드는것을 말한다.
의식, 감정, 의지를 자기라고 생각하는 마음이 아상이다.
8식과 개체식에 대한 집착이 아상의 뿌리이다.
아상으로 인해 이기심이 생긴다. 이기심이 바로 중생상이다.
자기만을 위하고 그러면서 혼자서는 살 수 없는 존재가 중생
이다.
나와 남을 차별하는 마음이 인상이다.
아상이 바탕이 돼서 인상이 나온다.
수자상은 경험과 앎에 대한 상이다.
수자상이 있는 사람은 자기 본위적인 사고를 한다.
다른 사람의 의견을 듣지 않는다.
이 4가지 상이 의식, 감정, 의지가 만들어 내는 에고이다.

에고를 통해서는 자기 제도가 이루어지지 않는다.

밖의 제도도 마찬가지이다.

오로지 본성에 입각해서 제도할 뿐 의식, 감정, 의지가 제도의 주체가 돼서는 안 된다. 그 과정을 통해 각성을 증장시키고 밝은성품을 인식한다.

이것이 바로 금강해탈과 허공해탈이다.

대승의 종지를 세운 다음에는 어떻게 금강해탈과 허공해탈을 행하는지 부처님의 말씀을 들어보자.

묘행무주분(妙行無住分)

["또 수보리야, 보살은 마땅히 법에 머무는 바 없이 보시를 행할 것이니라. 이른바 색(色)에 매이지 말고 보시할 것이며, 소리나 냄새나 맛이나 촉감이나 이치에도 매이지 말고 보시해야 하느니라. 수보리야, 보살이 마땅히 이와 같이 보시하여 상(相)에 머물지 않는 것이니라. 왜 그러냐 하면 보살이 만약 상에 머물지 않고 보시하면 그 복덕은 생각으로는 헤아릴 수 없기 때문이니라." "수보리야, 어떻게 생각하느냐. 동쪽 허공을 생각으로 다 헤아릴 수 있겠느냐." "못하겠나이다. 세존이시여." "수보리야. 남쪽, 서쪽, 북쪽과 네 간방과 아래위 허공을 생각으로 헤아릴 수 있겠느냐." "못하겠나이다. 세존이시여." "수보리야. 보살이 상에 머물지 않고 보시하는 복덕도 또한 이와 같아서 생각으로 헤아릴 수 없는 것이니라. 수보리야, 보살은 마땅히 가르친 그대로만 머물지니라."]

무주(無住)는 머물지 않는다는 말이다.

묘행(妙行)은 신묘한 행을 말한다.

행은 의지와 각성이라는 의미가 있다.

묘행은 무위각을 말한다. 무위각을 통해서 머물지 않는 마음을 낸다.

이것이 묘행무주의 뜻이다.

"마땅히 법에 머무는 바 없이 보시를 행할 것이니라."

이 대목에서는 두 가지 개념을 살펴봐야 한다.

법(法)과 보시(布施)의 의미이다.

두 가지 법이 있다.

유위법과 무위법이 그것이다.

유위법(有爲法)은 드러난 현상 또는 의식, 감정, 의지에 의거한 법을 말한다.

무위법(無爲法)은 드러나지 않은 현상 즉 본성, 각성, 밝은성품에 의거한 법을 말한다. 법에 머물지 말라 하는 것은 유위법에 머물지 말라는 것이다.

즉 의식, 감정, 의지로 접해지는 모든 현상에 머물지 말라는 말이다.

보시는 베풂과 공양을 뜻하는 말이다.

'부처님께 보시한다'는 공양을 의미하고 '남에게 보시한다'는 베푸는 것을 의미한다. 묘행무주함에 있어 보시의 대상은 인식하는 자신과 인식되는 대상이다.

"법에 머무는 바 없이 보시를 해라. 이른바 색에 매이지 말고 보시할 것이며, 소리나 냄새나 맛이나 촉감이나 이치에도 매이지 말고 보시해야 하느니라."

이 대목에 원문을 보면 "부주색보시 부주성향미촉법보시(不住色布施 不住聲香味觸法布施)"라고 되어있다.

눈으로 보이는 현상, 소리, 향기, 맛, 촉감, 느낌, 생각, 이것에 머물지 않는 보시를 하라는 말이다.

눈, 귀, 코, 입, 몸, 생각으로 인식되는 대상에게 머물지 않고 보시를 해야 된다.

눈으로 보여지고, 귀로 들려지고, 냄새 맡아지고, 맛으로 느껴지고, 촉감으로 느껴지고, 생각으로 인식되는 대상을 접할 때 그 즉시 그것을 통해서 본성을 본다.

무위각(無爲覺)이 돈독한 사람은 언제라도 본성을 통해서 눈, 귀, 코, 입, 몸, 생각으로 접해지는 경계를 비춰볼 수 있다.

하지만 시각(時覺)을 이룬 사람은 본성을 망각하고 있다가 문득 대상을 통해서 자각할 수 있다.

시각을 갖춘 사람은 반복적으로 본성과 경계 사이를 넘나들면서 무주상 보시를 행한다. 머물지 않는 보시가 금강해탈이고 허공해탈이다.

보시의 대상이 자기이면 금강해탈이고, 보시의 대상이 상대이면 허공해탈이다.

무위각이 돈독한 사람은 본성을 주체로 삼고 안, 이, 비, 설, 신, 의로 접해지는 경계를 관한다. 편안함과 아무렇지 않음이 서로를 비추고 있는 상태에서 보고, 듣고, 느끼고, 말하고, 생각하는 것이다.

침묵을 하고 있을 때는 본성을 비추는 것이 수월하게 이루어진다.

하지만 말을 한다든지, 본다든지, 생각을 할 때는 잘 안된다. 익숙하지 않아서 그렇다.

각성을 닦는다는 것은 등산을 하는 것과 같다.

처음에 산을 올라갈 때는 힘들어도 반복해서 오르다 보면 평지같이 쉬워진다.

본성을 지키는 것도 마찬가지이다. 처음에는 힘들지만 반복해서 노력하다 보면 어느새 본성이 주인이 되어있다.

그때부터는 모든 방편을 의지하지 않는다.

강을 건넜으면 뗏목을 버리라는 말이 이때 필요한 말이다.
본성을 인식의 주체로 삼은 다음에는 눈, 귀, 코, 입, 몸, 생각이 그대로 방편이 되고 그것을 통해 인식되는 모든 경계가 방편이 된다.
거기다 대고 군더더기를 덧붙일 필요가 없다.

어떤 사람이 있었다.
그 사람 아버지 천도를 하는데 그 사람에게 외부 의식이 들어왔다.
그러자 천도재를 하는 중에 미쳐서 날뛰기 시작했다.
그때 나는 본성염불을 하면서 그 상황을 비춰보았다.
그 순간 발광하던 사람의 동작이 그대로 멈춰졌다.
당사자는 모른다. 자기가 발광한 줄도 모르고 왜 멈추어졌는지도 모른다.

한 번은 버스를 타고 가는데 술 취한 사람이 중간 통로 옆자리에 앉았다.
이 사람이 갑자기 욕을 하기 시작했다. '중놈들이 어쩌고저쩌고 하면서 욕을 하는데 다른 사람들이 불편해했다. 그래서 허공해탈을 행했다.
어느 순간 그 사람의 욕설이 딱 멈춰졌다.
그 사람이 버스에서 먼저 내렸다. 뒤따라서 내가 내리자 그 사람이 길바닥에서 절을 하고 있었다. 동행했던 제자가 그 모습을 보고 신기해했다.

주변이 복잡하게 돌아갈 때 본성으로 비춰보면 얼크러지고 설크러졌던 것들이 하나씩 정리가 된다.
내 마음 안에서 일어나는 번뇌와 이기심은 그 즉시 제도된다.

무념과 무심을 세워 지극히 마주보도록 하면 이미 그 속에는 번뇌가 없다.

익숙해지면 스스로도 견고해지고 경계도 온전해진다.

의식, 감정, 의지는 허망하다.

하지만 현실 경계도 조화롭게 이끌어가야 한다.

그것이 허공해탈을 행하는 목적이다.

중심으로 비추어서 제도할 경계가 있고 사마타로 멈추어서 제도해야 할 경계가 있다. 가관으로 제도해야 할 경계가 있다.

그래서 허공해탈, 금강해탈, 반야해탈이 있다.

의식, 감정, 의지의 습성이 많은 사람들은 끊임없이 에고가 일어난다.

그렇더라도 일어나는 순간 알아채고 본성을 보면 된다.

그것이 자성불(自性佛)에 보시하는 것이다.

일체 유상에 머무르지 않는 보시는 자기 본성에게 하는 보시이다.

이쁜 것도 본성에게 보시하고 미운 것도 본성에게 보시한다.

기쁨과 슬픔도 본성에게 보시한다.

무위각으로 그 행를 하는 것이 금강해탈이다.

각성이 없이 믿음으로 머물지 않는 행을 할 수도 있다.

각성이 없는 사람은 모르는 자리를 믿음의 대상으로 삼아서 무주상 보시를 한다.

의식, 감정, 의지로 드러나는 모든 경계를 모르는 자리에다 놓고 맡기는 것이다.

대행 스님은 놓고 맡기라 말씀하셨고, 백성욱 박사는 바친다고 했다.

서로 표현은 달랐지만 같은 말씀을 하신 것이다.

허공을 생각으로 다 헤아릴 수 없듯이, 허공을 눈으로 볼 수 없듯이, 본성도 그와 같아서 무위각이 없이는 인식되지 않는다.

또한, 무념과 무심이 한 자리를 이루지 못하면 인식의 대상이 되지 않는다.

그런 경우라면 믿음을 통해서라도 무주상보시를 하면 된다.

그렇게 근기를 쌓아가다 보면 나중에 본성과 친해지는 것이 수월하게 이루어진다.

심식의에 머무르지 않고 본성에 보시하는 것이 최상의 보시다.

해탈도가 익숙하게 닦여 있으면 죽고 나서 성스러운 4가지 몸이 발현될 때 열반에 드는 것이 수월하게 이루어진다.

질문 : 늘 본성에 머물러 있으면 그것이 본각인가?

답변 : 본성이 인식의 주체가 되면 본각이다.

질문 : 구경각과 본각의 차이가 있는가?

답변 : 반야해탈이 3단계로 나눠진다.

초입반야에 들어갔을 때 본성과 각성이 합일 된다.

그래서 본성이 인식의 주체가 된다. 그 상태가 본각이다.

중반야에서는 본각의 상태에서 의식, 감정, 의지가 분리된다.

종반야에 들어가면 의식, 감정, 의지가 인식의 대상이 아니다.

이 상태가 본각이면서 구경각이다.

질문 : 그렇다면 금강해탈, 허공해탈 과정에서 본각이 유지가 되는가?

답변 : 금강해탈과 허공해탈은 아직 시각의 상태이다.

금강해탈을 지나서 반야해탈로 들어가야 본각이 된다.

질문 : 나는 늘 본성에 머물러 있다고 생각할 수가 있는데 이 사람이 반야해탈을 이룰 정도의 본각인지 아니면 허공해탈, 금강해탈 정도의 상태인지 그건 구분이 된다는 말씀인가?

답변 : 그렇다.

본성을 보는 것도 차이가 있다.

무념, 무심이 한자리를 이룬 것을 보는 것과 무념의 형질과 무심의 형질을 뚜렷하게 구분해서 인식하는 것이 다르고, 무념, 무심의 상간에서 밝은성품이 생성되는 것을 인식하는 것이 또 다른 경지이다.

중심이 편안하다고 해서 견성을 한 것이 아니고 순간순간 아무렇지 않음이 찾아온다고 해서 견성을 한 것이 아니다.

그것은 아직 시각이 갖추어진 상태가 아니다.

아직 무명각의 상태이다.

초선에서부터 4선의 과정을 정확하게 밟아간 사람만이 견성의 상태를 유지할 수 있고 해탈도에 들어갈 수 있다.

제22강 금강경

여리실견분 정신희유분 무득무설분
正信希有分 正信希有分 無得無說分

["수보리야, 어떻게 생각하느냐. 육신의 몸매로 여래를 볼 수
있겠느냐." "아니옵니다, 세존이시여, 육신의 몸매로는 여래를
볼 수 없사옵니다. 왜 그러냐 하면 여래께서 말씀하신 신상
(身相)은 곧 신상이 아니기 때문이옵니다." 부처님께서 수보리
에게 말씀하셨다. "무릇 있는 바 모든 상(相)은 다 허망한 것
이니, 만약 모든 상 속에서 상 아닌 것을 보면, 바로 여래를
볼 것이니라."]

여리실견분(如理實見分)에서 여리는 여래의 이치이다.
실견은 실상을 보는 것이다.
여래의 이치는 부처님의 이치이다.
부처님의 이치가 본연이다. 본성, 각성, 밝은성품이 만들어내
는 관계가 여리이다. 금강해탈(金剛解脫)을 통해서 각성을 본
각으로 증장시키고, 밝성을 운용하면서 의식, 감정, 의지의 습
성을 제도한다.
밝성의 기쁨, 각성의 깨어있음, 본성의 역력함으로써 의식, 감
정, 의지가 갖고 있는 습성을 제도하는 것이 본연을 활용한
자기 제도이고 여리의 실천이다.

실상을 보는 것이 실견이다.
경계가 갖고 있는 본성, 각성, 밝은성품이 곧 실상이다.
반면에 경계가 갖고 있는 의식, 감정, 의지는 허상이다.
경계의 실상은 가치창출을 통해 드러나고 원만해진다.

386

이것을 원만보신(圓滿報身)이라 한다.

"수보리야. 어떻게 생각하느냐. 육신의 몸매로 여래를 볼 수 있겠느냐." "아니옵니다, 세존이시여, 육신의 몸매로는 여래를 볼 수 없사옵니다. 왜 그러냐 하면 여래께서 말씀하신 신상은 곧 신상이 아니기 때문이옵니다."

형상으로써 여래를 보지 않는다.
여래라는 것은 형상에 있는 것이 아니고, 그 깨달음에 있는 것이다.
전륜성왕도 32상을 갖고 있어서 부처님과 똑같은 상호를 갖고 있다.
그러니 몸매가 같다고 해서 모두 다 부처가 아니다.
그 깨달음이 곧 부처인 것이다.
부처의 깨달음은 묘각도(妙覺道)이다.
그 경지는 등각보살이라 할지라도 알 수가 없다.
때문에 부처님께서는 부처의 실상을 보는 방법을 말씀하신 것이다.
부처의 실상은 진여이다.

"무릇 있는 바 모든 상은 다 허망한 것이니, 만약 모든 상 속에서 상 아닌 것을 보면, 바로 여래를 볼 것이니라."

'모든 상'이란 심식의가 만들어내는 몸과 마음의 일을 말한다.
그것은 생멸연기를 통해 쌓아진 것이기 때문에 본래의 나가 아니다.
그러하듯이 상대와 경계 또한 마찬가지이다.
상대의 심식의와 형상을 놓고 상대라고 생각하면 안 된다.

형상과 심식의를 취하는 것은 껍데기를 취하는 것이다.
진면목을 취하는 것이 아니다.
부처님께서는 이것을 '개시허망(皆是虛妄)'이라 하셨다.
"모든 상 속에서 상 아닌 것을 보는 것"은 심식의로 접해지는
모든 경계 속에서 본성을 인식하는 것이다.
밖으로 드러나는 형상을 놓고 옳고, 그름, 좋고, 나쁨에 빠지
지 않고 오로지 본성을 취한다. 그것이 곧 여래를 보는 것이다.
어떤 경계를 접하던지 무념과 무심이 서로를 비추는 상태를
유지하는 것이 곧 "약견제상비상(若見諸相非相)"이다.

어느 날 스승님께서 물으셨다.
금강경(金剛經)에 이르기를 "범소유상 개시허망 약견제상비상
즉견여래(凡所有相 皆是虛妄 若見諸相非相 卽見如來)"라 했는
데 어떤 것이 제상(諸相)에 있어서 비상(非相)의 면모인고?
"저녁 예불은 몇 시에 드리는지요?" 이렇게 대답했다.
그랬더니 스승님께서 하시는 말씀이 "제상의 비상은 경계에
있는 것이 아니다. 너의 마음자리에 있는 것이니라."라고 하셨다.
"예 잘 받들겠습니다."

내 마음을 어떻게 써야 제상(諸相)의 비상(非相)을 보는 것인가?
무념과 무심이 서로를 비추도록 하는 것이다.
'저녁 예불은 몇 시에 드립니까'라고 대답한 것은 관여되지
않는 바를 직수용(直受用)한 것이다.
제상의 비상 자리가 곧 실상이다.
실상을 놓고 원만보신(圓滿報身)을 이루는 방법에 대해 논해
보자.
스승님이 "제상의 비상이 뭐냐?"라고 물으셨을 때
"산책하니 좋습니다." 이렇게 대답할 수도 있다.

하지만 "저녁 예불 시간은 몇 십니까?"라고 되물어서 대답했다. 그렇게 한 것은 한 번 더 되짚어 본 것이다.

제상의 비상을 보는 것이 부처를 보는 것이다 했으니 그러면 부처를 본 사람이 부처님 앞에 예를 다하는 것은 어떤 뜻입니까? 이렇게 한 번 더 되짚어 본 것이다.

그분이 "제상의 비상은 네 마음 안에 있느니라."라고 대답한 것은 너의 본성에다 예불을 하라는 소리다. 즉 무주상보시(無住相布施)를 하라는 것이다.

주고받는 대답이 뜬금없어 보이지만 이것이 실상의 행이다. 그 논지를 벗어나지 않으면서 핵심과 핵심을 꿰뚫고 가는 언어 밖의 대화이다.

스승과 제자는 그런 교류를 통해 격외구(格外句)를 전한다. 지금은 그런 스승님들이 안 계신다.

이것이 실상의 행이며 원만보신을 이루는 방법이다.

① "응무소주이생기심(應無所住而生其心)" 머물지 않는 마음을 내는 것.

② "낱낱의 모든 생명이 무여열반에 들 때까지 제도하겠다"라는 서원을 세우는 것.

③ 무주상보시(無住相布施)와 무아상, 무인상, 무중생상, 무수자상 하는 것.

④ "약견제상비상 즉견여래(若見諸相非相 卽見如來)"의 이치.

이것이 금강해탈도와 허공해탈도의 가장 핵심적인 요지이다.

정신희유분(正信希有分)

[수보리가 부처님께 아뢰었다. "세존이시여, 자못 어떤 중생이

이와 같은 말씀이나 글귀를 듣고 진실한 신심을 낼 수 있겠사옵니까." 부처님께서 수보리에게 말씀하시었다. "그러한 말을 하지 말아라. 여래가 멸한 뒤, 후오백세에 계를 지니고 복을 닦는 자가 있어서, 이 글귀에 능히 신심을 내어 이것을 진실하게 여기리라. 마땅히 알지어다. 이 사람은 한 부처님이나 두 부처님이나 셋, 넷, 다섯 부처님에게만 선근을 심었을 뿐만 아니라, 이미 한량없는 천만 부처님 계신 곳에서 온갖 선근을 심었으니, 이 글귀를 듣고는 바로 한 찰나에 맑은 믿음을 내느니라. 수보리야, 여래는 이 모든 중생들이 이와 같이 한량없는 복덕을 짓는 것을 다 알고 보느니라. 왜 그러냐 하면, 이 모든 중생들은 다시는 나라는 생각, 남이라는 생각, 중생이라는 생각, 오래 산다는 생각이 없으며, 법이라는 생각도 없고, 법 아니라는 생각도 없기 때문이니라. 왜 그러냐 하면 이 모든 중생이 만약 마음에 취하는 상이 있으면 바로 나라는 생각, 남이라는 생각, 중생이라는 생각, 오래 산다는 생각에 집착하게 되고, 만약 법이란 생각을 취해도 나라는 생각, 남이라는 생각, 중생이라는 생각, 오래 산다는 생각에 집착하게 되기 때문이니라. 왜 그러냐 하면 만약에 법 아니라는 생각을 취하여도, 곧 나라는 생각, 남이라는 생각, 중생이라는 생각, 오래 산다는 생각에 집착하게 되기 때문이니라. 그러므로 마땅히 법도 취하지 말 것이며, 법 아닌 것도 마땅히 취하지 말아야 할 것이니라. 이러한 뜻이기 때문에 여래가 항상 말하기를, '너희들 비구는 내가 말한 바 법은 뗏목의 비유와 같은 것이라고 알라. 법도 오히려 마땅히 버려야 하거늘, 하물며 법 아닌 것이야 말할 게 있겠느냐."]

정신(正信)은 올바른 믿음을 말한다.
희유(希有)는 글자 그대로 희유하다는 말이다.

"수보리가 부처님께 아뢰었다. "세존이시여, 자못 어떤 중생이 이와 같은 말씀이나 글귀를 듣고 진실한 신심을 낼 수 있겠사 옵니까." 부처님께서 수보리에게 말씀하시었다. "그러한 말을 하지 말아라. 여래가 멸한 뒤, 후 오백세에 계를 지니고 복을 닦는 자가 있어서, 이 글귀에 능히 신심을 내어 이것을 진실 하게 여기리라."

이렇게 의식, 감정, 의지가 네가 아니고 본성, 각성, 밝은성품 이 너라고 말씀하셨는데 그 말을 누가 믿겠습니까? 하는 질문 이다.
여기까지 부처님께서는 '약견제상비상(若見諸相非相)' 함으로 써 심식의를 벗어나서 본성을 보는 방법을 말씀하셨다.
그런데 과연 어떤 사람이 자기 마음을 자기가 아니라고 할 것 인가? 분명하게 보고 듣고 느끼고 생각하고 있는데 그것이 네 가 아니니 그것을 버려라 하면 어떤 사람이 그 말을 믿고 따 를 것인가?
당연한 질문이다.
우리는 앞서 12연기의 과정을 들여다보고 의식, 감정, 의지가 생겨난 과정을 이해하기 때문에 그 말씀을 따르지만 그런 법 을 모르는 사람을 붙들고 '보고 듣고 생각하는 그게 네가 아 녀' 이렇게 말하면 누가 그 말을 믿겠느냐는 것이다.
오히려 미친놈이라고 뺨을 맞지 않으면 다행일 것이다.
더군다나 금강해탈이니 허공해탈이니 귀신 씨나락 까먹는 소 리이다.
"이 좋은 의식, 감정, 의지를 버리려고 애쓴다니 별 미친놈이 다 있네. 그게 없으면 어떻게 살아? 마음이 없으면 시체지 그 게 살아 있는 거냐?"

이것이 평범한 사람의 인식이다.

이런 인식은 예나 지금이나 똑같을 것이다.

그런 사람들 속에서 견성오도를 말하고 해탈도를 말한다.

더군다나 보살도, 등각도, 묘각도를 말한다.

참으로 어려운 일이다.

수보리가 이런 질문을 하는 것은 당연한 것이다.

부처님께서는 후 오백세(後 五百歲)에 이 말을 듣고 믿음을 내는 사람이 있다 하신다.

그 사람은 전생에 수많은 부처님을 모셨던 사람이고, 선근을 심은 사람이라 하신다. 아마도 이 책을 여기까지 읽으신 독자께서는 모두 다 선근이 수승한 분들일 것이다. 그렇지 않으면 이 복잡하고 딱딱한 얘기를 붙들고 있지 않을 것이기 때문이다.

"이 사람은 한 부처님이나 두 부처님이나 셋, 넷, 다섯 부처님에게만 선근을 심었을 뿐만 아니라, 이미 한량없는 천만 부처님 계신 곳에서 온갖 선근을 심었으니, 이 글귀를 듣고는 바로 한 찰나에 맑은 믿음을 내느니라."

나의 고향은 서산의 바닷가 마을이다.

오늘은 모처럼 만에 고향 인근에 와서 원고 작업을 하고 있다.

넘실대는 물결을 보면서 나의 삶과 나의 지난 생들을 돌이켜 본다.

이 대목을 정리하다 보니 문득 서글픔이 몰려온다.

이 생의 나이 오십 여섯, 나는 헤아릴 수 없는 시간과 수많은 생들을 기억한다.

내 생명의 시작과 우주의 시작을 기억하며 나의 스승이셨던 부처님의 말씀을 기억한다. 나의 서원은 다툼 없는 세상을 만드는 것이다.

생명과 생명이 다툼 없이 사는 세상, 조화로써 사는 세상을 만드는 것이 나의 서원이다. 그 서원을 이루기 위해 다툼이 일어나는 원인을 찾게 되었다.

심, 식, 의가 다툼의 원인인 것을 알고부터 그것에서부터 벗어나기 위한 노력을 하면서 오늘에 이르렀다.

다툼 없는 세상을 만들려니 이 이치를 세상에 펼쳐야 했다.

그래서 책을 쓰기 시작했다.

생명이 출현하게 된 원인과 심식의가 생겨나는 과정을 정리하고 생명이 본래면목을 회복할 수 있도록 그 방법을 만들고 전하기 위해서다.

그 긴 여정에서 가끔 금강경의 이 대목을 떠올려 본다.

그리고 용기를 얻는다.

"수보리야 여래는 이 모든 중생들이 이와 같이 한량없는 복덕을 짓는 것을 다 알고 보느니라."

부처님께서는 과거, 현재, 미래의 모든 일을 알고 있다.

부처님은 자신의 법신으로서 생멸문 전체를 껴안고 있기 때문이다.

내가 나의 몸과 마음을 살펴서 해탈도를 이루듯이 부처님께서는 이미 등각의 과정에서 생멸문 전체를 제도하셨다.

때문에 모든 중생의 마음을 아시고 그 중생의 과거와 미래를 아시는 것이다.

중생이 부처를 그리워하면 부처님께서는 그 중생의 그리움을 아신다.

중생이 부처를 그리워하면서 중심으로 일치를 이루고자 하면 부처님께서는 자기중심과 중생의 중심을 하나로 연결해서 선정의 상태가 공유되도록 한다.

모르는 자리를 믿고, 모르는 자리 자체를 그리움의 대상으로 삼을 줄 아는 사람은 능히 부처의 중심과 일치를 이룰 수 있다.

"왜 그러냐 하면, 이 모든 중생들은 다시는 나라는 생각, 남이라는 생각, 중생이라는 생각, 오래 산다는 생각이 없으며, 법이라는 생각도 없고, 법 아니라는 생각도 없기 때문이니라."

부처님이 중생의 일을 능히 살펴서 아는 것이 중생에게 아상, 인상, 중생상, 수자상이 없기 때문이며, 법상과 법아닌상이 없기 때문이다.
이런 경지를 이룬 중생은 해탈도를 성취한 존재이다.
즉 '해탈승(解脫僧)'이라는 말이다.
부처님께서 호념하시는 중생이 바로 수행자이다.
부처님께서는 사상이 없고, 법상과 비법상이 없는 존재들을 낱낱이 살펴보고 계신다는 말씀이다.
사상(四相)이 없는 것은 무소구행(無所求行)을 하기 때문이다.
무소구행이란 오로지 무(無)를 구할 뿐 일체의 유상에 머무르지 않는 것을 말한다.
금강해탈(金剛解脫)이 곧 무소구행(無所求行)이다.
법상과 비법상을 갖지 않는 것은 칭법행(稱法行)을 하기 때문이다.
법상(法相)이란 한 가지 법에 천착되어 있는 것을 말한다.
올바름은 고정된 것이 아니다.
상황에 따라 창출되는 것이다.
이것을 일러 칭법행이라 한다.
허공해탈(虛空解脫)로써 칭법행(稱法行)을 이룬다.
여기 펜 한 자루가 있다. 이 펜을 놓고 무소구행과 칭법행을 논해 보자.

펜을 놓고 무소구행을 하는 것은 펜을 통해 자기 본성을 보는 것이다.

무념, 무심이 서로를 비추고 밝은성품이 생성되는 것을 지켜보면서 그 자리에 머무는 것이 무소구행이다.

펜을 놓고 칭법행을 하려면 먼저 펜의 존재 목적을 알아야 한다.

그런 다음 올바르게 쓰이도록 해주어야 한다.

조화를 실현하면서 최상의 가치를 창출하도록 해야 한다.

펜의 존재 목적은 글씨를 쓰는 것이다.

펜의 올바름은 처해진 상황에 맞게 잘 쓰이는 것이다.

조화란 나와 상대와 주변의 존재 목적이 더불어 구현되는 것이다.

글씨를 쓰면서 처해진 상황에 맞게 잘 쓴다.

그러면서도 나와 상대와 주변의 존재 목적이 더불어 성취되도록 한다.

거기다 더해 최상의 가치가 실현되도록 한다.

이렇게 펜이 쓰이려면 무턱대고 아무 글씨나 써서는 안 된다.

기독교의 성경에 보면 부정을 행했던 여자를 군중들이 돌팔매로 핍박을 하는 대목이 나온다. 그때 예수님께서 그 여자 앞에 서서 군중을 제지한다.

웅성거리는 군중을 내버려 두고 막대기로 땅바닥에 무언가를 끄적거린다.

그 모습을 보고 궁중들의 소요가 가라 앉는다.

군중들이 다가가서 예수가 써놓은 글을 읽는다.

땅바닦에는 이런 글귀가 쓰여있었다.

"너희 중에 죄 없는 자가 있거든 이 여자를 돌로 치라."

그 글을 읽은 군중들이 모두 흩어졌다.

그때 예수님에게 펜을 쥐여줬다면 펜의 칭법행이 실현되었을 것이다.

그렇다면 지금 이 순간에는 펜이 어떻게 쓰여야 칭법행을 이룬 것일까?

"칭법의 행으로써 법상을 여읜다.

올바름은 고정된 것이 아니다.

상황에 따라 바뀌는 것이다.

처해진 상황을 도외시하고 부조화를 이루면

설령 부처라 할지라도 마구니가 된다."

필자는 이 말로써 펜의 칭법행을 삼는다.

독자께서는 어떠하신가?

법상(法相)에 국집(局執)되었을 때 나타나는 결과에 대해 몇 가지 예를 들어 보겠다.

"있는 그대로 본다"라는 말이 있다.

이것은 초선정을 닦는 사람이 성취의 목표로 삼는 경지이다.

무안이비설신의하고 무색성향미촉법해서 "있는 그대로"를 이룬다.

그런 다음에는 2선정으로 공부를 발전시켜간다.

2선정의 목표는 중심으로 일치를 이루고 관여되지 않는 자리를 확보하는 것이다.

2선정으로 나아가려면 있는 그대로의 경계를 중심으로 비추면서 그리움을 일으켜야 한다. 있는 그대로 보는 것과 그리움을 일으키는 것은 정반대의 마음이다.

만약 이때에도 "있는 그대로"만 유지하는 것으로 공부를 삼으려고 하면 그리움을 일으키지 못해서 2선정의 과정을 나갈 수가 없게 된다.

대부분 인지법의 체계를 모르기 때문에 이런 오류에 빠진다.

이런 경우가 법상에 빠져 있는 경우이다.

해탈도의 과정에서도 마찬가지이다.

금강해탈과 허공해탈은 과지법이 서로 다르다.

금강해탈은 무소구행이 쓰여지고, 허공해탈은 칭법행이 쓰여진다.

그런데 이런 이치를 모르고 경계에게 적용할 심지법을 자기에게 적용하고, 자기에게 적용할 심지법을 경계에게 적용하면 해탈도 자체가 이루어지지 않게 된다.

반야해탈도를 이룰 때도 마찬가지이다.

반야해탈은 자기 심식의를 분리시키는 것이 목적이다.

때문에 금강해탈의 연장으로 무소구행을 깊게 하는 것이 반야해탈의 방법이다.

하지만 보살도의 과정은 분리시킨 심식의를 제도하는 것을 목적으로 삼는다.

때문에 허공해탈의 관점이 함께 쓰여야 한다.

법상에 치우쳐 있으면 이와 같은 성취를 이루지 못한다.

수행을 놓고 향상일로를 걷기 위해서는 법상에 빠지지 말아야 한다.

법상에 빠지지 않듯이 법 아닌 상에는 더욱더 빠지지 말아야 한다.

법 아닌 상이란 과지법도 아니고 인지법도 아닌 것을 말한다.

또한 해탈도가 아닌 것을 말한다.

해탈도는 본성에 입각한 닦음이다. 그래서 돈수(頓修)라 한다.

돈수 이전에 점수법이 성문과 연각법이다.

이 과정은 본성에 입각해서 닦는 것이 아니고 방편에 입각해서 닦는다. 이때의 방편을 '법 아닌 것'이라 한다.

법 아닌 방편은 견성오도를 위한 방편이다.

견성오도 이후에는 성문, 연각의 방편을 버리고 본성에 입각한 닦음을 행해야 한다. 그것이 바로 해탈도이다.

참다운 수행은 해탈도부터 시작된다.
법 아닌 상을 버리라는 것은 성문, 연각의 방편을 버리라는
말이다.

칭법(稱法)의 도는 고정된 것이 아니다.
경계와 현상의 존재 목적은 처해진 상황에 따라 다르게 나타
난다.

"모든 중생이 만약 마음에 취하는 상이 있으면 바로 나라는
생각, 남이라는 생각, 중생이라는 생각, 오래 산다는 생각에
집착된다. 법이라는 생각을 취해도 그렇고 법 아니라는 생각
을 취해도 그렇다."
"마음을 취한다"는 것은 심, 식, 의를 취하는 것이다.
"법을 취한다"는 것은 해탈도의 한 가지 공법만을 취해서 반
야해탈도나 보살도로 나아가지 못한다는 것이다.
"법 아닌 것을 취한다"는 것은 성문, 연각에 머물러 있는 것이다.
모두 다 사상을 만들어 내는 원인이다.

"이러한 뜻이기 때문에 여래가 항상 말하기를, '너희들 비구는
내가 말한 바 법은 뗏목의 비유와 같은 것이라고 알라. 법도
오히려 마땅히 버려야 하거늘, 하물며 법 아닌 것이야 말할
게 있겠느냐."

부처님의 대기설법(對機說法)은 근기에 따라 설해진 것이다.
때문에 해당 수행의 단계마다 거기에 맞는 설법을 해주셨다.
제자가 한 단계 더 발전된 수행을 하려고 하면 그 전단계의
과지법은 버려야 한다. 마치 강을 건넌 뒤에는 뗏목을 버리는
것과 같다.

강의가 끝나고 제자에게 이와 같은 질문을 해 보았다.

[한 경계를 취하면 그 죄가 수미산 같고 한 경계를 저버리면 아비지옥에 떨어진다. 그러할 때 그 경계를 어떻게 할 것인가?]

제자 : 가만히 두고 보는 수밖에 없겠습니다.

구선 : 가만히 두고 보는 수밖에 없다? 그건 취한 것인가, 버린 것인가?

제자 : 취한 것도 아니고 저버린 것도 아니고...

구선 : 그대는 벌써 지옥에 갔다.

제자 : 그럼, 본성으로 바라보면 되지 않을까요?

구선 : 그렇다. 그것이 한 가지 답이다.

제자 : 본성에 머무르면서 본성으로 바라본다.

구선 : 그렇다. 취하지도 않고 버리지도 않는다.
그러면서도 능히 여덟 진로의 길을 간다.
첫째는 그 경계를 놓고 자기 본성을 보는 것이다.
둘째는 그 경계를 놓고 자기 면모를 개발하는 것이다.
셋째는 그 경계를 놓고 각성을 키우는 것이다.
넷째는 그 경계를 놓고 교류성을 확보하는 것이다.
다섯 째는 그 경계를 놓고 자기 제도를 행하는 것이다.
여섯 째는 그 경계를 놓고 존재 목적을 실현하는 것이다.
일곱 째는 그 경계를 놓고 인식의 틀을 깨는 것이다.
여덟 째는 그 경계를 놓고 중심을 세우는 것이다.
한 경계를 놓고 취하지도 않고 버리지도 않으면서 능히 8진로의 길을 간다.
이것을 '**중도실상행(中道實相行)**'이라 한다.

무득무설분(無得無說分)

["수보리야. 어떻게 생각하느냐. 여래가 아뇩다라삼먁삼보리를 얻었겠느냐. 또 여래가 법을 설한 바 있었겠느냐." 수보리가 아뢰었다. "제가 알기로는 부처님께서 설하신 바 뜻은, 아뇩다라삼먁삼보리라 이름할 정한 법이 있는 것이 아니오며, 역시 여래께서는 설하실 수 있는 정해진 법이 또한 있는 것이 아니옵니다. 왜 그러냐 하면, 여래께서 설하신 바 법은 모두가 취할 수도 없고 설할 수도 없고, 법도 아니고 법 아닌 것도 아니기 때문입니다. 왜 그러냐 하면 그것은 일체의 현상에서 모두가 무위법으로써 차별이 있기 때문입니다."]

무득(無得)이란 얻은 바도 없는 말이다.
무설(無說)이란 설한 바도 없다는 말이다.
무득을 무(無)를 득(得)하고 이렇게 해석해도 된다. 같은 의미이다.
얻을 바가 없는 것은 의식과 감정과 의지이다.
설할 바가 없는 것은 법의 요체이다.

"수보리야 어떻게 생각하느냐 여래가 아뇩다라삼먁삼보리를 얻었느냐?"
여래는 4선정을 이룬 존재이다.
또한 견성오도와 해탈도, 보살도, 등각도, 묘각도를 이룬 존재이다.
부처가 이룬 오도의 성취는 각성이다.
본성을 얻은 것이 아니다.
본성은 본래 갖추어진 것이다. 때문에 얻어지는 것이 아니다.
본성은 인식의 대상이다.

수행에 있어 증득의 대상이 되는 것은 각성이다.

각성을 증득해서 본성을 볼 수 있는 인식적 조건을 갖추는 것이 수행의 목적이다.

부처님께서 이 질문을 하신 것은 본성과 각성의 차이를 말씀하시기 위해서다.

각성을 증득하지 않으면 어떤 경우라도 본성을 인식할 수 없다.

무위각도 차별이 있다.

이것이 무득무설분을 설하신 이유이다.

"왜 그러냐 하면 그것은 일체의 현상에서 모두가 무위법으로써 차별이 있기 때문입니다."

마지막 경구가 뜻하는 것이 무위각(無爲覺)에도 차별이 있다는 말이다.

견성오도를 통해 증득한 일시적무위각(一時的無爲覺)은 해탈도를 통해 본연적무위각(本然的無爲覺)으로 발전하고 보살도를 통해 구경각(究竟覺)으로 발전한다.

등각도를 통해 등각(等覺)으로 발전하고, 묘각도를 통해 묘각(妙覺)으로 발전한다.

이와 같이 무위각도 식의 상태와 자기 제도의 정도에 따라서 성취의 정도가 달라진다.

각성의 이러한 차이는 말로써 설명되지 않는다.

그것은 마치 음식의 맛을 말로써 설명할 수 없는 것과 같다.

먹어보면 금방 알 수 있듯이 각성의 맛도 그와 같다.

각성을 증득하는 방법은 절차적으로 제시해 줄 수 있지만 그 상태에 대해서는 말로써 설명하지 못한다.

때문에 무설(無說)인 것이다.

수행의 오류에 빠지지 않으려면 본성과 각성의 차이를 명확하게 이해해야 한다.

'본성은 증득의 대상이 아니다. 하지만 각성은 얻음의 대상이다.

각성의 진보로써 깨달음을 증장시킨다.'
본성은 얻는 것이 아니라 하니 각성을 얻는 노력마저도 포기하는 경우가 있다.
"이미 본성이 다 갖춰져 있어서 너 자신이 부처인데 닦을 것이 무엇이 있겠는가?
그냥 이대로가 부처인 것을 무슨 수행이 필요한가 말이다."
이것은 해탈승의 지견이 아니다.
신앙을 갖고 있는 범부지견(凡夫知見)이다.

마조가 말했다.
"보고, 듣고, 느끼고, 생각하는 이 모든 것이 본성의 나툼이다. 그러하니 또다시 무엇을 닦을 것인가?"
그 말을 들은 뒷 사람들이 스스로는 이미 깨달았다 생각하고 정진심을 놓아버렸다. 이 말은 본성의 일을 논한 것이다. 때문에 각성의 일에 적용해서는 안 되는 말이다. 하지만 마조 자신도 본성의 일과 각성의 일을 구분하지 못했다.
보고, 듣고, 느끼고, 생각하는 이것이 다 본성의 나툼이지만 그것을 통해 본성을 보려면 각성을 갖추어야 한다.

어떤 스님이 필자에게 물었다.
수행 점검을 받고 싶은데 의견을 듣고 싶다는 것이다.
그 말을 듣고 벌떡 일어나 앉았다.
'말씀해 보십시오.'
'보고, 듣고, 느끼고, 생각하는 거를 지켜보는 놈이 있어. 근데 그 지켜보는 놈을 또 지켜보는 놈이 있는데 그게 본성인가?'
'아닙니다.'
'그럼 그게 뭐야?'
'그건 각성입니다. 처음에 지켜보는 놈은 상사각이고 지켜보

402

는 놈을 또 지켜보는 놈은 수분각입니다. 각성이되 그것은 유
위각입니다.'
'그럼 그게 본성이 아니야?'
'네 본성이 아닙니다.'
이 스님은 3년간 무문관 수행을 했다.
나름대로는 사력을 다한 것이다.
지켜보는 놈을 지켜보는 놈이 있으니 이것이 본성이다.
이렇게 생각하고 3년 수행을 한 것이다.
그런데 그게 각성이고 수분각이라 하니까 망연해 했다.
그래서 중심과 본성에 대해 설명해 주었다.
"가슴 바탕에 세워지는 편안함을 무심이라 합니다.
편안함을 놓고 그 속으로 들어가면 관여되지 않는 자리가 있
습니다.
그 자리가 무념처입니다.
편안함과 아무렇지 않음이 한자리를 이루도록 해서 서로를 여
의지 않도록 하면 그 상태가 본성입니다.
무념이 무심을 비추고, 무심이 무념을 비추도록 하는 것이 본
성을 보는 것입니다."
그 스님은 그 말을 알아들었다.
"본성은 얻어지는 것이 아니고 본래 있는 것입니다.
다만 각성이 없어서 본성을 보지 못하는 것입니다.
스님이 갖고 있는 지켜보는 놈으로 편안함을 보게 하고, 그놈
을 지켜보는 놈으로 관여되지 않는 자리를 보게 하면 그것이
바로 본성을 보는 것입니다.
그것이 유위각을 무위각으로 전환시키는 방법입니다."

이와 같이 각성의 일과 본성의 일은 다른 길이다.
각성이 본성을 인식의 대상으로 삼으면 그것이 무위각이다.

'본성은 무득(無得)이요, 각성은 유득(有得)이다.'

["또 여래가 법을 설한 바 있었겠느냐." 수보리가 아뢰었다. "제가 알기로는 부처님께서 설하신 바 뜻은, 아뇩다라삼먁삼보리라 이름할 정한 법이 있는 것이 아니오며, 역시 여래께서는 설하실 수 있는 정해진 법이 또한 있는 것이 아니옵니다. 왜 그러냐 하면, 여래께서 설하신 바 법은 모두가 취할 수도 없고 설할 수도 없고, 법도 아니고 법 아닌 것도 아니기 때문입니다. 왜 그러냐 하면 그것은 일체의 현상에서 모두가 무위법으로써 차별이 있기 때문입니다."]

"또 여래가 법을 설한 바 있었겠느냐."
이 질문은 각성의 상태에 대해서 설한 바가 있느냐는 말이다.
부처님께서는 각성을 얻는 방법에 대해서는 많은 말씀을 해주셨다.
하지만 각성의 맛(상태)에 대해서는 설명한 바가 없다.

[수보리가 아뢰었다. "제가 알기로는 부처님께서 설하신 바 뜻은, 아뇩다라삼먁삼보리라 이름할 정한 법이 있는 것이 아니오며, 역시 여래께서는 설하실 수 있는 정해진 법이 또한 있는 것이 아니옵니다.]

무위각도 경지에 따라 차별이 있기 때문에 딱히 어느 한 경지를 꼬집어서 아뇩다라삼먁삼보리(阿耨多羅三藐三菩提)라 말할 수 없다.
금강경(金剛經)에서는 견성오도를 아뇩다라삼먁삼보리라 하지만 반야경(般若經)에서는 종반야의 상태를 아뇩다라삼먁삼보리라 한다.

보살도(菩薩道)에서는 구경각을 아뇩다라삼먁삼보리라 하고 등각도(等覺道)에서는 등각을, 묘각도(妙覺道)에서는 묘각을 아뇩다라삼먁삼보리라 한다.

"역시 여래께서는 설하실 수 있는 정해진 법이 또한 있는 것이 아니옵니다."

각성의 맛에 대해서는 설할 수가 없다.
또한 법상을 갖지 않도록 하기 위해서 설한 바 법이 없다 하시는 것이다.

"왜 그러냐 하면, 여래께서 설하신 바 법은 모두가 취할 수도 없고 설할 수도 없고, 법도 아니고 법 아닌 것도 아니기 때문입니다."

'취할 수 없는 법'이란 버려야 할 뗏목을 말한다.
그 경지를 이루었으면 다음 경지를 위해 새로운 법을 만나야 한다.
'설할 수 없는 법'이란 각성의 상태를 말한다.
'법도 아닌 것'은 지나간 과지법을 말한다.
'법 아닌 것도 아닌 것'은 지금 필요한 과지법이다.

"왜 그러냐 하면 그것은 일체의 현상에서 모두가 무위법으로써 차별이 있기 때문입니다."
무위각도 깨달음의 경지에 따라 서로 다른 차이가 있다는 말이다.

질문 : 무념과 무심을 서로 비추는데 각성을 쓰고 그다음에 본성으로 경계를 비춘다는 말은 그 상태에서 각성을 하나 더 내서 경계를 비춰보는 것인가?

답변 : 본성으로 비춘다는 것은 본성을 인식하고 있으면서 그 상태에서 경계를 인식하는 것이다. 이때 각성은 본성을 비추는 각성과 경계를 비추는 각성이 분리가 된다. 찰나의 관점에서 보면 각성이 본성을 봤다 경계를 봤다 이것을 반복하는 것이다.

질문 : 결국 각성은 하나인데 그게 왔다 갔다 하니까 두 개가 다 인식의 대상이 된다는 말씀인가? 반야해탈이 되면 경계에 대한 인식이 없이 본성에만 머무는 것인가?

답변 : 그렇다. 다 끊어진다. 보이는 것도 끊어지고 들리는 것도 끊어진다.

언젠가 운전을 하고 가다가 종반야에 들어간 적이 있었다.

그때 나는 본성과 밝은성품이 일으키는 변화를 보고 있었다.

얼마나 시간이 지났는지 어디를 거쳐왔는지 모른다.

그런데 현실로 돌아와보니 집에 도착해 있었다.

종반야에 들어가면 현상의 운영은 심식의가 알아서 한다.

질문 : 아라한이 생전에 많은 반연을 만들면 그 과보로 인해서 열반에 이르러도 또 내려와야 되는가?

답변 : 아라한이 멸진정에 들어있어도 생멸문의 중생들이 계속 그 사람을 갈망하면 멸진정에서도 깨어나게 된다.

질문 : 되도록 다시 안 내려오려면 인과를 적게 만들어야 되는가.

답변 : 원한도 쌓지 말고 선연도 쌓지 말아야 한다.

질문 : 있는 듯 없는 듯한 존재가 되어야 하는가?

406

답변 : 선근을 쌓아도 모르도록 쌓아야 한다.

질문 : 유명해지는 것도 꼭 좋은 것은 아닌가?

답변 : 유명해지면 큰 영혼으로는 살 수 있지만 보살도를 닦는다고 하면 번거로운 일이다. 그리움과 갈망을 갖고 있는 중생들은 결국엔 구제를 해야 한다.

질문 : 8가지 일을 하려면 조건이 상당히 중요한 것 같다.

답변 : 그렇다. 결국에는 8가지 일 중에서 중심의 일이 조건의 일이다.

중심으로 비춘다. 또는 무념으로 비춘다.

원각경에서 얘기하는 25가지 관법이 다 쓰인다.

때로는 무념처를 세워서 공관으로 경계를 비추고, 때로는 무심처를 세워서 중관으로 경계를 비추고, 때로는 경계를 통해서 중심을 보고, 또는 본성을 보고,

때로는 밝은성품의 기쁨에 머물러서 경계를 보고, 또는 본성을 보고,

밝은성품과 사마타를 같이 써서 경계를 볼 수도 있고.... 등등에 25가지 기법이 있다. 그 방법을 통해서 8가지 일을 하는 것이다.

본성에 관점을 둘 때, 교류에 관점을 둘 때, 자기 제도에 관점을 둘 때, 각성에 관점을 둘 때... 이런 일들을 할 수가 있다.

질문 : 아버지가 그리워서 중심에 담고 잠을 잤는데 새벽이 되자 아버지같은 행동을 하게 되었다. 본성으로 돌려서 한참을 쳐다보니까 사라졌다.

답변 : 그렇다. 아버지 생명하고도 연결이 되고 본인의 유전형질이 촉발이 되기도 한다.

제23강 금강경

의법출생분 일상무상분 장엄정토분
依法出生分 一相無相分 莊嚴淨土分

의법출생분(依法出生分)

["수보리야, 어떻게 생각하느냐. 만약 어떤 사람이 삼천대천세
계에 가득 찬 칠보로써 보시했다면, 이 사람이 얻는 바 복덕
은 많지 않겠느냐." 수보리가 아뢰었다. "아주 많사옵니다. 세
존이시여, 왜 그러냐 하면 이 복덕은 곧 복덕의 성품이 아니
기 때문이옵니다. 그래서 여래께서는 복덕이 많다고 설하신
것이옵니다." "만약 다시 어떤 사람이 이 경 가운데 사구게
(四句偈) 등이라도 받아지니고 남을 위해 말해 준다면 그 복
은 저것보다 더 뛰어나리라. 왜 그러냐 하면 수보리야, 모든
부처와 모든 부처의 아뇩다라삼먁삼보리법이 다 이 경으로부
터 나오기 때문이니라. 수보리야, 이른바 불법이란 곧 불법이
아니니라."]

의법(依法)이란 법이 이것에 의거한다는 말이다.
출생(出生)이란 출현한다는 말이다.

"수보리야, 어떻게 생각하느냐. 만약 어떤 사람이 삼천대천세
계에 가득 찬 칠보로써 보시했다면, 이 사람이 얻는 바 복덕
은 많지 않겠느냐."
수보리가 아뢰었다. "아주 많사옵니다. 세존이시여, 왜 그러냐
하면 이 복덕은 곧 복덕의 성품이 아니기 때문이옵니다."

이 복덕은 복덕의 성품이 아니기 때문에 많다는 말은 유위적
으로는 많다는 말이다.
하지만 무위적 관점으로 보면 많고 적음이 없다는 말이기도
하다.

"만약 다시 어떤 사람이 이 경 가운데 사구게 등이라도 받아
지니고 남을 위해 말해 준다면 그 복은 저것보다 더 뛰어나리
라. 왜 그러냐 하면 수보리야. 모든 부처와 모든 부처의 아뇩
다라삼먁삼보리법이 다 이 경으로부터 나오기 때문이니라. 수
보리야, 이른바 불법이란 곧 불법이 아니니라."

"모든 부처의 아뇩다라삼먁삼보리법이 다 이 경으로부터 나온다."
이때의 아뇩다라삼보리법(阿耨多羅三菩提法)은 해탈도를 말한다.
'이 모든 부처'는 불세계를 말한다.
이 경 가운데 응무소주이생기심법과 약견제상비상즉견여래의
법이 허공해탈과 금강해탈의 법이다.
유상에 머물지 않고 무상으로 나아가는 법과 일체상 속에서
상 아님을 보는 이 법에서부터 모든 부처의 법이 나왔다.
금강해탈과 허공해탈이 이루어지려면 본제관(本際觀)이 행해
져야 한다.
경계가 갖고 있는 비상(非相)의 모습은 나의 본성에 있는 것
이다.
경계를 놓고서 내 본성을 볼 수 있으면 그것이 경계의 비상을
보는 것이다.
중심에서 무심이 세워지고 머리골 속에서 무념처가 세워진다.
무심과 무념이 서로를 비춰보는 것이 본제관이다.
본제관(本際觀)을 통해 응무소주이생기심과 약견제상비상즉견
여래가 실현된다.

무념과 무심이 서로를 비추게 되면 그 상간에서 밝은성품이
일어난다.
밝은성품을 생성해서 주변 세상에 펼쳐주는 것만으로도 공덕
이 된다.
그것이 가장 큰 보시다.

고려말 공민왕 시절에 7년 가뭄이 들었다.
공민왕이 나옹선사에게 기우제를 지내달라고 부탁을 했다.
나옹화상은 달마조사 이후에 가장 큰 깨달음을 얻은 고승이다.
왕의 사자가 와서 기우제를 지내달라하니 나옹은 자기 제자를
보냈다.
그때 보낸 제자가 구정선사다.
막상 구정선사는 아무것도 아는 것이 없는 상태였다.
더군다나 기우제는 지내본 적도 없었다.
"아이고 스승님 제가 가서 뭘 합니까? 저는 그런 신통이 없습
니다."
그러자 나옹화상이 말했다. "너는 다만 너의 청정함을 공양해라."
구정선사가 생각했다. "나에게 어떤 청정함이 있는가?"
무거운 마음을 끌고 행사장에 갔더니 수많은 사람들이 구름같
이 모여 있었다.
'나옹화상의 신통이 천하제일이라는데 그 신통 좀 한번 구경
해보자' 기대감을 갖고 법상을 올라다 보는데 새파란 어린 중
이 올라와서 떡하니 자리를 잡고 앉았다.
"저건 나옹이 아니지 않느냐?"
모두가 실망의 눈초리를 보내니 구정선사도 민망해졌다.
그래도 스승의 엄명을 거스를 수 없었다.
"소승이 부처님께 바칠 수 있는 것은 한 가지 뿐입니다.
저는 지금 부처님 전에 착한 마음을 바치려 합니다.

410

대중께서도 지금까지 살면서 착한 일을 한 것이 있다면 그것을 부처님 전에 공양해 주십시오."

그러고 나서 입정에 드니 먹구름이 몰려들고 장대비가 쏟아지기 시작했다.

왕과 백성들이 덩실덩실 춤을 추면서 구정선사를 칭찬했다.

구정선사의 입장에서야 착한 마음을 부처님께 바친 것 밖에 없는데 과분한 칭찬을 받으니 몸 둘 바를 몰라 했다.

나옹은 구정을 통해 무주상보시(無住相布施)를 한 것이다.

곧 허공해탈(虛空解脫)을 이룬 것이다.

항상 자기를 보고 점검해야 한다.

"나의 착함이 아직도 내 마음 속에 있는가. 나는 착한 마음으로 기쁨을 삼고 있는가." 내 마음에 착한 마음이 남아 있다면 잘 산 것이다.

그 마음이 퇴색돼서 사라졌다면 나는 잘못 산 것이다.

자기를 위한 삶은 자기 착함이 훼손되지 않도록 지켜가는 것이다.

본성은 깨닫지 못할 수도 있지만 착한 마음을 지켜가는 것은 누구나 할 수 있는 일이다. 그것보다 강한 힘은 없다. 복과 덕이 착한 마음에서 생겨난다.

부처님이 제일 좋아하는 것이 착한 마음 보시이다.

본제관을 행하는 것이 부처님께 바치는 최고의 보시이다.

삼천대천세계를 칠보로 가득 채운 것보다 더 큰 공덕이 있다.

"불법이란 곧 불법이 아니다."

부처의 법이 정해진 규칙이나 원리로만 쓰인다면 그것은 칭법행이 아니다.

많은 사람들이 부처님의 가르침을 따르고자 하지만 그 진의를 알지 못한다.

법을 문자체계로만 이해하기 때문에 칭법의 행이 올바르게 이루어지지 못한다. 팔정도(八正道)의 정(正)자는 옳고 그름의 정(正)이 아니고 조화로울 정(正)자이다.

부처님의 법을 공부히는 목적은 균형과 조화를 이룰 수 있는 역량을 키우기 위해서이다.

옳고 그름의 편견을 키우기 위한 것이 아니다.

그래서 법상도 취하지 말고, 법 아닌 상도 취하지 말라는 것이다.

일상무상분(一相無相分)

["수보리야, 어떻게 생각하느냐. 수다원이 스스로 '나는 수다원과를 얻었다'고 생각하겠느냐." 수보리가 아뢰었다. "아니옵니다. 세존이시여, 왜 그러냐 하면 수다원이라 함은 성인의 흐름에 들어갔다고 이름하지만 들어간 바가 없으며 형체, 소리, 향내, 맛, 촉감, 법에 들어가지 아니함을 이름하여 수다원이라 할 뿐이옵니다." "수보리야, 어떻게 생각하느냐. 사다함이 스스로 '나는 사다함과를 얻었다'고 생각하겠느냐." 수보리가 아뢰었다. "아니옵니다. 세존이시여, 왜 그러냐 하면 사다함이라 함은 '한번 갔다 온다'는 말이지만 실은 가고 옴이 없는 것을 사다함이라 이름한 것 뿐이옵니다." "수보리야, 어떻게 생각하느냐. 아나함이 스스로 '내가 아나함과를 얻었다'고 생각하겠느냐." 수보리가 아뢰었다. "아니옵니다. 세존이시여, 왜 그러냐 하면 아나함은 다시 오지 않는다는 말이지만 실은 본래 온다 함이 없는 것이옵니다. 그렇기 때문에 이름을 아나

함이라고 하는 것이옵니다." "수보리야, 어떻게 생각하겠느냐. 아라한이 스스로 '내가 아라한도를 얻었다'고 생각하겠느냐." 수보리가 아뢰었다. "아니옵니다. 세존이시여, 왜 그러냐 하면 실로 법이 있지 않는 것을 아라한이라 이름하기 때문이옵니다. 세존이시여, 만약 아라한이 스스로 '내가 아라한도를 얻었다'고 그같이 생각한다면 곧 나라는 생각, 남이라는 생각, 중생이라는 생각, 오래 산다는 생각에 집착하는 것이 되옵니다. 세존이시여, 부처님께서 제가 '다툼 없는 삼매를 얻은 사람 가운데 가장 제일이라' 말씀하셨사오니 이것이 첫째가는 욕심 없는 아라한이오나 세존이시여, 저는 '제가 욕심을 떠난 아라한이라'는 생각은 하지 않사옵니다. 세존이시여, 제가 만약 아라한도를 얻었다고 생각한다면 세존께서는 곧 수보리에게 '아란나행을 좋아하는 자'라고 말씀하시지 않으셨을 것이온데, 실은 수보리가 행한 바가 없기에 수보리는 아란나행을 좋아한다고 이름 하셨사옵니다."]

일상(一相)이란 하나의 상을 말한다.
무상(無相)이란 상이 없다는 말이다.
일상무상이란 단 하나의 상도 취하지 말라는 것이다.
단 하나의 상이란 의식, 감정, 의지가 만들어내는 생멸상(生滅相)과 본성 각성, 밝은성품이 만들어내는 열반상(涅槃相)이다.
생멸심과 진여심 그 어떤 상도 취하지 말라는 것이 일상무상의 진의(眞意)이다.

"수보리야, 어떻게 생각하느냐. 수다원이 스스로 '나는 수다원과를 얻었다'고 생각하겠느냐." 수보리가 아뢰었다. "아니옵니다. 세존이시여, 왜 그러냐 하면 수다원이라 함은 성인의 흐름에 들어갔다고 이름하지만 들어간 바가 없으며 형체, 소리,

향내, 맛, 촉감, 법에 들어가지 아니함을 이름하여 수다원이라
할 뿐이옵니다."

진여문이 있고 생멸문이 있다.
생멸문은 의식, 감정, 의지가 지배하는 세상이다.
진여문은 본성, 각성, 밝은성품이 지배하는 세상이다.
각성을 놓고 보면 생멸문을 보는 각성은 유위각이고, 진여문
을 보는 각성은 무위각이다. 각성이 생멸심을 취하면 법 아닌
상에 빠지고, 아상, 인상, 중생상, 수자상을 갖게 된다. 반대
로 진여심을 취하면 법상에 빠지고 아상, 인상, 중생상, 수자
상을 갖게 된다. 때문에 생멸문과 진여문 어떤 것에도 머물지
말라는 말씀이다.
왜 그러한가?
열반상을 취해서 진여만을 탐하면 진여연기를 통해 등각도로
나아가지 못하기 때문이다. 생멸상을 취하면 진여문을 이루지
못해서 수행이 정체되고 진여상을 취하면 불공여래장을 이루
지 못해서 수행이 정체된다.
생멸수행을 통해서 무위각을 증득한 존재가 진여문으로 들어
가는 네 가지 단계가 있다. 그것을 놓고서 4가지 과위(果位)
가 정해진다.
첫 번째 과위가 수다원과(須陀洹果)이다.
수다원과는 입류 성인의 경지이다.
성인의 흐름에 들어갔다는 말이다.
진여심을 갖춘 사람이 곧 성인이다.
반대로 의식, 감정, 의지로 사는 존재는 중생이다.
수다원과를 얻은 사람은 본성, 각성, 밝은성품을 갖춘 사람이다.
생멸수행을 통해 진여심을 갖추어서 열반계로 들어갈 수 있는
조건을 갖춘 것을 수다원과에 들었다고 말한다.

수다원은 색, 성, 향, 미, 촉, 법에 무한 존재이다.
즉 반야해탈의 첫 번째 과정을 성취한 존재이다.
그런 수다원이라 할지라도 생멸심의 한 점이라도 취하게 되면
수다원이 아니라는 말이다.

"수보리야, 어떻게 생각하느냐. 사다함이 스스로 '나는 사다함
과를 얻었다'고 생각하느냐." 수보리가 아뢰었다. "아니옵니
다. 세존이시여, 왜 그러냐 하면 사다함이라 함은 '한번 갔다
온다'는 말이지만 실은 가고 옴이 없는 것을 사다함이라 이름
한 것 뿐이옵니다"

사다함(斯陀含)은 한번 갔다 온 사람이다.
진여문에 들어갔다가 다시 돌아온 존재가 사다함이다.
반야해탈의 두 번째 단계가 사다함의 경지이다.
수다원의 상태는 인식의 주체가 본성이다.
이 때에는 의식과 감정과 의지가 있지만 그것에 관여되지 않
는다.
수다원과에서 본성과 심식의의 관계는 심식의가 객관화되어
있는 상태이다.
본성이 의식, 감정, 의지를 보는 것이 멀리 떨어져서 보는 것
같다.
사다함으로 들어가면 의식, 감정, 의지가 내가 아니다.
그 상태에서는 진여심이 내가 되고, 의식, 감정, 의지는 남이
된다.
사다함과에서는 심식의가 따로 작용한다.
무위각으로 본성과 심식의를 같이 주시하지만, 심식의는 나가
아닌 다른 존재처럼 느껴진다.
사다함과에서는 생멸심과 진여심이 분리된 상태로 공존한다.

그런 상태로 있다가 단 하나의 상이라도 취하게 되면 다시 수다원으로 돌아가 버린다. 심식의의 습성은 대단히 무섭다. 오랜 세월동안 그것을 나로 생각하고 살아왔기 때문이다.

진여문에 들어가는 것은 본성과 심식의를 분리시키는 것이다. 생멸문을 벗어나서 다른 세계로 가는 것이 아니다.

그렇기 때문에 가고 옴이 없다고 말하는 것이다.

"수보리야, 어떻게 생각하느냐. 아나함이 스스로 '내가 아나함과를 얻었다'고 생각하겠느냐." 수보리가 아뢰었다. "아니옵니다. 세존이시여, 왜 그러냐하면 아나함은 다시 오지 않는다는 말이지만 실은 본래 온다함이 없는 것이옵니다. 그렇기 때문에 이름을 아나함이라고 하는 것이옵니다."

아나함(阿那含)은 의식, 감정, 의지가 본성과 완전히 동떨어진 상태다.

그래서 인식의 대상이 되지 않는다.

이것이 종반야(終般若)의 상태이다.

반야경의 체계로 보면 무지역무득하는 무식(無識)의 경지이다.

이 상태에서는 본성, 각성, 밝은성품만 존재한다.

의식, 감정, 의지는 아예 인식의 대상이 되지 않는다.

그 상태에서 의식, 감정, 의지를 분리시키면 보살이 되고, 의식, 감정, 의지를 갖고 있으면 아라한이 된다.

종반야에 들어가면 심식의의 습성에 끄달리지 않는다.

때문에 생멸문으로 돌아오지 않는다.

하지만 이 상태에서도 자기 안의 진여문으로 들어간 것이지 따로 다른 세계로 간 것이 아니다.

'본래 온다 함이 없다'는 말은 그런 의미이다.

이때부터는 심식의가 제도의 대상이 되지 않는다.

416

심식의의 제도는 보살도에 가서 이루어진다.
아나함의 경지에서 제도의 대상이 되는 것은 각성이 갖고 있는 무명적 습성이다.

"수보리야, 어떻게 생각하겠느냐. 아라한이 스스로 '내가 아라한도를 얻었다'고 생각하겠느냐." 수보리가 아뢰었다. "아니옵니다. 세존이시여, 왜 그러냐 하면 실로 법이 있지 않는 것을 아라한이라 이름하기 때문이옵니다. 세존이시여, 만약 아라한이 스스로 '내가 아라한도를 얻었다'고 그같이 생각한다면 곧 나라는 생각, 남이라는 생각, 중생이라는 생각, 오래 산다는 생각에 집착하는 것이 되옵니다. 세존이시여, 부처님께서 제가 '다툼 없는 삼매를 얻은 사람 가운데 가장 제일이라' 말씀하셨사오니 이것이 첫째 가는 욕심 없는 아라한이오나 세존이시여, 저는 '제가 욕심을 떠난 아라한이라'는 생각은 하지 않사옵니다. 세존이시여, 제가 만약 아라한도를 얻었다고 생각한다면 세존께서는 곧 수보리에게 '아란나행을 좋아하는 자'라고 말씀하시지 않으셨을 것이온데, 실은 수보리가 행한 바가 없기에 수보리는 아란나행을 좋아한다고 이름하셨사옵니다."

아라한(阿羅漢)은 아나함이 돈독해진 상태이다.
스스로가 원하면 의식, 감정, 의지를 분리시킬 수도 있고, 원하지 않으면 그것과 공존한 채로 멸진정(滅盡定)에 들어갈 수도 있다.
아라한과 초지보살은 같은 경지이다.
보살은 진여심만으로 존재하고, 아라한은 진여심과 생멸심이 공존하는 구조를 갖고 있다.
설령 아라한이 되어서도 의식, 감정, 의지를 취하게 되면 다시 중생이 될 수 있다.

"아라한 스스로 '내가 아라한도를 얻었다'고 그같이 생각한다면 곧 나라는 생각, 남이라는 생각, 중생이라는 생각, 오래 산다는 생각에 집착하는 것이 되옵니다."
'수다원과를 얻었다. 아라한과를 얻었다.' 하는 것은 비교심이다.
각성(覺性)이 의지로 전환된 원인이 바로 비교와 분별이다.
아라한이 되었어도 비교심을 갖게 되면 각성이 의지로 전환된다.
의식, 감정, 의지를 분리시키고 난 다음에는 각성이 갖고 있는 무명적 습성을 제도해야 한다. 그것이 반야해탈 이후에 행해지는 자기 제도의 목적이다.
아상, 인상, 중생상, 수자상은 심식의를 통해서도 생겨나지만 자시무명(子時無明)으로도 생겨난다. 때문에 자시무명의 뿌리를 제도해야 사상(四相)에 빠지지 않는다.
각성을 제도하는 수행은 사다함과에서 시작되어 보살도 7지까지 이루어진다.
자시무명이 시작된 것이 각성이 밝은성품이 일으키는 변화에 치중했기 때문이다.
진여를 이룬 존재는 자기 밝은성품이 갖추어졌기 때문에 언제라도 자시무명에 빠질 수 있다. 특히 아나함의 과정에서 자시무명에 빠질 수 있다.
자기 진여심에 몰입되어 있기 때문이다.

"아니옵니다. 세존이시여, 왜 그러냐 하면 실로 법이 있지 않는 것을 아라한이라 이름하기 때문이옵니다"
이 말은 아라한은 일체의 유위법에 매이지 않는다는 말이다.
설령 무위법이라 할지라도 그것만을 고집하지 않는 것이 아라한이다.

"부처님께서 제가 '다툼 없는 삼매를 얻은 사람 가운데 가장 제일이라' 말씀하셨사오니 이것이 첫째가는 욕심 없는 아라한이오나 세존이시여, 저는 '제가 욕심을 떠난 아라한이라'는 생각은 하지 않사옵니다."

다툼 없는 삼매란 삼매를 놓고서도 우월을 따지지 않는다는 것이다.

욕심이란 경계에 스스로를 빼앗긴 것을 말한다.

아라한은 심식의로 살지 않기 때문에 욕심이 없다.

다만 자시무명에 빠지는 것을 경계할 뿐이다.

"세존이시여, 제가 만약 아라한도를 얻었다고 생각한다면 세존께서는 곧 수보리에게 '아란나행을 좋아하는 자'라고 말씀하시지 않으셨을 것이온데, 실은 수보리가 행한 바가 없기에 수보리는 아란나행을 좋아한다고 이름하셨사옵니다."

"수보리가 아란나행을 좋아한다." 라는 것은 수보리는 진여에 머물러서 그 진여의 기쁨을 누리는 걸 좋아한다는 말이다.

행한 바가 없다는 말은 유위행을 하지 않는다는 말이다.

인지법행(因地法行)의 체계를 모르면 금강경을 해석할 수 없다. 수행을 했다 하더라도 인지법행을 모르면 과지법을 해석할 수 없기 때문이다.

장엄정토분(莊嚴淨土分)

[부처님께서 수보리에게 말씀하셨다. "어떻게 생각하느냐. 여래가 옛날에 연등부처님 처소에 있을 때 얻은 바 법이 있었겠느냐." "아니옵니다. 세존이시여, 여래께서 연등부처님 처소에

계실 때 실로 얻은 바 법이 없사옵니다."

"수보리야, 어떻게 생각하느냐. 보살이 불토를 장엄한다 하겠느냐." "아니옵니다. 세존이시여, 왜 그러냐 하면 불토를 장엄한다는 것은 바로 장엄이 아니오며 그 이름이 장엄이옵니다." "그러므로 수보리야, 모든 보살 마하살은 마땅히 이와 같이 청정한 마음을 낼 것이니, 마땅히 색에 머물러서 마음을 내지 말 것이며, 마땅히 소리, 향기, 맛, 촉감, 법에 머물러서 마음을 내지 말 것이니, 응당 머무는 바 없이 그 마음을 낼 것이니라. 수보리야, 비유하건대, 어떤 사람의 몸이 수미산왕만 하다면, 어떻게 생각하느냐. 이 몸이 크다고 하겠느냐." 수보리가 아뢰었다. "매우 크옵니다. 세존이시여, 왜 그러냐 하면 부처님께서는 몸 아닌 것을 말씀하시어 큰 몸이라고 이름하시었기 때문이옵니다."]

정토(淨土)란 청정한 땅을 말한다.
불국정토라 한다. 부처님의 세계, 여래장이 곧 정토이다.
자기 진여문으로 이루어진 공여래장도 정토이다.
제도된 생멸문으로 이루어진 불공여래장도 정토이다.
공여래장을 이루고 있는 보살이 생멸문을 제도해서 불공여래장을 이루면 자기 불국토를 장엄하게 하는 것이다.
허공해탈과 금강해탈로 제도된 심식의와 경계가 불공여래장을 이룬다. 때문에 좀더 많은 경계와 심식의를 제도할수록 자기 불국토가 장엄해진다.

"부처님께서 수보리에게 말씀하셨다. "어떻게 생각하느냐. 여래가 옛날에 연등부처님 처소에 있을 때 얻은 바 법이 있었겠느냐." "아니옵니다. 세존이시여, 여래께서 연등부처님 처소에 계실 때 실로 얻은 바 법이 없사옵니다."

석가모니 부처님은 과거세에 연등부처님으로부터 '당래세에 부처가 되리라.'는 수기(受記)를 받으셨다.
수기를 주고받을 때 어떤 법이 오고 갔을까?

'동구 밖 장승에게 물어 보라.
진흙소가 밭을 갈고 돌 여자가 춤을 춘다.'

그 소식을 물으면 이렇게 대답한다.
본성에서 본성으로 전해지는 그 소식은 필설로는 형용하지 못한다.
그래서 장승에게 물어보라 한 것이다.
장승에게 물어보면 아무 대답이 없다.
대답 없는 그 자리에서 알아차리면 그때의 소식을 아는 것이다.

"수보리야, 어떻게 생각하느냐. 보살이 불토를 장엄한다 하겠느냐." "아니옵니다. 세존이시여, 왜 그러냐 하면 불토를 장엄한다는 것은 바로 장엄이 아니오며 그 이름이 장엄이옵니다."

보살이 생멸문을 제도해서 자기 불국토를 장엄하게 할 때 그 이름 지어짐에도 머물지 말라는 말이다.
십신, 십주, 십행, 십회향, 십지를 이루더라도 그 자체에 머물지 말고 등각과 묘각으로 나아가라는 말이다.

"그러므로 수보리야, 모든 보살마하살은 마땅히 이와 같이 청정한 마음을 낼 것이니, 마땅히 색에 머물러서 마음을 내지 말 것이며, 마땅히 소리, 향기, 맛, 촉감, 법에 머물러서 마음을 내지 말 것이니, 응당 머무는 바 없이 그 마음을 낼 것이니라."

색, 성, 향, 미, 촉, 법에 머물지 않는 마음을 내는 것이 해탈도의 요지이다.

하면 어디에다 마음을 두어야 하는가?

본성에 마음을 둔다.

본제관을 통해 쌍차쌍조를 할 줄 아는 사람은 언제든지 응무소주이생기심(應無所住而生其心)할 수 있다.

색에 머물지 않고, 소리, 향기, 맛, 촉감, 법에 머물지 않는 것이 자기 정토를 장엄하게 하는 것이다.

'과거 심식의 불가득, 현재 심식의 불가득, 미래 심식의 불가득' 과거의 의식, 감정, 의지, 현재의 의식, 감정, 의지, 미래의 의식, 감정, 의지는 얻음의 대상이 아니다.

지금 내가 갖고 있는 의식, 감정, 의지도 취해서는 안 되고, 과거의 추억 속에 존재하는 의식, 감정, 의지도 취해서는 안되고, 다가올 미래의 의식, 감정, 의지도 취해서는 안 된다.

의식, 감정, 의지는 그 어떤 것도 나가 아니다.

보고, 듣고, 느끼고, 생각하고, 말하고, 맛보고, 냄새 맡는, 이 모든 행위가 취할 것이 아니다.

떡 파는 노파가 덕산 스님에게 물었다.

"금강경에 이르기를 과거심 불가득이요 현재심 불가득이요 미래심 불가득이라고 했는데 그대는 어느 마음으로 이 떡을 드시겠는가?"

덕산 스님은 그 질문에 대답을 하지 못했다.

원래는 과거심 불가득(過去心不可得)을 과거 심식의 불가득(過去 心識意 不可得)이라 해야 한다.

현재심과 미래심도 마찬가지이다. 현재 심식의 불가득, 미래 심식의 불가득이라 해야 한다.

노파가 덕산 스님에게 물은 것은 생멸심을 쓰지 않고 어떻게 떡을 먹을 것인가이다. 다른 말로 하면 '진여심으로 떡을 먹는 것은 어떤 것이냐?' 이걸 묻는 것이다.

심식의로써 먹지 않는다. 진여심으로써 먹는다.

해탈도를 행하는 사람이 경계를 수용하는 네 가지 법이 있다. 그것이 바로 보원행, 수연행, 무소구행, 칭법행이다.

내 앞에 도래한 인연은 과보로 인한 것이니 응당 받아야 한다. 이것을 보원행(報冤行)이라 한다.

다가올 인연 또한 과보로 인한 것이니 응당 거부하지 않는다. 이것을 수연행(隨緣行)이라 한다.

보원행과 수연행의 관점으로 떡을 먹으려면 "어떤 마음으로 떡을 먹을래?" 했을 때 어떻게 대답해야 할까?

필자라면 "맛있는 떡이 어떤 떡인교? 골라줘 보이소" 이렇게 말했을 것이다.

이 말 속에는 '보살은 나에게 어떤 인연을 주겠습니까?' 하는 의도가 들어있다.

무소구행(無所求行)의 관점으로 떡을 먹는다면 "아이고! 할매 참 이쁘네!" 이렇게 할 수도 있다.

칭법행(稱法行)을 한다면 떡을 놓고서 명확하게 제도행을 해야 한다.

"이 떡 할매가 만들었나? 우째 이리 먹음직스럽노"

한 개 집어 덥석 물고서 칭법을 시작한다.

안목이 있는 사람이면 첫 마디에 알아차린다.

그 다음부터는 법담이 오고 갈 수 있다.

하지만 한번 더 확인해 볼려면 제2구가 필요하다.

"할매는 할매가 만든 떡 맛을 아는교?"

이 질문의 대답 여하에 따라 말후구가 정해진다.

할매의 깨달음이 어느 정도인지 드러나면 그 상태에 따라 제도행이 이루어지는 것이다.

덕산 스님은 '과거심불가득이며 현재심불가득이며 미래심불가득이다' 하는 그 말의 의미를 몰랐다. 그러니 응무소주이생기심을 할 수가 없었던 것이다.

의식, 감정, 의지는 얻음의 대상이 아니다.
허공해탈과 금강해탈의 과정을 통해서 무던하게 심식의의 습성을 제도하지만 쉽게 다스려지지 않는다.
결국에는 종반야에 들어가서 통째로 분리시킨 후에야 그 습성에서 벗어난다.
금강해탈이나 허공해탈의 경지에서는 아직 본각이 갖춰지지 않고, 시각이 갖춰진 상태기 때문에 넘나듦이 있다.
그래서 '응무소주 이생기심'을 철저하게 해야 한다.
마치 초선정에서 자기를 잃어버리지 않고자 노력하는 것처럼 금강해탈과 허공해탈의 과정도 그와 같은 노력이 필요하다.

"수보리야, 비유하건대, 어떤 사람의 몸이 수미산왕만 하다면, 어떻게 생각하느냐. 이 몸이 크다고 하겠느냐." 수보리가 아뢰었다. "매우 크옵니다. 세존이시여, 왜 그러냐 하면 부처님께서는 몸 아닌 것을 말씀하시어 큰 몸이라고 이름하시었기 때문이옵니다."
이 대목은 말씀이 끊어져 버린 느낌이 든다.
연결된 문구가 더 있어야 요지를 알 수 있다.

질문 : 수미산은 어디에 있는가?
답변 : 수미산은 생멸문의 중심에 있다.
수미산을 중심으로 삼천대천세계가 펼쳐져 있다.
질문 : 철위산에 막혀서 밝은성품을 받지 못한다고 했는데 철

위산은 어디에 있는가?

답변 : 철위산은 아수라계와 천상계를 구분 짓는 경계선이다. 육도윤회계에서 오도윤회계와 천상계를 구분 짓는 경계선이다.

질문 : 차원이나 진동수 사이에 끼어 있다고 보는 것인가?

답변 : 그렇다. 아수라계 고유진동수는 높고 천상계 고유진동수는 낮은데 그 상간에 끼어 있는 음기의 공간이다.

질문 : 실제 모양이 산 같은 것이 아니고 산에 비유한 것인가?

답변 : 그렇다. 수미산도 그렇다.

질문 : 수미산은 우리 생멸문의 중심일 텐데 태양계나 은하계는 천문학자들이 중심을 찾지 않는가? 우주가 팽창하는데 여러 방향으로 팽창하고 있으니까 어디가 중심인지 가리키지 못하고 있다. 에너지 차원으로 이면에 있는 것인가? 아니면 진짜 특정한 중심 방향이 있는가?

답변 : 방향성이 있다.

질문 : 우리가 찾을 수 있는가?

답변 : 그렇다. 그것은 공간이다.

질문 : 현재 천문학으로는 어디가 중심인지 모르고 있다.

답변 : 부처님은 수미산을 중심으로 한 삼천대천세계를 다 보셨다. 기세경(起世經)에 그 내용이 상세히 수록되어 있다.

질문 : 우리는 우주의 중심을 암흑물질, 암흑에너지 그렇게 인식하고 있는 셈인가?

답변 : 그렇다.

질문 : 과학이 발전하면 360도 어느 방향에 어디 우주가 팽창해 왔다고 찾을 수 있는 기술이 생길 수도 있다는 말씀인가? 암흑물질 분포 같은 그림을 그려서 찾을 수도 있겠다.

답변 : 안개가 끼면 보이지 않지 않는가? 그런 것처럼 우리가 사는 이 공간이 전자기로 덮여 있다. 전자기 구름 때문에 눈으로는 그 공간을 보지 못하게 된다.

전자기의 구름을 걷어내면 거기서 초양자 공간이 나타나고 그 랬을 때는 방향성을 알 수가 있다.

질문 : 반야해탈을 이루고 보살의 경지에 이르면 볼 수도 있 는가?

답변 : 그렇다.

질문 : 중생의 몸으로는 인식의 한계 때문에 보지 못한 것일 뿐 전자기장의 공간을 벗어나서 초양자, 양자의 세계로 갔을 때는 우주의 중심이 보인다는 말씀인가?

답변 : 그렇다. 양자계로 들어가면 우리가 태양을 보듯이 우 주의 중심을 볼 수가 있다.

질문 : 초양자까지 안 가도 양자의 세계만 가도 볼 수 있는가?

답변 : 그렇다. 나는 멀리서 그 광경을 본 적이 있다.

나는 그때 영혼의 상태였다. "저것이 우주의 중심이다." 스승 님께서 그렇게 말씀하셨다. 그때 의문이 생겼다.

'도대체 저것이 우주의 시작이라면 저런 광경이 어떻게 시작 되었나.'

그것이 "존재 그 완성으로 가는 길"을 쓰게 된 계기가 되었다. 스승님이 돌아가시면서 "칠"이라고 말씀을 하셨는데 그것들이 다 하나로 꿰어져서 여래장연기나 진여연기나 생멸연기의 과 정을 들여다보게 되었다.

질문 : 7이란 숫자의 의미가 무엇이었는가?

답변 : 나는 일곱 종류의 생명이라고 이해했다.

질문 : 스승님이 알려주셨는가? 일곱 종류의 생명에 대해서?

답변 : 아니다. 그냥 "칠!"이라고만 하셨다.

나중에 내가 일곱 종류의 생명으로 해석한 것이다.

질문 : 육도윤회 개념이 아니고 그냥 무정, 인간, 신, 식물, 동물, 원생물, 상념체 그렇게 해서 일곱 종류인가?

답변 : 그렇다. 그것이 생명의 종류였구나 하는 것을 나중에

알게 되었다. 그래서 그 일곱 종류의 생명이 어떻게 생겨났는지를 들여다보기 시작했다.

질문 : 1선정에서 4선정까지는 중심에서 중극 쪽을 바라보면서 도달을 하는데 중황에서 편안한 마음을 본다. 이것은 몇 선정에서 시작되는 것인가?

답변 : 4선정은 중심에서 이루어지고, 머리 쪽으로 올라가는 것은 공무변처정, 5선정에서부터 식무변처정 6선정 이렇게 진행이 된다.

공관이 주체가 됐을 때는 선정 체계에 상관없이 무념처를 먼저 확보를 하고, 나중에 무심처를 확보할 수도 있다.

그래서 어떤 수행체계로 먼저 시작했느냐에 따라서 그 부분은 달라질 수 있다. 중심체계(中心體系)로 시작한 사람은 5선정, 6선정으로 가면서 중황을 세우고, 중심과 마주 보도록 하고, 사마타(奢摩他)를 먼저 닦은 사람은 나중에 무심처를 세우고, 무념, 무심이 서로를 비추도록 한다.

질문 : 2선정에서 4선정으로 갔을 때의 무념, 무심을 중심에서 중극 쪽으로 바라보면서 하는 것도 방법이지 않는가?

답변 : 그렇다. 하지만 식의 제도를 위해서는 종국에는 머릿골 속으로 올라가야 한다. 무념을 먼저 체득해서 공관을 하는 경우에는 뒤통수의 소뇌판과 후두엽 부분을 판때기로 만들어서 그 자리를 무심처로 삼고 중황자리를 무념처로 삼아서 무념, 무심이 머리골 안에서 갖춰지게도 할 수 있다.

그러려면 이빨에 압력을 줘서 어금니를 눌러주고 뒤통수에 판을 만들어 줘야 한다. 뒤통수 판을 무심처로 삼고 미심에서 시상까지 들어가는 경로를 무념처로 삼아서 머릿골 안에 그 두 가지가 공존을 할 수 있도록 그 조건을 만들어 준다.

질문 : 이빨이 맞닿은 감각을 찾아야 되는가?

답변 : 고개를 숙이고 턱을 당겨서 이빨 교합을 잡아주는 연습을 해야 한다.

아니면 반드시 누워서 고개를 든 상태로 이빨 교합 맞추는 훈련을 해야 한다.

질문 : 중황에서 밝은성품이 일어나고, 뒤통수를 판때기로 만들면 그 쪽에서도 제도가 되는가?

답변 : 그렇다.

질문 : 나선 호흡으로 간뇌 중황을 통과해서 무념을 인식하고 밑으로 내려와서 중심을 인식하는 것도 괜찮은가?

답변 : 그렇다.

자기 가슴 바탕에 편안함을 키워가고, 머릿골 안에 텅 빈 공간을 넓혀가는 노력들을 해야 한다. 그 편안함과 텅 빈 공간이 서로를 마주 보고 여의지 않도록 하는 것이 선정(禪定)이다. 그것이 바로 본제관(本際觀)이다. 이것은 어려운 것이 아니다. 그걸 모르기 때문에 자꾸 본성을 엉뚱한 데서 찾게 된다.

제24강 금강경

무위복승분   존중정교분   여법수지분   이상적멸분
無爲福勝分 尊重正敎分   如法受持分   離相寂滅分

무위복승분(無爲福勝分)

["수보리야, 항하 가운데 있는 바 모래수와 같이 그러한 모래
수와 동등한 항하가 또 있다면, 어떻게 생각하느냐. 그 모든
항하에 있는 모래가 얼마나 많다고 하겠느냐." 수보리가 아뢰
었다. "매우 많사옵니다. 세존이시여, 단지 저 모든 항하만 하
더라도 수없이 많사온데 하물며 그 모래이겠나이까." "수보리
야, 내 이제 너에게 실다운 말로 이르노니, 만약 선남자 선여
인이 저 모든 항하의 모래 수만큼의 삼천대천세계에 칠보를
가득 채워서, 다 보시했다면 그 복덕이 많지 않겠느냐." 수보
리가 아뢰었다. "매우 많사옵니다. 세존이시여." 부처님께서
수보리에게 말씀하셨다. "만일 선남자 선여인이 이 경이나 이
경 가운데 있는 사구게만이라도 받아지니고 남을 위해 일러준
다면 이 복덕이 앞의 복덕보다 뛰어나리라."]

무위(無爲)란 없음에 입각한 행위를 말한다.
복승(福勝)이란 수승한 복을 말한다.
본성에 입각한 행을 무위행이라 한다.
진여법이 무위법이다.
본성, 각성, 밝은성품이 만들어내는 법이 무위법이다.
진여를 이루는 것이 가장 수승한 복을 이루는 것이다.
반야해탈도가 진여법이며 무위법이다.
금강해탈과 허공해탈은 본성을 깨달은 존재가 유위적 습성을

무위적 습성으로 바꿔가는 과정이다.

금강경(金剛經)에서 강조하는 것이 유위적 습성을 버리고 무위로 나가라는 가르침이다.

"응무소주이생기심 약견제상비상(應無所住而生其心 若見諸相非相)"해서 무위적 습성을 닦아가는 것이 금강해탈과 허공해탈이다.

이 경의 요지는 수많은 사구게로 표현할 수 있다.

그중 본문에 사구게는 네 개가 있다.

"범소유상 개시허망 약견제상비상 즉견여래(凡所有相 皆是虛妄 若見諸相非相 卽見如來)"

세상에 존재하는 모든 유상은 이때에 이르러보면 허망하구나. 만약 일체의 형상 중에서 형상 아님을 보면 곧 여래를 보는 것이다.

"불응주색생심 불응주성향미촉법생심 응무소주 이생기심(不應住色生心 不應住聲香味觸法生心 應無所住 而生其心)"

색에 머물지 않는 마음을 내고, 성, 향, 미, 촉, 법에 머물지 않는 마음을 낼지며, 응당 머물지 않는 마음을 낼지니라.

"약이색견아 이음성구아 시인행사도 불능견여래(若以色見我 以音聲求我 是人行邪道 不能見如來)"

만약 누가 있어서 형상으로 나를 보려 하거나 소리와 말로써 나를 보려 하면, 이는 삿된 도를 행하는 이라 영원히 여래를 보지 못하리라.

"일체유위법 여몽환포영 여로역여전 응작여시관(一切有爲法 如夢幻泡影 如露亦如電 應作如是觀)"

모든 유위법은 꿈과 같고 물거품과 같도다.
또한 이슬과 같고 번개와 같으니, 마땅히 이와 같이 관할지어다.

이것이 금강해탈과 허공해탈을 위한 지침들이다.
이 도리를 전해줄 수 있다면 그 복덕이 무궁무진하다는 말씀이시다.
복은 다른 생명의 호응으로써 얻어진다. 복이 많으면 잘 살고, 복이 없으면 아무리 노력해도 못 살게 된다.
복력이 다하면 가난이 오고, 복력이 남아있을 때는 부귀가 온다.
무위법을 일러주는 것만큼 더 큰 보시는 없다.

존중정교분(尊重正敎分)

["그리고 또 수보리야, 어디에서나 이 경 내지 사구게 등이라도 따라 설하여 주면, 마땅히 알지니라. 이곳은 일체 세간의 하늘, 사람, 아수라가 모두 마땅히 부처님의 탑묘와 같이 공양할 것이거늘, 하물며 어떤 사람이 남김없이 능히 받아지니어 읽고 외우고 한다면 말할 것이 있겠느냐. 수보리야, 마땅히 알지니라. 이 사람은 가장 높고 제일가는 거룩한 법을 성취한 것이니, 만약 이 경전이 있는 곳이라면 바로 부처님이 계신 곳이거나 또는 존경받는 제자가 있는 곳이 되느니라."]

존중정교분은 바른 가르침을 존중하라는 뜻이다.

"그리고 또 수보리야, 어디에서나 이 경 내지 사구게 등이라도 따라 설하여 주면, 마땅히 알지니라. 이곳은 일체 세간의 하늘, 사람, 아수라가 모두 마땅히 부처님의 탑묘와 같이 공양할 것이거늘, 하물며 어떤 사람이 남김없이 능히 받아지니어 읽고 외우고 한다면 말할 것이 있겠느냐."

이 경은 바른 법이요, 진리이다.
이 경을 설하거나 이 경이 있는 곳에는 마땅히 육도세계가(六道世界) 다 존중한 마음을 낸다. 아수라조차도 존중하는 마음을 낸다.
세간의 하늘, 사람, 아수라 모두가 부처님의 탑묘와 같이 공양을 한다. 생명 스스로 밝은성품을 생성할 수 있는 무생법인(無生法忍)의 체계가 이 경전 속에 있다.

여법수지분(如法受持分)

[그때 수보리가 부처님께 아뢰었다. "세존이시여, 마땅히 이 경을 무엇이라 이름하오며, 저희들이 어떻게 받들어 지녀야 하겠나이까." 부처님께서 수보리에게 말씀하셨다. "이 경은 이름하여 금강반야바라밀이라 하느니, 이 이름으로써 너희는 마땅히 받들어지녀야 하느니라. 왜 그러냐 하면 수보리야, 부처님이 반야바라밀이라고 말한 것은 바로 반야바라밀이 아니라 그 이름이 반야바라밀이니라. 수보리야, 어떻게 생각하느냐. 여래가 법을 설한 바가 있었겠느냐." 수보리가 부처님께 아뢰었다. "세존이시여, 여래께서는 설하신 바가 없었사옵니다." "수보리야, 어떻게 생각하느냐. 삼천대천세계에 있는 바 미진이 많다고 하겠느냐." 수보리가 아뢰었다. "심히 많사옵니다. 세존이시여." "수보리야, 이 모든 먼지를 여래는 설하기를 먼지가 아니고 그 이름이 먼지라고 하느니라. 여래가 설하는 세계도 세계가 아니고, 그 이름이 세계이니라. 수보리야

어떻게 생각하느냐. 가히 삼십이상으로서 여래를 볼 수 있겠느냐.” “아니옵니다. 세존이시여, 가히 삼십이상으로는 여래를 볼 수 없사옵니다. 왜 그러냐 하면 여래께서 설하시는 삼십이상은 바로 그것이 상이 아니오라, 그 이름이 삼십이상이라 하시는 것이옵니다.” “수보리야, 만약 어떤 선남자나 선여인이 있어서 항하의 모래수와 같은 몸과 생명을 다 바쳐 보시했다 하더라도 또한 다시 어떤 사람이 있어서 이 경전 가운데 내지 사구게 등만이라도 받아 지녀서 남을 위해 설해 주었다면 그 복은 매우 많을지니라.”]

여법수지(如法受持)란 여법하게 법을 수지한다는 말이다.
여법하게 법을 수지하려면 금강해탈도와 허공해탈도를 익혀야 한다.
경계를 제도하기 위해 허공해탈을 익히고, 자기 습성을 제도하기 위해 금강해탈을 익힌다.
무념, 무심, 밝은성품을 한 자리로 만들고, 경계를 인식하면 본제관을 통해서 응무소주이생기심 제상비상하고, 자기의 습성을 인식해도 제상비상 응무소주이생기심한다. 이것이 금강해탈과 허공해탈을 이루는 방법이다.
금강해탈과 허공해탈은 응무소주이생기심하는 것과 제상비상하는 부분에 있어서는 같은 공법이 쓰인다. 하지만 허공해탈은 금강해탈과 서로 다른 부분이 있다.
경계를 제도할 때 경계의 존재 목적을 성취시켜 주는 것이 바로 그것이다. 본성으로 비춰주는 것만으로 경계의 제도가 이루어지지 않는 경우가 있다. 아파서 고통스러울 때는 본성으로 비춘다고만 해서 그 고통이 없어지지 않는다. 그 사람의 업식은 본성으로 비추어서 제도해 주지만 통증은 치료해 줘야 한다.

통증을 치료해 주려면 진단을 통해 통증의 원인을 찾아야 된다.
그런 다음 사유를 통해 고칠 수 있는 방법을 제시해 줘야 한다.
허공해탈을 위해서는 접해지는 경계를 저버리면 안 된다.

전등록(傳燈錄)에 나오는 일화이다.
강 스님과 덕 스님이 있었다.
두 스님은 30년 동안 토굴 수행을 하면서 깨달음을 얻었다.
어느 날 선지식을 만나 점검을 받기 위해 길을 떠났다.
경흔 스님이 천하제일의 선지식이라는 말을 듣고 경천사로 향
했다.
소나무 밑에 쉬면서 차를 끓여먹고 있는데 어떤 노인이 소를
타고 지나갔다. 삐쩍 마른 볼품없는 노인이었는데 타고 있는
소는 뿔도 멋있고 다리도 튼실했다.
덕 스님이 말 했다.
"어! 소 참 잘 생겼다."
강 스님이 물었다.
"노인장 경천사가 여기서 얼마큼 돼요?"
"경천사는 왜 찾는가?" "큰스님을 만나서 저쪽 일에 대해 여쭤
보려구요."
"허! 허! 그러신가? 그러면 저쪽 일은 그만두고 이쪽 일을 말
해 보시게나"
그랬더니 강 스님이 찻잔을 들어보였다.
나름 직수용을 한 것이다.
그러자 노인이 말했다.
"소를 탄 늙은이의 뿔과 발은 어찌 되었는가?"
그 말을 들은 강 스님과 덕 스님이 망연해 하자 노인이 말했다.
"저버리지 마시게나"

강 스님과 덕 스님은 서로를 수용했지만 노인을 수용하지 못했다.

"노인장 차 한잔 하시렵니까?" 그 말 한마디면 자기와 상대와 주변을 수용했을 터인데 그렇게 하지 못한 것이다.

이왕 직수용을 할 바에야 찻잔을 들어 보이는 것이나 "차 한잔 하시지요." 하는 것이나 똑같은 노력인데 아직 그런 역량이 갖추어지지 않은 것이다.

이것이 허공해탈의 묘미이다.

같은 깨달음을 얻었어도 조화를 이루는 역량에 따라 허공해탈의 경지가 달라진다.

자기를 수용하는 경지인가, 상대를 수용하는 경지인가, 또는 나와 상대와 주변을 수용하는 경지인가 이것에 따라 허공해탈의 경지가 달라진다. 공부를 놓고서 허공해탈의 능력을 갖추는 것은 대단히 중요한 일이다. 보살도의 보신행은 허공해탈도의 확장된 기법이다.

금강경의 전반부는 금강해탈의 관점이 더 강조되어 있다.
후반부로 가면 허공해탈의 관점이 대두된다.

"그때 수보리가 부처님께 아뢰었다. "세존이시여, 마땅히 이경을 무엇이라 이름하오며, 저희들이 어떻게 받들어지녀야 하겠나이까." 부처님께서 수보리에게 말씀하셨다. "이 경은 이름하여 금강반야바라밀이라 하느니 이 이름으로써 너희는 마땅히 받들어지녀야 하느니라. 왜 그러냐 하면 수보리야, 부처님이 반야바라밀이라고 말한 것은 바로 반야바라밀이 아니라 그 이름이 반야바라밀이니라."

이것은 금강반야바라밀경(金剛般若波羅蜜多經)이다.
하지만 그 이름에 집착하는 것도 유위에 머무르는 것이다.

그러니 그 이름에도 집착하지 말아라.
금강반야바라밀을 다른 표현으로 하면 금강해탈도(金剛解脫
道)이다.

"수보리야, 어떻게 생각하느냐. 여래가 법을 설한 바가 있었겠
느냐." 수보리가 부처님께 아뢰었다. "세존이시여, 여래께서는
설하신 바가 없었사옵니다."

부처님은 유위법도 설하고 무위법도 설했지만 본제의 자리에
서는 그게 다 참다운 표현들이 아니다. 말씀으로 표현하는 것
조차도 어긋났다. 이것이라 이름하면 이미 거기서 동떨어진다.

스승이 제자한테 물었다. "어떠한 물건인고?"
제자가 대답했다. "한 물건이라 해도 맞지 않습니다."
"허허 그러냐. 그렇게 이름에 집착하지도 말고, 법상에 집착하
지도 말아라. 오로지 진여를 인식의 대상으로 삼고, 응무소주
이생기심(應無所住 而生其心)하고 제상비상(諸相非相)하라."

"수보리야, 어떻게 생각하느냐. 삼천대천세계에 있는 바 먼지
가 많다고 하겠느냐. 수보리가 아뢰었다. 심히 많사옵니다, 세
존이시여. 수보리야, 이 모든 먼지를 여래는 설하기를 먼지가
아니고 그 이름이 먼지라고 하느니라."
"수보리야, 여래가 설하는 세계도 세계가 아니고, 그 이름이
세계이니라."

일체 모든 유위법은 물거품과 같다. 꿈과 같다. 그림자와 같
다. 이슬과 같고 번개와 같다. 응당 이렇게 관찰해서 생멸심
에 떨어지지 않도록 하라는 말씀이시다.

의식, 감정, 의지는 그저 쌓아진 정보일 뿐 본래의 나는 아니다. 현상을 참이라 생각하고, 그 정보를 나라고 생각해서 거기에 치우쳐있다. 먼지도 이름이 먼지지 그 본질이 먼지가 아니다. 별이나 육체도 마찬가지이다.

"여래가 설하는 세계도 세계가 아니고, 그 이름이 세계이니라."

삼천대천세계 이 생멸문 전체가 여몽환포영(如夢幻泡影)이며 여로역여전(如露亦如電)이다.

"어떻게 생각하느냐. 가히 삼십이상으로서 여래를 볼 수 있겠느냐. 아니옵니다. 세존이시여, 가히 삼십이상으로는 여래를 볼 수 없사옵니다. 왜 그러냐 하면 여래께서 설하시는 삼십이상은 바로 그것이 상이 아니오라, 그 이름이 삼십이상이라 하시는 것이옵니다."

부처님의 거룩한 삼십이상도 생멸상이다.
부처의 본래면목은 생멸상에 있는 것이 아니다.

"수보리야, 만약 어떤 선남자나 선여인이 있어서 항하의 모래수와 같은 몸과 생명을 다 바쳐 보시했다 하더라도 또한 다시 어떤 사람이 있어서 이 경전 가운데 내지 사구게 등만이라도 받아지녀서 남을 위해 설해 주었다면 그 복은 매우 많을지니라."

헤아릴 수 없는 생을 몸과 마음을 바쳐서 보시했다 하더라도 사구게 하나를 올바로 일러준 것만도 못하다는 말씀이다.

이상적멸분(離相寂滅分)

[그때에, 수보리는 이 경을 설하심을 듣고, 그 뜻을 깊이 이해하고는 눈물을 흘려 흐느끼며, 부처님께 아뢰었다. "참 거룩하시옵니다. 세존이시여, 부처님께서 이와 같이 심히 깊은 경전을 설하신다는 것을, 저는 예로부터 오면서 얻은바 지혜의 눈으로는 이와 같은 경을 일찍이 얻어듣지 못하였나이다. 세존이시여, 만약 다시 어떤 사람이 있어서 이 경을 얻어듣고 그 신심이 청정해지면, 바로 실상을 밝혀낸 것이오니, 이 사람이야말로 제일 훌륭한 공덕을 성취할 사람이라고 마땅히 알겠나이다. 세존이시여, 이 실상이라는 것은 바로 상이 아니기 때문에 여래께서 설하시기를 실상이라고 이름하셨나이다.

세존이시여, 제가 이제 이와 같은 경전을 얻어듣고 믿고 이해하고 받아지니는 것은 어려운 일이라 할 수 없사오나 만약 내세의 후오백세에 어떤 중생이 있어, 이 경을 얻어듣고 믿어 이해하고 받아 지닌다면, 이 사람이야말로 곧 제일 보기 드문 훌륭한 사람이 될 것입니다. 왜 그러냐 하면 이 사람은 나라는 생각, 남이라는 생각, 중생이라는 생각, 오래 산다는 생각이 없기 때문이옵니다. 그 까닭은 나라는 생각이 곧 생각이 아니오며, 남이라는 생각, 중생이라는 생각, 오래 산다는 생각도 바로 생각이 아닌 때문이옵니다."

부처님께서는 수보리에게 말씀하셨다. "그렇다 그렇다. 만약 또 어떤 사람이 이 경을 얻어듣고 놀라지 않고 겁내지 않으며 두려워하지 않으면, 이 사람이야말로 아주 훌륭한 사람이라는 것을 마땅히 알지니라. 왜 그러냐 하면 수보리야, 여래가 설하는 제일바라밀이란 바로 제일바라밀이 아니며, 그 이름이 제일바라밀이기 때문이니라. 수보리야, 인욕바라밀도 여래가 설하기를 인욕바라밀이 아니니라. 왜 그러냐 하면 수보리야,

438

내가 옛날에 가리왕에게 몸뚱이를 베이고 찢기었어도 내가 그때에 나라는 생각이 없었으며, 남이라는 생각도 없었고, 중생이라 하는 생각도 없었으며, 오래 산다는 생각도 없었기 때문이니라. 어찌한 까닭이냐 하면, 내가 지난날 마디마디 사지를 찢길 때에, 만약 나라는 생각이나 남이라는 생각, 중생이라는 생각이나 오래 산다는 생각이 있었다면 마땅히 노여워하고 원망하는 마음을 내었을 것이기 때문이니라. 수보리야, 또 생각하니 과거 오백세 동안 인욕선인이 되었던 저세상에서도 나라는 생각이 없었고, 남이라는 생각도 없었고, 중생이라는 생각도 없었으며, 오래 산다는 생각도 없었느니라. 그러므로 수보리야, 보살은 마땅히 일체의 상을 떠나 아뇩다라삼먁삼보리심을 내야 하는 것이며, 마땅히 색에 머물러서 마음을 내서도 아니 되며, 또한 마땅히 소리 향기 맛 촉감 법에 머물러서 마음을 내어서도 아니 되느니라. 마땅히 아무 데도 머무는 바 없이 마음을 내야 하느니라.

만약 마음에 머무름이 있으면, 바로 머무르지 않게 하여야 하느니라. 그러므로 부처는 '보살이라면 그 마음이 마땅히 색에 머무름 없이 보시하여야 한다'고 설하였느니라. 수보리야, 보살은 일체중생을 이익되게 하기 위하여 마땅히 이와 같이 보시하여야 하느니라.

여래가 설하는 일체의 온갖 상은 바로 그것이 상이 아니며, 또한 일체의 중생이라 설한 것도 바로 중생이 아닌 것이니라. 수보리야, 여래는 이 참다운 말을 하는 자이고, 실다운 말을 하는 자이며, 여여한 말을 하는 자이며, 속이는 말을 하지 않는 자이며, 다른 말을 하지 않는 자이니라. 수보리야, 여래가 얻는 바 법은 그 법이 진실한 것도 아니고 허망한 것도 아니니라. 수보리야, 만약 보살이 마음을 법에 머물러 보시를 행하면 어두운 데 있는 사람이 아무것도 볼 수 없는 것과 같고,

만약 보살이 마음에 법에 머물지 않고 보시를 행하면, 마치 사람이 눈이 있고 햇빛이 밝게 비쳐 갖가지 색을 보는 것과 같은 것이니라. 수보리야, 다음 오는 세상에 만약 어떤 선남자 선여인이 능히 이 경을 받아 지니고 읽고 외우면 곧 여래가 부처의 지혜로써, 이 사람을 다 알고 다 보나니, 모두가 한량없고 가없는 공덕을 성취하느니라."]

이상(離相)이란 상을 떠난다는 말이다.
적멸(寂滅)이란 심식의를 여의고 고요함을 갖추었다는 말이다.

"그때에, 수보리는 이 경을 설하심을 듣고, 그 뜻을 깊이 이해하고는 눈물을 흘려 흐느끼며, 부처님께 아뢰었다. "참 거룩하시옵니다. 세존이시여, 부처님께서 이와 같이 심히 깊은 경전을 설하신다는 것을, 저는 예로부터 오면서 얻은바 지혜의 눈으로는 이와 같은 경을 일찍이 얻어듣지 못하였나이다. 세존이시여, 만약 다시 어떤 사람이 있어서 이 경을 얻어듣고 그 신심이 청정해지면, 바로 실상을 밝혀낸 것이오니, 이 사람이야말로 제일 훌륭한 공덕을 성취할 사람이라고 마땅히 알겠나이다. 세존이시여, 이 실상이라는 것은 바로 상이 아니기 때문에 여래께서 설하시기를 실상이라고 이름하셨나이다."

'심식의가 내가 아니다.
일체 형상은 허망한 것이다.
그러니 그것을 취함의 대상으로 삼아서는 안된다.
본성이 참다운 나다.
본성을 인식할 수 있는 각성을 얻어야 한다.'
이런 믿음을 갖고 있는 사람이라면 실상을 아는 사람이다.
실상즉 진여(實相卽 眞如)이며 진여로 인해 본연이 일어난다.

"세존이시여, 제가 이제 이와 같은 경전을 얻어듣고 믿고 이해하고 받아지니는 것은 어려운 일이라 할 수 없사오나 만약 내세의 후오백세에 어떤 중생이 있어, 이 경을 얻어듣고 믿어 이해하고 받아 지닌다면, 이 사람이야말로 곧 제일 보기 드문 훌륭한 사람이 될 것입니다. 왜 그러냐 하면 이 사람은 나라는 생각, 남이라는 생각, 중생이라는 생각, 오래 산다는 생각이 없기 때문이옵니다. 그 까닭은 나라는 생각이 곧 생각이 아니오며, 남이라는 생각, 중생이라는 생각, 오래 산다는 생각도 바로 생각이 아닌 때문이옵니다."

심식의가 나가 아니라고 생각하니 아상도 없고 인상도 없다. 또한 중생상도 없고 수자상도 없다.
이런 믿음을 갖춘 사람은 생각으로만 무아상, 무인상, 무중생상, 무수자상하는 것이 아니다. 실천으로써 수행을 통해 사상을 여읜다.

"부처님께서는 수보리에게 말씀하셨다. "그렇다 그렇다. 만약 또 어떤 사람이 이 경을 얻어듣고 놀라지 않고 겁내지 않으며 두려워하지 않으면, 이 사람이야말로 아주 훌륭한 사람이라는 것을 마땅히 알지니라. 왜 그러냐 하면 수보리야, 여래가 설하는 제일바라밀이란 바로 제일바라밀이 아니며, 그 이름이 제일바라밀이기 때문이니라."

부처님 당시에도 "심식의가 너가 아니니라."라는 말씀을 듣고 많은 제자들이 떠나갔다. 범부의 소견으로는 그 말씀을 받아들이기가 어렵기 때문이다.
하물며 보고 듣고 느끼고 생각하는 그것이 네가 아니라고 하면 그 말을 누가 믿을 것인가? 더군다나 안, 이, 비, 설, 신,

의를 떠나라고 하면 더욱더 어렵다 할 것이다.

바라밀(波羅蜜)은 스스로를 극복하는 것이다.

자기 극복에 있어 첫 번째가 의식, 감정, 의지에서 벗어나는 것이다.

지기 심식의를 벗어나서 진여 법신을 이루어도 그것이 끝이 아니다.

등각도와 묘각도로써 일심법계(一心法界)를 이루려면 법상도 여의어야 한다.

"수보리야, 인욕바라밀도 여래가 설하기를 인욕바라밀이 아니니라. 왜 그러냐 하면 수보리야, 내가 옛날에 가리왕에게 몸뚱이를 베이고 찢기었어도 내가 그때에 나라는 생각이 없었으며, 남이라는 생각도 없었고, 중생이라 하는 생각도 없었으며, 오래 산다는 생각도 없었기 때문이니라. 어떠한 까닭이냐 하면, 내가 지난날 마디마디 사지를 찢길 때에, 만약 나라는 생각이나 남이라는 생각, 중생이라는 생각이나 오래 산다는 생각이 있었다면 마땅히 노여워하고 원망하는 마음을 내었을 것이기 때문이니라. 수보리야, 또 생각하니 과거 오백세 동안 인욕선인이 되었던 저세상에서도 나라는 생각이 없었고, 남이라는 생각도 없었고, 중생이라는 생각도 없었으며, 오래 산다는 생각도 없었느니라."

인욕(忍辱)이란 참는 것이 아니다.

참는 것은 의지가 의식과 감정을 억누르는 것이다.

인욕이란 심식의를 떠나는 것이다.

심식의를 인식의 대상으로 삼지 않기 때문에 탐진치가 없고, 원망이나 미움도 없는 것이다.

종반야에 들어서 심식의를 인식의 대상으로 삼지 않는 것이 인욕바라밀(忍辱波羅蜜)이다.

"그러므로 수보리야, 보살은 마땅히 일체의 상을 떠나 아뇩다라삼먁삼보리심을 내야 하는 것이며, 마땅히 색에 머물러서 마음을 내서도 아니 되며, 또한 마땅히 소리, 향기, 맛, 촉감, 법에 머물러서 마음을 내어서도 아니 되느니라. 마땅히 아무 데도 머무는 바 없이 마음을 내야 하느니라."

견성오도(見性悟道)는 심식의가 분리되지 못한 상태에서 아뇩다라삼먁삼보리를 얻은 것이다.
때문에 일체 상을 떠난 아뇩다라삼먁삼보리가 아니다.
일체 상을 떠난 아뇩다라삼먁삼보리는 반야해탈도의 세 번째 과정이다. 금강해탈도와 허공해탈도는 아직 반야해탈도에 들어가지 못한 상태이다. 때문에 일체 상을 떠난 아뇩다라삼먁삼보리를 얻으라고 하는 것이다. 색, 성, 향, 미, 촉, 법에 머무르지 않고, 그 어떠한 경계에도 머무르지 않는 마음을 냄으로써 모든 상을 여의고 적멸처(寂滅處)에 들어간다.

"만약 마음에 머무름이 있으면, 바로 머무르지 않게 하여야 하느니라. 그러므로 부처는 '보살이라면 그 마음이 마땅히 색에 머무름 없이 보시하여야 한다'고 설하였느니라." "수보리야, 보살은 일체중생을 이익되게 하기 위하여 마땅히 이와 같이 보시하여야 하느니라."

만약 마음에 머무름이 생겼으면 그 즉시 본성으로 돌아와야 한다.
금강해탈과 허공해탈에서는 본성과 심식의 사이를 왔다 갔다 하는 상태이다. 때문에 심식이나 경계에 머물 때가 있다.

그런 상태가 되면 그 즉시 본성으로 돌아오라는 말이다.
경계에 머무르지 않는 것이 경계에 대한 최고의 베풂이다.
중생을 이익되게 하는 것도 본성으로 중생을 비춰주는 것이다.

두 종류의 중생이 있다.
하나는 자기 중생이다. 자기 심식의가 자기중생이다.
또 하나는 밖의 중생이다. 심식의가 자기라고 생각하는 존재들이다.
안의 중생과 밖의 중생은 생멸 정보를 통해 서로 연결되어 있다.
나의 심식의는 밖의 중생과 교류하면서 형성된 것이기 때문이다.
나의 심식의를 본성으로 비추어서 제도하면 그 심식의에 원인이 되었던 중생도 함께 제도된다.
때문에 내가 색에 머무르지 않게 되면 그것만으로도 안팎의 중생을 이롭게 하는 보시가 된다.

"여래가 설하는 일체의 온갖 상은 바로 그것이 상이 아니며, 또한 일체의 중생이라 설한 것도 바로 중생이 아닌 것이니라."
"수보리야, 여래는 이 참다운 말을 하는 자이고, 실다운 말을 하는 자이며, 여여한 말을 하는 자이며, 속이는 말을 하지 않는 자이며, 다른 말을 하지 않는 자이니라. 수보리야, 여래가 얻는 바 법은 그 법이 진실한 것도 아니고 허망한 것도 아니니라."

얻은 바 법이 진실하지 않는 것은 생멸법(生滅法)을 말하는 것이다.
얻은 바 법이 허망하지 않은 것은 진여법(眞如法)을 말하는 것이다.
생멸법은 견성오도와 해탈도로 이루어져 있다.

진여법은 보살도와 등각도, 묘각도로 이루어져 있다.
부처님은 생멸 수행을 통해 심식의를 벗어나셨고, 심식의를 벗어난 뒤에는 본성, 각성, 밝은성품으로 진여수행을 하셨다.

"수보리야, 만약 보살이 마음의 법에 머물러 보시를 행하면 어두운 데 있는 사람이 아무것도 볼 수 없는 것과 같고, 만약 보살이 마음의 법에 머물지 않고 보시를 행하면, 마치 사람이 눈이 있고 햇빛이 밝게 비쳐 갖가지 색을 보는 것과 같은 것이니라."

마음의 법에 머무르는 보시는 유위법(有爲法)에 입각한 보시이다.
심식의에 입각한 보시를 마음의 법에 머무른 보시라고 말씀하신 것이다. 심식의에 입각한 보시는 과보를 모르고 하는 막연한 보시이다. 보시를 한다고 하지만 그것이 중생에게 이로움을 주는지 해로움이 되는지를 모르고 하는 보시이다.
그래서 어두운 데 있는 사람이 아무것도 볼 수 없는 것과 같다고 말씀하시는 것이다.
보살이 마음의 법에 머물지 않고 보시를 한다는 것은 무위법(無爲法)에 입각한 보시이다.
본성, 각성, 밝은성품에 입각한 보시를 마음의 법에 머물지 않는 보시라고 말씀하신 것이다. 진여심에 입각한 보시는 중생에게 이익이 될 것을 명확하게 알고서 하는 보시이다.

"수보리야, 다음 오는 세상에 만약 어떤 선남자, 선여인이 능히 이 경을 받아 지니고 읽고 외우면, 곧 여래가 부처의 지혜로써 이 사람을 다 알고 다 보나니, 모두가 한량없고 가없는 공덕을 성취하느니라."

이 법을 지키고 수행하는 사람은 부처님이 다 알고 본다는 말씀이시다.

제25강 금강경

지경공덕분　능정업장분　구경무아분　일체동관분
持經功德分　能淨業障分　究竟無我分　一體同觀分
법계통화분　이색이상분　비설소설분　무법가득분
法界通化分　離色離相分　非說所說分　無法可得分
정심행선분　복지무비분　화무소화분　법신비상분
淨心行善分　福智無比分　化無所化分　法身非想分

지경공덕분(持經功德分)

["수보리야, 만약 어떤 선남자, 선여인이 아침에 항하의 모래
와 같은 만큼의 몸으로 보시하고, 한낮에 또 항하 모래와 같
은 만큼의 몸으로 보시하고, 저녁에 또한 항하 모래와 같은
만큼의 몸으로 보시하여, 이와 같이 한량없는 백천만억겁을
몸으로 보시한다 하더라도, 만약 또 다른 사람이 이 경전을
듣고 신심으로 거역하지 아니했다면 그 복이 저보다 뛰어나리
라. 하물며 이 경을 베껴 쓰고, 받아 지니고, 읽고 외우고, 남
을 위하여 이해하게 설해줌이겠느냐. 수보리야, 요점을 말하
면 이 경이 가히 생각할 수도 없고, 가히 헤아릴 수도 없는
가없는 공덕이 있나니, 여래가 대승을 일으킨 이를 위하여 설
한 것이요, 최상승을 일으킨 이를 위하여 설한 것이니라. 만
약 어떤 사람이 능히 받아 지니고 읽고 외워서 남을 위해 널
리 설해준다면 여래는 이 사람을 다 아시고 이 사람을 다 보
시어서, 헤아릴 수 없고 일컬을 수 없고 끝도 없으며, 가히
생각해 볼 수도 없는 공덕을 다 얻어 성취케 할 것이나, 이러
한 사람들은 여래의 아뇩다라삼먁삼보리를 이루는 사람이 될
것이니라. 왜 그러냐 하면 수보리야, 작은 법을 좋아하는 이

는, 나라는 생각, 남이라는 생각, 중생살이라는 생각, 오래 살 겠다는 생각에 집착하여 바로 이 경을 능히 알아듣고 읽고 외 운다든지 남을 위해 설하여 주지 못하기 때문이니라. 수보리 야, 어느 곳이나 만약 이 경이 있는 곳이면, 일체 세간의 하 늘과 사람과 아수라가 응당 공양하리니, 마땅히 알지어다. 이 곳은 곧 탑이 된 곳이어서, 응당 모두 공경하고 예배하고 둘 러싸고 모든 꽃과 향을 그곳에 뿌리게 될 것이니라."]

경을 지니는 공덕에 대해 말씀하신 대목이다.
의식, 감정, 의지가 내가 아니고, 본성, 각성, 밝은성품이 참 다운 나라는 것을 말씀하신 경전이 금강경(金剛經)이다.
때문에 의식, 감정, 의지에 입각해서 사는 사람은 이 경전을 이해하지 못한다.
경전을 듣고 수지독송하고 또 받들어 모신다는 것은 내 의식 과 내 감정과 내 의지가 나가 아님을 믿고 그것으로부터 벗어 나기 위한 노력을 하는 것이다.
문구나 문장을 놓고 읽고, 쓰고, 외운다고 해서 그러한 공덕 이 되는 것이 아니다.
반야심경에서 의식, 감정, 의지가 생겨나는 과정을 들여다보 았고 그것이 참다운 나가 아니라는 것을 알았다.
본제관을 통해서 본성을 인식하고, 밝은성품을 인식할 수 있 는 무위각을 얻었으면 그것이 금강해탈의 시작이다.
머릿골과 가슴 바탕 사이에서 밝은성품이 일어나는 것을 뿌듯 하게 음미할 수 있는 사람이 경을 지니는 공덕을 받을 수 있 는 사람이다.

"수보리야, 요점을 말하면 이 경이 가히 생각할 수도 없고, 가 히 헤아릴 수도 없는 가없는 공덕이 있나니, 여래가 대승을 일으킨 이를 위하여 설한 것이요, 최상승을 일으킨 이를 위하여 설한 것이니라."

이경은 대승법(大乘法)과 최상승법(最上乘法)을 위해 설한 것이다.
최상승법이란 돈각인을 위한 수행체계이다.
돈각(頓覺)이란 점차 수행을 거치지 않고 견성오도를 이룬 것이다.
다른 표현으로는 인식의 전환을 이루었다 말한다.
심식의를 자기로 알던 사람이 어느 날 문득 본성을 자각해서 견성을 이룬 것이 돈각이다. 중국의 선종이 돈각의 가풍을 취했지만 그 종지가 후대에 전해지지 못했다.
뒷 사람의 근기가 따라주지 못했기 때문이다.
선종 역사에서 대표적인 돈각인이 혜가와 혜능이다.
육조혜능(六祖惠能) 문하로 돈각의 법이 전해지다가 대혜종고 (大慧宗杲) 대에서 끊어진다.
돈각의 법이 끊어지고 나서 대두된 것이 간화선(看話禪)이다.
하지만 간화선 법에는 최상승선의 요지가 없다.
현대의 간화선은 최상승선의 격식만 흉내 낼 뿐 법의 체계를 갖추고 있지 못하다.

"만약 어떤 사람이 능히 받아 지니고 읽고 외워서 남을 위해 널리 설해준다면 여래는 이 사람을 다 아시고 이 사람을 다 보시어서, 헤아릴 수 없고 일컬을 수 없고 끝도 없으며, 가히 생각해 볼 수도 없는 공덕을 다 얻어 성취케 할 것이나, 이러한 사람들은 여래의 아뇩다라삼먁삼보리를 이루는 사람이 될 것이니라."

인지법행(因地法行)을 알면 언젠가는 과지법행(果地法行)을 하게 된다.

금강경을 통해서 최상승선의 요지를 체득한 사람은 언젠가는 해탈도를 이루어서 진여문에 들어가게 된다.

능정업장분(能淨業障分)

["또 수보리야, 선남자 선여인이 이 경을 수지 독성하는데 만약 남에게 경멸과 천대를 받는다면, 이 사람은 앞 세상의 죄업으로 마땅히 악도에 떨어질 것이지만, 지금 세상 사람들로부터 천대를 받기 때문에 선세의 죄업이 바로 소멸되어 마땅히 아뇩다라삼먁삼보리를 얻을 것이니라. 수보리야, 내가 생각하니 과거 한량없는 아승지겁에 연등부처님을 뵈옵기 전에 팔백사천만억나유타 수의 모든 부처님을 만나 뵈옵고, 모두 다 공양하고 받들어 섬기었으며, 헛되이 지나쳐 버린 적이 없었느니라. 만약 또 어떤 사람이 있어, 이다음 말세에 능히 이 경을 받아 지니고 읽고 외운다면 얻는 바 공덕은 내가 저 모든 부처님께 공양한 바 공덕으로는 백분의 일에도 미치지 못할 뿐만 아니라, 천만억분 내지 어떤 산수의 비유로도 그에 미치지 못하니라. 수보리야, 만약 선남자 선여인이 이다음 말세에 이 경을 받아 지니어 읽고 외우는 사람이 얻는 바 공덕을 내가 구체적으로 설하면, 혹 어떤 사람은 듣고 마음이 곧 미친 듯이 흐트러지고 여우처럼 의지하여 믿지 않으리라. 수보리야, 마땅히 알지니라. 이 경의 뜻은 가히 생각할 수도 없고 그 과보 또한 가히 생각할 수 없는 것이니라."]

의식, 감정, 의지가 곧 업장(業障)이다.

의식을 식업, 감정을 심업, 의지를 의업이라 한다.

능정(能淨)이란 능히 맑게 한다는 뜻이다.

능정업장(能淨業障)이란 금강해탈과 허공해탈을 통해서 삼업을 제도한다는 말이다.

"또 수보리야, 선남자 선여인이 이 경을 수지 독성하는데 만약 남에게 경멸과 천대를 받는다면, 이 사람은 앞 세상의 죄업으로 마땅히 악도에 떨어질 것이지만, 지금 세상 사람들로부터 천대를 받기 때문에 선세의 죄업이 바로 소멸되어 마땅히 아뇩다라삼먁삼보리를 얻을 것이니라."

업장의 제도는 본성으로 한다.

오로지 본성으로 비출 때 업장이 제도된다.

바른 법을 지니고서도 천대를 받으면, 그 또한 업장 소멸의 한 가지 방법이라 하신다.

보원행(報冤行)과 수연행(隨緣行)으로 금강해탈도를 이루는 방법을 말씀하시는 것이다.

"수보리야, 내가 생각하니 과거 한량없는 아승지겁에 연등 부처님을 뵈옵기 전에 팔백사천만억나유타 수의 모든 부처님을 만나뵈옵고, 모두 다 공양하고 받들어 섬기었으며, 헛되이 지나쳐 버린 적이 없었느니라. 만약 또 어떤 사람이 있어, 이다음 말세에 능히 이 경을 받아 지니고 읽고 외운다면 얻는 바 공덕은 내가 저 모든 부처님께 공양한 바 공덕으로는 백분의 일에도 미치지 못할 뿐만 아니라, 천만억분 내지 어떤 산수의 비유로도 그에 미치지 못하니라."

이 대목은 금강해탈(金剛解脫)로 업장을 제도하고, 허공해탈

(虛空解脫)로 경계를 제도하는 것이 팔백사천만억나유타 부처
님들께 공양하는 것보다 더 큰 공덕이 있다는 말씀이시다.
금강해탈로 제도된 나의 업장은 그 모습 그대로가 부처님이
다.
허공해탈로 제도된 경계 또한 마찬가지이다.
그 모습 그대로가 부처님이다.

"수보리야, 만약 선남자 선여인이 이다음 말세에 이 경을 받
아지니어 읽고 외우는 사람이 얻는 바 공덕을 내가 구체적으
로 설하면, 혹 어떤 사람은 듣고 마음이 곧 미친듯이 흐트러
지고 여우처럼 의지하여 믿지 않으리라. 수보리야, 마땅히 알
지니라. 이 경의 뜻은 가히 생각할 수도 없고, 그 과보 또한
가히 생각할 수 없는 것이니라."

허공해탈과 금강해탈 그리고 반야해탈은 일체 중생에게 부처
님 씨앗을 심어주는 일이다. 곧 해탈도(解脫道)의 단계에서 이
루어지는 삼신구족법(三身具足法)이다.
반야해탈로 법신을 이루고, 금강해탈로 화신을 이룬다.
허공해탈로 원만보신을 이룬다.
이와 같으니 팔백사천만억나유타 부처님께 공양한 것보다 더
큰 공덕이 있다고 말씀하시는 것이다.

지난날을 돌아보면 심식의가 내가 아니고, 본성이 나라는 것
을 이해하기까지도 수많은 세월을 필요로 했다.
1500년 이전부터 세웠던 서원을 비로소 이 생에 와서 이루게
되었다. 12연기의 과정을 앎으로써 인지법행의 체계를 이해하
게 된 것이다. 그러면서 의식, 감정, 의지를 벗어나는 방법을
알게 되었다.

금강해탈과 허공해탈과 반야해탈을 이룰 수 있는 과지법을 알게 된 것이다. 이것은 단순히 한 생의 노력만으로는 이룰 수 없는 법이다.

부처님도 팔백사천만억나유타 부처님을 뵙고 그 도리를 깨달았다.

"보는 것이 소유고, 듣는 것이 소유다.
존재 그 자체가 이미 소유다.
무소유하라."
의식, 감정, 의지 자체가 소유이다.
거기서 벗어나는 것이 무소유하는 것이다.
해탈(解脫)로써 무소유한다.

구경무아분(究竟無我分)

[그때, 수보리가 부처님께 아뢰어 말씀드렸다. "세존이시여, 선남자 선여인이 아뇩다라삼먁삼보리의 마음을 일으켰으면, 마땅히 어떻게 살아야 하며, 어떻게 그 마음을 항복시켜야 하나이까."

부처님께서 수보리에게 말씀하셨다. "만약 선남자 선여인이 아뇩다라삼먁삼보리심을 일으켰으면 마땅히 이와 같은 마음을 내야 할 것이니, '나는 마땅히 일체중생을 제도하리라.' 그러나 이미 일체중생을 다 제도하였지만, 실은 한 중생도 제도한 바가 없었느니라. 왜 그러냐 하면 만약 보살이 아상, 인상, 중생상, 수자상이 있으면, 바로 보살이 아니기 때문이니라. 무슨 까닭인가. 수보리야. 실은 어떤 법이 있어서 아뇩다라삼먁삼보리심을 일으킨 것이 아니기 때문이니라.

수보리야, 어떻게 생각하느냐. 여래가 연등부처님 계신 곳에서 어떤 법이 있어서 아뇩다라삼먁삼보리를 얻었겠느냐." "아니옵니다. 세존이시여, 제가 부처님께서 말씀하신 바 뜻을 알기로는 부처님께서는 연등부처님 계신 곳에서, 어떤 법이 있어서 아뇩다라삼먁삼보리를 얻은 것이 아니옵니다." 부처님께서 말씀하셨다. "그렇다, 그렇다. 수보리야, 여래는 실로 어떤 법이 있어서 아뇩다라삼먁삼보리를 얻은 것이 아니니라. 수보리야, 만약 법이 있어서 여래가 아뇩다라삼먁삼보리를 얻었다고 한다면, 연등불께서 바로 나에게 수기를 주시면서 '네가 다음 세상에 반드시 부처가 될 것이니 호를 석가모니라 하리라.'고 하시지 않으셨을 것이다. 실로 어떤 법이 있어서 아뇩다라삼먁삼보리를 얻은 것이 없었으므로, 연등부처님께서는 나에게 수기를 주시면서 '너는 내세에 반드시 부처가 될 것이니, 호를 석가모니라 하리라.'라고 말씀을 하셨느니라. 왜 그러냐 하면 여래라 함은 바로 모든 법이 그대로 같다는 뜻이기 때문이니라. 만약 어떤 사람이 '여래가 아뇩다라삼먁삼보리를 얻었다'고 말한다 하더라도, '수보리야, 실로 부처님은 어떤 법이 있어서 아뇩다라삼먁삼보리를 얻은 것이 아니니라. 수보리야, 여래가 얻은 바 아뇩다라삼먁삼보리 이 가운데에는 실도 없고 허도 없느니라. 그러므로 여래가 설하기를 일체법이 모두 불법이라'고 하였느니라. 수보리야, 말하는 바 일체법이라 함은 바로 일체법이 아니다. 그러므로 이름하여 일체법이라고 하느니라. 수보리야, 비유컨대 사람의 몸이 장대한 것과 같으니라." 수보리가 아뢰었다. "세존이시여, 여래께서 사람의 몸이 장대하다고 말씀하신 것은 바로 큰 몸이 아니라 그 이름이 큰 몸이옵니다." "수보리야, 보살 역시 이와 같으니 만약 '내가 한량없는 중생을 마땅히 제도했노라.'하고 말하였다면 바로 보살이라 이름하지 못할 것이니라. 왜 그러냐 하면 '수보리야, 실로 어떤 법도 두지 않아야 보살이라 이름하기 때문이니라. 그러므로 부처가 말하기를 일체법은 나도 없고 남도 없고 중생살이도 없고 오래 산다는 것도 없다'고 하였느니라. 수보리야 만약 보살이 내가 마땅히 불토를 장엄했다고 그런 말을 했다면 이는 보살이라고 이름하지 못하니라. 왜 그러냐 하면 여래가 불토를 장엄한다고 설하는 것은 바로 장엄이 아니라 그 이름이 장엄인 것이니라. 수보리야, 만약 보살이 무아법에 통달하면, 여래는 설하기를 이것이 참보살이라고 이름할 것이니라."]

구경(究竟)이란 심식의를 분리시킨 상태로 존재하는 진여의 상태이다.
무아(無我)란 의식, 감정, 의지의 나를 분리시키고, 본성, 각성, 밝은성품의 나를 회복한 것이다. 무아는 내가 없는 것이 아니다. 구경에 들어서 진여로 자기를 삼은 것이다.

"그때, 수보리가 부처님께 아뢰어 말씀드렸다. "세존이시여, 선남자 선여인이 아뇩다라삼먁삼보리의 마음을 일으켰으면, 마땅히 어떻게 살아야 하며, 어떻게 그 마음을 항복시켜야 하나이까."

이 대목은 금강경의 첫 머리에 나왔던 질문이다.
하지만 다른 부분이 있다.
첫 머리 질문이 무위각을 지키고 심식의를 조복시키는 것이 목적이었다면, 이 질문은 진여로써 무아를 이룬 이후에는 어떻게 살아야 하는지 그 방법을 묻는 것이다.
처음 질문은 금강해탈(金剛解脫)의 관점이고, 이 질문은 허공해탈(虛空解脫)의 관점이다.

금강경이 크게 두 부로 나눠져 있다는 말이 여기서 비롯된 것이다.

삶은 다른 생명과의 관계를 통해 이루어진다.

때문에 삶 속에서 자기 제도를 이루려면 관계의 원만함이 갖춰져야 한다.

부처님께서 관계의 원만함을 위해 제시하는 것이 허공해탈도이다.

허공해탈(虛空解脫)을 이루기 위해 갖추어야 할 세 가지 조건(條件)이 있다.

첫 번째 조건이 본성의 자각이다.

두 번째 조건이 사행(四行)을 행할 수 있는 해탈지견을 갖추는 것이다.

세 번째 조건이 경계를 이롭게 할 수 있는 역량을 갖추는 것이다.

부처님 께서는 먼저 무아를 이루라 하신다.

심식의를 자기로 삼지 않고, 본성을 자기로 삼아서 무아를 이루는 것이 허공해탈의 시작이라는 말씀이시다.

보원행과 수연행, 무소구행과 칭법행을 할 수 있는 지혜가 해탈지견이다.

본성을 인식한 이후에 본성에 입각해서 살아가는 네 가지 삶의 양태가 사행이다.

사행의 목적은 조화를 성취하는 것이다.

조화로써 관계의 원만함을 이루고, 조화로써 중생을 이롭게 하며, 조화로써 인과를 제도한다.

사행으로 조화가 성취되기 위해서는 경계에 따라서 서로 다른 행법을 활용할 줄 아는 지혜가 갖춰져야 한다. 그 때의 지혜를 해탈지견(解脫知見)이라 한다.

해탈지견은 생멸심이 쓰이는 것이 아니다.

제도된 생멸심과 진여심이 쓰이는 것이다.

접해지는 경계를 놓고 조화를 이룰 때는 보원행과 수연행이 필요한 경우도 있고, 무소구행이 필요한 경우도 있다. 또한 칭법행이 쓰일 수도 있다.

칭법행이 필요한 경계를 놓고 무소구행만 행하게 되면, 그로 인해 부조화가 일어난다. 무소구행이 필요한 경계를 놓고 보원행을 행했을 때도 마찬가지이다.

해탈지견을 갖추기 위해 행하는 것이 '진여사유'이다.

진여사유(眞如思惟)가 이루어지기 위해서는 공여래장의 밝은 성품과 불공여래장의 사유성이 함께 쓰여야 한다.

불공여래장의 사유성이란 무상(無想)을 통해 제도된 생멸심의 상의식이다.

공여래장의 밝은성품이란 진여심을 이루는 자기 밝은성품이다.

부처님께서 수보리에게 말씀하셨다. "만약 선남자 선여인이 아뇩다라삼먁삼보리심을 일으켰으면 마땅히 이와 같은 마음을 내야 할 것이니, '나는 마땅히 일체중생을 제도하리라.' 그러나 이미 일체중생을 다 제도하였지만, 실은 한 중생도 제도한 바가 없었느니라. 왜 그러냐 하면 만약 보살이 아상, 인상, 중생상, 수자상이 있으면 바로 보살이 아니기 때문이니라. 무슨 까닭인가. 수보리야, 실은 어떤 법이 있어서 아뇩다라삼먁삼보리심을 일으킨 것이 아니기 때문이니라."

아무리 제도해도 제도되지 않는 생멸심이 있다.

진여심도 각성이 갖고 있는 무명적 습성(無明的 習性)은 십지보살이 되어서도 제도되지 않는다. 때문에 등각도와 묘각도가 대두된다.

생멸수행을 하면서 제도되지 않은 심식의에서 벗어나기 위해 반야해탈도(般若解脫道)를 닦는다.

의식, 감정, 의지를 없애는 것이 아니고 분리시켜서 벗어나는 것이다.

금강해탈과 허공해탈의 과정에서는 의식, 감정, 의지가 완전하게 제도되지 않는다. 심지어 보살도 50과위를 성취해도 제도되지 않는다.

의식, 감정, 의지가 완전하게 제도되는 경지가 등각도(等覺道)이다.

등각에서 생멸문과 진여문이 불이문을 이루었을 때 완전한 제도가 이루어진다.

"일체중생을 제도하였지만 한 중생도 제도된 바가 없다"라는 말은 단순히 에고를 없애기 위해서 하신 말씀이 아니다. 실제로 그런 것이다.

그래서 그 한계를 알고 반야해탈로 들어가야 한다.

나아가서 보살도와 등각도, 묘각도를 성취해야 한다.

의식, 감정, 의지가 있으면 보살이 아니다.

그것을 분리시켜야 보살이 된다.

"무슨 까닭인가. 수보리야, 실은 어떤 법이 있어서 아뇩다라삼먁삼보리심을 일으킨 것이 아니기 때문이니라."

여기서 '어떤 법'이라는 것은 방편을 말한다.

등각의 법이라던든, 깨달음의 법이라든지, 이런 것을 말하는 것이 아니다.

심식의로써 지어지는 특별한 방편이 있어서 아뇩다라삼먁삼보리가 얻어지는 것이 아니라는 말이다.

아뇩다라삼먁삼보리 즉 본성을 인식하는 것은 각성의 증장을 통해서 이루어지는 것이다. 각성은 증장되지만, 본성은 가감이 없다.

각성은 증득되는 것이지만, 본성은 본래부터 갖추어진 것이다.

"수보리야, 어떻게 생각하느냐. 여래가 연등부처님 계신 곳에서 어떤 법이 있어서 아뇩다라삼먁삼보리를 얻었겠느냐." "아니옵니다. 세존이시여, 제가 부처님께서 말씀하신 바 뜻을 알기로는 부처님께서는 연등부처님 계신 곳에서, 어떤 법이 있어서 아뇩다라삼먁삼보리를 얻은 것이 아니옵니다." 부처님께서 말씀하셨다. "그렇다, 그렇다. 수보리야, 여래는 실로 어떤 법이 있어서 아뇩다라삼먁삼보리를 얻은 것이 아니니라."

석가모니 부처님은 본래부터 본불(本佛)이셨다.
때문에 돈각인(頓覺人)이다.
부처님께서는 방편을 통해 닦으신 분이 아니다.
최상승선으로써 아뇩다라삼먁삼보리를 갖추신 분이시다.
본제의 묘용을 이해하지 못하면 불과를 이룰 수 없다.
수기를 받는 것은 그런 조건이 갖추어졌을 때 이루어진다.

"수보리야, 만약 법이 있어서 여래가 아뇩다라삼먁삼보리를 얻었다고 한다면, 연등불께서 바로 나에게 수기를 주시면서 '네가 다음 세상에 반드시 부처가 될 것이니 호를 석가모니라 하리라.'고 하시지 않으셨을 것이다. 실로 어떤 법이 있어서 아뇩다라삼먁삼보리를 얻은 것이 없었으므로, 연등부처님께서는 나에게 수기를 주시면서 '너는 내세에 반드시 부처가 될 것이니, 호를 석가모니라 하리라.'라고 말씀을 하셨느니라. 왜 그러냐 하면 여래라 함은 바로 모든 법이 그대로 같다는 뜻이기 때문이니라."

본제(本際), 본연(本然)을 이해한 사람은 방편에 국집되지 않는다.
또한 오도체계에 있어서 다섯 단계의 아뇩다라삼먁삼보리법을 알고 있다.
그런 사람은 체득된 아뇩다라삼먁삼보리에 머물지 않는다.
오로지 본연으로 돌아가고자 한다.
그런 존재에게 내세불의 수기가 주어진다.
본연을 회복한 존재가 여래(如來)이다.

"만약 어떤 사람이 '여래가 아뇩다라삼먁삼보리를 얻었다'고 말한다 하더라도, '수보리야, 실로 부처님은 어떤 법이 있어서 아뇩다라삼먁삼보리를 얻은 것이 아니니라."

돈각(頓覺)으로 아뇩다라삼먁삼보리를 얻었다고 말씀하시는 것이다.

"수보리야, 여래가 얻은 바 아뇩다라삼먁삼보리 이 가운데에는 실도 없도 허도 없느니라. 그러므로 여래가 설하기를 일체법이 모두 불법이라고 하였느니라."

여래의 아뇩다라삼먁삼보리는 일심법계를 이루는 원각지(圓覺地)이다.
때문에 실과 허가 없다.
일심법계를 이루고 있는 생멸문은 불공여래장이기 때문에 허가 아니다. 일심법게를 이루는 진여문은 공여래장이기 때문에 실 또한 아니다. 공여래장에는 허실이 없기 때문이다.

일심법계를 이루는 모든 요소는 그 자체가 불(佛)의 인자이다.
때문에 생멸문의 심식의 조차도 불의 인자이다.
생멸심을 제도의 대상으로 삼는 것은 그것에도 불의 인자가
있기 때문이다.

"수보리야, 말하는 바 일체법이라 함은 바로 일체법이 아니다.
그러므로 이름하여 일체법이라고 하느니라. 수보리야, 비유컨
대 사람의 몸이 장대한 것과 같으니라." 수보리가 아뢰었다.
"세존이시여, 여래께서 사람의 몸이 장대하다고 말씀하신 것
은 바로 큰 몸이 아니라 그 이름이 큰 몸이옵니다."

사람의 몸이 장대하다는 말은 그 몸이 아무리 커도 한계가 있
다는 말이다.
법도 그와 같아서 아무리 바른 법이라 할지라도 그 법을 통해
성취할 수 있는 깨달음은 한계가 있다는 말씀이시다.

"수보리야, 보살 역시 이와 같으니 만약 '내가 한량없는 중생
을 마땅히 제도했노라.'하고 말하였다면 바로 보살이라 이름
하지 못할 것이니라. 왜 그러냐 하면 '수보리야, 실로 어떤 법
도 두지 않아야 보살이라 이름하기 때문이니라."
"그러므로 부처가 말하기를 일체법은 나도 없고 남도 없고 중
생살이도 없고 오래 산다는 것도 없다'고 하였느니라."

제도했다는 상을 갖게 되면 그것만으로도 생멸심에 떨어지게
된다.

"수보리야 만약 보살이 '내가 마땅히 불토를 장엄했다고 그런
말을 했다면 이는 보살이라고 이름하지 못하니라. 왜 그러냐

하면 여래가 불토를 장엄하다고 설하는 것은 바로 장엄이 아니라 그 이름이 장엄인 것이니라."

불공여래장(不空如來藏)을 통해 불국토가 장엄해진다.
생멸심을 제도해서 불공여래장을 이룬 것에 대해서도 상을 갖지 말라는 말씀이시다.

"수보리야, 만약 보살이 무아법에 통달하면, 여래는 설하기를 이것이 참 보살이라고 이름할 것이니라."

무아법(無我法)에 통달했다고 하는 것은 진여문에 넘나드는 것이 임의롭게 이루어진다는 것이다. 나아가서는 진여문에 머물 줄 아는 것이다.
무아의 주체는 진여심이고, 유아의 주체는 생멸심이다.
본연적 무위각으로써 무아를 이룬다.

일체동관분(一體同觀分)

["수보리야, 어떻게 생각하느냐. 여래에게 육안이 있는 것이냐." "그러하옵니다. 세존이시여, 여래께서는 육안이 있사옵니다." "수보리야, 어떻게 생각하느냐. 여래에게 천안이 있는 것이냐." "그러하옵니다. 세존이시여, 여래께서는 천안이 있사옵니다." "수보리야, 어떻게 생각하느냐. 여래에게 혜안이 있는 것이냐." "그러하옵니다. 세존이시여, 여래께서는 혜안이 있사옵니다." "수보리야, 어떻게 생각하느냐. 여래에게 법안이 있는 것이냐." "그러하옵니다. 세존이시여, 여래께서는 법안이 있사옵니다." "수보리야, 어떻게 생각하느냐. 여래에게 불안이

있는 것이냐.”“그러하옵니다. 세존이시여, 여래께서는 불안이 있사옵니다.”“수보리야, 어떻게 생각하느냐. '항하 가운데 있는 바 모래와 같은 것'을 부처는 이것이 모래라고 설한 적이 있었느냐.”“그러하옵니다. 세존이시여, 여래께서는 이 모래를 설한 적이 있었사옵니다.”“수보리야, 어떻게 생각하느냐. 한 개의 항하 가운데 있는 모래와 같이, 그와 같은 수의 항하가 있고, 그 모든 항하에 있는 모래수 만큼의 불타의 세계가 있다면, 이 같은 것은 얼마나 많겠느냐.”“매우 많사옵니다. 세존이시여.” 부처님께서 수보리에게 말씀하셨다. “저 국토 가운데 있는 바 중생의 가지가지의 마음을 여래는 다 아느니라. 왜 그러냐 하면 여래가 설하는 모든 마음은 다 마음이 아니고 그 이름이 마음이기 때문이니라. 그 까닭이 무엇이냐 하면 수보리야, 과거심은 얻을 수 없고, 현재심도 없을 수 없으며, 미래심도 얻을 수 없기 때문이니라.”]

일체동관(一體同觀)이란 모든 것을 하나로 관한다는 말이다.

“수보리야, 어떻게 생각하느냐. 여래에게 육안이 있는 것이냐.”“그러하옵니다. 세존이시여, 여래께서는 육안이 있사옵니다.”“수보리야, 어떻게 생각하느냐. 여래에게 천안이 있는 것이냐.”“그러하옵니다. 세존이시여, 여래께서는 천안이 있사옵니다.”“수보리야, 어떻게 생각하느냐. 여래에게 혜안이 있는 것이냐.”“그러하옵니다. 세존이시여, 여래께서는 혜안이 있사옵니다.”“수보리야, 어떻게 생각하느냐. 여래에게 법안이 있는 것이냐.”“그러하옵니다. 세존이시여, 여래께서는 법안이 있사옵니다.”“수보리야, 어떻게 생각하느냐. 여래에게 불안이 있는 것이냐.”“그러하옵니다. 세존이시여, 여래께서는 불안이 있사옵니다.”

육체의 눈이 육안(肉眼)이다.

천안(天眼)은 신통으로 얻어진 눈이다.

보는 마음이 제도되어서 욕심이 끊어지면 천안이 갖춰진다.

보는 성품의 욕심이 끊어지려면 보는 생명 경로를 살펴서 본성의 상태를 인식할 수 있어야 한다. 본성에서부터 생성되는 밝은성품이 보는 생명 경로를 통해서 눈으로 드러나는 것을 인식하면서 의식, 감정, 의지의 속성에 물들지 않으면 천안이 갖춰진다.

혜안(慧眼)은 본성, 각성, 밝은성품으로 이루어진 눈이다.

법안(法眼)은 법의 체계에 입각해서 쓰이는 눈이다.

오도의 체계와 각성의 정도에 따라서 서로 다른 법안이 쓰인다. 칭법행, 무소구행, 보원행, 수연행이 이루어지려면 법안이 갖추어져야 한다.

불안(佛眼)은 부처의 눈이다.

부처의 눈은 진여문과 생멸문의 모든 일들을 볼 수 있고, 불세계의 일들도 볼 수 있다. 향수해의 천만억 불세계를 보고, 그 세계와 교류할 수 있는 눈이 불안이다.

"수보리야, 어떻게 생각하느냐. '항하 가운데 있는 바 모래와 같은 것'을 부처는 이것이 모래라고 설한 적이 있었느냐." "그러하옵니다. 세존이시여, 여래께서는 이 모래를 설한 적이 있었사옵니다." "수보리야, 어떻게 생각하느냐. 한 개의 항하 가운데 있는 모래와 같이, 그와 같은 수의 항하가 있고, 그 모든 항하에 있는 모래수 만큼의 불타의 세계가 있다면, 이 같은 것은 얼마나 많겠느냐." "매우 많사옵니다. 세존이시여." 부처님께서 수보리에게 말씀하셨다. "저 국토 가운데 있는 바 중생의 가지가지의 마음을 여래는 다 아느니라."

불안(佛眼)으로는 그 항하수처럼 많은 모든 불세계를 볼 수 있다.
부처는 생멸문에 있는 모든 중생의 마음을 낱낱이 다 볼 수 있다.

"왜 그러냐 하면 여래가 설하는 모든 마음은 다 마음이 아니고 그 이름이 마음이다."

두 가지 마음이 있다.
생멸심(生滅心)과 진여심(眞如心)이 그것이다.
생멸심은 제도의 대상이고, 진여심은 체득의 대상이다.
하지만 이 두 마음이 온전한 마음이 아니다.
두 가지 마음이 한자리를 이루어서 일심이 되어야 온전한 마음이 된 것이다.
두 가지 마음과 두 가지 몸이 한자리를 이루면 일심법계(一心法界)가 된다.
두 가지 몸이란 생멸신(生滅身)과 진여신(眞如身)이다.
일심법계의 상태에서는 각성의 무명적 습성이 발동하지 않는다.
제도된 생멸심으로 이루어진 불공여래장과 진여문의 본체로 이루어진 공여래장이 서로를 비추면서 동떨어지지 않기 때문이다.
선무명은 각성이 밝은성품의 변화에 치중함으로써 생겨났다.
일심법계의 상태에서는 각성이 밝은성품의 변화에 치중하지 않는다. 공여래장과 불공여래장이 서로를 비추는데 치중해 있기 때문이다.
여래장연기를 거쳐서 일심법계로 돌아간 부처와 여래장연기를 거치지 않은 부처는 이와 같은 차이가 있다.
'왜 여래장연기(如來藏緣起)가 시작되었을까?

여래장연기를 통해 부처는 무엇을 이루고자 하는 것일까?
구태여 필요하지도 않은 중생심이 왜 생겨났을까?"
이 질문들에 대한 대답이 바로 이와 같은 이유 때문이다.
여래장연기는 선무명(先無明)으로 시작되었다.
여래장연기를 통해 부처가 이루고자 하는 것은 각성의 무명적
습성을 제도하는 것이다.
중생심은 필요 없는 마음이 아니다.
공여래장과 불공여래장이 일심법계를 이루었을 때 진여심과 생
멸심이 서로 동떨어지지 않게 하는 것이 그리움이기 때문이다.
그리움은 중생심이다.
일심법계의 구조와 선무명의 제도는 서로 불가분의 관계를 갖
고 있다. 불공여래장의 그리움이 공여래장을 껴안고 있는 원
동력이기 때문이다.
진여심과 생멸심은 중생의 몸에서는 본래 하나였다.
그러다가 해탈도의 과정에서 각성으로 인해 분리되었다.
진여심이 열반에 들어있는 동안 생멸심은 진여심에 대한 그리
움을 일으켰다.
결국엔 열반에 들어있던 진여심이 생멸심을 받아들이면서 보
살도 수행이 시작되었다. 제도된 생멸심이 불공여래장이 되고
진여연기가 일어나는 원인이 된다.
생멸연기는 원초신에서 천지만물이 분열되면서 진행되지만,
진여연기는 분열되었던 천지만물이 다시 합쳐지면서 이루어진다.
진여연기에서 천지만물이 합쳐지는 것은 체성이 합쳐지는 것
이 아니다. 제도된 정보가 합쳐진다.
마음을 이루는 요소가 정보이다. 때문에 진여심으로 제도된
정보들이 불공여래장을 이루는 요소가 된다.
진여연기의 마무리가 등각도에서 이루어진다.
등각(等覺)이란 생멸각과 진여각이 평등함을 이루었다는 말이다.

상사각, 수분각, 시각, 본각이 생멸각(生滅覺)이다.

구경각이 진여각(眞如覺)이다.

등각도에서는 생멸각과 진여각이 평등함을 이루고, 생멸심과 진여심이 한자리를 이루며, 불공여래장과 공여래장이 서로를 여의지 않는다. 즉 각성과 마음과 몸이 한자리를 이룬 상태가 등각도라는 말이다. 등각의 상태가 이와 같이 유지되는 것은 생멸심이 갖고 있는 진여심에 대한 그리움 때문이다.

갈망과 사무침의 성향이 제도된 그리움이 지극함으로 진여문을 껴안고 있는 것이 일심법계의 상태이다.

그 상태에서는 애쓰지 않아도 각성이 밝은성품에 탐착하지 않는다.

그야말로 이미 지족하기 때문에 또 다른 기쁨을 추구하지 않기 때문이다.

각성이 갖고 있는 무명적 습성은 이와 같은 과정을 통해서 제도된다.

중생심이 없었으면 그리움도 생기지 않았다.

그리움이 없었으면 진여연기가 시작되지 않았다.

제도된 그리움이 진여문을 껴안지 못했으면 일심법계가 이루어지지 못하고, 일심법계를 이루지 못하면 각성의 무명적 습성이 제도되지 않는다.

이러한 연유로 부처님께서는 마음이 마음이 아니고, 그 이름이 마음이라고 말씀하신 것이다.

"그 까닭이 무엇이냐 하면 수보리야, 과거심은 얻을 수 없고, 현재심도 없을 수 없으며, 미래심도 얻을 수 없기 때문이니라."

금강해탈도와 허공해탈도의 과정에서는 과거심과 현재심, 미래심을 얻음의 대상으로 삼아서는 안된다.

앞서 덕산 스님 일화에서도 언급했듯이 이 대목은 "과거의 심식의도 얻음의 대상이 아니고, 현재의 심식의도 얻음의 대상이 아니며, 미래의 심식의도 얻음의 대상이 아니다."라고 해석해야 한다.

해탈도(解脫道)의 목적이 심식의를 분리시키는 것이기 때문에 이와 같은 말씀을 하신 것이다. 본성과 심식의가 분리되기 위해서는 먼저 본성과 심식의를 함께 관(觀)해야 한다.

그렇기 때문에 일체를 함께 관하라고 말씀하신 것이다.

금강해탈의 과정을 통해 동관(同觀)이 이루어지면 이것이 근기가 되어 나중 중간반야에 들어가게 된다.

법계통화분(法界通化分)

["수보리야, 어떻게 생각하느냐. 만약 어떤 사람이 삼천대천세계에 가득 찬 칠보로써 보시한다면 이 사람이 그 인연으로서 얻는 복이 많겠느냐." "그러하옵니다. 세존이시여, 이 사람은 그 인연으로 얻는 복이 매우 많사옵니다." "수보리야, 만약 복덕이 진실로 있는 것이라면, 여래는 얻는 복덕이 많다고 설하지 않았을 것이다. 복덕이 없는 것이기 때문에, 여래는 얻는 복덕이 많다 설하는 것이니라."]

법계(法界)란 생멸법계와 진여법계를 말한다.

통화(通化)란 생멸법계와 진여법계가 서로 통해서 조화를 이룬다는 말이다.

이 대목은 유루복(有漏福)과 무루복(無漏福)을 말씀하시는 것

468

이다.

여래는 무루복을 위할지언정 유루복은 위하지 않는다는 말씀이다.

생멸법계에서 지은 유루복은 그것이 어떤 것일지라도 깨달음에는 도움이 되지 않는다. 하지만 응무소주이생기심과 약견제상비상하는 것으로써 지어지는 무루복은 진여세계와 서로 소통할 수 있는 조건이 된다.

무루복을 쌓는 것이 무위각을 증장시키는 행위이기 때문이다.

이색이상분(離色離相分)

["수보리야, 어떻게 생각하느냐. 부처를 구족한 색신으로 볼 수 있겠느냐." "아니옵니다. 세존이시여, 여래를 구족한 색신으로는 응당 볼 수 없는 것이옵니다. 왜 그러냐 하면 여래께서 말씀하신 구족한 색신은 바로 구족한 색신이 아니라, 그 이름이 구족한 색신이기 때문이옵니다." "수보리야, 어떻게 생각하느냐. 여래를 구족한 온갖 상으로 볼 수 있겠느냐." "아니옵니다. 세존이시여, 여래를 구족한 온갖 상으로는 응당 볼 수 없는 것이옵니다. 왜 그러냐 하면 여래께서 설하시는 온갖 상의 구족은 바로 구족이 아니옵고, 그 이름이 온갖 상의 구족이기 때문이옵니다."]

이색(離色)이란 색을 떠난다는 말이다.
이상(離相)이란 상도 떠난다는 뜻이다.
색은 육체의 형상이다. 상은 32상을 말한다.
곧 32상, 80종호를 갖고 있는 부처의 모습이다.
부처는 몸으로 보는 것이 아니다.

약견제상비상(若見諸相非相)으로 부처를 봐야 한다.

비설소설분(非說所說分)

["수보리야, 너는 여래가 이 같은 생각을 한다고 말하지 말라. '내가 설한 바 법이 마땅히 있다'고 그러한 생각을 하지 말 것이니라. 왜 그러냐 하면, 만약 어떤 사람이 '여래가 설한 바 법이 있다'고 말한다면 바로 부처를 비방하는 것이 되고, 내가 설한 바를 이해하지 못한 것이기 때문이니라. 수보리야, 법을 설한다고 하는 것은 법이 없는 것을 설하는 것이니 이것을 이름하여 법을 설한다고 하는 것이니라." 그때 혜명 수보리가 부처님께 아뢰었다. "세존이시여, 자못 어떤 중생이 미래세에 이 법을 설하는 것을 듣고, 믿는 마음을 내는 이가 있겠사옵니까." 부처님께서 말씀하셨다. "수보리야, 저들은 중생이 아니며, 중생이 아닌 것도 아니니라. 왜 그러냐 하면, 수보리야, 중생이다 중생이다 하지만 여래가 설하는 것은 중생이 아니고, 그 이름이 중생이니라."]

비설(非說)은 설함이 없다는 뜻이다.
소설(所說)은 설했다는 뜻이다.
부처님의 가르침은 생명의 시작에서부터 생명의 완성을 논하는 광대무변한 것이다.
그것이 다섯 단계의 체계로 이루어졌다.
각 단계마다 서로 다른 심지법이 쓰인다.
그 심지법들이 때로는 상충되고 때로는 보완된다.
때문에 견성오도의 심지법을 해탈도에 쓸 수 없고, 해탈도의 심지법을 보살도에 쓸 수 없다.

470

금강경의 내용은 해탈도에 필요한 심지법이다.
때문에 이 내용을 견성오도의 관점이나 보살도의 관점으로 해석하면 안 된다.
이와 같기 때문에 부처님의 설법은 비설(非說)이다.
오도의 전체 체계에서 일관성을 유지하는 말씀들이 있다.
본성론과 각성론이 그것이다.

"수보리야, 저들은 중생이 아니며, 중생이 아닌 것도 아니니라. 왜 그러냐 하면, 수보리야, 중생이다 중생이다 하지만 여래가 설하는 것은 중생이 아니고, 그 이름이 중생이니라."

심식의가 나가 아니라고 이해하고 믿는 사람이 있다면 이 사람은 중생의 틀을 벗어날 수 있는 사람이다. 이 경전의 그 말씀을 듣고 믿음을 낸다면 이미 중생이 아니다.

무법가득분(無法可得分)

[수보리가 부처님께 아뢰었다. "세존이시여, 부처님께서 아뇩다라삼먁삼보리를 얻은 것은 얻은 바가 없다는 것이 됩니까." "그렇다. 수보리야, 내가 아뇩다라삼먁삼보리에 있어서 조그마한 법도 얻은 것이 없으니 이것을 이름하여 아뇩다라삼먁삼보리라 하느니라."]

무법(無法)이란 얻은 법이 없다는 뜻이다.
가득(可得)이란 얻음이 있다는 말이다.

본성은 얻음의 대상이 아니다.

본래 갖추고 있는 것이었기 때문이다.
하지만 각성은 얻어지는 것이다.
망각되었기 때문이다.
본성(本性) 즉 무법이요, 각성(覺性) 즉 가득이다.

정심행선분(淨心行善分)

["또 수보리야, 이 법이 평등해서 높고 낮음이 없으니 이것을
이름하여 아뇩다라삼먁삼보리라 하느니라. 나도 없고, 남도
없고, 중생살이도 없고, 오래 산다는 생각도 없이 온갖 선법
을 닦으면 아뇩다라삼먁삼보리를 얻는 것이니라. 수보리야,
이른바 선법이라고 하는 것은 여래가 설하기를 선법이 아니고
그 이름이 선법이니라."]

정심(淨心)은 맑은 마음이다.
행선(行善)은 선을 행하는 것이다.
맑은 마음이 밝은성품이다.
이 대목에서는 밝은성품의 증장을 말씀하시는 것이다.
밝은성품을 증장시켜서 의식, 감정, 의지가 갖고 있는 유희성
에서부터 벗어나라는 말씀이다. 본제관을 하면서 무념과 무심
사이에서 기쁨이 일어나는 것을 지켜보면서 의식, 감정, 의지
에 대한 집착에서 벗어난다.

평등해서 높고 낮음이 없는 것이 본성이다.
본성에는 에고가 없다.

선법을 닦는다는 것은 밝은성품을 증장시키는 것이다.

472

밝은성품을 활용한 수행으로 본성을 인식한다.
밝은성품의 기쁨을 누리면서 본성에서 심식의를 분리시킨 것
이 열반(涅槃)의 상태이다.

복지무비분(福智無比分)

["수보리야, 만약 어떤 사람이 삼천대천세계에 있는 모든 수
미산왕만한 칠보 더미를 가져다가 보시한다 하더라도 만약 다
른 사람이 이 반야바라밀경 내지 사구게 만이라도 받아 지니
고 읽고 외우고 남을 위해 설해준다면, 앞의 복덕으로는 백분
의 일에도 미치지 못하고, 백천만억분의 일에도, 내지 온갖
산수의 비유로도 미칠 수 없느니라."]

복과 지혜는 비교할 수 없다.
복은 생명의 호응으로 생긴다.
지혜는 진여심에서 생긴다.
복력은 생멸문의 일이고, 지혜는 진여문의 일이다.
생멸심으로 얻어지는 복은 작은 것이다.
진여심이 쓰여지는 지혜는 큰 것이다.

화무소화분(化無所化分)

["수보리야, 어떻게 생각하느냐. 너희는 여래가 이 같은 생각
을 한다고 말하지 말라 '나는 중생을 마땅히 제도한다'고. 수
보리야, 그 같은 생각을 해서는 아니된다. 왜 그러냐 하면 실
로 여래가 제도한 중생이 없기 때문이니라. 만약 여래가 제도

473

한 중생이 있다고 한다면 여래도 바로 나라는 생각, 남이라는 생각, 중생살이라는 생각, 오래 산다는 생각이 있다는 것이 되느니라. 수보리야, 여래가 '아가 있다.'고 설하는 것은, 바로 '아가 있는 것'이 아닌데도, 범부들이 '아가 있다'고 여기니라. 수보리야, 범부라는 것도 여래는 곧 범부가 아니고 그 이름이 범부라고 설하는 것이니라."]

화무(化無))란 교화한 바가 없다는 말이다.
또는 무로써 교화한다는 말이다.
소화(所化)는 그렇게 교화한다는 말이다.
무(無)로써 교화를 하는 것은 본성으로 비추어서 교화를 하는 것이다.
때문에 허공해탈과 금강해탈이 교화이다.
무로써 교화가 이루어지면 자취가 남지 않는다.
만약 교화를 이룬 다음에 마음 안에 자취가 남아있게 되면 중생심에 떨어진 것이다.
반야해탈의 두 번째 단계까지 교화가 이루어진다.
하지만 그 단계의 교화로도 생멸심이 완전하게 제도되지 않는다.
진여연기와 등각도를 거쳐서 모든 생멸심의 제도가 이루어진다.
자취 없는 교화를 하기 때문에 교화함이 없는 것이다.

법신비상분(法身非想分)

["수보리야, 어떻게 생각하느냐. 가히 삼십이상으로서 여래를 볼 수 있겠느냐." 수보리가 아뢰었다. "그러하옵니다. 그러하옵니다. 삼십이상으로 여래를 뵈올 수 있사옵니다." 부처님께서 말씀하셨다. "만약 삼십이상으로서 여래를 볼 수 있다면

전륜성왕도 바로 여래이겠구나." 수보리가 부처님께 아뢰었다. "세존이시여, 부처님께서 말씀하시는 뜻을 제가 이해하기로는 마땅히 삼십이상으로는 여래를 볼 수 없사옵니다." 그때 세존께서 게송으로 말씀하셨다. "만약 형상으로 나를 보거나 소리로서 부처 여래를 구하려 하면, 이 사람은 삿된 길을 걷는 것이니, 끝끝내 그 사람은 여래를 못 보느리라."]

법신비상(法身非想)은 법신은 상이 아니다라는 말이다.

무념, 무심, 착한 마음으로 부처를 삼는다.
심식의는 나가 아니니, 진여심으로 나를 삼는다.
본성은 본래 갖추고 있는 것이라 체득의 대상이 아니다.
하지만 각성은 얻음의 대상이다.
무명각으로 수행을 시작하고 상사각과 수분각을 얻는다.
유위각을 증장시켜 무위각을 얻고 본성을 인식의 대상으로 삼는다.
이것이 곧 견성오도다.
본성에 입각해서 의식, 감정, 의지를 제도하니 이것이 곧 해탈도이다.
본성으로써 의식, 감정, 의지를 제도하는 것이 금강해탈도이다.
본성으로 경계를 제도하는 것이 허공해탈도이다.
반야해탈로 의식과 감정과 의지를 인식의 대상이 되지 않도록 한다.
생멸심과 진여심을 분리시켜 열반에 들어간다.
열반은 수행의 시작이다.
진여수행이 열반에서 시작된다.
열반에 든 자는 열반상을 벗어나서 진여출가를 해야 한다.
그때부터 참다운 수행이 이루어진다.

십지, 등각, 묘각으로써 진여수행을 마치니 이때에 이르러서 본연을 회복한다.
이와 같은 수행을 하기 위해서는 부처를 형상으로 보면 안 된다.

"만약 형상으로 나를 보거나 소리나 말로써 나를 보려 하면 이 사람은 삿된 길을 걷는 것이니 끝끝내 여래를 보지 못하리라."

부처의 모습으로 나타나는 존재는 부처가 아니다.
내가 부처다 하고 나타나는 존재 또한 부처가 아니다.

제26강 금강경

무단무멸분　불수불탐분　위의적정분　일합이상분
無斷無滅分　不受不貪分　威儀寂靜分　一合理相分
지견불생분　응화비진분
知見不生分　應化非眞分

무단무멸분(無斷無滅分)

["수보리야, 네가 만약 생각하기를 '여래는 상을 구족하였기 때문에 아뇩다라삼먁삼보리를 얻은 것이 아니다'라거나 수보리야, 또 이런 생각도 해서는 안 된다. '여래는 상을 구족하지 않았기 때문에 아뇩다라삼먁삼보리를 얻었다'라고. 수보리야, 네가 만약 생각하기를 '아뇩다라삼먁삼보리심을 낸다 함은 모든 법의 단멸상을 설하는 것이다.'라고 한다면, 그런 생각을 하지 말라. 왜 그러냐 하면, 아뇩다라삼먁삼보리심을 낸 다 함은 법에 있어 단멸상을 설하는 것이 아니기 때문이니라."]

무단(無斷)이란 끊어짐이 없다는 말이다.
무멸(無滅)이란 멸해짐이 없다는 뜻이다.

아뇩다라삼먁삼보리는 없어지는 것이 아니다.
오도 체계에서 갖춰지는 다섯 단계의 아뇩다라삼먁삼보리는 영속되는 것이다. 견성오도의 아뇩다라삼먁삼보리가 해탈도에 가서 없어지는 것이 아니다.
본성의 상태는 영속되면서 각성만 진보하는 것이다.
나머지 보살도, 등각도, 묘각도에서도 마찬가지이다.
각성은 변화하지만 본성은 불변한다.

무단무멸은 본성의 상태를 말한 것이다.
본성은 상에 관여되지 않는다.
때문에 상의 상태에 따라서 본성의 유무를 생각하면 안 된다.

불수불탐분(不受不貪分)

["수보리야, 만약 보살이 항하의 모래 수같이 많은 세계에 칠보를 가득 채워서 보시했다면, 만약 다시 다른 사람이 일체법이 무아임을 알아서 참는 진리를 터득하였다면, 이 보살이 먼저 보살이 얻는 공덕보다 더 뛰어나리라.
왜 그러냐 하면 수보리야, 모든 보살은 복덕을 받지 않기 때문이니라." 수보리가 부처님께 아뢰었다. "세존이시여, 어찌하여 보살이 복덕을 받지 않는 것이옵니까." "수보리야, 보살이 짓는 바 복덕은 마땅히 탐내거나 집착한 것이 아닌 것이다. 그러므로 복덕을 받지 않는다고 말하느니라."]

불수(不受)란 받지 않는다는 말이다.
불탐(不貪)이란 탐착이 없다는 말이다.

복은 생멸심에서 받는다. 진여심에 들어가면 복을 받지 않는다.
지혜가 있을 뿐이다.
심식의를 분리시켜서 진여문에 들어갔기 때문에 탐착이 없다.
탐착은 생멸심에 있다.

위의적정분(威儀寂靜分)

["수보리야, 만일 어떤 사람이 '여래가 때로는 온다거나 간다거나 앉는다거나 눕는다거나' 한다고 말한다면, 이 사람은 내가 설한 바 뜻을 알지 못하는 것이니라. 왜 그러냐 하면 여래는 어디로부터 온 바가 없으며 또한 어디로 가는 바도 없기 때문에 여래라 이름하는 것이니라."]

위의(威儀)란 여래의 위상을 말한다.
적정(寂靜)이란 고요하고 맑은 상태를 말한다.
여래의 위상은 고요하고 맑다.
그것이 본성의 상태이다.

본성은 오고 가지 않는다.
불생불멸 불구부정 부증불감(不生不滅 不垢不淨 不增不減)한다.

오고 가는 것은 생멸심이다.
각성 또한 오고 감이 있다.
밝은성품도 오고 감이 있다.
각성과 밝은성품의 오고 감으로 여래장연기가 시작되었고, 생멸문과 진여문이 생겨났다. 하지만 그 과정에서도 본성은 불변했다.
본성으로써 여래를 삼는다.
각성의 변화성과 밝은성품의 변화성을 제도해서 묘각도를 이룬다.

부처님도 인간으로 태어나고 열반에 들었지만, 그 과정에서도 본성은 변화되지 않았다. 중생의 본성 또한 마찬가지다.

본래부터 갖추고 있기 때문에 오고 감이 없고 나고 죽음이 없다. 그래서 여여하다 말한다.
아무리 훌륭한 삶을 살았어도 본성을 놓고서는 더해지는 것이 없고 아무리 못된 삶을 살았어도 본성을 놓고서는 감해지는 것이 없다.

일합이상분(一合理相分)

["수보리야, 만약 선남자 선여인이 삼천대천세계를 부수어 먼지를 만들었다면, 어떻게 생각하느냐. 이 먼지가 많다고 하겠느냐." "아주 많사옵니다. 세존이시여, 왜 그러냐 하면, 만약 이 먼지가 진실로 있는 것이라면, 부처님께서는 바로 이것이 먼지들이라고 설하시지 않으셨을 것이옵니다. 그 까닭은 부처님께서 설하시는 먼지들은 곧 먼지들이 아니오라, 그 이름이 먼지들이기 때문입니다. 세존이시여, 여래께서 설하시는 삼천대천세계도 바로 세계가 아니오며 그 이름이 세계라 하신 것이옵니다. 왜 그러냐 하면 만약 세계가 진실로 있는 것이라면 바로 그것은 하나로 합해진 상일 것이기 때문이온데, 여래께서 말씀하시는 일합상은 곧 일합상이 아니오며 그 이름이 일합상일 뿐입니다. 수보리야, 일합상이란 바로 설할 수 없는 것인데, 다만 범부들이 그 일에 탐하고 집착하는 것이니라."]

이상(理相)은 진여의 상이다.
일합(一合)이란 하나가 된다는 말이다.

일합상은 원각지를 말한다.
일심법계를 이루었을 때 원각지가 갖추어진다.

등각보살이 일합상을 이루어야 묘각보살이 된다.
그 일합상에 집착해서 지금 금강해탈을 이루는 것을 저버리지
말아라 하는 것이 이 대목의 요지이다.

무안이비설신의 무색성향미촉법(無眼耳鼻舌身意 無色聲香味
觸法)할 때의 무의 의미는 중심을 세워서 비춰보라는 것이다.
무안계 내지 무의식계(無眼界 乃至 無意識界)할 때 그 무의
의미는 미세 의식이 깨어나는 현상을 놓고서 그것에 관여되지
말라는 것이다.
중심을 놓고 비춰보는 것은 '있는 그대로' 보기 위한 것이다.
관여되지 않는 자리를 확보하는 것은 일치된 현상으로부터 생
기는 장애를 극복하기 위해서다.
만약 무안계 내지 무의식계의 과정에서 있는 그대로의 심지법
이 쓰이면 일치가 이루어지지 않고 관여되지 않는 자리가 확
보되지 않는다.
이와 같이 선정의 단계에 따라서 서로 다른 무의 심지법이 쓰
인다.
그런 것처럼 금강해탈의 과정에서는 거기에 맞는 심지법이 있다.
금강해탈을 닦으면서 반야해탈의 심지법을 활용해도 안 되고
보살도의 심지법을 활용해도 안 된다.
하물며 등각도의 심지법은 더욱더 안 된다.
깨달음의 성취에 욕심이 있는 사람이 그와 같은 우를 범하는
경우가 있기 때문에 그것을 경계하기 위해 하신 말씀이다.

지견불생분(知見不生分)

["수보리야, 만약 어떤 사람이 말하기를 '부처가 나라는 소견,

남이라는 소견, 중생살이라는 소견, 오래 산다는 소견을 설했다'고 한다면, 수보리야, 어떻게 생각하느냐. 이 사람은 내가 설한 바 뜻을 이해하고 있는 것이냐.""아니옵니다. 세존이시여, 이 사람은 여래께서 설하신 뜻을 이해하지 못하고 있사옵니다. 왜 그러냐 하면 세존께서 설하신 나라는 소견, 남이라는 소견, 중생살이라는 소견, 오래 산다는 소견은 바로 그것이 나라는 소견, 남이라는 소견, 중생살이라는 소견, 오래 산다는 소견이 아니옵고, 그 이름이 나라는 소견, 남이라는 소견, 중생이라는 소견, 오래 산다라는 소견이기 때문입니다." "수보리야, 아뇩다라삼먁삼보리심을 낸 이는 일체의 법에 있어서 마땅히 이와 같이 알고, 이와 같이 보고, 이와 같이 믿고 이해하여, 법이란 생각을 내어서는 아니된다. 수보리야, 말하는 바 법상이라고 하는 것은 여래는 바로 법상이 아니고 그 이름이 법상이라 설하느니라."]

지견불생(知見不生)은 지견이 안 생기도록 하라는 말이다.
여기서의 지견이란 생멸지견(生滅知見)을 말한다.
해탈지견은 갖추고, 생멸지견은 일으키지 말라는 말씀이시다.

견성오도를 하지 못한 사람들이 반야심경과 금강경을 해석하면 엉뚱한 해석이 나온다. 설령 견성오도를 했다 하더라도 반야경과 금강경을 해석할 수 없다.
그렇게 해석된 경전은 수행의 지침이 되지 못한다.
법의 체계를 세워주고 수행의 단계에 맞는 심지법을 제시해 주는 것이 대단히 중요하다.

응화비진분(應化非眞分)

["수보리야, 만약 어떤 사람이 한량없는 아승지 세계에 가득 찬 칠보를 가지고서 보시했다 하더라도, 만약 다른 선남자 선여인이 보살심을 일으켜, 이 경전 내지 사구게 등을 가지고, 이를 받아 지니어, 읽고 외우고, 남을 위해 연설해 준다면, 그 복이 저 복보다 더 뛰어나리라. 어떻게 남을 위해 연설해 줄 것인가. 상을 취하지 않고 여여하여 움직이지 않는 것이니라. 어찌 된 까닭인가. 일체의 유위법은 꿈과 환과 거품과 그림자 같으며, 이슬과 같고 역시 번개와 같으니, 마땅히 그와 같이 관할지니라." 부처님께서 이 경을 설하여 마치시니, 장로 수보리와 여러 비구 비구니와 우바새, 우바이와 일체 세간의 하늘 사람, 아수라가 부처님이 설하는 바를 듣고, 모두 다 크게 기뻐하며 금강반야바라밀경을 믿고 받아들이고 받들어 행하였다.]

응화(應化)는 응신과 화신을 말한다.
비진(非眞)은 참이 아니라는 말이다.
응신(應身)은 일치된 것에 응하는 것이다.
화신(化身)은 일치를 통해서 갖추어진다.
응신과 화신은 참이 아니니 그것을 취하지 말라는 것이다.
금강해탈에 들어간 사람은 일치가 포괄적으로 이루어진다.
개체 생명 하고도 일치가 이루어지지만, 다른 세계와도 일치가 이루어진다.
무상에 마음을 두고 있으면 아주 작은 유상도 인식의 대상이 되기 때문이다.
일치된 현상도 오로지 상 아님을 보는 수단으로 삼아야 한다.
그것을 통해서 의미를 부여하고 무언가를 도모하려고 해서는 안 된다.

허공해탈은 금강해탈과 다른 관점이 취해진다.
경계의 제도를 위해 본성으로 비추고 조화를 이루어야 한다.
조화를 이루기 위해서는 칭법행(稱法行)이 이루어져야 한다.

"남을 위해 금강경을 설해줄 때는 상을 취하지 않고 여여하게
움직이지 않는다."

상을 취하지 않는 것은 아상, 인상, 중생상, 수자상을 취하지
않는 것이다. 여여하게 움직이지 않는 것은 본성으로 비추는
것이다.

유위법은 다 꿈과 같고, 환과 같고, 거품과 같다.
그러니 일치를 통해 나투어지는 모든 경계도 그렇게 보아야
한다.
신통도 마찬가지이다. 그것도 허망한 것이다.
그러니 그것에도 집착하지 말아야 한다.
이것이 금강해탈의 요지이다.

응무소주이생기심(應無所住而生其心)하고, 약견제상비상(若見
諸相非相)한다.
과거 심식의 불가득(過去 心識意 不可得), 현재 심식의 불가
득(現在 心識意 不可得), 미래 심식의 불가득(未來 心識意 不
可得)한다.
약이색견아 이음성구아 시인행사도 불능견여래(若以色見我 以
音聲求我 是人行邪道 不能見如來)이다.
일체유위법 여몽환포영 여로역여전 응작여시관(一切有爲法 如

夢幻泡影 如露亦如電 應作如是觀)하라.

금강해탈(金剛解脫)의 과정에서는 모든 경계를 다 놓아버리고 오로지 본성으로 집중한다.

그 과정에서는 죄가 수미산 만 해져도 경계를 버린다. 오로지 본성에 몰입한다.

아뇩다라삼먁삼보리심을 증득한 이후에 본성의 상태를 유지하고, 각성을 증장시키는 방법이 바로 그것이다.

일체 심식의를 체득의 대상으로 삼지 말고, 머물지 않는 마음과 상 아님을 보는 방법으로 올곧게 그 과정을 넘어가야 한다.

제27강 반야심경

무지역무득   이무소득고   보리살타   의반야바라밀다고
無智亦無得   以無所得故   菩提薩唾   依般若波羅蜜多故

무고집멸도를 통해서 아뇩다라삼먁삼보리를 증득한 후에는 금
강해탈과 허공해탈로 무위각을 지속시키고, 의식, 감정, 의지
를 항복받는다.
하지만 금강해탈과 허공해탈의 과정에서도 제도 되지 못하는
심, 식, 의가 있다.
그것을 제도하기 위해 반야해탈도가 제시된다.
반야해탈도의 완성이 무지역무득이다.
무지(無知)란 앎이 없다는 말이다.
역무득(亦無得)이란 얻음 또한 없다는 말이다.
이것이야 말로 의식, 감정, 의지를 항복시키는 최상의 방법이다.
지(知)의 두 가지 의미가 있다.
첫 번째 의미는 지식이다.
두 번째 의미는 인지 작용이다.
앎에 무한다는 것은 지식에 의거하지 않고 의식, 감정, 의지
를 인지의 대상으로 삼지 않는다는 말이다.
득(得)은 정보의 체득을 말한다.
무득(無得)은 정보를 체득하지 않는다는 말이다.
이때 득의 대상이 되는 것이 생멸 정보이다.
무득이란 의식, 감정, 의지의 정보를 체득의 대상으로 삼지
않는다는 말이다.
역무득(亦無得)이란 또 하나의 의미를 내포하고 있다.
역무득진(亦無得盡)이 그것이다. 이 말은 생멸심을 떠난 뒤에
진여심을 체득의 대상으로 삼고 진여수행을 하라는 말이다.

금강경에서 얘기했듯이 가리왕 시절 할절신체(割截身體)를 당하실 때 부처님은 의식, 감정, 의지를 인식의 대상으로 두지 않았기 때문에 고통이 없었다. 원망심도 없었다.

내 몸이라는 경계조차도 인식의 대상으로 삼지 않았기 때문에 그것을 고통으로 받아들이지 않았다. 그것이 반야해탈(般若解脫)의 경지이다.

반야경과 금강경 전체 체계에 있어서 무지와 역무득을 해석하는 관점이 대단히 중요하다. 무지하고 무득하게 되면 의식, 감정, 의지가 인지의 대상이 되지 않고, 바깥 정보가 식의 틀 안으로 유입되지 않는다.

그런 상태에서 역무득진(亦無得盡)하면 본성, 각성, 밝은성품의 상태에 마음을 둔다.

무지(無知)에서는 안, 이, 비, 설, 신, 의가 끊어지고, 무득(無得)에서는 색, 성, 향, 미, 촉, 법의 유입이 차단된다. 무지무득(無知無得)의 경지에서는 눈, 귀, 코, 입, 몸, 생각이 밖의 경계에 향해져 있지 않다. 오로지 본성과 밝은성품으로 향해져 있다.

반야해탈의 경지를 말하는 또 한 가지 일화가 있다.

부처님이 나무 밑에 앉아 있었다. 그 앞으로 수많은 코끼리와 상인들이 지나갔다. 어떤 사람이 뒤처져서 따라오다가 부처님에게 물었다.

"혹시 수행자여, 이 앞으로 수많은 상인들과 코끼리와 말들이 지나가는 걸 보았는가?" "보지 못했다."

"언제부터 여기 있었는가?" "15일 정도 있었다."

"선정에 들어 있었는가?" "아니다."

"삼매에 들어 있었는가?" "아니다."

"그럼 당신이 이룬 경지는 어떤 것인가? 어떤 경지에 들어가 있기에 당신 앞을 지나가는 코끼리 떼와 그 많은 상인들을 보지 못했는가?"

이 때 부처님은 진여심과 생멸심을 분리시킨 종반야에 들어 계셨다.

이것이 역무득의 경지이다.

본성과 밝은성품에 각성이 집중 되어 의식, 감정, 의지가 분리된 것이다.

이것이 반야해탈의 완성이다. 이 경지를 이룬 사람이 아라한이다.

생멸심은 오온(五蘊)으로 이루어져 있다.

색온, 수온, 상온, 행온, 식온이 그것이다.

색온은 육체식이고 제6식이다.

수온은 영혼식이고 제7식이다.

상온은 사유성이고 제7식이다.

행온은 각성이고 제8식이다.

식온은 영식이고 제8식이다. 개체식의 틀이다.

식온의 틀 안에 색, 수, 상, 행 4가지 의식계가 내재되어 있다.

나무로 비유하면 한 그루 나무가 식온이다.

그 나무에 네 개의 큰 가지가 있는데, 각각의 가지가 색온, 수온, 상온, 행온이다.

식이라는 한 그루 나무에 수, 상, 행, 식이라는 네 개의 큰 가지가 벌어져서 생명의 몸과 마음을 이루는 것이다.

반야해탈은 무지와 역무득의 법을 통해서 나무 생명이 숲을 이루는 것이다.

나무는 생멸식이고, 숲은 진여식이다.

생멸식은 8식이고, 진여식은 9식이다.

8식의 생멸식을 벗어나서 9식의 진여식을 갖추는 것이 상수멸정에 드는 것이다.

무안이비설신의 무색성향미촉법을 통해 색온에 공하고,
무안계 내지 무의식계를 통해 수온에 공한다.
무무명 역무무명진 내지 무노사 역무노사진을 통해 상온에 공
한다.
무고집멸도를 통해 행온에 공한다.
무지역무득을 통해 식온에 공한다.
이와 같이 오온에 공함으로써 생멸식을 벗어나고 진여식으로
나아간다.
이것이 반야경 전체의 핵심적인 요지이다.

오온 중 사온(四蘊)을 발현시키는 방법과 개공하는 방법은 이
미 설명해 드렸다. 여기서부터는 식온의 발현과 식공의 체득
에 대해 논해 보자.

무지역무득을 통해 식온(識蘊)에 개공(皆空)하는 과정은 반야
해탈의 세 단계를 거쳐서 이루어진다. 초입반야와 중간반야와
종반야가 그것이다.
금강해탈과 허공해탈의 과정에서 응무소주이생기심과 약견제
상비상의 일을 가로막는 것이 식의 세업이다.
식의 틀에 내장된 정보는 추업과 세업으로 이루어져 있다.
추업은 거친 업이다. 세업은 미세한 업이다.
탐하는 마음, 성내는 마음, 자기를 잃어버리는 마음이 추업이다.
세업은 저절로 일어나는 생각이나 일치된 의식들이다.
대부분의 추업은 일어나는 과정이 인식이 된다.
때문에 응무소주하고 이생기심할 수 있는 여유가 있다.
하지만 세업이 일어날 때는 그런 여유조차 없다.

문득 일어나 있기 때문이다.

무의식 속에서 표출되는 생각이나 일치된 의식들은 드러나기 전에는 인식되지 않는다. 그렇기 때문에 금강경에서도 인식한 후에 응무소주이생기심하라고 하신 것이다. 일치된 의식들에는 상대의 업식이 수반되어 있다.

때문에 이것으로 인한 번뇌가 야기된다.

사마타와 선나가 깨어지고 심지어는 통증까지 전이된다.

이런 상황에 처해지면 응무소주이생기심이 원활하게 이루어지지 않는다. 이런 상태에서는 관법(觀法)에서 지법(止法)으로 심지법을 전환시켜야 한다.

이때의 지법(止法)으로 활용되는 것이 관여되지 않는 한자리이다.

관여되지 않는 한자리는 중심의 이면에서 인식한다.

중심의 표면으로 일치를 이루고, 이면으로 들어가서 관여되지 않는 자리가 드러나면 그 자리에 머무른다.

관여되지 않는 자리는 2선정에서 체득한 자리이다.

때문에 선정 체계를 통해서 수행을 한 경우에는 임의롭게 활용할 수 있는 자리이다.

금강경의 위의적정분(威儀寂靜分)에서는 관여되지 않는 자리를 정처(靜處)라 했다.

정처에 머물러서 지(止)하는 힘이 증장되면, 일치되는 현상에서 벗어날 수 있게 된다. 그러면서 사마타가 깊어진다.

생각의 세업이 일어날 때는 호흡과 사마타로 막관(膜觀)에 들어간다.

백회에서 척수 말단까지 신경을 억제한 다음 무념처와 텅 빈 공간을 함께 주시한다. 그러면서 그 자리에 머문다. 그 자리가 곧 정처(靜處)이다. 정처(靜處)에 머물러서 지(止) 하는 힘이 키워지면 생각의 세업이 제도된다. 정지(靜止)와 적지(寂

490

止)로서 멈추는 힘이 증장되면 무위각이 진보된다. 그러면서 본성과 각성이 하나로 계합된다.

이것이 본각이다.

이 상태에서는 본성이 주체가 되어서 심식의를 인식한다.

본각이 갖춰지면 의식, 감정, 의지가 객관화된다.

생각이 일어났다 사라지는 것이 커튼 뒤에서 그림자가 일어났다 사라졌다 하는 것처럼 남같이 느껴진다.

이것이 반야해탈의 첫 번째 단계, 초입반야의 상태이다.

이 과정이 깊어지면 의식, 감정, 의지가 본성과 분리된다.

이것이 반야해탈의 두 번째 단계, 중간반야의 상태이다.

초입반야에서 중간반야로 가면서 본성과 심식의 사이에 벽이 생겨난다. 이것을 심벽(心壁)이라 한다.

심벽은 중심에 세워지는 벽이다.

3선정에서 철벽을 이루었던 중심이 중간반야의 과정에서는 본성과 심식의를 분리시키는 심벽으로 쓰여진다.

중심의 심벽은 적지(寂止)의 과정에서 다시 세워진다.

그런 다음 초입반야를 거쳐서 중간반야로 오면서 그 세력이 강해진다. 중간반야의 상태에서는 심벽이 중심이 돼서 본성과 심식의가 서로 분리된다. 이때 관(觀)의 중점은 오로지 본성에 두어져 있다.

그러다 보면 심식의는 인식이 안 되고 본성만 인식되는 경우가 있다.

이 상태에서는 심식의가 딴 살림을 한다.

본각으로 일관하면서 밝은성품을 주시하고 있다 보면 심식의를 잃어버리게 된다. 그런 상태에서도 심식의는 알아서 살림을 한다.

운전도 알아서 하고, 경계에 반응하는 것도 알아서 한다.

이것이 바로 중간반야의 상태이다.

초입반야를 이루고 나서 중간반야로 가는 것은 오래 걸리지 않는다.

하지만 중간반야의 과정에서는 머무는 시간이 길다.

필자는 중간반야의 상태에서 사회생활을 했다.

가정도 갖고 일도 하면서 10년을 넘게 보냈다.

그러다가 어느 날 문득 종반야에 들어갔다.

처음 종반야를 경험한 것은 운전 중에 이루어졌다.

세 시간 반 정도를 운전하고 가면서 심식의가 분리되었다.

그런데도 나는 목적지에 도착해 있었다.

목적지에 도착해서 심식의를 인식했을 때는 세 시간 반 동안의 기억이 전혀 나지 않았다. 그때 나는 중심과 본성, 밝은성품에 집중하고 있었다. 운전대를 잡고 중심을 보면서 본성과 밝은성품을 비춰보면 심벽이 확장되면서 심식의가 동떨어진다. 그 당시 나는 그 시간을 가장 좋아했다. 운전을 하면서는 유위각과 무위각이 함께 쓰인다.

허공해탈과 금강해탈, 초입반야와 중간반야의 상태를 함께 수행하는 것이 운전 중에 이루어진다.

그날도 운전을 하면서 초입반야와 중간반야의 상태를 오르내리고 있었다. 심벽 너머에 심식의를 비춰보면서 시내를 벗어났다.

그러고는 어느 순간부터 바깥 상황에 대한 기억이 나지 않는다.

그때는 한편으로 당혹스럽기도 했다.

가만히 앉아서 출발할 때와 똑같은 상태를 유지하고, 지난 시간을 반조하기 시작했다. 당시에 바깥 경계에 대한 인식은 끊어졌어도 본성과 밝은성품은 주시하고 있었다. 때문에 내면에서 일어났던 변화를 떠올릴 수 있었다.

반조를 하면서 종반야가 이루어지는 과정을 알게 되었다.

본성에서 심식의가 분리되는 것은 심벽의 확장과 밝은성품의

492

증장 때문이었다.

가슴 바탕에 자리했던 심벽이 머리골 속으로 올라오면서 식의 작용을 분리시킨다.

이 상태가 되면 머리골 속에 심벽으로 이루어진 장막이 쳐진다. 그 장막이 시상 앞쪽에 세워져서 눈, 귀, 코, 입이 붙어 있는 얼굴 쪽과 시상 뒤쪽을 두 영역으로 나눈다.

그 상태에서 안식(眼識)이 장막을 보는데 치중하면 눈, 귀, 코, 입, 얼굴이 사라진다.

그러면서 밝은성품이 증폭된다.

밝은성품의 기쁨으로 장막을 바라보다가 장막 너머로 각성이 전이되면 그 상태에서 심식의가 분리된다.

이것이 종반야가 진행되는 과정이다.

견성오도를 이룬 뒤에 사유를 하면서 내 몸에서 생성되는 밝은성품이 지구를 벗어나서 우주 공간으로 퍼져나가는 것을 경험한 적이 있다.

그때는 그것이 무식의 경지인 줄 알았다.

종반야를 겪고 나서는 그것도 생멸심의 확장인 것을 알게 되었다.

무식(無識)이 아니고 유식(有識)의 틀이 확장된 것이다.

진여를 이루는 세 가지 요소 중에 밝은성품을 인식하는 것이 해탈도의 한 과정이다. 기쁨과 뿌듯함, 착한 마음이 밝은성품의 성향이다.

밝은성품의 느낌을 인식하는 것은 사람에 따라 다르게 이루어질 수 있다. 필자의 경우는 중심의 바탕에서 일렁이는 살아있는 느낌을 통해 밝은성품을 인식하게 되었다.

살아있는 느낌이 개체 생명의 본질이다.

내가 존재하는 것은 살아있기 때문이다.

숨을 들이쉬고 내쉬면서 살아있는 느낌을 관찰한다.

본다, 듣는다, 느낀다, 생각한다, 말한다 하는 이 모든 행위의 바탕에 깔려 있는 살아있는 느낌을 관찰한다. 이것이 밝은성품을 인식하는 한 가지 방법이다.

필자는 여래선(如來禪)으로 수행을 시작했다. 그러면서 중관법을 익히게 되었다.

나중에 견성오도를 이루고 나서 공관법과 가관법을 알게 되었다. 그 당시에는 그것이 삼관법인지조차 알지 못했다.

처음 반야심경 해설서인 "쉴 줄 아는 지혜"를 쓸 때에도 필자가 수행했던 방법이 삼관법이란 것을 알지 못했다. 그때는 중관법을 "중심보기"라고 불렀다.

그때까지 필자는 직접 읽어 본 경전이 많지 않았다.

태백산 용에게 전해들은 경전의 내용이 있었지만, 그때까지 섭렵이 안 된 상태였다. 그 이후에 "보살영락본업경"을 보고 나서 경전의 내용들이 하나로 꿰어지기 시작했다.

12연기에 대해서 이해를 하고, 의식, 감정, 의지가 생겨난 과정, 식의 틀이 형성되는 과정, 영혼 육체가 형성되는 과정을 들여다보고 나서는 저절로 그 법의 체계가 하나로 꿰어지면서 인지법행이 갖춰지게 되었다.

본제관이 익숙해지면서 중관, 공관, 가관이 임의롭게 이루어졌고 해탈도를 성취하게 되었다.

한동안 필자는 과지법의 체계를 공개하지 않았었다.

스스로 부족함이 많았기 때문이다.

이렇게 부족한 소견이라도 밝히게 된 것은 소중한 가르침이 끊어지지 않도록 하기 위해서이다.

지금까지 12연기를 통해서 의식, 감정, 의지를 분리의 대상으로 삼아야 하는 이유를 설명해 드렸고, 그 방법을 해탈도를 통해서 제시해 드렸다.

견성오도 이후에 보임하는 방법과 해탈지견을 얻기 위한 돈수가 해탈도를 통해 이루어진다.

다시 경전의 본문을 살펴보자.

"이무소득고 보리살타 의반야바라밀다고 득아뇩다라삼먁삼보리 고지 반야바라밀다
(以無所得故 菩提薩埵 依般若波羅蜜多故 得阿耨多羅三藐三菩提 故知般若波羅密多)"

이렇게 아무것도 얻을 바 없는 것을 지혜로운 사람의 반야바라밀다라 한다.

아무것도 얻을 것이 없다는 것은 생멸심을 말하는 것이다.

이 대목의 아뇩다라삼먁삼보리는 금강경의 아뇩다라삼먁삼보리와는 다른 경지이다. 금강경의 경우는 견성오도의 아뇩다라삼먁삼보리이고 반야경의 경우는 해탈도의 아뇩다라삼먁삼보리이다.

앞서 말씀드렸듯이 아뇩다라삼먁삼보리는 오도의 단계마다 서로 다른 경지로 체득된다.

"심무가애 무가애고 무유공포 원리전도몽상 구경열반 삼세제불 의반야바라밀다 고(心無罣碍 無罣碍故 無有恐怖 遠離顚倒夢想 究竟涅槃 三世諸佛 依般若波羅密多 故)."

"심무가애(心無罣碍)"란 마음의 걸림에 무(無)한다는 말이다.

"무가애고(無罣碍故)"란 걸림으로 인한 고통에 무(無)한다는 말이다.

걸림 있는 마음이 생멸심이다.

금강해탈과 허공해탈로써 생멸심에 무(無)하고 반야해탈로써 멸(滅)한다

"무유공포(無有恐怖)"는 공포가 있음에 무하라는 말이다.

이 말은 무수(無受)하는 방법에 들어가야 할 말이다.

"어떻게 하는 것이 수의식으로 접해지는 경계에 무하는 것인가?"라는 대목에 이 말이 들어가야 되는 것이다.

미세 의식이 깨어나면서 오는 장애 중의 하나가 공포이다.

공포를 극복하기 위해 쓰이는 것이 미세적 유위각과 '관여되지 않는 한자리'이다.

"원리전도몽상(遠離轉倒夢想)" 이란 전도된 몽상을 멀리 여의라는 말이다.

몽상이란 심식의를 말한다. 심식의를 자기로 알고 있는 중생이 전도몽상을 갖고 있는 존재이다.

의식, 감정, 의지를 본성, 각성, 밝은성품으로 전환시키는 것이 원리 전도몽상이다.

"구경열반(究竟涅槃)"이란 심식의를 분리시키고 열반에 들어간 상태를 말한다.

"삼세제불(三世諸佛)"이란 과거세, 미래세, 현재세의 모든 부처님을 말한다.

"의반야바라밀다고(依般若波羅蜜多故)" 는 모두 다 반야해탈도로써 구경열반에 들었다는 말이다.

"시대신주 시대명주 시무상주 시무등등주 능제일체고 고지반야바라밀다(是大神呪 是大明呪 是無上呪 是無等等呪 能除一切苦 故知般若波羅密多)."

가장 신령스러운 말씀이며, 가장 밝은 말씀이며, 위없는 말씀이며, 더 이상 오를 데 없는 최상 최고의 말씀이로다. 반야바라밀다로써 일체의 고통에서 벗어나니라.

이런 법문을 들을 수 있는 것만으로도 행복한 일이다.
"의식, 감정, 의지는 참다운 나가 아니다. 영의 몸과 혼의 몸과 육체의 몸에 정보가 쌓아져서 생겨난 업이다. 본성, 각성, 밝은성품이 참다운 나이다."
"먼저 진여심을 회복하고 생멸심을 제도하라.
제도된 생멸심으로 불이문을 이루어서 각성의 무명적 습성을 제도한다."

오로지 부처님 밖에 해줄 수 없는 최고의 법문이다.

"아제아제 바라아제 바라승아제 모지사바하"
'아제'란 본성을 회복해서 밖으로 확장하고 더불어 안으로 깃들어서 성스러움을 이루라는 말이다.
'바라'란 끝없이 펼치라는 말이다.
"본성을 회복해서 자기 생명성을 확장시키고 성스럽게 안으로 깃들어서 끝없이 펼쳐나가라."
'모지 사바하'는 받들어 행한다는 말이다.

맺음말

유상을 건너 무상으로 나아갈 때 그 마음을 다스리는 법.
- 마하반야바라밀다심경
  摩訶般若波羅蜜多心經

관자재 보살이 유상을 건너 무상으로 나아갈 때 이와 같이 행하였노라.
- 관자재보살 행심 반야바라밀다시
  觀自在菩薩 行深 般若波羅密多時

중심으로 비추어 보고 오온을 발현시켰으며 공한 면모를 보았나니 그로써 의식 감정 의지를 여의고 일체의 액난에서 벗어났느니라.
- 조견 오온 개공 도일체고액
  照見 五蘊 皆空 度一切苦厄

사리자여 성품의 공한 면모를 인식하면 6식으로 드러난 경계가 공과 다르지 않고 공한 면모가 6식 경계와 다르지 않으며 6식 경계가 곧 공이요 공이 곧 6식 경계니라.
- 사리자 색불이공 공불이색 색즉시공 공즉시색
  舍利子 色不異空 空不異色 色卽是空 空卽是色

7식 경계와 8식 경계, 각성의 일과 사유의 일도 그와 같나니라.
- 수상행식 역부여시
  受想行識 亦復如是

사리자여 성품의 공한 모양은 생겨나지도 않으며 소멸되지도 않느니라. 더러움에 물들지도 않으며 깨끗함에 물들지도 않나니 늘어남도 없고 줄어듦도 없느니라.

- 사리자 시제법공상 불생불멸 불구부정 부증불감
  舍利子 是諸法空相 不生不滅 不垢不淨 不增不減

하면 어떻게 성품의 공한 면모를 인식의 대상으로 삼을 것인가?

- 시고 공
  是故 空

먼저 중심을 세워서 비춤을 행하고 각성을 증득해야 하느니라. 그런 다음 6식 7식 8식을 발현시키고 의식 감정 의지가 생겨난 원인을 사유해서 그것으로부터 벗어나야 하느니라.

- 중 무색 무수상행식
  中 無色 無受想行識

의식 감정 의지의 뿌리는 깊고도 깊어서 쉽게 벗어나지 못하나니 각각의 식을 발현시키고 그것에 있어서 무할줄 알아야 하느니라.

그러기 위해서는 먼저 보고 듣고 냄새 맡고 말하고 느끼고 생각하는 것으로 드러나는 6식을 있는 그대로 활용하고 인식되는 6식 경계 또한 있는 그대로 받아들여야 하느니라.

- 무안이비설신의 무색성향미촉법
  無眼耳鼻舌身意 無色聲香味觸法

그런 다음 혼의식과 외부 의식으로 생겨나는 7식 경계에 관여되지 않는 자리를 세워주고

- 무안계 내지 무의식계
  無眼界 乃至 無意識界

12연기의 과정을 사유해서 의식 감정 의지가 참다운 나가 아님을 알며
- 무무명 역무무명진 무노사 역무노사진
  無無明 亦無無明盡 無老死 亦無老死盡

무위각을 증득하여 의식 감정 의지에서 벗어나야 하느니라.
- 무고집멸도
  無苦集滅道

본성의 공한 면모를 통해 의식 감정 의지를 제도하고 밖으로 접해지는 일체 경계를 제도한 다음 앎도 없고 얻음 또한 없는 진여심에 들어가나니
- 무지 역무득
  無知 亦無得

이렇게 일체의 의식 감정 의지를 얻음의 대상으로 삼지 않는 것이 지혜로운 사람이 유상을 건너 무상으로 나아가는 방법이니라.
- 이무소득고 보리살타 의반야바라밀다고
  以無所得故 菩提薩埵 依般若波羅密多故
  득아뇩다라삼먁삼보리 고지반야바라밀다
  得阿耨多羅三藐三菩提 故知般若波羅密多

이렇게 유상을 건너 무상으로 나아가는 것이 해탈도로써 최상의 깨달음에 이른 것이다. 일체 마음의 걸림에서 벗어나고 의식 감정 의지로 인해 생겨나는 고통에서 벗어나나니 내가 없어진다는 두려움에서 벗어나 뒤바뀐 몽상을 멀리 여읠 지니라.

- 심무가애 **무가애고** 무유공포 원리전도몽상
  心無罣碍 無罣碍故 無有恐怖 遠離顚倒夢想

삼세제불도 이와 같은 방법으로 구경열반에 들었나니 이것을
일러 반야해탈도라 하느니라.
- 구경열반 삼세제불 의반야바라밀다고 득아뇩다라삼먁삼보리
  究竟涅槃 三世諸佛 依般若波羅密多故 得阿褥多羅三藐三菩提
  고지반야바라밀다
  故知般若波羅密多

가장 신령스러운 말이며 가장 밝은 말이며 위 없는 말이며 비
교할 수 없는 말이나니 능히 일체의 고통에서 벗어나는 방법
이니라.
- 시대신주 시대명주 시무상주 시무등등주 능제일체고
  是大神呪 是大明呪 是無上呪 是無等等呪 能除一切苦

이 말은 진리이며 실상이니 한 점 티끌도 덧붙이지 말지니라.
- 진실불허
  眞實不虛

간절한 마음으로 생멸문을 벗어나서 진여문으로 나아가는 방
법을 말했나니
- 고설 반야바라밀다주 즉설주왈
  故說 般若波羅密多呪 卽說呪曰

심식의를 벗어나서 스스로 안에 진여의 성스러움을 갖추는 것
을 게을리하지 말지어다.
- 아제 아제 바라아제 바라승아제 모지 사바하.

揭諦揭諦 波羅揭諦 波羅僧揭諦 菩提 娑婆訶

제행무상 시생멸법 (諸行無常 是生滅法)
생멸멸이 적멸위락 (生滅滅已 寂滅爲樂)
제법실상 득진여법 (諸法實相 得眞如法)
구족삼신 입불이문 (具足三身 入不二門)
묘각현신 귀여래장 (妙覺現身 歸如來藏)
본불계합 장엄불토 (本佛契合 莊嚴佛土)

연화사 묘희관에서 2021년 4월 30일

구선

인지법행과 과지법행 – 금강경과 반야심경

1판 1쇄 인쇄일   2021년 5월 15일
1판 1쇄 발행일   2021년 5월 19일

지은이   구선
편집   이진화
표지   구선 김우담

펴낸 곳   도서출판 연화
주소   경상북도 영양군 수비면 낙동정맥로 2632-66
전화   02) 766-8145
출판등록일   2005년 11월 2일
등록번호   제 517-2005-00001 호

ISBN   979-11-972118-3-6